20º Ano de Edição

O LIVRO DA LUA 2019

Descubra a influência do astro no seu dia a dia
e a previsão anual para seu Signo

Marcia Mattos

ELEMENTO SECRETO

Este livro foi revisado segundo o Novo Acordo Ortográfico da Língua Portuguesa.

Editora responsável Tainã Bispo
Produção editorial Aline Santos, Bárbara Gatti, Fernanda Costa, Fernanda Villas Bôas, José Cleto, Luiza Marcondes, Natália Ortega e Vitória Fernandes
Revisão de texto Jonathan Busato
Capa Agência MOV
Ilustrações Shutterstock Images

Dados Internacionais de Catalogação na Publicação (CIP)
Angélica Ilacqua CRB-8/7057

M392L
Mattos, Marcia
O livro da lua 2019 / Marcia Mattos. — Bauru, SP : Alto Astral, 2018.
400 p. : il.

ISBN: 978-85-8246-776-3

1. Astrologia 2. Lua – Influência sobre o homem 3. Lua - Fases
I. Título

18-1443

CDD 133.5

Índice para catálogo sistemático:
1. Astrologia

Astral Cultural é a divisão livros do Grupo Alto Astral.

BAURU
Rua Gustavo Maciel, 19-26
CEP 17012-110
Telefone: (14) 3235-3878
Fax: (14) 3235-3879

SÃO PAULO
Rua Tenerife, 31 - Conjuntos 21 e 22
CEP 04548-904
Telefone/Fax: (11) 3048-2900

E-mail: contato@astralcultural.com.br

Contatos da autora

Facebook: Marcia Mattos - Astrologia
Twitter: @marciamattosrj
YouTube: Marcia Mattos Astrologia
Instagram: @ofimarciamattos
E-mail: marciamattos@globo.com
Site: www.marciamattos.com

Aos colaboradores que contribuem
anualmente com seu conhecimento,
entusiasmo e profunda lealdade ao
projeto. Devo a eles a inigualável
alegria das parcerias.

Colaboradores

Astrólogos

Celina Branco
celinacbranco@gmail.com

Fátima Carneiro Bastos
fatbastos@gmail.com

Marcia Oliveira
oliveiramarcia9@hotmail.com

Marcio Nicolay
marcioveronesi@hotmail.com

Maria Luísa de Oliveira Proença
marialuisa.astroaura@gmail.com

Yvone Cantrell
yvsanne@gmail.com

Sergio Pupo
srpupo@yahoo.com.br

Wilza Rosário
wilzinharosario@globo.com

Sumário

Agradecemos aos leitores que vêm
acolhendo *O Livro da Lua* com assiduidade.
Estamos no vigésimo ano consecutivo
de publicação! Mantivemos nesta edição
os tópicos mais interessantes
e aclamados pelos leitores.

Para quem

O *Livro da Lua 2019* é um livro de Astrologia sobre o mais popular dos corpos celestes: a Lua. É um material de consulta para leigos.

Qualquer um que tenha curiosidade de saber como está o dia — segundo as indicações do Céu — e orientar suas decisões a partir dessas informações é um usuário deste livro.

Os estudiosos, profissionais ou amantes de Astrologia encontrarão dados técnicos e interpretações muito úteis para os seus estudos e aplicação nas consultas.

Ao contrário dos livros de Astrologia, que geralmente se baseiam nos Signos (solar, lunar, ascendente etc.) e têm um uso individual, *O Livro da Lua 2019* bem poderia se chamar "*O Céu é para todos*".

Nesta edição, empenhamo-nos em destacar os efeitos das atividades planetárias responsáveis por um astral que afeta a todos coletivamente.

Para quê

O Livro da Lua 2019 traz informações para serem usadas como um calendário-agenda.

A esfera de domínio da Lua se estende por várias áreas das atividades e afeta também o comportamento humano. Deve-se usar este livro como meio de consulta e orientação a respeito dos inúmeros assuntos que esse astro regula: fertilidade, partos, nutrição, dietas, estética, saúde, cirurgias, sono, cultivo, humores, emoções, vida sentimental, negócios, vida profissional, vida social, vida pública.

Que melhor maneira de planejar nossas vidas senão de acordo com os ritmos e ciclos espontâneos da natureza?

Como usar

O Livro da Lua 2019 é um livro de consulta frequente e diária.

Na primeira parte do livro, encontram-se:

- Calendário do ano;
- Previsões coletivas;
- O Céu em 2019 — *O que devemos esperar deste ano;*

- O Céu do Brasil em 2019 — Previsão astrológica para o país;
- Previsões para os Signos em 2019;
- Fases da Lua (tabela e texto de interpretação);
- Lua e cirurgia (indicações para procedimentos cirúrgicos);
- Lua Fora de Curso (tabela e texto de interpretação);
- Eclipses (datas e interpretação);
- Movimento retrógrado dos planetas (tabela e texto de interpretação);
- Índice lunar de atividades (indicações das atividades mais compatíveis com cada Signo e fase da Lua).

A segunda parte do livro trata das **posições diárias da Lua** em cada mês, informações *móveis* que variam dia a dia:

- Fase em que a Lua se encontra;
- Signo em que a Lua se encontra (com interpretação sucinta);
- Indicação do período em que a Lua fica Fora de Curso — hora do início e do término;
- Aspectos diários da Lua com outros planetas (com indicação da hora de entrada e saída e do momento em que se forma o aspecto exato) e interpretação completa de cada um deles.

Na entrada de cada mês, encontra-se ainda o **Calendário Lunar Mensal**, que oferece uma visualização completa.

Não deixe de consultar o **Índice Lunar de Atividades** a fim de escolher o momento ideal para tomar decisões ou fazer escolhas em relação a saúde, atividades físicas, compras pessoais ou para o lar, aquisição de serviços e produtos para casa e beleza, questões ligadas a finanças e negócios, assuntos profissionais, eventos, lazer, relacionamentos, gestação e cultivo de plantas.

Um ótimo 2019!

CALENDÁRIOS PARA 2019

JANEIRO

DOM	SEG	TER	QUA	QUI	SEX	SAB
		1	2	3	4	5
6	7	8	9	10	11	12
13	14	15	16	17	18	19
20	21	22	23	24	25	26
27	28	29	30	31		

FEVEREIRO

DOM	SEG	TER	QUA	QUI	SEX	SAB
					1	2
3	4	5	6	7	8	9
10	11	12	13	14	15	16
17	18	19	20	21	22	23
24	25	26	27	28		

MARÇO

DOM	SEG	TER	QUA	QUI	SEX	SAB
					1	2
3	4	5	6	7	8	9
10	11	12	13	14	15	16
17	18	19	20	21	22	23
24	25	26	27	28	29	30
31						

ABRIL

DOM	SEG	TER	QUA	QUI	SEX	SAB
	1	2	3	4	5	6
7	8	9	10	11	12	13
14	15	16	17	18	19	20
21	22	23	24	25	26	27
28	29	30				

MAIO

DOM	SEG	TER	QUA	QUI	SEX	SAB
			1	2	3	4
5	6	7	8	9	10	11
12	13	14	15	16	17	18
19	20	21	22	23	24	25
26	27	28	29	30	31	

JUNHO

DOM	SEG	TER	QUA	QUI	SEX	SAB
						1
2	3	4	5	6	7	8
9	10	11	12	13	14	15
16	17	18	19	20	21	22
23	24	25	26	27	28	29
30						

JULHO

DOM	SEG	TER	QUA	QUI	SEX	SAB
	1	2	3	4	5	6
7	8	9	10	11	12	13
14	15	16	17	18	19	20
21	22	23	24	25	26	27
28	29	30	31			

AGOSTO

DOM	SEG	TER	QUA	QUI	SEX	SAB
				1	2	3
4	5	6	7	8	9	10
11	12	13	14	15	16	17
18	19	20	21	22	23	24
25	26	27	28	29	30	31

SETEMBRO

DOM	SEG	TER	QUA	QUI	SEX	SAB
1	2	3	4	5	6	7
8	9	10	11	12	13	14
15	16	17	18	19	20	21
22	23	24	25	26	27	28
29	30					

OUTUBRO

DOM	SEG	TER	QUA	QUI	SEX	SAB
		1	2	3	4	5
6	7	8	9	10	11	12
13	14	15	16	17	18	19
20	21	22	23	24	25	26
27	28	29	30	31		

NOVEMBRO

DOM	SEG	TER	QUA	QUI	SEX	SAB
					1	2
3	4	5	6	7	8	9
10	11	12	13	14	15	16
17	18	19	20	21	22	23
24	25	26	27	28	29	30

DEZEMBRO

DOM	SEG	TER	QUA	QUI	SEX	SAB
1	2	3	4	5	6	7
8	9	10	11	12	13	14
15	16	17	18	19	20	21
22	23	24	25	26	27	28
29	30	31				

Feriados 2019

Janeiro
01: Confraternização Universal

Março
05: Carnaval

Abril
19: Sexta-feira Santa
21: Tiradentes

Maio
01: Dia do Trabalhador

Junho
20: *Corpus Christi*

Setembro
07: Independência do Brasil

Outubro
12: Padroeira do Brasil

Novembro
02: Finados
15: Proclamação da República

Dezembro
25: Natal

Sobre os horários dos calendários

Horário oficial de verão no Brasil

Horário de verão 2019 — 0h de 21 de outubro de 2018 até 0h de 16 de fevereiro de 2019
Horário de Verão 2020 — 0h de 20 de outubro de 2019 até 0h de 15 de fevereiro de 2020

- 3 horas (horário normal)
- 2 horas (horário de verão)

O Livro da Lua e o horário de verão

O Livro da Lua 2019 foi calculado levando em consideração o horário de verão para as localidades brasileiras que o adotam; para as demais cidades é necessário subtrair uma hora nas tabelas.

O Livro da Lua e fuso horário

O Livro da Lua 2019 foi calculado levando em consideração o fuso horário de Brasília. Os territórios brasileiros localizados em fusos horários diferentes devem ajustar as tabelas do livro conforme o fuso horário local.

Localidades brasileiras com horário de verão

O horário de verão entrará em vigor nos estados do Rio Grande do Sul, Santa Catarina, Paraná, São Paulo, Rio de Janeiro, Espírito Santo, Minas Gerais, Bahia, Goiás, Mato Grosso, Mato Grosso do Sul e no Distrito Federal.

Acerto de horários para Portugal

A diferença de horário oficial do Brasil para Portugal é de três horas a mais.

- Durante o horário de verão no Brasil, acrescentar apenas duas horas;
- Durante o horário de verão em Portugal, acrescentar quatro horas.

Acerto de horários para Uruguai e Argentina

O horário oficial no Brasil é o mesmo do Uruguai e da Argentina. Caso haja horário de verão nesses países em períodos diferentes do adotado no Brasil, acrescentar uma hora nas tabelas.

Na Argentina, não existe horário de verão, ou seja, o horário permanece o mesmo durante todo o ano.

Acerto de horários para México

A diferença do horário do Brasil para o México é de três horas a menos.

Durante o horário de verão do México, subtrair duas horas.

Entrada do Sol nos Signos

Horário oficial de verão no Brasil

Horário de verão 2019 — 0h de 21 de outubro de 2018 até 0h de 16 de fevereiro de 2019

Horário de verão 2020 — 0h de 20 de outubro de 2019 até 0h de 15 de fevereiro de 2020

- 3 horas (horário normal)
- 2 horas (horário de verão)

Sol em Aquário	20 janeiro 2019	*06h59min26seg* (horário de verão)
Sol em Peixes	18 fevereiro 2019	*20h03min50seg*
Sol em Áries	20 março 2019	*18h58min19seg* Equinócio da Primavera H. Norte – Equinócio de Outono H. Sul
Sol em Touro	20 abril 2019	*05h55min10seg*
Sol em Gêmeos	20 maio 2019	*04h59min01seg*
Sol em Câncer	21 junho 2019	*12h54min08seg* Solstício de Verão H. Norte – Solstício de Inverno H. Sul
Sol em Leão	22 julho 2019	*23h50min16seg*
Sol em Virgem	23 agosto 2019	*07h01min54seg*
Sol em Libra	23 setembro 2019	*04h50min04seg* Equinócio de Outono H. Norte – Equinócio de Primavera H. Sul
Sol em Escorpião	23 outubro 2019	*15h19min38seg* (horário de verão)
Sol em Sagitário	22 novembro 2019	*12h58min50seg* (horário de verão)
Sol em Capricórnio	22 dezembro 2019	*02h19min20seg* (horário de verão) Solstício de Inverno H. Norte – Solstício de Verão H. Sul

Obs: Todos os horários já estão corrigidos de acordo com o horário de verão.

Equinócio

A palavra Equinócio quer dizer *noites iguais*; nesta ocasião, dia e noite têm a mesma duração, o mesmo número de horas. Isso sugere uma volta do equilíbrio entre claro e escuro, sem predominância de nenhuma das partes do ciclo da luz.

Quando o Sol entrar no grau zero do Signo de Áries, no dia *20 de março às 18h58min19seg*, começará a primavera no Hemisfério Norte e o outono no Hemisfério Sul.

Quando o Sol entrar no grau zero do Signo de Libra, no dia *23 de setembro às 04h50min04seg*, é o início do outono no Hemisfério Norte e da primavera no Hemisfério Sul.

Essas duas estações são contempladas com temperaturas mais amenas e menores rigores da natureza.

A chegada dessas estações, tradicionalmente, sempre foi celebrada com inúmeros rituais que homenageavam e agradeciam à natureza pelo reequilíbrio das forças do dia e da noite.

Solstício

Solstício é o termo que define a chegada do verão e do inverno. Durante o Solstício de verão, os dias são mais longos do que as noites e há uma predominância de luz na alternância claro-escuro dos ciclos da natureza. Já o Solstício de inverno corresponde a dias mais curtos e noites mais longas, com visível predomínio do escuro na alternância claro-escuro dos ciclos da natureza.

O início do verão será marcado pela entrada do Sol a zero grau do Signo de Câncer, em *21 de junho às 12h54min08seg,* para o Hemisfério Norte. Esta mesma posição solar corresponderá, no Hemisfério Sul, à chegada do inverno.

O Sol, quando passar pelo zero grau do Signo de Capricórnio em 22 *de dezembro, às 02h19min20seg* (horário de verão), abrirá a estação do inverno no Hemisfério Norte, e do verão do Hemisfério Sul. A chegada do Solstício de verão era comemorada com muita alegria e sentimento de renovação da vida. Inúmeros festivais e rituais foram criados para celebrar o retorno da luz.

Em lugares onde o inverno é rigoroso e em épocas onde se contava apenas com a luz do Sol, pode-se imaginar o impacto da chegada do Solstício, levando e trazendo a luz.

Eclipses 2019

Horário oficial de verão no Brasil

Horário de verão 2019 — 0h de 21 de outubro de 2018 até 0h de 16 de fevereiro de 2019

Horário de Verão 2020 — 0h de 20 de outubro de 2019 até 0h de 15 de fevereiro de 2020

NATUREZA DO ECLIPSE	DATA	HORA	GRAU E SIGNO
Eclipse Solar Parcial	05/01/2019	23:43	15°25' de Capricórnio (horário de verão)
Eclipse Lunar Total	21/01/2019	03:13	00°52 de Leão (horário de verão)
Eclipse Solar Total	02/07/2019	16:24	10°38' de Câncer
Eclipse Lunar Total	16/07/2019	18:32	24°04' de Capricórnio
Eclipse Anular Solar	26/12/2019	03:19	04°07' de Capricórnio

Eclipses

Nunca devemos "estar por um fio", assoberbados ou sem espaço de manobra nas datas próximas a um Eclipse. O que estiver sob muita pressão irá transbordar ou se romper. Todo Eclipse *decide* algo. O melhor modo de se preparar para esse fenômeno é eliminar aquilo que não queremos que seja mantido, criando espaço para acontecimentos surpreendentes em todos os setores da nossa vida.

Eclipse Lunar

Ocorre na **Lua Cheia**, quando o **Sol**, a **Lua** e a **Terra** estão alinhados entre si com exatidão. O Eclipse Lunar provoca um confronto entre passado e futuro, mas é o futuro que deve vencer. Nesse caso, serão sacrificadas pessoas, circunstâncias, conceitos e experiências que tenham fortes alianças com o passado. O que não parecia possível se revela com uma força surpreendente. A sensação de "puxada de tapete" também é comum.

Eclipse Solar

Ocorre na **Lua Nova**, quando a **Lua** cobre o **Sol**, e o **Sol**, a **Lua** e a **Terra** estão alinhados. O Eclipse Solar provoca um confronto entre passado, presente e futuro, mas é o passado que deve vencer a batalha. É uma época de *revival*, ou seja, de reviver aquilo que já se foi. É comum ressurgirem antigos relacionamentos, emoções e ideias. Devemos tomar cuidado para não repetir comportamentos, vícios e sentimentos que foi custoso abandonar.

Movimento retrógrado dos planetas em 2019

	INÍCIO	FIM
Mercúrio	06/03/2019 08/07/2019 01/11/2019	28/03/2019 01/08/2019 20/11/2019
Júpiter	11/04/2019	11/08/2019
Saturno	01/05/2019	18/09/2019
Urano	13/08/2019	11/01/2020
Netuno	22/06/2019	27/11/2019
Plutão	25/04/2019	03/10/2019

O que significa Mercúrio Retrógrado

A cada três meses, **Mercúrio** entra em movimento **retrógrado**, permanecendo assim durante três semanas. Quando Mercúrio está no seu movimento **retrógrado**, há uma interferência no funcionamento das áreas de comunicação, telefonia, telecomunicação, componentes eletrônicos, serviços de entrega, serviços de informação, correios, transportes, veículos, fretes, estradas e acessos.

É indispensável ser mais rigoroso no uso ou na prestação de serviços que envolvem essas áreas.

- Telefones, veículos, equipamentos, máquinas e computadores apresentam mais defeitos;
- Veículos e máquinas comprados apresentam defeitos crônicos ou dificuldade de entrega;
- Fios, ligações, tubos e conexões podem falhar ou apresentar problemas de fabricação;
- O trânsito, acessos e redes são prejudicados;
- Papéis, documentos, contratos e assinaturas apresentam problemas e devem ser copiados e revisados;
- Cláusulas de contratos e prazos estabelecidos geralmente são alterados e renegociados;
- Tarefas apresentam mais falhas e precisam ser refeitas;
- Cirurgias devem ser evitadas. A perícia está menos acentuada e erros podem ocorrer;
- Os exames e diagnósticos devem ser reavaliados;
- Mudança de ideias ocorre para favorecer ou desfavorecer uma situação;
- A comunicação pessoal pode gerar mal-entendidos;
- Informações devem ser checadas. Os dados podem estar alterados, errados ou incompletos;
- Obras em estradas, rodovias e viadutos apresentam atrasos.

Caso você se envolva em alguma dessas situações, evitar o período em que **Mercúrio** estiver **retrógrado**.

Os demais planetas retrógrados

Quando Vênus estiver retrógrado, evite:

- Transações financeiras de vulto, negociar salários e preços, abrir negócio;
- Definir assuntos amorosos, casamento e noivado.

Quando Marte estiver retrógrado, evite:

• Cirurgias eletivas, não emergenciais.

Quando Júpiter estiver retrógrado, evite:

• Eventos de grande porte, principalmente os esportivos e culturais; encaminhamento de processos na Justiça; altas expectativas sobre progresso e crescimento de negócios e projetos.

Quando Saturno estiver retrógrado, evite:

• Riscos e mudanças no emprego, pois o mercado de trabalho e de produção estará mais recessivo.

Quando Urano estiver retrógrado, evite:

• Pensar que algo interrompido não irá retornar e que algo iniciado não sofrerá várias alterações.

Quando Netuno estiver retrógrado, evite:

• Abandonar um assunto já encaminhado, achando que está resolvido a contento.

Quando Plutão estiver retrógrado, evite:

• Considerar algo definitivamente encerrado.

O CÉU EM 2019

A Dança dos Signos

Movimento dos planetas lentos e Nodos através dos graus dos Signos em 2019

Júpiter em Sagitário **Júpiter em Capricórnio**	De 09/11/2018 a 02/12/2019 De 03/12/2019 a 19/12/2020	11° Sagitário Janeiro 24° Sagitário Abril 14° Sagitário Agosto 29° Sagitário Dezembro 6° Capricórnio Dezembro
Saturno em Capricórnio	De 21/12/2017 a 22/03/2020	17° Capricórnio Janeiro 20° Capricórnio Abril 13° Capricórnio Setembro 21° Capricórnio Dezembro
Urano em Touro **Urano em Áries** **Urano em Touro**	De 15/05/2018 a 07/12/2018 De 07/12/2018 a 06/03/2019 De 07/03/2019 a 25/04/2026	28° Áries Janeiro 29° Áries Março 0° Touro Março 6° Touro Agosto 2° Touro Dezembro
Netuno em Peixes	De 05/04/2011 a 25/01/2026	14° Peixes Janeiro 18° Peixes Junho 15° Peixes Novembro 16° Peixes Dezembro
Plutão em Capricórnio	De 27/11/2008 a 23/01/2024	20° Capricórnio Janeiro 23° Capricórnio Maio 20° Capricórnio Outubro 22° Capricórnio Dezembro
Nodo Norte em Câncer	De 07/11/2018 a 05/05/2020	26° Câncer Janeiro 8° Câncer Dezembro

Os ângulos formados entre os planetas lentos, assim como a sua mudança de Signos a cada ano, representam importantes eventos astrológicos que descrevem o clima, a natureza dos fatos, as tendências, enfim, o astral daquele ano. Ao contrário das previsões pessoais, esses ciclos influenciam e criam disposição para eventos de natureza coletiva. Trata-se de uma análise das macrotendências para o período. Esse é um dos mais antigos e nobres usos da Astrologia.

Alguns trechos dos textos sobre a dança dos Signos a seguir são reproduções daqueles publicados em edições anteriores de **O Livro da Lua**, uma vez que se tratam de interpretações de passagens idênticas ou de natureza semelhante.

— Júpiter em Sagitário —

De 09 de novembro de 2018 a 02 de dezembro de 2019

Com a entrada de Júpiter em seu próprio Signo, já quase no final do ano, teremos duas majestades reinando no Céu de 2018: Saturno em Capricórnio e Júpiter em Sagitário — ambos em suas dignidades.

A passagem de Júpiter por Sagitário é o maior estímulo possível ao crescimento em todas as áreas. O planeta da expansão está à vontade para exercer suas funções com magnitude.

O efeito multiplicador deste ciclo permite que os projetos avancem exponencialmente. Megaeventos, megaexposições, megashows, megafusões e megaempreendimentos são previstos dentro dessa passagem.

Júpiter em Sagitário não é amigo do pequeno. Pensa-se em larga escala, em alcance global etc. Amplia-se o número de negócios com atuação internacional ou com vistas a se tornar internacional. O crescimento é maior para o mercado externo do que interno.

Um aumento expressivo do fluxo de turismo internacional também deve ser esperado. Destinos exóticos, com temática de aventura, para locais mais distantes e pouco explorados vão entrar na pauta. "Ir mais longe" é um *slogan* que poderia ser adotado na passagem de Júpiter por Sagitário.

Também é um período propício para a expansão do ensino a distância, de busca por mais conhecimento e estudo, por aumento de intercâmbio entre as instituições de ensino de vários países e de surgimento de escolas de excelência propondo uma educação diferenciada desde a base.

Uma ampliação da atuação de fóruns internacionais com legitimidade para agir em questões supranacionais e que afetem vários países é também um dos efeitos prováveis deste ciclo, tão afinado com a interpretação e aplicação da "lei" no seu sentido mais elevado.

Ainda dentro da proposta de "ir mais longe", podemos assistir à superação de recordes em várias áreas de experiência. O espírito olímpico é bem afinado com Júpiter em Sagitário.

— Júpiter em Capricórnio —

De 03 de dezembro de 2019 a 19 de dezembro de 2020

Mais um astro se junta aos Signos de Terra. Além de Urano em Touro, Saturno e Plutão em Capricórnio, agora é a vez de Júpiter participar desta hegemonia, acrescentando mais ingredientes de objetividade, planejamento e pragmatismo ao que quisermos desenvolver.

Quando Júpiter atravessa um Signo, expande e beneficia as qualidades, atividades e comportamentos associados a ele, e também às pessoas nascidas sob aquele Signo.

Terão mais êxito e darão melhores frutos todas as ações que forem executadas com critérios de planejamento, organização, enxugamento, economia e cujos alvos sejam resultados a longo prazo e de longa duração.

Atitudes passageiras, tomadas por impulso, de caráter imediatista e que pretendem resolver algo agora ou por enquanto, sem foco na continuidade ou em seus efeitos ao longo do tempo... não vingarão.

O que vai dar certo é o que veio para ficar.

Atividades, marcas, produtos, condutas que já passaram pelo teste do tempo e permaneceram terão as bênçãos de Júpiter, ou seja, irão prosperar.

Solidez, confiabilidade, estabilidade, maturidade, construção, comprometimento e responsabilidade serão tratados e destacados como virtudes e atributos de sucesso.

Todos os empreendimentos que forem tocados com conceitos de sustentabilidade, gestão enxuta, aproveitamento de recursos, com redução do índice de nível de desperdício de qualquer item, com selo de qualidade e aumento de eficiência darão saltos.

Atividades que sejam feitas com consciência ecológica ou que a promovam serão beneficiadas.

Como Júpiter se encontra em Capricórnio, Signo que está em detrimento, o crescimento em qualquer área se dará de forma lenta, gradual (não aos saltos), apresentando índices menores e não espetaculares. As conquistas serão resultado de trabalho e esforço continuados.

– Saturno em Capricórnio –

De 21 de dezembro de 2017 a 22 de março de 2020

Saturno se encontra em domicílio no Signo de Capricórnio em mais uma posição de majestade no Céu, além de Júpiter em Sagitário. Está, portanto, em estado de excelência para exercer suas funções.

Estrutura, estabilização, otimização, enxugamento, otimização, economia, gestão eficiente e redução de desperdício estão entre os conceitos caros a este ciclo.

Depois de um longo ciclo de desorganização, imprevisibilidade, desgoverno, chegou a vez do controle, outro conceito-chave para entendermos esta passagem.

Um Estado enxuto, um governo restrito às suas atribuições para que possa exercê-las com competência. Instituições, empresas estatais, órgãos do governo buscando eficiência, operando dentro de seus limites e sob vigilância. Administração e planejamento de consumo de bens escassos, com expressiva redução de seu desperdício, é uma exigência de Saturno em Capricórnio, para o qual desperdício é o crime maior.

Planejamento, previsão, provisão: é hora de arrumar a casa depois da festa.

Um grande destaque para engenheiros, administradores, gestores e valorização de profissionais seniores, porque experiência e tempo são artigos valiosos para esta posição planetária, assim como profissionais qualificados.

A busca por maior produtividade será uma diretriz para as empresas, e o mercado premiará os profissionais produtivos.

As relações de trabalho estarão baseadas no desempenho e resultados, e não em regras inflexíveis. E, no final, o trabalho e o trabalhador é que saem enobrecidos. É um incentivo à produção, que não combina com assistencialismo.

Pode-se assistir à extensão do tempo de trabalho devido à crise em sistemas previdenciários em muitas partes do mundo. Soluções interessantes podem ser adotadas para a população da terceira idade, inclusive com o reaproveitamento dessa faixa da população para certas atividades e áreas de produção. Uma rede de serviços, profissões e profissionais dedicados a este público ganha espaço e reconhecimento.

Esta é uma combinação que cultua a tradição e aquilo que já foi testado e aprovado pelo tempo. Veremos em vários momentos e situações a revalorização de práticas tradicionais, assim como o refortalecimento do modelo hierárquico. Isto quer dizer que adultos, pais, dirigentes, governantes, chefes de organizações e departamentos têm mais obrigação de responder pelas responsabilidades que a posição e o cargo lhes conferem.

Disciplina, autocontenção, imposição e respeito a limites, incluindo o combate a posturas desmedidas, são práticas alinhadas a este momento.

— Urano em Touro —

De 07 de março de 2019 a 26 de abril de 2026

Depois dos últimos anos de aceleração frenética, com inovações constantes, sem tempo para que fossem assimiladas ou utilizadas, além de um clima propício a novos, criativos e ousados empreendimentos e *startups*, a entrada de Urano em Touro aponta que as mudanças, inovações, rupturas e invencionices vão se dar em intervalos mais longos e com efeitos mais duradouros.

As alterações mais importantes e criativas devem se dar no campo da produção e também do uso da terra em relação ao cultivo, colheita, armazenamento e aproveitamento e durabilidade do que foi cultivado, por se tratar de um Signo de terra e fixo, portanto muito afeito aos movimentos de manutenção e conservação, e não a perdas e deteriorações.

Outro foco importante das práticas revolucionárias de Urano será em relação às formas de pagamento ou uso do dinheiro. Afinal, trata-se de um Signo que fala de matéria. Pode-se pensar em aceleração de sistemas novos de cobrança e pagamento, como as moedas virtuais *bitcoins*, várias formas de permuta de serviços e mercadorias sem uso de dinheiro nas transações, ou até situações em que o cliente sugere o valor da mercadoria.

Muita coisa nova vem por aí nesta área: a economia ainda vai nos surpreender e nos mostrar como é possível reinventar suas práticas.

Na linha da inversão típica de Urano passando pelo Signo de Touro — afeito às posses, ao senso de propriedade —, poderemos ver a economia se beneficiar de modelos de negócios de uso temporário, em que se estabelece pagamento pelo uso, e não pela propriedade... É o caso das bicicletas de uso comum e, já em algumas capitais, o do automóvel por um determinado período. Esse formato de "posse provisória" pode se estender a outros artigos, evitando a predisposição ao acúmulo de peças, bens e objetos que não estejam sendo usados pelo proprietário, o que abre a possibilidade para que outros usufruam mediante um valor previamente definido.

— Netuno em Peixes —

De 07 de março de 2019 a 26 de abril de 2026

A consciência de que estamos todos imersos no mesmo oceano e de que tudo cada vez mais afeta todos, desde o início da era globalizante, fica ainda mais expressiva com a entrada de Netuno, o planeta da dissolução de fronteiras, em seu próprio Signo. Encontra, assim, o ambiente ideal para desmanchar uma determinada ordem e reagrupá-la em uma nova síntese, incluindo elementos que estavam fora. Tudo remixado e miscigenado, agregando em uma mistura, antes improvável, raças, culturas, classes, idades e gêneros. Esta é a ideia de "*fusion*", que a gastronomia adotou tão bem quanto a música. Se nosso paladar e nossos ouvidos recebem tão bem este conceito, por que não todo o resto?

Marcar diferenças, separar, exilar, estabelecer limites muito delineados será quase impossível sob esta abrangente combinação. Inclusão é a palavra de ordem. A atitude mais recomendada e contemporânea será flexibilizar. Tempos difíceis para rígidos e intolerantes.

Fenômenos e comportamentos de massa serão ainda mais presentes com ideias, modismos e expressões se espalhando mundo afora em prazos muito curtos. As últimas barreiras de resistências regionais, ou de grupos e culturas que pretendem se manter isolados, serão paulatinamente enfraquecidas. A tendência é que sejam absorvidos, como o movimento da água que a passagem de Netuno em Peixes tão plasticamente reproduz.

A música e as artes visuais, principalmente o cinema — um mundo cada vez mais visual e sonoro — viverão momentos de grande expressão. A água, como já se tem anunciado por toda esta década, torna-se cada vez mais um precioso bem. E as regiões que possuem reservas hídricas serão muito valorizadas.

Por outro lado, o planeta que rege os mares, que não aprecia limites e bordas, transitando um Signo de água, pode produzir efeitos indesejáveis como enchentes, alagamentos e chuvas prolongadas. Quem mora nas proximidades de grandes concentrações de água pode sofrer os efeitos mais nocivos desta passagem.

Este planeta também está associado à química, à indústria farmacêutica e ao acesso a medicamentos em escala cada vez maior. Quebra de patentes ou um crescimento acentuado dos genéricos são boas possibilidades. Esse astro ainda expande todo o arsenal de substâncias químicas que imitam, por algum tempo, a sensação de bem-estar ou nos fazem esquecer a falta dele, como um bom e eficiente anestésico.

Como tudo se alastra com mais facilidade sob esta influência, as epidemias podem não ser tão raras.

Também é atribuída a Netuno a regência sobre o petróleo e o gás. As reservas de óleo devem ficar progressivamente menos hegemônicas ou restritas a algumas áreas. Descobertas de novas reservas em outros países, que passam a ser também produtores de petróleo, mudam um pouco a moeda de poder associada a esse valioso produto. Por sinal, Netuno em Peixes não é amigo de hegemonia nem de restrição.

É Netuno o responsável por nossa capacidade de encantamento. É ele que nos lembra, ao nos trazer uma tristeza na alma, que viver não é só uma equação material ou corporal, mesmo que esta equação esteja muito bem solucionada. Isto não garante uma alma plena ou alegre. A falta de encantamento nos torna vazios, robotizados, automáticos.

Em Peixes, esta capacidade e necessidade se tornam ainda mais acentuadas. Surgem daí algumas alternativas: o romantismo no amor, a espiritualidade que sempre dá sentido à existência, a arte, o contato com a natureza. A natureza, por sinal, nos lembra que tudo é tão perfeito.

A busca de estados mais contemplativos, para repousar e equilibrar nosso vício pelo ritmo frenético, será mais frequente. Com a queda das utopias, vamos todos precisar mais de sonhos e de refúgios paradisíacos — agora mais do que nunca. Lugares que, de algum modo, sugerem a ideia de paraíso serão avidamente buscados.

Floresce a percepção, agora muito mais difundida, quase corriqueira, de que tudo está conectado como um grande organismo, que só pulsa se todos os elementos pulsarem juntos, ou de um sistema que só funciona se suas partes interligadas funcionarem. Soluções isoladas não resolvem mais questões tão complexas. Um só gesto afeta mil outras coisas, situações de uma natureza atraem outras semelhantes ao mesmo tempo e, ainda, o homem contém dentro de si partículas do universo. Estes são os efeitos prováveis desta passagem, que destaca ainda um pensar sistêmico e um ser humano mais sensível. Estudos interdisciplinares vão crescer cada vez mais, como se um conhecimento fosse complementar a outro.

— Plutão em Capricórnio —

De novembro de 2008 a janeiro de 2024

Um dos principais e mais visíveis efeitos desta passagem é a crise financeira e a consequente recessão econômica em que estamos envolvidos desde a entrada de Plutão em Capricórnio em novembro de 2008. Quebra-quebra de empresas, bancos, aumento do índice de desemprego, enxugamentos e gestão mais apertada das empresas são reflexos desta passagem. Consumo consciente e toda uma reeducação econômica estão em vigor. Viver com menos e gastar com prudência, administrando melhor os próprios recursos, é a ordem do dia.

Os quinze anos em que Plutão permanecerá em Capricórnio alertam para os graves efeitos que o ataque ao meio ambiente vem causando. A exacerbação desses efeitos será visível, e eles poderão ser totalmente irreversíveis, caso as medidas preventivas e reparadoras não sejam tão radicais e tão urgentes quanto a proporção dos danos causados. Cura ou destruição da Terra são as duas únicas opções.

Este imenso trabalho de recuperação, por sua vez, gerará novos empregos, novas indústrias e até novas profissões, aquecendo todos os setores da economia ligados a este processo. Na verdade, toda uma nova economia será gerada no rastro desta tendência. Alguns exemplos: atividades de reciclagem, beneficiamento de lixo, reutilização de descartáveis, despoluição, reaproveitamento de fontes naturais, construção de casas ecológicas etc.

Já está em estudo o processo de reversão do lixo, em que este faz o seu caminho de volta e retorna à produção. Esse é um dos sentidos mais profundos da economia de recursos, quando quase nada é jogado fora. Até porque já há claros sinais de escassez de recursos e da iminente falta de alguns deles. Uma das áreas críticas, que já começa a se evidenciar, é a produção de alimentos. Como alimentaremos toda a população mundial sem um controle radical da manutenção e qualidade das terras cultivadas? O que fazer diante do cenário que sinaliza algumas delas se tornando áreas de produção de insumo para combustível?

Também sobressaem desta passagem de Plutão pelo Signo de Capricórnio profundos reajustes da Terra, este planeta vivo que de tempos em tempos sofre todos os tipos de abalos causados pelas forças da natureza, terremotos, inundações, vendavais etc.

O formato de trabalho/emprego que se conhece hoje será totalmente revogado, inclusive com um forte decréscimo do assistencialismo. Cada vez mais, a ideia de um governo "mãe", ou seja, protetor, que "cuida" dos seus cidadãos, ficará distante. A crise na previdência social já ocorre em muitos países, causada pelo desequilíbrio entre o que o governo precisa desembolsar para assistir aos cidadãos e a contribuição dos indivíduos produtivos. Essa crise deve se agravar agora, justamente pelo fato de Plutão se encontrar em Capricórnio, que é o Signo oposto a Câncer, no qual se encontrava entre 1914 e 1939, período em que tal modelo foi criado.

Trata-se, na realidade, de uma mudança radical de formato de trabalho, no qual o indivíduo vai encontrando outros meios mais garantidos e autossuficientes de se assegurar fora dos braços do Estado ou do empregador.

O prolongamento da vida e o consequente envelhecimento da população agravam ainda mais essa questão. O fato de as pessoas ganharem mais anos de vida faz com que se vejam obrigadas a permanecer mais tempo produzindo para que esse tempo excedente seja devidamente financiado. O conceito de aposentadoria precisa ser completamente repensado e alterado nessas condições.

A outra grande revolução se dará no campo político. Há uma forte tendência de predominância do Estado laico, superando a dos últimos anos (durante a passagem de Plutão em Sagitário), quando houve muitos casos de convergência entre Estado e religião, sendo esta, inclusive, usada como apelo político e força de sustentação de poder. Essa era chegou ao fim. Até porque os desafios que encontraremos serão de natureza tão objetiva — como a sobrevivência do próprio planeta — que exigirão soluções e competências pragmáticas... Talvez por isso o braço da religião neste momento não seja um apoio tão tentador.

O cenário político sofrerá ainda outra importante transformação, com o poder sendo deslocado da esfera do simples usufruto de autoridade, do mando e do *status* para a esfera da competência, da realização e do trabalho. É como se ocorresse uma "profissionalização" do poder. A política volta a ter sua função reguladora, administradora e gerenciadora, diante da gravidade dos problemas enfrentados, deixando de ser apenas um lugar gerador de privilégios, divorciado dos problemas estruturais da sociedade. Ou seja, um lugar de responsabilidades e soluções, não de discursos. Isto muda completamente a face dos dirigentes. A autoridade estará diretamente ligada à competência. Assim, o Estado terá que se assemelhar mais com uma grande empresa ou um grande gestor. O poder pertencerá a quem faz e sabe fazer.

Pode-se observar também o aumento do controle ou do poder do Estado sobre a economia e o funcionamento da sociedade em geral. Já vimos isto acontecer em 2009 nos Estados Unidos, a mais liberal das economias, quando o governo teve que assumir o controle de algumas empresas à beira da falência. Essa tendência segue.

Há, de qualquer maneira, uma total renovação dos nomes do atual cenário político. Não só os nomes irão mudar, mas também os perfis, com toda uma nova geração ascendendo ao poder.

– Nodo Norte em Câncer –

De 07 de novembro de 2018 a 05 de maio de 2020

A travessia do Nodo Norte em um Signo funciona como um farol, um indicador das qualidades, práticas, comportamentos e atividades alinhados à natureza daquele Signo. É uma travessia pela qual devemos nos orientar para encontrar aquilo que tem caminho e que está pulsando naquele período.

O Nodo Norte em Câncer nos propõe formarmos e nos acercarmos de nossas famílias. Não só da família de sangue ou de origem, mas das pessoas com quem podemos criar laços e relações de pertencimento e com elas nos sentirmos parte de um clã, de uma tribo, de um grupo, de "uma família". Acolher, nutrir, proteger, incluir, amparar, consolar, receber, aproximar, trazer para dentro, vincular, pertencer. Esses são todos verbos cancerianos e muito bem-vindos nesta jornada.

Envolver-se até fazer parte é um gesto canceriano. Deixar as emoções serem vividas e expressadas, contagiar-se pelas emoções: eis outro gesto canceriano. Isso significa que fomos tocados pelo outro ou pela situação.

Criar um ambiente de familiaridade será muito mais produtivo do que a impessoalidade, em qualquer circunstância.

Relacionamentos com mais intimidade e envolvimento, além da criação e manutenção de vínculos, serão muito mais desejados do que situações passageiras.

Destaque para lojas, hotéis, hospitais e empresas que adotam estilos e práticas para que o cliente, o usuário, o hóspede, o paciente e os funcionários se sintam em casa — e, em alguns casos, reproduzindo mesmo um ambiente similar a uma casa. Todas as atividades, serviços e profissionais cujo objetivo seja cuidar do próximo serão relevantes, assim como os serviços e departamentos de acolhimento e recepção de pessoas. Ninguém vai querer se sentir "largado" ou desatendido.

Vamos preferir a companhia de quem já conhecemos há mais tempo. Funcionários antigos, lugares que mantenham há anos seus funcionários, rostos familiares, contratação de pessoas com quem já nos esbarramos, convivência com pessoas mais próximas ou com amigos de longa data serão as escolhas mais apropriadas.

Retomada de hábitos, receitas e soluções que já foram usadas no passado é uma tendência forte, assim como a disposição para se conservar algo do passado, da própria história, em vez de querer se desfazer de tudo e trocar por um "modelo novo", sem memória.

Calendário dos ciclos planetários

Eventos geocósmicos de destaque em 2019

Janeiro de 2019	Júpiter Quadratura Netuno Saturno Sextil Netuno
Fevereiro de 2019	Saturno Sextil Netuno
Março de 2019	Saturno Sextil Netuno Plutão Conjunção Nodo Sul
Abril de 2019	Saturno Conjunção Nodo Sul Plutão Conjunção Nodo Sul
Maio de 2019	Júpiter Quadratura Netuno Saturno Sextil Netuno Saturno Conjunção Nodo Sul Netuno Trígono Nodo Norte Plutão Conjunção Nodo Sul
Junho de 2019	Júpiter Quadratura Netuno Saturno Sextil Netuno Saturno Conjunção Nodo Sul Netuno Trígono Nodo Norte
Julho de 2019	Júpiter Quadratura Netuno Saturno Sextil Netuno Saturno Conjunção Nodo Sul Netuno Trígono Nodo Norte
Agosto de 2019	Netuno Trígono Nodo Norte
Setembro de 2019	Júpiter Quadratura Netuno Saturno Conjunção Nodo Sul
Outubro de 2019	Saturno Sextil Netuno Saturno Conjunção Nodo Sul
Novembro de 2019	Saturno Sextil Netuno
Dezembro de 2019	Saturno Conjunção Plutão

— O Ciclo Júpiter/Netuno (Quadratura) —

Janeiro, maio, junho, julho e setembro de 2019

Este ciclo leva a assinatura própria dos processos inflacionários. Júpiter expande, acresce, e Netuno espalha, alaga. Qualquer ação no sentido de conter ou estabelecer limites é dificultada, quando não vencida. É mais difícil se manter dentro de uma meta de gastos sob este desenho planetário: isto vale para os governos, empresas e para cada um de nós. Com o objetivo de agradar a todos e não deixar ninguém de fora, vai se abrindo o cofre, liberando verbas e se implantando políticas de subsídios, de forma pouco realista, o que gera um descontrole e um aumento do rombo. Crescimento desordenado, caótico, sem planejamento pode ser um dos efeitos deste ciclo.

Desconfie de tudo o que se parecer demais com um sonho. Caímos com mais facilidade na tentação de negócios e atividades que prometem cifras espetaculares e que, na realidade, são enganosos.

A grave questão humanitária provocada pela onda de imigrantes e refugiados continua presente e, pelo que tudo indica, expandindo-se de uma maneira desordenada e sem busca de soluções eficazes. Como tudo que se alastra sob esta combinação, é importante se prevenir contra a instalação de epidemias, já diante dos primeiros sinais.

— O Ciclo Saturno/Netuno (Sextil) —

De janeiro a março, de maio a julho e de outubro a novembro de 2019

As múltiplas passagens deste ciclo prometem ser um dos elementos facilitadores do ano. Saturno representa as forças alinhadas ao governo, empresas, órgãos e instituições governamentais. Netuno sempre está associado a um olhar mais atento às políticas públicas que tendem a incluir práticas de maior sensibilidade social.

Isto tende a uma reorganização dos movimentos políticos de esquerda, que andavam bem enfraquecidos desde o último ciclo tenso entre Saturno e Netuno. Promove também a possibilidade de se perceber que sensibilidade social pode não ser um monopólio da esquerda, e que governos de uma maneira geral podem incluir em suas diretrizes um foco maior para políticas sociais.

O Céu, sob este ciclo, inspira isto. De qualquer maneira, deve ocorrer um aumento de representatividade da esquerda, de forma que estejam inseridos no planejamento orçamentos para políticas de inclusão, mais distributivas, para arte, cultura e tudo aquilo que humaniza, suaviza a existência e refina o espírito.

Há condições e espaço para que cada um de nós possa se dedicar concretamente a experiências que encantam, inspiram e tornam alguns de nossos sonhos possíveis.

– O Ciclo Saturno/Nodo Sul (Conjunção) –

De abril a julho e de setembro a outubro de 2019

A fórmula Saturno (redução) + Nodo Sul (saturação) não costuma dar boa coisa, principalmente estando ambos no econômico Signo de Capricórnio. Esta é uma aliança que aconselha e premia a austeridade, o enxugamento, a racionalização para evitar racionamento e escassez de algum recurso natural ou de algum bem.

É indicação de um cenário de redução de disponibilidade, abastecimento ou circulação de um bem necessário. Este ciclo fala de falta; portanto, gerencialmente, previsão e planejamento devem ser implantados por empresas, órgãos governamentais e por cada um de nós antes da chegada do ciclo. Saturno sempre recompensa o prevenido.

É também um cenário propício ao afastamento de líderes que não podem mais desempenhar a função a eles atribuída, simplesmente porque não funciona mais, a eficácia se perdeu, o ciclo foi cumprido. Esta é uma energia de saturação e de validades vencidas. Algumas pessoas, situações e práticas entram no "modo" obsoleto. O mesmo, o "velho", o feito da mesma maneira não dá mais resultados.

– O Ciclo Plutão/Nodo Sul (Conjunção) –

De março a maio de 2019

Este ciclo só vem reforçar o que foi dito sobre a passagem anterior: há um forte impulso para a retirada de cena, para decretar o fim da atuação de um líder ou dirigente, cujas condições de poder estejam exauridas, desgastadas. Esta é uma contundente energia de fim.

Grandes corporações também podem sofrer importantes perdas de expressão sob esta assinatura astrológica. Mercados inteiros podem ser afetados sob o impacto deste ciclo.

Um outro efeito seria o esgotamento, a falta de vitalidade das mesmas políticas e ferramentas utilizadas para se lidar com temas de importância capital para o coletivo. Esses temas importantes exigirão respostas revisadas e renovadas, sob o risco de serem ainda mais agravados pelo uso das mesmas tentativas de solução.

Acidentes naturais causados por tormentas e terremotos costumam ser mais recorrentes e de proporções importantes sob este ciclo.

— O Ciclo Netuno/Nodos (Trígono) —

De maio a agosto de 2019

Suavizando as outras tendências apontadas pelo Céu para o mesmo período, esta belíssima aliança vem suavizar a direção dos ventos. Despontam figuras (líderes, dirigentes, criadores, intelectuais) inspiradoras que agenciam rumos e propõem saídas para impasses presentes de uma forma muito mais sensível, delicada, que gera convergência, fomentando políticas de inclusão e união nas negociações.

É mais fácil juntar pessoas de bem ou estimular o bem nas pessoas de modo que se consiga quebrar resistências, gerar empatia e consenso sobre questões que afetam todos. Fica mal quem fica de fora e quebra a corrente do que favorece um número maior de pessoas.

Atenção às figuras com esse perfil, que ganham destaque neste período. Atitudes solidárias, de qualquer natureza e de qualquer porte, devem ganhar nossa preferência e adesão.

— O Ciclo Saturno/Plutão (Conjunção) —

De dezembro de 2019 a março de 2020 e de setembro a outubro de 2020

A tão anunciada conjunção de Saturno e Plutão no Signo de Capricórnio já se aproxima no final de 2019 e manifestará seus efeitos mais expressivos em 2020. Toda conjunção encerra um ciclo e cria um ponto de partida para um novo cenário. É um marco zero. São as estruturas de poder, as formas de governo e seus regimes que sofrerão os maiores impactos. Refletir e redefinir o papel do Estado será uma inevitável tarefa imposta por este ciclo, assim como uma profunda reavaliação da eficácia dos regimes políticos, da forma como foram concebidos e estabelecidos, diante das atuais condições de mundo.

A assinatura Saturno/Plutão é a mais poderosa energia de quebra de estruturas que pode existir. Isto vale para o cenário político, econômico e ambiental, já que esse encontro se dá em Signo de Terra.

Já não será mais possível produzir crescimento econômico fora de um modelo sustentável, devido à exaustão de recursos naturais; será preciso um rigoroso planejamento de utilização desses recursos.

Este ciclo fala em austeridade, redução de desperdício, reaproveitamento do que é produzido em todas as escalas e etapas do processo de produção. Não é uma aliança planetária que sugere abundância.

Pelo sentimento de medo e ameaça que este ciclo pode denotar, não é improvável uma tendência para intensificar processos de mais fechamento, defesa, controle, barreiras no cenário político, econômico, social e militar.

O encontro entre Saturno e Plutão se deu no pós-guerra entre os anos 1946 e 1948, período em que se realizou um enorme esforço de reconstrução dos países devastados pela guerra, mais a criação do estado de Israel, além da consolidação de uma linha dura de governo nas regiões ocupadas pelo então regime soviético, só para citar alguns eventos históricos ocorridos sob esta aliança.

Outro fato histórico que exemplifica com muita propriedade os efeitos próprios da assinatura Saturno/Plutão se deu entre os anos 1982 e 1983, quando esses dois planetas se encontraram no Signo de Libra. Na linha da indicação de fim de ciclo de um determinado regime político, temos, em 1982, eleições diretas gerais, menos para presidente da república, apontando para o fim da era da ditadura militar no Brasil. E, em 1983, a abertura democrática na Argentina, pós-ditadura.

Na linha da radicalização das defesas territoriais e de manutenção de poder, ainda em 1983, em plena polarização e acirramento das disputas entre Estados Unidos e União Soviética (ambos armados até os dentes), ocorreram incidentes que quase detonam uma guerra nuclear.

Vamos ver como estes símbolos se manifestam no cenário de final de 2019 a 2021. Sem sombra de dúvida, há uma grande potência de reconstrução sendo gerada no ventre deste ciclo.

O CÉU DO BRASIL

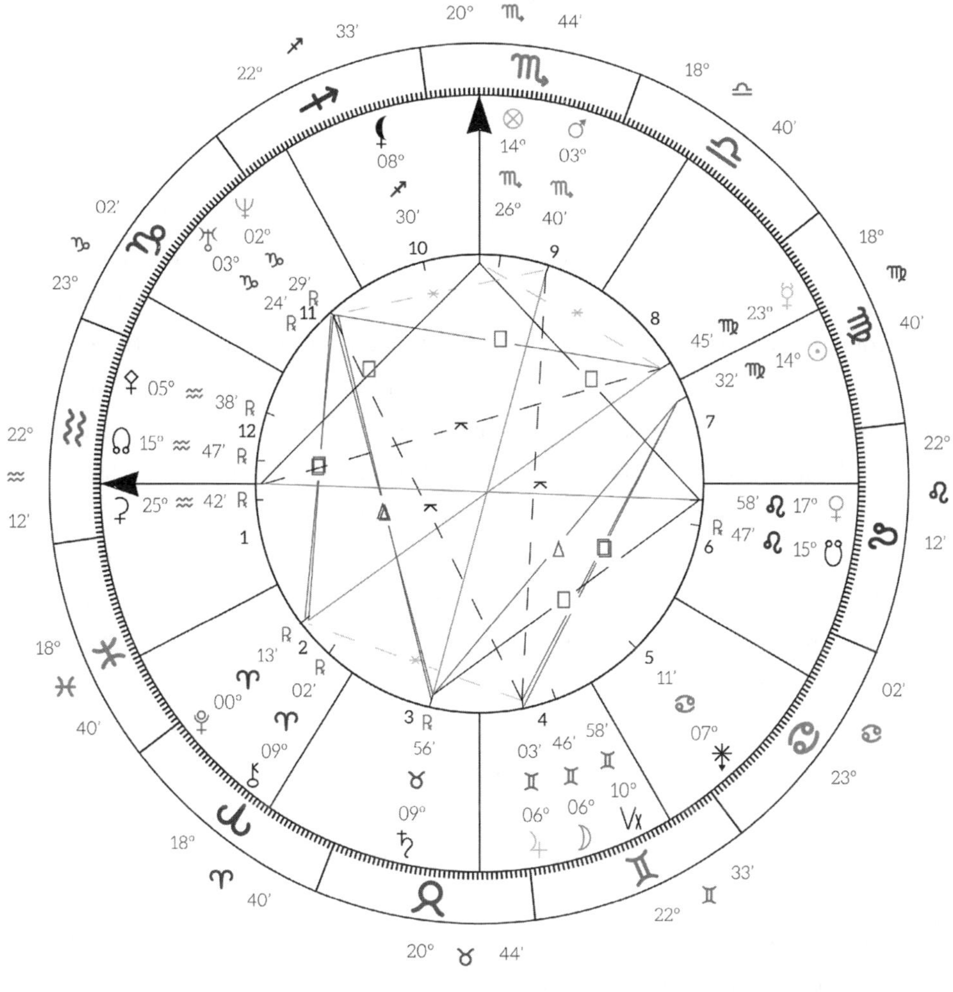

— Netuno oposto ao Sol do Brasil —

De abril a setembro de 2017 — De fevereiro a maio de 2018 — De agosto de 2018 a março de 2019 — De novembro a dezembro de 2019

Esta longa e fragilizante influência planetária, presente desde abril de 2017 e ainda em vigor nos primeiros meses do ano e no final de 2019, foi responsável pelo processo de "descostura", desorganização, indefinição e esvaziamento do centro do poder do país. De qualquer maneira, temos resíduos deste período de vácuo e instabilidade, mas a boa notícia é que o ciclo se encontra em sua fase final.

A sensação de que o país está desmanchando, derretendo (para alguns, naufragando) e o caráter incerto da situação como um todo, gerando dificuldade de fazer projeções, advém deste ciclo planetário.

Sob esta influência, fica complicado estabilizar os processos e criar um centro de convergência.

Esta é, sem dúvida, a mais complexa e delicada passagem planetária do ano. Há um efeito de desvigoramento, de falta de tônus, de enfraquecimento. Uma espécie de anemia. O coração do país pulsa sem ritmo, como se seu centro estivesse diluído, faltando coesão, clareza de rumos e propósitos. Os objetivos não convergem ou são demasiado impalpáveis, pouco realistas ou minimamente pragmáticos. Ficamos enxugando gelo.

As lideranças são fracas ou estão dispersas. Consegue-se visualizar passos e providências de curto prazo, mas mirando a distância. Não sabemos muito que paisagem nos aguarda, como um condutor que dirige por uma estrada coberta de nevoeiro. Há que se conduzir com cautela e não se aventurar por caminhos pouco conhecidos. É bom lembrar que o Sol representa o condutor do país, seu governante.

Em momentos de pouca visibilidade, erramos menos quando trilhamos caminhos habituais. Do contrário, corremos o risco de nos perdermos.

A verdade é que ainda não se vislumbrou com clareza que orientação será desenhada para sairmos da crise econômica e política em que caímos.

De novo, assim como médicos discordam do diagnóstico de um paciente ou de seu tratamento, indicando medicamentos e procedimentos diferentes e que não melhoram a condição do doente, estamos nesse processo de ir tateando e experimentando o que vai sendo prescrito.

As contas públicas precisam ser vigiadas com maior cautela e controle, pois Netuno tem vocação para fazer escoar, vazar e desaparecer o que ele toca sem que se dê conta, como uma infiltração que vai minando todo o alicerce ou um vazamento que vai esgotando toda a reserva da caixa d'água. Da mesma forma, cada um de nós deve estabelecer para si limites bem claros de gastos, e cobrar de forma muito firme limites e transparência do governo.

— Mercúrio progredido trígono Marte —

De maio de 2017 a julho de 2019

Esta configuração se encontra ativa no mapa do Brasil desde maio de 2017.

Como Marte se encontra na Casa 9 do mapa do Brasil, as atividades ligadas a este setor ganharão diversificação e mobilidade.

Assim, o setor de exportação e comércio internacional será um dos favorecidos pela diversidade dos produtos que passam a entrar na pauta de exportação, assim como nos mercados. Deve também ocorrer uma agilização dos mecanismos burocráticos para facilitar esta atividade.

O setor jurídico também ganha uma série de mecanismos para dar velocidade aos processos que tramitam na Justiça, criando, por exemplo, núcleos que possam atuar com mais independência e rapidez para processos específicos. Mercúrio sempre atua assim, "departamentalizando", ou seja, subdividindo operações.

De qualquer maneira, o poder judiciário se afirmou, ganhou voz, espaço de expressão e demonstrou sua autonomia diante dos demais poderes. Esta passagem planetária garante a continuidade dessas conquistas.

A educação, principalmente de nível superior, também passa por uma movimentação muito positiva.

— Marte progredido quadratura a Netuno —

De junho de 2017 a outubro de 2019

Esta configuração se estende até o final do ano.

É mais um ciclo planetário que vem complicar a vida da Câmara, Senado e poder representativo, já que Netuno se encontra na Casa 11 do mapa do Brasil. Falta de convergência, perda de força e de objetividade são alguns dos efeitos desta passagem. Há uma desorganização e ausência de propósitos claros para essas instituições. Como se suas ações estivessem esvaziadas ou desorientadas, sem repercussão significativa diante dos problemas da sociedade.

Esta passagem também aponta indícios de que a economia ainda não retomou seu ritmo. As medidas propostas para a recuperação do crescimento não têm força suficiente e se diluem sem produzir o efeito desejado. O cenário é de quem patina, patina e não sai do lugar.

Há também risco de se atrapalhar, enxergar mal, diagnosticar errado a natureza dos problemas econômicos e, consequentemente, apontar medidas igualmente equivocadas. Costuma haver uma predominância da inércia quando se está sob os efeitos de Netuno e uma tendência a "aguardar as coisas melhorarem por si mesmas", quando, na realidade, elas acabam se agravando por falta de controle e limite.

O país deveria zelar por cada centavo que fosse gasto ou por cada centavo que fosse gerado, pois esta é uma energia que tende a ir dissipando o patrimônio e os recursos adquiridos.

Há que se vigiar também a adoção de medidas que só venham a onerar os custos de produção, o produto final e o bolso do consumidor. Muito cuidado com medidas "esquizofrênicas": aquelas que cortam despesas de um lado para gerar economia e aumentam outro lado, anulando toda a intenção. Enrolação, fingir que se está fazendo e não fazer, incoerência e indulgência são as especialidades deste ciclo.

— Júpiter na Casa 10 —

De janeiro a abril e de setembro de 2018 a outubro de 2019

Esta é uma demonstração de proeminência e destaque de atuação do Poder Executivo, coincidindo com o período de eleições presidenciais. Há uma forte indicação de que o presidente eleito poderá reunir em torno dele suficiente apoio e espaço de manobra para governar o país com mais desenvoltura e menos amarras.

O mais provável é que tenhamos um governante com uma preocupação em atuar com foco direto na retomada do crescimento do país. Diante disto, a equipe econômica do governo terá um papel central, pois será uma gestão com forte ênfase na economia.

Júpiter devolverá um sentimento de otimismo e fé na condução do país. Veja o que o *Almanaque do Pensamento* diz sobre esta passagem:

"Tal trânsito é indício de prosperidade material do país e de melhores condições materiais para o conjunto da nação e para o governo. Ha também uma boa relação, melhor do que nos anos anteriores, entre a população e o governo e entre as necessidades reais da população e as metas colocadas pelo país, através de seus governantes. É então uma fase de prosperidade geral, mas não de imediato, e sim de propostas e planos favoráveis à prosperidade, a médio prazo, e que são definidos e colocados em prática a partir de sua entrada."

Ocorrerá uma melhoria de prestígio para o Brasil, e o mercado interno como um todo dará sinais de expansão. É como se o país se reerguesse, pois Júpiter é um planeta auspicioso e a Casa 10 é uma área de elevação.

Vale lembrar que este ciclo se formou em 1994, quando o Plano Real foi lançado e acabou elegendo Fernando Henrique Cardoso, e de novo em 2006, quando se deu o segundo mandato de Lula.

— Sol progredido quadratura a Netuno —

De abril de 2018 a outubro de 2019

Este ciclo está presente desde o ano passado e se estende até o final de 2019. Apesar das medidas que possam ter sido aplicadas para organizar a economia do país, ainda temos muito escoamento de dinheiro sem finalidade produtiva: despesas mal calculadas, mau uso do dinheiro e baixa eficiência na aplicação dos recursos.

Esta é uma assinatura planetária que não favorece coesão e convergência, de modo que fica mais difícil conseguir adesão entre os membros do Congresso para aprovação de medidas importantes e também para se conseguir concordância em relação às práticas adotadas pela política econômica oficial. O ambiente geral é confuso e a economia continua debilitada, respondendo com pouca vitalidade aos estímulos recebidos.

— Urano trígono Urano e Netuno —

De junho a outubro de 2018 — De abril a maio de 2019 — De novembro de 2019 a março de 2020

Esta influência planetária está ativa desde meados de 2018 e estenderá seus efeitos até março de 2020. Este ciclo vem amenizar as tendências apontadas no trecho anterior e sinaliza um movimento de renovação, frescor, arejamento dos quadros e da atuação da Câmara e do Senado.

O país como um todo entra em uma fase de buscar soluções e caminhos alternativos aos que são habitualmente adotados. Podemos falar em uma nova safra de ideias, pessoas e atividades. É um ciclo de descondicionamento em que estamos livres para atuar de forma diferente da que estava cristalizada ou convencionada. Já que esta passagem afeta diretamente o Legislativo, esta Casa tem os meios e a oportunidade de surpreender, atuando de uma maneira nova, sem os vícios das práticas anteriores.

— Júpiter quadratura ao Sol —

Janeiro de 2019 e de julho a outubro de 2019

O ano se inicia com esta passagem, que é caracterizada por abrir muitos *fronts* e focar em múltiplas direções simultaneamente. Talvez porque se tenha passado muito tempo sem se tocar nos assuntos realmente importantes, agora parece que se quer resolver todos os pontos críticos ao mesmo tempo. Com isto, atira-se para todos os lados e nem sempre se atinge o alvo principal. De qualquer maneira, é indicativo de quebra de inércia, de compensar ou "supercompensar" o tempo perdido, como uma demanda reprimida, e também de necessidade de se atuar em várias direções, porque questões emergenciais parecem pipocar de todos os lados. Um gasto excessivo de recursos pode sair dos cofres públicos neste período, e a passagem se repete de julho a outubro deste ano.

— Saturno trígono Sol —

De janeiro a fevereiro de 2019 — De agosto a novembro de 2019

Esta energia vem se contrapor à anterior.

É um bom indício de que a situação do país tende a se estabilizar no que se refere às finanças e ajuste das contas.

É um cenário que predispõe a gestão, controle, planejamento, bom senso, limite. De qualquer maneira, há sinalização de que temos uma condição administrável em relação aos problemas financeiros a partir da adoção de uma política que parece ser bastante eficiente.

Estamos de volta a algum controle. A sensação de estabilidade, governabilidade e previsibilidade pode nos fazer pensar em um pouco mais de garantia e segurança para tocar nossos projetos e investimentos.

Sob esta assinatura astrológica, fica mais fácil adotar medidas de contenção de gastos e estabelecer alguns cortes para ganhar eficiência.

O governante consegue despertar algum nível de confiança e credibilidade.

— Plutão sextil meio do Céu —

De janeiro a fevereiro de 2019 — De julho a dezembro de 2019

Está é mais uma indicação de uma certa recuperação de poder e prestígio do Executivo e seu representante. O governante volta a ocupar o cargo com uma certa estatura e força hierárquica, com o mínimo de recuperação de potência que a função exige.

Em algum nível, o país se recupera e eleva índices que foram rebaixados. Pode-se mesmo afirmar que houve uma transformação de conduta na forma de estar no lugar e na função de representante do governo.

— Lua progredida conjunção Vênus —

De janeiro a abril de 2019

Podemos pensar em alguma melhora da economia a partir deste benéfico ciclo.

Esta é uma das configurações planetárias do ano que favorecem a economia, contrapondo os muitos outros indicadores astrológicos que estão presentes no mapa do Brasil desde 2017 e que são responsáveis pela crise econômica que o país vem atravessando.

Melhoria das exportações, valorização, no mercado internacional, dos preços dos produtos exportados, bom desempenho do setor agropecuário: essas são algumas promessas desta assinatura astrológica.

Um início de aquecimento do setor imobiliário também está na pauta.

O principal, no entanto, como efeito desta dupla planetária, é a indicação de um certo apaziguamento nos ânimos que vinham tão exaltados e belicosos. Esta é uma energia de suavização, amenização de conflitos. Será mais fácil se fazer alianças, acordos, chegar a convergências e colaboração. Pode ser uma indicação de que o novo presidente seja uma figura capaz de inspirar uma disposição mais conciliadora ou não desperte, ele próprio, reações tão radicais e adversas. Será um período excelente para a diplomacia e política externa do país.

— Júpiter trígono Vênus —

De janeiro a fevereiro de 2019 — De junho a julho de 2019 — De setembro a outubro de 2019

Esta é mais uma das influências planetárias que favorecem o desempenho econômico do país, em meio a tantos outros indicadores planetários que estão igualmente presentes no mapa do Brasil, há mais de dois anos, desarticulando e enfraquecendo a economia.

Esta benéfica passagem estimula a retomada de crescimento da economia, principalmente do setor de exportação e agropecuarista.

De novo, o segmento imobiliário deve apresentar melhoria nos seus índices de crescimento.

Já o cenário internacional parece ver o país com bons olhos e, com isto, podemos atrair investimentos de porte.

— Netuno na Casa 2 —

De fevereiro a agosto de 2019 — De fevereiro de 2020 a fevereiro de 2021

Este é um indicador de que, pelos próximos dois anos, pelo menos, ainda perdura a desorganização da economia. As medidas e soluções adotadas, se adotadas, para a retomada da condução da economia ainda não surtiram efeito. Ou seja, ainda não se acertou a mão.

O setor produtivo também parece ainda enfraquecido e inseguro, sem sinais muito claros para retomar seu nível de investimento. Desperdício, alocação de grandes somas de recursos que são disponibilizados de forma mal planejada ou inapropriada, além de dissolução de patrimônio ou do valor das empresas são alguns efeitos deste ciclo.

Dificuldades das empresas em arcar com os custos, aliadas ao efeito corrosivo sobre o capital e descontrole de preços, precisam ser constantemente combatidas e vigiadas.

Esta passagem dificulta o controle dos custos e dos gastos, desafia a gestão dos recursos e predispõe à geração de despesas em cadeia.

— Plutão trígono Mercúrio —

De março a junho de 2019

Há indícios de uma revisão acertada da política que regula as taxas de juros, assim como um aprofundamento das medidas que promoveriam uma reforma fiscal. Não haveria melhor período para isto.

Este período também favorece uma correção das distorções dos impostos aplicados, criação de novos impostos ou revisão dos já existentes, além da extinção de gastos inúteis e redestinação da receita arrecadada. Todas essas ações seriam muito bem implementadas se aplicadas neste momento.

— Júpiter quadratura Mercúrio —

De março a maio e em novembro de 2019

Há que se ter muito cuidado com esta passagem planetária, que pode pôr em risco as conquistas descritas no ciclo anterior. Ao se dar ouvidos a esta influência, sucumbe-se à tendência de se criar pequenos novos impostos e taxas, inclusive de efeito cumulativo.

Muito cuidado também com os estímulos a se criar subsídios que só oneram os cofres e, necessariamente, não geram o crescimento esperado, assim como fornecer crédito a quem não produzirá o equivalente ao que foi financiado. Ou seja, maus financiamentos. É também uma indicação de subida de juros.

— Saturno sextil ao meio do Céu —

De março a maio de 2019 e em dezembro 2019

Esta é mais uma passagem astrológica que sugere algum nível de estabilidade e eficiência de desempenho do Poder Executivo. O país tem um governante com algum crédito e reputação condizentes com o cargo, e não parece estar à deriva.

— Lua progredida na Casa 7 —

De maio de 2019 a outubro de 2021

Esta é uma sinalização de uma grande receptividade para coalizão. Uma predisposição para se reunir pessoas, partidos, instituições, segmentos da sociedade e seus representantes em torno de uma aliança para a resolução das questões mais prementes para a sociedade brasileira.

A indicação é de que, pelos próximos dois anos, pelo menos, nenhum líder ou partido conseguirá atuar sozinho. O significado essencial da Lua é receptividade, ou ser parte e não todo, e os significados da Casa 7 são aliança, colaboração e parceria.

O melhor dirigente sob este ciclo será aquele que inspire esta predisposição e cuja figura não alimente conflito, confronto, divisão, oposição gratuita e sistemática a qualquer questão ou ponto de vista proposto pela parte oponente. Um chamado à composição de alianças terá o *timing* certo apontado por este ciclo.

Há um campo muito fértil e espaço para parcerias entre o setor público e o privado, dividindo-se atribuições e investimentos para unir forças.

Esta mesma passagem se deu há 20 anos, entre 1991 e 1993, e coincidiu com a mobilização em massa da população e de vários setores do governo para o *impeachment* do presidente Collor. Isso só para exemplificar a atuação e presença ativa da população na passagem deste ciclo, assim como o grau de convergência, adesão das pessoas, partidos e agentes políticos: todos aliados em uma mesma direção.

Com base nos eventos descritos, podemos pensar que este ciclo convocará uma grande mobilização e participação das pessoas quando surgir algum tema importante que seja de interesse da maioria. O povo terá papel ativo e será o coadjuvante importante durante estes próximos dois anos. De qualquer maneira, é propício para se conseguir convergência e adesão em torno de questões que afetam a todos.

— Mercúrio progredido a quadratura Júpiter/Lua —

De junho 2019 a dezembro de 2020

O que este ciclo sugere é uma movimentação maior da população entre cidades. Talvez uma nova onda de migração para regiões com custo de vida menor, com menos violência ou mais oportunidades de trabalho.

Mudanças de porte de imóvel movimentarão bastante este mercado. Sair de um bairro para outro, de um apartamento maior para outro de área mais compacta e custo menores etc.

Variedade e mudanças nos produtos cultivados, passando de um tipo de cultivo para outro, talvez mais rentável, ou de demanda maior também podem ser alguns dos efeitos deste ciclo.

Um outro efeito provável desta passagem é a tendência de as pessoas exercerem mais de um trabalho, diversificando suas atividades para complementação de renda.

— Júpiter na Casa 11 —

De outubro de 2019 a novembro de 2020

A passagem de Júpiter por uma área do mapa sempre favorece o setor associado a ela. Expande sua atuação, força e pode passar a ser o foco das atenções. A Casa 11 está associada ao Legislativo: é, portanto, a vez do Congresso.

Esta instituição (Câmara e Senado) começa a atuar de maneira mais expressiva, vendo sua participação ganhar destaque. Projetos, leis e medidas de grande magnitude, que geram notoriedade e impacto, deverão ser votados durante a permanência deste ciclo.

Não podemos nos esquecer de que a Casa 11 também representa as políticas sociais e todas as medidas que tenham uma diretriz distributiva. Com a passagem de Júpiter por este setor, devem ser adotadas ações que favoreçam em maior escala o aspecto social. Também se pode esperar um aumento da participação de grupos que se organizam para atuar de forma mais expressiva em várias áreas da vida do país, independentemente das ações do governo, pois este é um setor associado a comunidades e grupos, isto é, descentralização de poder.

— Júpiter quadratura Plutão —

Em dezembro de 2019

As contas não fecham bem no final do ano. Sob este ciclo, o que se tem que pagar é maior do que se fez de caixa. Ocorre, portanto, um acréscimo de débitos que desestabiliza as finanças.

É conta para pagar que não acaba mais!

Podem surgir taxas extras e impostos adicionais para cobrir o montante que faltar. É provável que haja aumento do preço do combustível.

Infelizmente, sinaliza também que a máquina do Estado continua bem acima do peso e não se conseguiu fazer o enxugamento necessário, pois parte desta despesa bem gorda e que consome os nutrientes e a dispensa das finanças está sendo gerada por gastos "internos" do próprio Estado.

— Júpiter conjunção Urano/Netuno —

Em dezembro de 2019

Esta auspiciosa passagem abre um horário nobre para que o Legislativo atue de uma maneira inspirada, iluminada e grandiosa à altura dos temas que estarão em pauta. Seus membros terão todos os meios (e as graças de Júpiter) para votarem leis e medidas que favoreçam a economia e a própria autoimagem do país.

Passarão importantíssimas pautas pelo Congresso sob este ciclo.

Se o Congresso teve seus membros renovados na última eleição, esta seria a chance de eles demonstrarem suas boas intenções. Como a Casa 11 também é uma área de planejamento; e Júpiter, um aliado da prosperidade, pode-se pensar em um planejamento econômico que trará retomada de crescimento, projetando índices bem mais generosos. Em suma, é um empurrão para o país, uma alavancada de metas mais promissoras e também uma retomada de esperança.

SEU SIGNO EM 2019

As previsões a seguir são baseadas principalmente nos trânsitos de Júpiter, Saturno, Urano, Netuno e Plutão. Para analisar as influências para o ano de 2019, foi necessário olhar a relação de cada planeta citado acima com os 12 Signos do Zodíaco. É assim que o leitor pode consultar: através do seu Signo solar, ou ascendente, o que o ano lhe reserva.

Mas vale lembrar que estas previsões não substituem uma análise astrológica individual. A análise a seguir levou em conta somente em que Signo o Sol estava no momento do nascimento, o que pode ser comparado a 5% de toda a informação que se teria em uma consulta individual. Uma análise completa das previsões do mapa natal não só falará do Signo solar, como também da posição deste planeta na vida da pessoa, além de analisar Signos, posições e aspectos de todos os planetas natais. A análise do mapa natal é única, pois, além de falar da vida do consulente e de como ele lida com suas potencialidades e obstáculos, pode orientar ações de acordo com o momento de vida pessoal.

De qualquer maneira, o leitor verá que as previsões a seguir são uma ferramenta de fácil consulta e podem dar uma boa orientação em questões relacionadas a carreira, finanças, relacionamentos, saúde e influências gerais associadas a cada Signo.

O leitor verá que algumas datas de nascimento serão mencionadas ou destacadas no texto, de acordo com os decanatos. Por isso, pessoas nascidas nesses decanatos estarão vivendo um momento especialmente significativo este ano. Tais datas são resultado da entrada ou do início de algum trânsito ou aspecto dos planetas citados no início deste texto.

Contudo, nem todas as datas terão relação exata com algum trânsito importante. Por isso, o leitor não deve ficar chateado se não encontrar o período do seu aniversário destacado no texto. Se o grande dia do leitor não estiver lá, só significa que ele viverá este trânsito em um outro momento, talvez no próximo ano.

OBS: Para uma análise mais completa e precisa de sua previsão anual, é aconselhável procurar a orientação de um astrólogo profissional.

As datas mencionadas nos textos podem ter uma variação de um ou dois dias de diferença. Isso vai depender sempre da hora e do ano de nascimento de cada pessoa.

♈

ÁRIES (21/03 a 20/04) – regente Marte

Primeiro decanato: de 21/03 a 31/03

Segundo decanato: de 01/04 a 09/04

Terceiro decanato: de 10/04 a 20/04

Panorama geral

Nesse ano, os arianos nascidos no primeiro decanato estão sob uma energia mais pacificadora, sem pressão, em descanso das demandas que Saturno impôs no último ano. Será fácil agir com mais autonomia, do jeitinho que você gosta, assim como dar continuidade ao que foi conquistado ou se erguer, se esse for o caso.

O período de férias e festas de final de ano deverá compensar os meses relativamente difíceis. Aproveite!

Os do segundo decanato começarão a sentir o "senhor do tempo", Saturno, que exigirá mais comprometimento e fará você prestar contas do que não foi bem administrado. Aliás, se não andou sobre bases seguras, provavelmente não vai poder aproveitar as benesses que Júpiter tem a oferecer. Pelo contrário, você vai se sentir como num "cabo de guerra". Terá que batalhar muito e se esforçar muito mais, caso deseje expandir, crescer.

Os arianos do terceiro decanato, principalmente os nascidos entre 10 e 13 de abril, podem se preparar para as puxadas de Plutão. Estejam atentos e não subestimem nada nem ninguém. Será preciso compreender as mudanças que estão sendo anunciadas. É hora de enfrentar os embates e desafios e virar o jogo. Como fazer isso? Quando as circunstâncias à sua volta não trazem a facilidade da transformação, a primeira coisa a fazer é evitar confrontar, seja qual for a situação. Quanto mais bater de frente, mais prejuízos.

Surpresas e mudanças podem ser esperadas nos meses de janeiro, fevereiro e início de março para quem nasceu entre os dias 18 e 20 de abril. Urano volta, fazendo sua última passagem. E toda última passagem de um planeta é sempre muito mais sentida. O que estava por um triz provavelmente não vai resistir.

Carreira e finanças

A vida profissional ganha fôlego. O que andava parado encontra agora um caminho, uma saída: isso é o que podem esperar os nascidos no primeiro decanato. E quem trabalhou duro começa a perceber a melhora significativa de todo um esforço. Às vezes, situações limitadoras fazem com que percebamos o quão é necessário o aperfeiçoamento, o comprometimento, a qualificação. Agora sim você estará pronto para o que der e vier. Arregace as mangas e vá à luta em busca dos seus propósitos e sonhos. E é a chegada do reconhecimento!

Os nascidos no segundo decanato podem se ver obrigados a desacelerar. O que não foi assentado com uma boa argamassa agora vai precisar ser refeito. Se não estiver seguro ou a empresa em que trabalha estiver passando por alguma dificuldade, fique atento para não ser a bola da vez na lista dos demitidos. Comprometa-se, trabalhe e não reclame. Se estiver à procura de emprego, os mais capacitados e engajados serão os escolhidos para as vagas, do contrário, está na hora de dar um "*upgrade*" no currículo. Onde você pode melhorar ou dar o seu melhor? O que está defasado? O que falta para estar na linha de ponta e ganhar ou se igualar à concorrência? Em vez de ficar brigando consigo e com os outros, corra atrás do prejuízo.

Aos arianos do terceiro decanato, que fazem aniversário entre os dias 10 e 13 de abril, é aconselhável apertar os cintos, respirar fundo e manter a linha. Os prejuízos podem ser significativos. Sua imagem profissional pode estar comprometida e as chances de perdas são grandes. Fique no sapatinho, não banque o todo-poderoso.

Tome cuidado ao fazer empréstimos, negociações e investimentos arriscados.

É bom que não estique demais o orçamento. Pense e repense antes de gastar. Apesar de Júpiter estar dando uma folga, a energia é de recessão para os nascidos no segundo e terceiro decanatos. Aliás, é aí que mora o perigo: Júpiter traz empolgação, cria expectativas que podem fazer você apostar em algo que é pura roubada.

Para não cair em nenhuma furada, será preciso ser objetivo e realista para estar focado e, assim, melhorar sua situação e fazer aquilo que precisa ser feito.

Em geral, os melhores períodos para trabalho, dinheiro, negócios e aquisições são: 07/01 até 03/02, 02/03 até 25/03, 20/04 até 14/05, 09/06 até 02/07, 28/07 até 20/08, 01/11 até 25/11, 20/12 até 13/01/2020.

Os menos favoráveis são: 04/02 até 01/03, 03/07 até 27/07, 14/09 até 08/10, 26/11 até 19/12.

Relacionamentos

Menos pressionados, os arianos do primeiro decanato estarão mais relaxados, mais conscientes do querem ou esperam da vida a dois. É hora de resolver casar, levar mais a sério uma relação, separar ou fazer o que desejar. Aproveite para dar aquele gás e apimentada no amor.

Nascidos no segundo decanato, sua vida amorosa precisa de orientação? Você pode se beneficiar de algumas palavras, dicas e truques de sabedoria de alguém que já esteve em sua situação antes. Procure pessoas que sabem pelo que você está passando antes de jogar a toalha. Não tome atitudes sem saber o que realmente quer, seja menos duro e menos exigente consigo e com o outro.

Aos nascidos nos primeiros e últimos dias do terceiro decanato: abram os olhos e encarem a realidade. Se o relacionamento já deu sinais de que não é saudável, é preciso tomar coragem para enfrentar esse momento de uma vez por todas. Livre-se de tudo o que não faz bem. Afinal, Ano-Novo, vida nova!

Em geral, os melhores períodos para as relações, encontros amorosos e colaboração são: 07/01 até 03/02, 02/03 até 25/03, 20/04 até 14/05, 09/06 até 02/07, 28/07 até 20/08, 01/11 até 25/11, 20/12 até 13/01/2020.

Os menos favoráveis são: 04/02 até 01/03, 03/07 até 27/07, 14/09 até 08/10, 26/11 até 19/12.

Saúde

Para os nativos do primeiro decanato, os dias de estresse se foram, o que indica que, provavelmente, todo aquele peso e insatisfação darão lugar ao prazer e ao lazer, ficando mais fácil investir no bem-estar. Tenha certeza de que você foi a inspiração de muitas pessoas.

Saturno pode afetar a autoestima, o humor e a vitalidade dos nativos do segundo decanato, que precisam adotar uma rotina mais flexível! Fazer com que seus dias ganhem prioridades será imprescindível para manter a saúde intacta e prevenir que pequenos problemas venham a se transformar em distúrbios crônicos. Exercícios de alongamento e massagens relaxantes devem fazer parte do seu dia a dia, assim como exames regulares. Comece o processo removendo as gorduras da sua dieta e reduzindo a ingestão de cafeína. Quanto mais você se exercitar e comer de forma saudável, mais confiança terá, menos estressado ficará e menos problemas enfrentará.

É bom prestar atenção aos sinais que seu corpo está dando. Ignorar o que precisa fazer é ignorar você: esse é o pensamento que exige observação aos nascidos nos primeiros e últimos dias do terceiro decanato. Não conte com a sorte, faça você mesmo sua sorte. Como? Cuidando mais de si.

O ano começa com Marte no seu Signo, mandando a preguiça embora. Aproveite para consultar um ortomolecular, começar um plano de treinos e adotar dietas para desintoxicar.

Os períodos de maior energia, saúde, vigor e vitalidade são: 01/01 até 14/02, 31/03 até 15/05, 01/07 até 17/08.

Os períodos menos favoráveis para cirurgia e vitalidade são: 16/05 até 30/06, 04/10 até 18/11.

Melhores dias para tratamentos estéticos: 07/01 até 03/02, 02/03 até 25/03, 20/04 até 14/05, 09/06 até 02/07, 28/07 até 20/08, 01/11 até 25/11, 20/12 até 13/01/2020.

♉

TOURO (21/04 a 20/05) – regente Vênus

Primeiro decanato: 21/04 a 30/04

Segundo decanato: 01/05 a 10/05

Terceiro decanato: 11/05 a 20/05

Panorama geral

Quais mudanças você fez? Quais mudanças foram necessárias fazer? E quais foram feitas sem seu livre-arbítrio? Essa energia continua durante todo o ano de 2019 para os nascidos entre os dias 20/04 e 26/04. Não adianta correr muito dela, essa tal mudança vai chegar de algum modo e será necessário adaptar-se, remodelar-se, reinventar-se. E, antes de ser pego de surpresa, reserve energia, tempo e recursos para o que não era esperado. Se puder, tente utilizar todo esse cenário a seu favor e o modele de modo que se torne o mais confortável possível a você.

Os nascidos entre os dias 02/05 e 12/05 ainda contam com a energia "mágica" de Netuno, e agora Saturno entra em cena para consolidar o que estava apenas no plano das ideias. Não duvide do poder de realização do momento. Não será só um ano de desenvolvimento, mas será, principalmente, um ano de crescimento espiritual. Você poderá presenciar forças que até então eram desconhecidas, ou muito relutava em acreditar, e, se acreditava, agora poderá senti-las. Aproveite ao máximo!

Os nascidos do terceiro decanato vão ter um ano mais tranquilo. É oportuno colocar a vida em ordem, principalmente em relação aos excessos cometidos no último ano por Júpiter. Plutão traz disposição para remodelar a vida, principalmente para aqueles taurinos que andam mais parados ou sem motivação. É um ano de força!

Carreira e finanças

Aos nascidos no primeiro decanato (entre os dias 20/04 e 26/04), podem ocorrer viagens imprevistas, mudanças de emprego ou de residência e, sobretudo, surpresas afetando o seu rico dinheirinho. Por essa razão, prepare-se desde já para sair de sua zona de conforto, começando a agir de maneira mais ousada! Concentre-se em ser mais flexível. Bater na mesma tecla é um erro quando estamos sob o domínio de Urano. Alimente-se e se alinhe a ideias e pessoas criativas. Um dia não pode ser igual ao outro e esse será o seu maior desafio: saber lidar com o que não é previsível. Em razão disso, esteja aberto a novas possibilidades. Pense o que pode fazer para agregar ao seu trabalho, ao seu negócio, ou mesmo colocar em prática uma habilidade, que até agora era só um *hobby* ou passatempo com uma renda extra. Atividades alternativas estão em alta: elas têm sido um grande propulsor de renda extra na economia do país. Quem está defasado no mercado de trabalho tende a ser o primeiro a sentir. E, o mais importante, faça uma reserva financeira para o que não estava computado, enfim, para os imprevistos.

Saturno indica para os nascidos no segundo decanato (entre os dias 01/05 e 12/05) a possibilidade de ótimos resultados de seu empenho profissional, assim como ótimas oportunidades. Será excelente para quem estiver procurando emprego, principalmente para quem já tiver uma qualificação específica, o que será bem-vindo e reconhecido no mercado. A quem estiver iniciando uma carreira, há boas chances. Vale aproveitar a maré positiva com cursos de especialização para ganhar mercado. Guie-se pela sua inspiração!

Para os nascidos de 11/05 a 14/05, o pessoal do terceiro decanato, reorganizar e cuidar das finanças será essencial este ano. Não perca tempo com o que não é produtivo. O bom momento sugere resgatar aquele emprego que tanto desejava, conseguir aquela remuneração, recuperar o tempo perdido. O momento se mostra decisivo para o seu progresso profissional. Dê tudo de si: é agora ou nunca. Cada movimento não será em vão.

Tanto o pessoal do segundo quanto do terceiro decanato têm boas chances de realizar excelentes negociações, acordos, compras e vendas.

Em geral, os melhores períodos para trabalho, dinheiro, negócios e aquisições são: 04/02 até 01/03, 26/03 até 20/04, 15/05 até 08/06, 03/07 até 27/07, 22/08 até 14/09, 26/11 até 19/12.

Os menos favoráveis são: 01/01 até 06/01, 02/03 até 25/03, 28/07 até 20/08, 08/10 até 01/11, 19/12 até 13/01/2020.

Relacionamentos

A expressão "estou de saco cheio" deve acompanhar durante este ano os nascidos entre os dias 20/04 e 26/04. É bom prestar atenção se esse estado de irritação não vai afetar as relações. Tomar alguma atitude no calor da emoção pode levar a arrependimentos. Agora, se é o outro que anda irritado com você, calma! Cuidado para não incitar reações no parceiro. É importante ir devagar. Urano pode tornar o amor interessante e elétrico, basta mudar de ares e buscar novos interesses. E se por cargas d'água acontecer alguma ruptura, depois de um grande esforço, o jeito é aceitar, deixar ir. Esse deixar ir, sem forçar a barra, pode ser uma atitude positiva e ter volta, ou quem sabe é possível que você se depare do nada com uma nova história de amor. Com Urano, tudo pode acontecer. Esteja aberto a conversas e ouça as ideias do outro!

Netuno e Saturno iluminam o amor dos nascidos no segundo decanato, entre os dias 02/05 e 12/05, garantindo o estreitamento dos laços. É hora de fazer planos a curto e longo prazo. Casamentos, noivados, namoros sérios, ou até mesmo o plano de aumentar a família são esperados e representam uma promessa para o ano.

Os nativos do terceiro decanato, principalmente os nascidos entre os dias 11/05 e 14/05, terão um ano para conhecer pessoas, paixões arrebatadoras, dinamizar o amor, ou mesmo resgatar toda a emoção perdida pelo desgaste ou por algo que a vida obrigou ao afastamento. Perdoe, perdoe-se! As pessoas erram, se arrependem e pedem perdão. Não deixe as mágoas do passado atrapalharem sua felicidade futura. Aliás, este é um ano para passar a borracha e começar do zero. Lembre-se disso!

Em geral, os melhores períodos para as relações, encontros amorosos e colaboração são: 04/02 até 01/03, 26/03 até 20/04, 15/05 até 08/06, 03/07 até 27/07, 22/08 até 14/09, 26/11 até 19/12.

Os menos favoráveis são: 01/01 até 06/01, 02/03 até 25/03, 28/07 até 20/08, 08/10 até 01/11, 19/12 até 13/01/2020.

Saúde

Fique atento, nativo do primeiro decanato (nascido entre os dias 20/04 e 26/04), com a saúde, porque a tensão que vem desde o ano passado continuará. Principalmente se não se permitir mudanças que "estão na cara". Resguarde-se para não ter um "piripaque". Dê a si mesmo o que você precisa em termos de dieta e descanso. A teimosia deve dar vez à flexibilidade. Você vai se sentir bem mais leve. Procure praticar atividades que aliviem o estresse acumulado, saiba respeitar o seu corpo e cuidar dele com zelo para não ficar doente à toa.

Touro adora comer, e perder peso pode ser uma grande angústia. Neste ano, Saturno e Netuno, afinados com os taurinos nascidos no segundo decanato, principalmente entre os dias 02/05 e 12/05, realizam o sonho de um corpo escultural. Perseverança não vai faltar, basta querer. Para não ser tão complicado atingir sua meta, liste pequenos objetivos e vá passo a passo. E não se desespere se cometer alguma falha. Uma falha aqui, outra ali, não vai fazê-lo perder toda a sua dedicação. Não desanime!

Os nascidos no terceiro decanato e entre os dias 11/05 e 14/05 têm a chance neste ano de reavaliar como têm levado a vida. Quais são os hábitos que estão trazendo mais prejuízos do que bônus? Plutão favorece mudanças radicais para o seu melhor bem-estar e saúde.

Se desejar fazer aquela cirurgia para reparar algo indesejado, este é o ano. Consultar um astrólogo para marcar uma data adequada a você vai ser mais show ainda.

Doenças que pareciam sem solução, ou mesmo sem um diagnóstico definido, se revelam e se aproximam da cura.

O ano é favorável também para nativos do segundo e terceiro decanatos aumentarem a família.

Os períodos de maior energia, saúde, vigor e vitalidade são: 14/02 até 30/03, 16/05 até 30/06, 18/08 até 03/10.

Os períodos menos favoráveis para cirurgia e vitalidade são: 01/07 até 17/08, 19/11 até 02/01/2020.

Melhores dias para tratamentos estéticos: 04/02 até 01/03, 26/03 até 20/04, 15/05 até 08/06, 03/07 até 27/07, 22/08 até 14/09, 26/11 até 19/12.

GÊMEOS (21/05 a 20/06) – regente Mercúrio

Primeiro decanato: 20/05 a 31/05

Segundo decanato: 01/06 a 10/06

Terceiro decanato: 11/06 a 21/06

Panorama geral

Aos nascidos no primeiro decanato, o ano será neutro. A vida pode não ser fluida por todo o cenário do nosso país, mas também não vai estar resistente.

Ao querer realizar, seja o que for, junte todo o seu conhecimento, empenhe todo o seu esforço e vá em frente! Não se intimide. E, se não souber como começar, planeje, organize, informe-se: esses já são os principais pré-requisitos para que as coisas decolem bem. O caminhar e o sucesso vão depender da bagagem e estrutura adquiridas.

E, se tudo estiver bem e você não precisar se esforçar tanto ou correr atrás, aproveite esse momento, que será mais relaxante para fazer tudo o que lhe traga prazer.

Já os nascidos no segundo e terceiro decanatos devem ser cuidadosos. Júpiter pode deixá-los deslumbrados; e Netuno, crentes além da conta. Netuno vai afetar mais os nascidos entre os dias 05/06 e 09/06.

O que fazer em momentos em que o universo parece não estar conspirando tanto a nosso favor? Nada que apresente risco. Os geminianos do primeiro decanato vão precisar se organizar, planejar e se informar para dar um passo à frente. Já os do segundo e terceiro decanatos vão ter que se planejar, se informar e se organizar para não darem um passo em falso ou serem passados pra trás, perdendo o que já tiver sido conquistado.

A energia netuniana não nos deixa ver claramente e nos ilude, e Júpiter nos dá uma confiança infundada, fazendo-nos acreditar que estamos certíssimos.

Mantenha o equilíbrio, o caminho do meio.

Carreira e finanças

Aos que fazem aniversário no primeiro decanato, as chances são grandes para evoluir nos negócios, principalmente os que já estavam em andamento, ou reiniciar os que estavam parados, engavetados. Não vai faltar estímulo, portanto não perca tempo!

Será a hora de pôr em prática habilidades, tudo o que aprendeu e toda a experiência adquirida, tanto dos sucessos como dos insucessos. E, a partir daí, você poderá colher os frutos de anos de dedicação e esforço. Mais maduro, qualquer projeto terá a cara do sucesso. Geminianos, sirvam-se do seu lado dinâmico e positivo para não se deixarem abater logo que o ano começar por conta de alguns "nãos" que ouviram recentemente.

Acredite mais em você! Coloque seus projetos em prática. Faça planilha de suas metas. Comece agora! "Não deixe para amanhã o que você pode fazer hoje". Tome fôlego e inspire-se, pense positivo! Você vai ver que dessa forma seu ano vai fluir.

Apesar das boas perspectivas, é recomendável não alimentar excessivas expectativas, pois talvez muitas coisas não aconteçam como se espera. Evite assumir grandes projetos, não faça promessas impossíveis de realizar, nem pegue compromissos a mais do que pode carregar, cumprir. Estes são os conselhos para os nascidos no segundo e terceiro decanatos.

Entre os dias 06/03 e 28/03, Mercúrio retrógrado pode trazer dificuldades nos trâmites, vendas e na comunicação em geral. Evite reuniões, encontros, entrevistas e fechamentos de negócios, que, além de ser adiados, provavelmente podem não sair.

De uma maneira ou de outra, evite decisões prematuras e não espere por milagres, conte apenas com o que está certo e na mão.

Mantenha seus gastos sob controle, não se envolva em grandes empréstimos e fique atento a pessoas que possam prejudicá-lo financeiramente.

Em geral, os melhores períodos para trabalho, dinheiro, negócios e aquisições são: 02/03 até 25/03, 20/04 até 14/05, 09/06 até 02/07, 28/07 até 20/08, 14/09 até 08/10, 19/02 até 13/01/2020.

Os menos favoráveis são: 07/01 até 03/02, 26/03 até 20/04, 22/08 até 14/09, 01/11 até 25/11.

Relacionamentos

Os relacionamentos continuam a funcionar e a fluir com mais leveza para os nascidos no primeiro decanato. Os casados e comprometidos, mesmo que tenham alguns momentos críticos, vão estabelecer como objetivo o fortalecimento do sentimento. Portanto, vocês devem cultivar a intimidade e pensar em algo a mais para manter o amor aceso. Toda ação será positiva! Abra o coração! Passe uma borracha e resolva de uma vez por todas as coisas do passado para viver o presente mais concretamente. E tenha em mente que começa uma temporada mais feliz e divertida. Faça movimentos a favor do amor.

Aos solteiros que não querem compromisso mais sério, as paqueras voltam a movimentar o dia a dia, dando aquele realce à amizade colorida que vocês tanto gostam. Aos que pretendem encontrar alguém, deixem que as paqueras tenham uma segunda intenção, que é a procura daquele alguém especial. Amizades podem virar amor. Viagens podem ser bem interessantes e estimulantes para encantar os namoros, conhecer pessoas interessantes e renovar laços desgastados.

Para os nascidos no segundo e terceiro decanatos, o amor vai precisar de um tratamento especial. Júpiter e Netuno pedem atenção! A tendência de superestimar ou de criar expectativas exageradas a respeito dos parceiros ou possíveis pretendentes será responsável por frustrações ou más escolhas. De qualquer forma, cuidado para não ficar procurando a perfeição: tanto os atuais como os possíveis parceiros são seres humanos com qualidades, defeitos e ritmos de vida próprios. Ou seja, mesmo que seja boa, qualquer relação dá trabalho, exige de nós e do outro paciência, compreensão e muita sabedoria.

Vênus estará em seu Signo de 15/05 a 09/06. Isso significa que você terá as portas totalmente abertas para a sedução. Se estiver solteiro, saia mais e conheça outras pessoas. Se estiver em um relacionamento, a hora é de dar uma agitada a mais.

Em geral, os melhores períodos para as relações, encontros amorosos e colaborações são: 02/03 até 25/03, 20/04 até 14/05, 09/06 até 02/07, 28/07 até 20/08, 14/09 até 08/10, 19/02 até 13/01/2020.

Os menos favoráveis são: 07/01 até 03/02, 26/03 até 20/04, 22/08 até 14/09, 01/11 até 25/11.

Saúde

Vamos treinar, vamos cuidar desse corpo! Movimente os músculos. Não é só a mente que precisa de atividade; o corpo também. Saber equilibrar mente, corpo e as emoções é o segredo do bem-estar. Será que você consegue? Consegue, sim, talento multifuncional é o que não lhe falta, então vamos colocá-lo em ação. Ser multifuncional é ter uma visão holística, quer dizer, é ver o corpo como um todo.

Explore-se mais. Você vai se sentir positivo, dinâmico, em paz. O ano de 2019 promete uma boa evolução, caso você deseje. Procure profissionais adequados.

O pessoal do segundo e terceiro decanatos vai ter que se esforçar, e muito, para se manter em equilíbrio e não se perder no meio do caminho. Nas horas de estresse, vai querer ir atrás do autoprazer, e a comida pode ser um escape: cuidado! Uma alimentação correta elimina as chances de doenças, desgastes, indisposição. Não é a primeira vez que você escuta isso, não é? E é a pura verdade. Então, evite a ingestão de alimentos embutidos, e inclua no seu cardápio muitas vitaminas, vegetais, fibras e outras substâncias que colaboram na defesa natural do organismo. A presença desses nutrientes evita alterações celulares.

Manter exames em dia é essencial e, se algo não vai bem, insista até encontrar o diagnóstico. Sempre que puder, saia para espairecer a cabeça e faça atividades que relaxem a mente: elas são essenciais para os geminianos.

Os períodos de maior energia, saúde, vigor e vitalidade são: 01/01 até 14/02, 31/03 até 15/05, 01/07 até 17/08, 04/10 até 18/11.

Os períodos menos favoráveis para cirurgia e vitalidade são: 18/08 até 03/10.

Melhores dias para tratamentos estéticos: 02/03 até 25/03, 20/04 até 14/05, 09/06 até 02/07, 28/07 até 20/08, 14/09 até 08/10, 19/02 até 13/01/2020.

♋

CÂNCER (21/06 a 22/07) – regente Lua

Primeiro decanato: 21/06 a 30/06

Segundo decanato: 01/07 a 11/07

Terceiro decanato: 12/07 a 22/07

Panorama geral

Após um pequeno ensaio com a chegada de Urano, é hora de os nascidos no primeiro decanato iniciarem um novo ciclo, fazerem um bom planejamento, colocando em prática algumas mudanças que se iniciaram no ano passado. Nada melhor para contribuir com isso do que atuar com mais independência, permitir-se vivenciar e agregar novas experiências à sua vida, sejam elas de ordem pessoal, material ou emocional. O importante agora é pensar: qual é a área da sua vida que está gritando por essa reciclagem, por alguma novidade? Não pense duas vezes, movimente-se, pois cada mudança será a seu favor. Esteja aberto para aproveitar!

Quem nasceu no segundo decanato, entre os dias 06/07 e 10/07, estará sob as energias positivas de Netuno, e os nascidos entre os dias 03/07 e 12/07 sob os olhos duros de Saturno. Quer dizer que há um contraponto, que deve ser bem observado: você pode contar com a sorte do destino ou precisa ficar de olhos abertos para não incorrer em erros. Para avançar, fique com os pés bem fincados no chão. Cada passo deve ser avaliado.

Os nascidos no terceiro decanato, entre os dias 12/07 e 15/07, podem ser desafiados. Por mais que você se esforce, precisará se empenhar para alcançar suas metas, porque encontrará muita oposição. E, para arrebatar, os nascidos nos dias 21 e 22 de julho deverão enfrentar a volta de Urano nos primeiros meses do ano — janeiro, fevereiro e março. É preciso sair de caminhos conhecidos e empreender novas iniciativas. O Nodo Norte é um dos pontos sensíveis e positivos no Céu. Esse ano estará passeando em seu Signo, é por ele que entram coisas boas e é em contato com ele que vamos ao encontro do nosso destino e talentos. Atenção aos sinais!

Carreira e finanças

Este é um excelente momento para encontrar ideias para novas fontes de renda e projetos comerciais interessantes. Também pode ser preciso abandonar um relacionamento comercial que sinaliza ameaça, que não está dando certo. Pense em criar uma parceria com alguém mais compatível. O importante é seguir o fluxo que as boas-novas oferecem. Não fique preso ao que não está agregando, nem está trazendo alternativas para o seu crescimento. Abrir portas e novas frentes é a senha para o sucesso dos nascidos no primeiro decanato. Esteja atento e observe todas as oportunidades que possam surgir ao seu redor.

Os nascidos no segundo decanato precisam de um pouco de jogo de cintura para enfrentar situações limitadoras, mas, com boa vontade, você pode ultrapassar os obstáculos. Mantenha-se direcionado, use seu *feeling* e siga o curso dos acontecimentos. Pessoas que você podia contar talvez o deixem na mão, e aquele dinheiro a mais pode ser reduzido. Para evoluir profissionalmente, invista em conhecimento! Por mais que você se sinta sobrecarregado, não se deixe abater: se esmere, faça sua parte com foco e qualidade. Agindo assim, o Céu contribuirá a seu favor e, no fundo do túnel, sempre haverá uma saída. Se você ficou frustrado com algo no trabalho, entre em contato com outras pessoas que compartilhem seus interesses. Isso poderá trazer oportunidades para se mover a uma direção melhor.

Os do terceiro decanato, principalmente os nascidos entre os dias 13/07 e 15/07, estarão sob a energia de Plutão, que, provavelmente, irá utilizar sua energia para medir sua força. Surge um elemento catalisador intensificando um problema que já existia. A saída é não insistir em ir de encontro a ele, e sim eliminar de vez: melhor atacar o mal pela raiz.

Para evitar demissões, perder concorrência ou negociações valiosas, não enfrente chefes ou inimigos, pois no momento eles estarão mais fortes do que você. Não entre em negócios escusos, sem antecedentes morais e já estabelecidos no mercado; não conte com pessoas que não conhece; não se endivide; não troque o certo pelo duvidoso. E, no pior dos acontecimentos, reinvente-se, caminhe aos poucos, use toda sua bagagem, seu conhecimento, acredite em você e não perca a fé.

Cuidado com os meses de janeiro, fevereiro e março: Urano retorna, podendo trazer reviravoltas, ou seja, o que podia estar certo, combinado, acordado, deve cair por terra.

Em geral, os melhores períodos para trabalho, dinheiro, negócios e aquisições são: 01/01 até 06/01, 26/03 até 20/04, 15/05 até 08/06, 03/07 até 27/07, 22/08 até 14/09, 08/10 até 01/11.

Os menos favoráveis são: 04/02 até 01/03, 20/04 até 14/05, 14/09 até 08/10, 26/11 até 19/12.

Relacionamentos

Urano, sem sombra de dúvida, trará renovação da vida afetiva, dos laços amorosos, no sentido positivo, é claro, para os nascidos no primeiro decanato entre os dias 22/06 e 28/06.

Para os relacionamentos que vão bem, pode-se esperar pedido de casamento ou formalização da união. Quanto às relações que não vão bem, pode haver rompimento, mas este será indolor, pois deverá ser uma atitude esperada, uma separação positiva, porque a relação já não existia, já não estava boa; assim, é de comum acordo.

Novos ares, novas relações chegam. Novas pessoas estão surgindo, aumentando seu círculo de amizades. Deixe o novo entrar em sua vida! Experimente novos estímulos e pessoas que nutram sua alma.

Os nascidos no segundo decanato talvez enfrentem inseguranças. O ano pede habilidade e sabedoria para tomar decisões que estão impactando o lado emocional. Saturno traz essa insegurança, mas Netuno, em harmonia instintivamente, vai direcioná-lo para o melhor desfecho. O que não estiver em suas mãos, entregue ao destino, que ele tomará conta. Se estiver confuso, invista em relações que tenham potencial, que tenham a ver com você, ou seja, com pessoas que comungam dos mesmos interesses. Não deixe que preocupações com dinheiro atrapalhem o relacionamento amoroso.

Plutão vem rondar os nascidos entre os dias 13/07 e 15/07. Relações doentias terão seus dias contados! O momento pede reflexão e "pé no freio". Suas emoções poderão estar à flor da pele. Então, se não quiser promover rupturas, vá com calma, não coloque o outro na parede, pois essa atitude poderá se virar contra você. Se algo vem incomodando a ponto de prejudicá-lo emocionalmente, a melhor atitude é ser franco, abrir o coração e, com toda a humildade da alma, dizer o que está incomodando. Porém, mesmo assim, isso não garante o restabelecimento da relação, mas pelo menos fará bem, vai desafogar o coração e permitir que sentimentos contidos sejam externados. Garanta a si mesmo a capacidade de promover transformações e começar do zero. Cuidado com paixões arrebatadoras ou extraconjugais, pois elas cegam e podem pôr a perder toda uma relação que foi construída com tempo.

Em geral, os melhores períodos para as relações, encontros amorosos e colaboração são: 01/01 até 06/01, 26/03 até 20/04, 15/05 até 08/06, 03/07 até 27/07, 22/08 até 14/09, 08/10 até 01/11.

Os menos favoráveis são: 04/02 até 01/03, 20/04 até 14/05, 14/09 até 08/10, 26/11 até 19/12.

Saúde

Aproveitem o bem que as mudanças estão promovendo em suas vidas, nascidos no primeiro decanato. Troquem hábitos, renovem dietas, alternem exercícios, mudem de cor e corte de cabelo ou de estilo. Não desperdicem esse movimento e libertem-se de tudo o que incomoda, ou comecem a fazer ou experimentar tudo o que não tinham coragem até então. Experimentem! Ganhem mais autonomia, mais ousadia, lutem pelo próprio caminho! Isso vai se refletir diretamente na saúde física e mental.

Preocupação e pequenos empecilhos com o dia a dia podem atravessar o ano dos nascidos no segundo decanato. Com isto, momentos de pessimismo e cansaço poderão ocorrer. O primeiro movimento a fazer é não cobrar tanto de si mesmo. Um estilo de vida menos preocupado vai lhe fazer bem. Fazer dos exercícios um hábito, principalmente os de alongamento, é essencial. Dores e problemas nas articulações podem ser o maior de seus problemas e o ponto limitador. Que tal a natação? Que tal uma aula de dança? Que tal massagem, fisioterapia? Tudo que o relaxe e corrija fará bem. Não deixe os cuidados de lado, pois esses cancerianos podem sofrer com problemas crônicos, principalmente os mais velhos. Procure sair, arejar a mente, viajar sempre que puder, estar junto de pessoas amigas e queridas, que nutrem e trazem sustento emocional. Com isso, você se sentirá revitalizado e feliz.

Um mal-estar neste período pode ser mais severo do que o usual, mesmo uma gripe. Um órgão debilitado pode produzir efeitos mais agudos.

Medidas enérgicas podem ser exigidas, caso não dê atenção a uma pequena dor, um pequeno incômodo. Não deixe chegar a esse ponto; cuidar-se antes é o indicado. Exames periódicos podem evitar grande parte dos problemas: fica a dica para os nascidos no terceiro decanato.

Um cansaço mental e emocional também pode deixar esses cancerianos desestabilizados.

Os períodos de maior energia, saúde, vigor e vitalidade são: 14/02 até 30/03, 16/05 até 30/06, 18/08 até 03/10, 19/11 até 02/01/2020.

Os períodos menos favoráveis para cirurgia e vitalidade são: 01/01 até 14/02, 04/10 até 18/11.

Melhores dias para tratamentos estéticos: 01/01 até 06/01, 26/03 até 20/04, 15/05 até 08/06, 03/07 até 27/07, 22/08 até 14/09, 08/10 até 01/11.

Leão (23/07 a 22/08) – regente Sol

Primeiro decanato: 23/07 a 01/08

Segundo decanato: 02/08 a 11/08

Terceiro decanato: 12/08 a 22/08

Panorama geral

Urano representa renovação, mudança, imprevisto, estímulos novos, assim como cria também rupturas, possibilitando a visão de novas verdades. Você, leonino do primeiro decanato, nascido entre os dias 23/07 e 30/07, que já vem vivenciando essa energia desde o ano passado, saiba que será assim durante todo este ano. Está preparado para o novo? É o novo que

Urano vai exigir de você. O que estiver por um triz, se não desabrochou no ano passado, deste ano não escapa. Agora, o que foi plantado, acrescido (por Júpiter) e com bases dentro da realidade (Saturno) continua firme. Talvez sejam necessárias apenas algumas adaptações, mas no sentido de acrescentar. Que tal uma repaginada? Ressignifique o que for necessário. Ressignificar caracteriza a ação de atribuir um novo significado a algo ou alguém. Então, é por aí. Manter-se preso a antigos valores ou pessoas por algum motivo pode fazer você não andar para frente. Porém, Urano está agindo de maneira desarmônica, então todo movimento tem que ser feito com maturidade.

Júpiter é o astro para os nascidos no segundo e terceiro decanatos. Fé, entusiasmo, expansão, crescimento e bom humor vão te acompanhar! Será um ano de impulso para a evolução. Uma janela de oportunidades deve ser ativada por você, leonino; portanto, não se acomode, não deixe a onda passar. Agora é o seu momento de fazer crescer o que você desejar!

Carreira e finanças

É tempo de abrir a mente, através de cursos e de tudo o que possa dar um "*upgrade*" à sua carreira, principalmente se ela anda parada, estagnada. Se você quer concorrer no mercado, o ultrapassado não vai ter vez. É hora de juntar experiências com algo a mais: esta é a dica para quem nasceu no primeiro decanato entre os dias 23/07 e 30/07.

Se você anda incomodado, de "saco cheio" com algo, é hora de rever o que vem incomodando e o porquê. Esse é um momento delicado: cada ação deve ser bem pensada, para que você não seja pego desprevenido, pois o incerto vai acompanhar. Mantenha uma reserva de dinheiro para os extras que possam aparecer: a perda da receita ou de algum ganho que era certo e não é mais, o carro que quebrou, mudança de emprego, mudança de casa etc. Inesperadamente, tudo pode acontecer. Não conte com nada como certo enquanto não estiver ali, concretamente, na sua mão.

Evite contrair dívidas. Investimentos arriscados? Nem pensar!

As coisas vão pedir reestruturação. É hora de renovar os métodos de trabalho e de como lidar com colegas, funcionários, chefes. O mais sábio no momento é encontrar uma maneira de estar em sintonia com a energia de Urano, antes de resistir ou lutar contra ela. Urano é uma energia que te leva a ter recursos para se adaptar a novas possibilidades, novos conceitos, novas percepções, e é nisso que você tem que investir e focar. Não crie resistência ao novo.

Para os nascidos no segundo e terceiro decanato, concretamente, as coisas melhoram, surgem oportunidades. Movimente e explore todas as oportunidades que estiverem à sua volta. Grandes colheitas do que você plantou e futuras grandes colheitas do que você está plantando têm todas as chances de se realizar. Basta batalhar e aproveitar a onda de boa sorte.

Aposte em concursos, cursos de graduação, de pós-graduação, de extensão, tente aquela bolsa de estudos, aposte naquele emprego que você vem tentando e não estava conseguindo, naquela promoção, naquele cargo que tanto almejava.

Propostas de associações e de sociedades serão bem interessantes. Esse sócio, essa parceria proposta não será uma pessoa pior que você, nem um negócio aquém de você. Como pode ver, mil possibilidades vão estar presentes. Aproveite!

Vênus e Sol em Leão estarão juntos no período de 04/08 a 20/08, trazendo ajudas, amparo, soluções aos nascidos no primeiro decanato e potencializando as oportunidades aos nascidos no segundo e terceiro decanatos. Esse é o momento para tentar e apostar. Vá em busca do que deseja realizar e resolver.

Em geral, os melhores períodos para trabalho, dinheiro, negócios e aquisições são: 07/01 até 03/02, 02/03 até 25/03, 20/04 até 14/05, 09/06 até 02/07, 28/07 até 20/08, 14/09 até 08/10, 01/11 até 25/11, 20/12 até 13/01/2020.

Os menos favoráveis são: 01/01 até 06/01,15/05 até 08/06, 03/07 até 27/07, 08/10 até 01/11,26/11 até 19/12.

Relacionamentos

Para os nascidos no primeiro decanato, entre os dias 23/07 e 30/07, que estiverem em um relacionamento amoroso significativo e positivo, é proveitoso ter coragem para mudar aquilo que está incomodando e buscar uma nova postura ou abrir espaço para experimentar coisas novas e, assim, dar um salto de qualidade e profundidade nos vínculos realmente nutritivos. As relações que se apresentam nocivas podem não resistir (amorosas ou entre amigos). O que fazer? Uma avaliação realista, sem precipitação; tome uma atitude em relação ao que não vai bem. É preciso maturidade, pois Urano traz impulsividade aos ímpetos afetivos, podendo conduzir aos amores a primeira vista, paixões súbitas, encontros amorosos imperiosos, descontrolados, desordenados. Existe instabilidade sentimental, tempestades passionais e risco de bruscos rompimentos afetivos.

Marte em posição desfavorável com Urano entre os dias 02/07 e 20/07 sinaliza dias belicosos. É aconselhável cuidado, pois é certo o aumento de insatisfação e impaciência. Tudo pode acontecer de uma maneira desfavorável.

Pessoal do segundo e terceiro decanatos: prepare-se para bons momentos a dois. O indício de desabrochamento dos sentimentos, de generosidade do coração inclina para paqueras, flertes, noivados e casamentos e, ainda, melhoria na relação familiar ou para a família. É um momento de festividade. Amigos, festas, tudo será motivo de comemoração. Indicação de entrada de pessoa na sua vida, de novas relações, novas amizades.

Em geral, os melhores períodos para as relações, encontros amorosos e colaboração são: 07/01 até 03/02, 02/03 até 25/03, 20/04 até 14/05, 09/06 até 02/07, 28/07 até 20/08, 14/09 até 08/10, 01/11 até 25/11, 20/12 até 13/01/2020.

Os menos favoráveis são: 01/01 até 06/01,15/05 até 08/06, 03/07 até 27/07, 08/10 até 01/11,26/11 até 19/12.

Saúde

Os nascidos no primeiro decanato, entre os dias 23/07 e 30/07, terão o cotidiano instável e serão submetidos ao inesperado e a imprevistos. Excitação, agitação, coisas acontecendo a mil por hora, esperadas ou não, podem trazer irritabilidade e insegurança, e o estresse será inevitável. Há também a tendência à psicossomatização, ou seja, após um acontecimento inesperado, o organismo reage, sente o impacto e adoece. É uma reação temporária, mas que pode provocar distúrbios de saúde.

Deve-se ter cuidado com esgotamentos nervosos e acidentes. Mantenha o coração sereno, sem sobressaltos. Para isso, leonino, seja sábio. Não é preciso dizer que manter seu bem-estar em primeiro lugar será essencial. Exercícios para extravasar energia, massagens, alimentação balanceada (para controle do colesterol), diversão e lazer devem ser lei. Busque métodos que tornem as coisas mais simples, práticas e úteis. Se não puder frequentar uma academia, pode correr, pedalar, nadar. Isto é melhor do que não fazer nada. Enfim, experimente!

Disposição, bom humor e otimismo elevado melhoram qualquer estado de saúde: aos nascidos no segundo e terceiro decanato, o que não vai faltar é estímulo.

Por sentir-se mais relaxado, o estado de saúde realmente apresentará melhorias. Quem estiver sob tratamento, deve se manter assim. Quem aprecia uma boa comida deve ter cuidado apenas com a balança. Como é um período de sorte, qualquer tratamento que estiver fazendo, principalmente os de fertilização, encontrará o sucesso. Para quem desejar aumentar a família, este é o momento.

Os períodos de maior energia, saúde, vigor e vitalidade são: 01/01 até 14/02, 31/03 até 15/05, 01/07 até 17/08, 04/10 até 18/11.

Os períodos menos favoráveis para cirurgia e vitalidade são: 14/02 até 30/03,19/11 até 02/01/2020.

Melhores dias para tratamentos estéticos: 07/01 até 03/02, 02/03 até 25/03, 20/04 até 14/05, 09/06 até 02/07, 28/07 até 20/08, 14/09 até 08/10, 01/11 até 25/11, 20/12 até 13/01/2020.

VIRGEM (23/08 a 22/09) — regente Mercúrio

Primeiro decanato: 23/08 a 01/09

Segundo decanato: 02/09 a 11/09

Terceiro decanato: 12/09 a 22/09

Panorama geral

A partir de março, Urano adentra de vez na vida dos virginianos nascidos no primeiro decanato, entre os dias 23/08 e 30/08. Nem tudo será como antes, mas tudo será melhor. Urano utilizará sua força para quebrar barreiras e varrer obstáculos que estavam à sua frente. E que venham as mudanças, que a vida o vire pelo avesso! Essas mudanças podem ser inusitadas e prazerosas. Conecte-se com o novo! Tudo será surpreendente. Atente-se a um olhar, a um ponto de vista diferente. Tudo será válido!

Os nascidos no segundo decanato, sobretudo entre os dias 07/09 e 11/09, estarão sentindo o efeito desarmônico de Netuno sob o seu Sol. Netuno vai trazer a sensação de irrealidade e dificuldade de definir, de mantê-los firmes e convictos do caminho a tomar. Porém, Saturno em harmonia vai estar ali do ladinho de todos os nascidos no segundo decanato, sustentando-os e orientando-os a não cair em ciladas. O ano é cheio de responsabilidades e desafios, mas também de amadurecimento e crescimento interno, além de mais força e determinação. Use a razão antes da emoção! Fique atento!

Plutão protege os virginianos do terceiro decanato nascidos entre os dias de 13/09 e 16/09. Você vai ter a oportunidade de olhar para coisas do passado, que de alguma maneira precisam ser resgatadas ou eliminadas de vez. Plutão tem a capacidade de transformar, reformular uma situação, uma postura, um relacionamento, um trabalho. Está esperando o quê?

Carreira e finanças

Este é um momento ideal para viagens a fim de se conectar com o novo e dar um salto em prol de seus interesses profissionais, melhorando suas perspectivas de carreira. Isso é o que podem esperar os nascidos no primeiro decanato entre os dias 23/08 e 30/08.

É um período propício para renovar suas ideias, para se entusiasmar por novos assuntos, estudar, aprender! É um ano para se maravilhar com tudo o que você vê ao seu redor.

Lançamento de produtos, marcas e serviços terão uma vantagem competitiva sobre os já conhecidos. É hora de se arriscar e entrar pelas novas portas que se abrem. Você vai sentir que a maneira como costumava pensar sobre como ganhar dinheiro não vai mais preencher sua conta. A mudança é necessária para que possa seguir em frente e ser mais próspero. Pense em alternativas, imagine o que pode fazer diferente, crie um diferencial no mercado. Os dias que vão de 22/08 a 01/09 serão bem interessantes para negociações, procura de emprego, reuniões, projetos, acordos e ganhos financeiros. Dias que uma sorte inesperada baterá à sua porta.

Saturno em boa posição protege os nativos do segundo decanato, e é com a energia estruturadora e de perseverança que você deve contar e se alinhar, principalmente quem nasceu entre os dias 07/09 e 11/09, já que paralelamente Netuno estará em desarmonia, o que o levará a não pensar claramente, inclinando-o a fantasias. Discernimento, discernimento, discernimento! É o que será mais necessário neste ano! Não negligencie os detalhes. Ignore quaisquer rumores ou fofocas no local de trabalho, seja seletivo, não se deixe absorver por pessoas negativas ou sugadoras de energia e mantenha-se o mais honesto e direto possível ao tratar com clientes e ao realizar qualquer tipo de negociação.

A carreira estará em alta para os nascidos no terceiro decanato entre os dias 13/09 e 16/09. Plutão comanda toda a sua trajetória, trazendo sucesso, estabilidade financeira e até cargos de poder. Você está podendo! Mas tudo isso vai depender da sua conduta como profissional até agora. Se estiver precisando se reerguer, o momento é este. Apenas tome cuidado com o que não está fundamentado, pois Júpiter está passeando negativamente em seu Signo, o que pode levá-lo a apostar, acreditar e se animar em negociações e promessas que não vão acontecer. Aliás, não se enverede para nada que não possa dar conta com maestria. Os efeitos de Júpiter valem também para quem nasceu no segundo decanato.

Em geral, os melhores períodos para trabalho, dinheiro, negócios e aquisições são: 01/01 até 06/01, 04/02 até 01/03, 15/05 até 08/06, 03/07 até 27/07, 22/08 até 14/09, 08/10 até 01/11, 26/11 até 19/12.

Os menos favoráveis são: 07/01 até 03/02, 26/03 até 20/04, 09/06 até 02/07, 01/11 até 25/11.

Relacionamentos

No caso dos solteiros que nasceram entre os dias 23/08 e 30/08, é possível continuar vivenciando novas experiências. Explore mais seus desejos e tente conhecer a si próprio através de seus relacionamentos. É uma época em que entram pessoas na sua vida vestidas de Urano: uma pessoa mais jovem, ou de outra classe social, ou de outro credo político ou religioso. Conhecer pessoas também lhe permitirá conhecer mais do mundo e de outras formas de ver a vida. Aos comprometidos, renovação da vida afetiva e laços amorosos. Diversifique, surpreenda! Agora, se a relação não vai bem, pode ocorrer término. Porém, o rompimento será indolor, uma atitude esperada, uma separação positiva, porque a relação já não existia, já não estava boa.

A vida amorosa para os nascidos no segundo decanato: com a movimentação planetária de Netuno (quem nasceu entre os dias 07/09 e 11/09) e Saturno, o mais natural é que tudo aconteça mais devagar. É importante notar que isso não é algo ruim, já que, ao caminhar em um ritmo mais vagaroso, você tem condições de refletir mais e tomar decisões melhores sem se iludir. Vá devagar! Seja como for, esse ano não será muito dedicado à vida pessoal. As exigências feitas pela vida profissional e a carreira serão maiores e priorizadas. Mas não tenha pressa! Dê o tempo necessário para que as coisas se resolvam. Não force situações!

Libido em alta! Paixões arrebatadoras vão deixar os nascidos no terceiro decanato "de quatro no ato". Mas saiba que você estará no caminho certo. Vai notar que o seu poder pessoal estará com tudo! Aproveite! É um ano de namoros, de conhecer gente especial, de reconciliações, reconquistas e chance de apimentar a relação. Também é um ano de casamento e de firmar compromisso para todos os virginianos.

Em geral, os melhores períodos para as relações, encontros amorosos e colaboração são: 01/01 até 06/01, 04/02 até 01/03, 15/05 até 08/06, 03/07 até 27/07, 22/08 até 14/09, 08/10 até 01/11, 26/11 até 19/12.

Os menos favoráveis são: 07/01 até 03/02, 26/03 até 20/04, 09/06 até 02/07, 01/11 até 25/11.

Saúde

Para todos os virginianos, é um ótimo ano para colocar o corpo em movimento! Suas frustrações vão se dissipar facilmente se você puder pensar nisso a longo prazo e ir à academia depois do trabalho. Receba luz e afaste a energia negativa com exercícios físicos. Crie um interior calmo e acolhedor, alimente seu corpo e sua alma. Coma direito e fique em forma! Tente não engarrafar ou suprimir sua energia. Visualizar seu corpo perfeito ajudará você a alcançar o bem-estar desejado. Pratique exercícios, enxergando sua saúde no topo todos os dias. Sua imaginação é uma força motriz que pode estimular a cura e ajudar a deixar seu corpo em um estado mais saudável. Se você precisa fazer dieta, visualize seu corpo em forma e chegará lá. Sua aparência estará em alta! E, se não estiver satisfeito com ela, mude, troque, aposte em um novo visual!

Os períodos de maior energia, saúde, vigor e vitalidade são: 14/02 até 30/03, 16/05 até 30/06, 18/08 até 03/10, 19/11 até 02/01/2020.

Os períodos menos favoráveis para cirurgia e vitalidade são: 31/03 até 15/05.

Melhores dias para tratamentos estéticos: 01/01 até 06/01, 04/02 até 01/03, 15/05 até 08/06, 03/07 até 27/07, 22/08 até 14/09, 08/10 até 01/11, 26/11 até 19/12.

LIBRA (23/09 a 22/10) – regente Vênus

Primeiro decanato: 23/09 a 01/10
Segundo decanato: 02/10 a 11/10
Terceiro decanato: 12/10 a 22/10

Panorama geral

O ano começa livre para os nascidos no primeiro decanato. Esta é a hora de progredir e colocar em prática o que o ano interior trouxe de experiências. Foi um ano de oportunidades, mas também de provações, e quem teve foco logo, logo colherá frutos.

Saturno comanda a turma do segundo decanato, colocando-os à prova.

Sua missão este ano será de conciliar a vida profissional com a pessoal. Na verdade, essa não é uma grande novidade, já que vocês, librianos do segundo decanato, vivem buscando esse equilíbrio, porém este ano o desafio estará mais acentuado. Mesmo desejando olhar mais para a vida pessoal, os assuntos profissionais não vão deixar espaço. E lembre-se de que tudo o que fizer e as decisões que tomar estarão sob sua responsabilidade. É o peso de Saturno testando a resistência e dizendo que sem perseverança não se chega lá. Júpiter pode até estar trazendo benesses, mas só serão perpetuadas diante de esforço.

Plutão é a bola da vez para os nascidos no terceiro decanato entre os dias 13/10 e 15/10. Prepare-se! O ano evidencia uma fase de estresse relacionada a pressões do cotidiano e a situações que você não consegue controlar. Use a inteligência emocional para encontrar as melhores soluções, evitando opor-se a mudanças não planejadas. A solução é eliminar, desapegar ou adequar-se a elas.

Carreira e finanças

O ano flui sem barreiras no quesito carreira, dinheiro e profissão para os que nasceram no primeiro decanato. Não perca as brechas e não permita que as chances escapem de suas mãos por comodismo ou indecisão. E não deixe de exercitar o melhor estilo libriano, que é a sua capacidade de conquistar as pessoas e estabelecer ótimos relacionamentos. Bons relacionamentos com as pessoas certas e nos lugares certos serão uma de suas melhores armas para alcançar o sucesso este ano.

Você estará mais voraz nos negócios, especialmente durante os dias que vão de 14/09 a 08/10. Vênus e Mercúrio lado a lado estarão beneficiando-o. Aproveite para fazer um bom uso de ferramentas de mídia, independentemente de trabalhar ou não nesse setor. Siga a velha frase de que "a propaganda é a alma do negócio", comportamento que será muito bem-vindo, já que este é também um período de grandes oportunidades.

Saturno e Júpiter acompanharão os nascidos no segundo decanato. É uma energia de avanço (Júpiter) e resistência (Saturno). Em algumas horas, você pode sentir responsabilidade e peso, e considerar que não está à altura do que esperam de você, especialmente se estiver empregado. Você pode sentir que seu chefe é impossível de agradar, o que pode levar a conflitos e insatisfação no trabalho. E esse sentimento pode ser acentuado pela sensação de que, mesmo se você fizesse mais ou melhor, não receberia a compensação adequada pelo seu esforço, o que é verdade! Ter jogo de cintura, sutileza e perseverança será necessário para se manter equilibrado.

Economize, pois o dinheiro não virá fácil; seja profissional, qualifique-se com cursos, pós-graduação, mestrado. Não se arrisque onde não tenha certeza, não prometa, e desconfie do que lhe parecer fácil demais. No final, você vai ver que não foi tão duro assim, e que estará muito mais fortalecido e capacitado.

Aos nascidos no terceiro decanato entre os dias 13/10 e 15/10: a preocupação é grande com Plutão! Restrições de ordem financeira, perdas e puxadas de tapete o impedem de avançar em seus projetos. Compreenda a necessidade de fazer alguns ajustes em vez de remar contra a maré. Sua criatividade e suas habilidades podem ajudar a contornar as adversidades; portanto, use-as! Os meses de janeiro, fevereiro e março tendem a ser conturbados para os nascidos entre os dias 20/10 a 22/10, já que Urano dá sua última passagem. Esteja preparado para não ser pego de surpresa!

Em geral, os melhores períodos para trabalho, dinheiro, negócios e aquisições são: 07/01 até 03/02, 02/03 até 25/03, 09/06 até 02/07, 28/07 até 20/08, 14/09 até 08/10, 01/11 até 25/11, 19/12 até 13/01/2020.

Os menos favoráveis são: 04/02 até 01/03, 20/04 até 14/05, 03/07 até 27/07, 26/11 até 19/12.

Relacionamentos

Começando pelos solteiros, vocês terão algumas boas oportunidades, e a maioria delas deve se concentrar em locais típicos para encontros amorosos, como locais de festa ou sites de relacionamentos. O importante é circular e estar mais em contato com as pessoas, amigos e a turma.

Os comprometidos e que se encontram em relacionamentos estáveis têm a chance de estreitar mais os laços com seus parceiros. Uma ótima ideia agora seria providenciar algo como uma segunda lua de mel, ou até mesmo um pequeno passeio a dois para vivenciar o amor de maneira mais intensa. Um jantar romântico ou uma refeição em casa, não importa, desde que seja uma noite calma e dedicada apenas ao casal.

Os nascidos no segundo decanato podem sentir um pouco ao encontrar dificuldades nas relações em geral, ou por não estarem tão disponíveis, ou ainda por não classificarem as relações amorosas como prioridade. A vida não está fluindo como você deseja, mas mesmo assim não é para ficar incomodado, nem se sentindo o último dos homens ou das mulheres. Aproveite os momentos de lazer para espairecer a mente!

As relações que estão por um triz podem não resistir a esse tempo de Plutão. Isso vale para os nascidos entre os dias 13/10 e 15/10. É um ano de inquietações envolvendo as relações pessoais. Aos nascidos entre os dias 20/10 e 22/10, é preciso cuidado nos meses de janeiro, fevereiro e março. Para ambos, evitem situações de risco no romance e priorizem atitudes que respeitem o amor. Tenham em mente que "o que for do homem, o bicho não come"; o que não for para ser seu, é preciso deixar ir. Cuidado com sentimentos obsessivos, paixões arrebatadoras e envolvimentos movidos por carência. Geralmente, pessoas que entram com esses planetas em tensão vêm com algum defeito de fábrica.

Em geral, os melhores períodos para as relações, encontros amorosos e colaboração são: 07/01 até 03/02, 02/03 até 25/03, 09/06 até 02/07, 28/07 até 20/08, 14/09 até 08/10, 01/11 até 25/11, 19/12 até 13/01/2020.

Os menos favoráveis são: 04/02 até 01/03, 20/04 até 14/05, 03/07 até 27/07, 26/11 até 19/12.

Saúde

De uma maneira geral, os librianos do primeiro decanato podem comemorar este ano, já que a saúde provavelmente não irá apresentar nenhum grande problema e deve correr de maneira tranquila e sem sustos. Aproveitem para cuidar de si mesmos. Como estarão mais dispostos, atividades físicas farão muito bem. Portanto, seria muito bom iniciar aquele programa de exercícios adiado já há algum tempo.

Aos nascidos no segundo decanato, não será necessário aplicar nenhuma grande estratégia; ao contrário, o ideal seria evitar grandes alterações, a não ser é claro que seja realmente necessário. Mas, salvo os casos de real necessidade, você deveria evitar todo tipo de mudança significativa. Caso ainda decida por fazê-la, não dispense de forma alguma uma ampla e intensiva pesquisa sobre o que precisa ser transformado. Mudanças feitas com descuido agora podem se refletir de forma muito negativa no futuro — um futuro muito próximo, por sinal. Massagens, programas e exercícios de alongamento serão inevitáveis para problemas musculares, articulações e coluna.

A influência sobre a saúde dos nascidos entres os dias 13/10 e 15/10 pode se manifestar de formas diferentes, dependendo do contexto de vida de cada um. Mantenha-se atento a qualquer sinal que seu corpo apresente e não deixe de fazer visitas ao médico. Atividades físicas são muito recomendadas neste momento, mesmo que você não esteja em sua melhor forma. O benefício é excelente. Atividades também irão contribuir para sua saúde emocional, outro ponto importante e que agirá de maneira direta na saúde mental e física.

Os períodos de maior energia, saúde, vigor e vitalidade são: 31/03 até 15/05, 01/07 até 17/08, 04/10 até 18/11.

Os períodos menos favoráveis para cirurgia e vitalidade são: 01/01 até 14/02, 16/05 até 30/06.

Melhores dias para tratamentos estéticos: 07/01 até 03/02, 02/03 até 25/03, 09/06 até 02/07, 28/07 até 20/08, 14/09 até 08/10, 01/11 até 25/11, 19/12 até 13/01/2020.

ESCORPIÃO (23/10 a 21/11) — regente Plutão

Primeiro decanato: 23/10 a 01/11

Segundo decanato: 02/11 a 11/11

Terceiro decanato: 12/11 a 21/11

Panorama geral

O ano não será muito diferente para os escorpianos, exceto pelos nascidos no primeiro decanato entre os dias 23/10 e 29/10, nos quais Urano dá uma chacoalhada. Será preciso ter coragem para romper com suas limitações a fim de se tornar mais inteiro e verdadeiro. Isso pode significar que você terá de enfrentar certo caos até que a nova ordem se estabeleça. Momentos mais difíceis vão te perturbar, mas conte com sua fortaleza interior. Controle seus impulsos e não deixe que atitudes impensadas e inflamadas pelo calor do momento o levem a perder a cabeça. Promova em você a vontade de renovar e mudar!

Saturno e Netuno oferecem oportunidades aos nascidos no segundo decanato, e Plutão aos do terceiro decanato, nascidos entre os dias 12/11 e 14/11: o que era impossível pode se tornar realidade. Isso é muito bom! Aproveite para lançar o que quiser e desejar. São raras as vezes em que somos brindados, portanto não deixe para amanhã o que você pode fazer hoje. Momentos benéficos existem para ser aproveitados, para fortalecer emocionalmente, profissionalmente e financeiramente.

Tudo aquilo que foi cultivado com perseverança nos últimos anos será colhido a partir de agora. E, se não conseguiu cultivar, é hora de semear. Aposte nos seus ideais!

Carreira e finanças

Para os nascidos no primeiro decanato, entre os dias 23/10 e 29/10, a palavra-chave para as finanças é administração. Controle dos gastos será primordial para não deixar as coisas saírem do eixo. Mesmo assim, talvez seja surpreendido por gastos não esperados.

Concentre-se em manter horários regulares e trabalhe duro para entregar o que prometeu. Mantenha sempre uma margem de tempo, pois o inesperado o acompanha. É uma mudança de emprego, é uma mudança de casa, é uma mudança de projeto, é o cliente de última hora que desiste. Não conte com nada como certo.

É importante manter o foco interno para saber o que realmente quer, para que os eventos externos não o derrubem.

Tente adequar-se o mais rápido possível a esse novo ambiente, ou sofrerá as consequências. Utilize toda a experiência que acumulou até aqui para tomar as melhores decisões e escolher a melhor rota a ser seguida. Não fique preso a costumes, nem teime ao ser apresentado a novas realidades. Aposte no novo!

Em tempos de crise, é preciso ir além, inovar, buscar novas experiências e olhar para aqueles que estão triunfando. Mais do que isso, é preciso identificar oportunidades em meio às fragilidades, pois superar não é uma escolha, e sim uma necessidade. É importante também observar se você não está antecipando algo que no momento não é viável. Se não for, não insista, pois as circunstâncias realmente não estarão favoráveis. O pessoal do segundo e terceiro decanatos estará sob a influência harmônica de Saturno, Netuno e Plutão, o que não é nada mau — é excelente. Provavelmente você anda muito bem posicionado e requisitado na sua área. Aproveite essa onda favorável para pedir um aumento ou visar novas empresas.

De qualquer forma, é um ano para se jogar em tudo o que possa trazer crescimento ou estabilização para sua carreira e finanças. Se estiver fora do mercado, tente uma recolocação; se precisar aumentar a receita, aposte em seus talentos. Não fique parado. As oportunidades estão aí na sua frente, pedindo apenas que você dê o primeiro passo rumo às realizações. Coloque sua energia transformadora em ação. Dedique-se e terá certamente excelentes frutos a colher: o ano estará promissor!

Em geral, os melhores períodos para trabalho, dinheiro, negócios e aquisições são: 01/01 até 06/01, 04/02 até 01/03, 26/03 até 20/04, 03/07 até 27/07, 22/08 até 14/09, 08/10 até 01/11, 26/11 até 19/12.

Os menos favoráveis são: 02/03 até 25/03, 15/05 até 08/06, 28/07 até 20/08, 19/12 até 13/01/2020.

Relacionamentos

Será um período de instabilidade nos relacionamentos amorosos para os nascidos no primeiro decanato entre os dias 23/10 e 29/10. Urano pode virar você de cabeça para baixo. Não perca tempo com quem não está com as mesmas intenções que você, pois será aborrecimento na certa. Na realidade, você nem estará com tanta paciência assim para ficar aturando ataques de inconstâncias.

Agora, se é você que está com esse sentimento de "não quero mais", pense antes de tomar atitudes que, com certeza, serão impensadas. É preciso agir de uma nova forma diante dos conflitos internos, e superar antigos padrões. Não se cobre tanto por uma relação como se ela fosse apenas sua. Seu parceiro(a) precisa estar tão engajado quanto você nessa missão.

O Céu pede um pouco menos de intransigência. Se quer provar algo para alguém, é melhor transmitir isso com suas ações, mas sempre com parcimônia e sabedoria, sem se atropelar ou acabar atropelando o outro no meio do caminho, ok?

Outra coisa: preserve suas relações de afeto com quem te dá suporte e te estende a mão.

Enfim, as relações vão passar por um teste. A certeza é que o que está capenga não vai resistir. Boa sorte para os nascidos no segundo e terceiro decanatos! As relações vão bem, e as que não estiverem bem, vão ficar; quem estiver sozinho, sozinho não ficará. Até rimou! É um ano de harmonia, muito amor e estabilidade nas relações. Namoros, encontros, casamentos e noivados em alta! Sonhos a dois serão realizados! Este ano traz uma série de acontecimentos felizes e muito importantes. Até aquela relação que parecia não ter mais volta aqui encontra grandes chances de retorno, agora com outra cara, mais leve, mais comprometida. Curta com seu amor; não economize em investimentos a dois!

Em geral, os melhores períodos para as relações, encontros amorosos e colaboração são: 01/01 até 06/01, 04/02 até 01/03, 26/03 até 20/04, 03/07 até 27/07, 22/08 até 14/09, 08/10 até 01/11, 26/11 até 19/12.

Os menos favoráveis são: 02/03 até 25/03, 15/05 até 08/06, 28/07 até 20/08, 19/12 até 13/01/2020.

Saúde

O estado emocional dos nascidos no primeiro decanato entre os dias 23/10 e 29/10 será muito importante para se manter em equilíbrio. Com tantas manifestações de desejos e a necessidade de tomar decisões, é possível que um certo estresse emocional surja e acabe por se refletir na saúde. Alguns escorpianos podem ainda se envolver em uma espécie de guerra psicológica pessoal; por isso, procure resolver essas questões o quanto antes, para que a saúde física não sofra. A paciência e a calma são virtudes indispensáveis agora. Cuidado com situações de risco! Evite, portanto, mudanças muito drásticas e imprudentes.

Quem tem problemas cardíacos e circulatórios deve ficar mais atento: procure realizar pequenas pausas ao longo do dia para aliviar a pressão, experimente massagens regulares. Foque sua atenção também na região da cabeça e do crânio. Massagens são muito bem-vindas nessa região e servem como ótimos relaxantes.

Sempre que puder, alivie a pressão do dia a dia com atividades de lazer, viagens e contatos com a natureza. Aproveite ao máximo para estar com pessoas queridas, que te tragam calma e bons conselhos.

Existem muitos fatores que contribuem para toda essa positividade em relação à saúde dos nascidos no segundo e terceiro decanatos, e será possível notar que a energia desses escorpianos estará mais abundante e sobrará disposição para atividades e iniciativas. Aproveite essa boa fase para pôr em ordem a aparência, se for o caso, a dieta, programa de exercícios e tudo o que desejar, porque será muito mais fácil conseguir os resultados esperados.

Período definitivamente também favorável à meditação e oração. São recomendáveis as práticas que favoreçam a ligação com um canal maior. Esta é uma fase em que você ficará mais ligado a esses canais superiores; a conexão será direta. Será uma ótima oportunidade para uma cura física, mental, emocional e espiritual.

Os períodos de maior energia, saúde, vigor e vitalidade são: 16/05 até 30/06, 18/08 até 03/10, 19/11 até 02/01/2020.

Os períodos menos favoráveis para cirurgia e vitalidade são: 14/02 até 30/03, 01/07 até 17/08.

Melhores dias para tratamentos estéticos: 01/01 até 06/01, 04/02 até 01/03, 26/03 até 20/04, 03/07 até 27/07, 22/08 até 14/09, 08/10 até 01/11, 26/11 até 19/12.

SAGITÁRIO (22/11 a 21/12) – regente Júpiter

Primeiro decanato: 22/11 a 04/12

Segundo decanato: 05/12 a 14/12

Terceiro decanato: 15/12 a 21/12

Panorama geral

O Grande Benéfico, o Deus da Boa Sorte, do crescimento e da expansão, tanto material quanto intelectual e espiritual, está em seu domicílio desde novembro de 2018. Júpiter rege Sagitário. Este é um ano de muita luz e crescimento para os nativos.

É uma energia de muita força em sua vida. O momento é bom para arregaçar as mangas e encarar os desafios que a vida oferecer. Você estará naturalmente com vontade de agir. E, além disso, as portas estarão abertas, oferecendo oportunidades. Quem trabalhou duro e fez o dever de casa deverá colher os resultados de todo o esforço! 2019 será um ano marcante na vida de todos os sagitarianos! Se calhar, um ano inesquecível.

A única observação é para os nativos do segundo decanato, que nasceram entre os dias 06/12 e 10/12. Esses estarão sob os efeitos de Netuno. Essa é uma energia que exige todo cuidado. Ela engana a autoconfiança, remove as defesas. A sensação será de estar à mercê dos outros e do destino. O que fazer diante desse planeta que tem a característica de provocar a dissolução de um amor, de um emprego, de uma situação conquistada? Primeiro, ficar atento; segundo, recorrer a todas as possibilidades concretas que estejam ao alcance de suas mãos; terceiro, depois de todas as possibilidades esgotadas, entregar-se à fé em Deus. Janeiro, fevereiro, junho, julho, agosto, setembro e outubro são meses em que se deve ter um cuidado especial.

Carreira e finanças

O grande significado de Júpiter para o mundo dos negócios é a aventura.

Aventura é sair por aí procurando emprego, sair pelo mundo com a sensação de que o mundo está a seu favor, basta você correr atrás. É o espírito de conquista. É aproveitar todo o otimismo, a autoconfiança em alta e as benesses a seu favor. Não é sempre que a sorte está ao nosso lado.

Pensou em algo? Veja o que fazer para realizar, chegar lá. É hora de apoderar-se dessa energia. O mundo e as pessoas estarão mais generosos! Você estará em um bom caminho; siga seu instinto, siga pessoas que inspiram coisas positivas. Olhe à sua volta!

Júpiter é o progresso, a expansão, o alargamento de horizontes. Também está associado à viagem e aos estudos. Tem a ver com todos os cursos de graduação, pós-graduação, extensão, bolsa de estudos, viagens de negócios para o exterior, importação, contatos com o estrangeiro, ou seja, tudo o que amplie ou que tire dos setores nacional ou regional para um setor maior. O mês de janeiro, em especial, será muito positivo.

Aproveite que está vivenciando um de seus ápices sociais e faça tantos contatos quanto for possível. Até mesmo contatos e amizades feitas em eventos sociais que não têm nenhuma relação com o trabalho, como uma festa com amigos ou um jogo de futebol dos filhos, podem acabar revelando conexões financeiras frutíferas.

A grande maioria de suas oportunidades irá aparecer enquanto estiver envolvido com atividades ligadas a diversão e lazer. Bote a cara para fora e seja o que for que estiver em mente é hora de mostrar, tentar, experimentar.

Aos nascidos entre os dias 06/12 e 10/12: apesar de Júpiter, vocês estarão em uma fase difícil, e certamente irão ser trapaceados pela vida por não estarem conseguindo evoluir como deveriam. Por enquanto, mais cuidado em suas iniciativas. Continuem tentando mostrar seu valor a chefes e autoridades, mas percebam que é através dos outros que vocês podem prosperar mais agora. Sendo assim, não deixem de ouvir e apoiar os projetos alheios, reservando os devidos cuidados e análises.

Bons conselhos podem surgir de pessoas mais velhas ou de mentores em sua vida de modo geral; então, se for o caso, aproveite para ouvir o que os outros têm a dizer para você. Não faça nada às escuras; empenhe-se, mesmo diante das dificuldades.

Não faça empréstimos, nem saia gastando para satisfazer alguma carência, tapar um buraco. Valide a máxima: "Não descubra um santo para cobrir outro". Os negócios feitos neste ano têm que ser bem alinhavados, pesquisados e muito bem embasados.

Em geral, os melhores períodos para trabalho, dinheiro, negócios e aquisições são: 07/01 até 03/02, 02/03 até 25/03, 20/04 até 14/05, 28/07 até 20/08, 14/09 até 08/10, 01/11 até 25/11, 20/12 até 13/01/2020.

Os menos favoráveis são: 26/03 até 20/04, 09/06 até 02/07, 22/08 até 14/09.

Relacionamentos

O amor estará ao redor e pronto para abraçar você. Como sua libido tende a estar alta, existe uma boa chance de você aproveitar muitas de suas oportunidades amorosas ou se aprofundar intensamente em uma. Seja como for, aprecie o parceiro, mas preste atenção prioritariamente em você. Você é o astro da vez. Tenha em mente que é hora de se divertir, e seriedade demais pode acabar estragando o momento.

A química física e sexual também será um fator determinante para a maior parte dos relacionamentos. Pessoas que despertem aquela química de pele especial terão mais chances.

Este é um ótimo ano de oportunidades para aqueles sagitarianos que estiverem em busca de construir uma relação como primeiro, segundo ou terceiro casamento. Basta estar atento que verá muitos e interessantes pretendentes à sua volta.

Advirto aos nascidos entre os dias 06/12 e 10/12 para agir com cautela e não apressar nada em seus relacionamentos. Existe uma grande possibilidade de que muitas de suas oportunidades amorosas não sejam exatamente tudo aquilo que aparentavam no início. Não é preciso se retrair; apenas não se empolgue demais, e não projete expectativas futuras que podem acabar sendo irreais.

Em geral, os melhores períodos para as relações, encontros amorosos e colaboração são: 07/01 até 03/02, 02/03 até 25/03, 20/04 até 14/05, 09/06 até 02/07, 28/07 até 20/08, 01/11 até 25/11, 20/12 até 13/01/2020.

Os menos favoráveis são: 04/02 até 01/03, 03/07 até 27/07, 14/09 até 08/10, 26/11 até 19/12.

Saúde

Alto-astral em alta! Esse é um dos requisitos para um corpo, mente e alma saudáveis. Cuide mais de você, do visual, use seu charme! Bom momento para repensar a rotina para ter mais qualidade de vida. Tudo o que você se dispuser a fazer para melhorar seu bem-estar terá um resultado positivo. Sua imaginação é uma força motriz que pode estimular o que quiser! Viva com mais prazer!

A saúde é um campo que precisará de um pouco mais de atenção aos nascidos entre os dias 06/12 e 10/12. Não estará ruim nem mostrando muitos problemas para a maioria, porém estará mais delicado, frágil. Ao sinal de qualquer coisa que não vai bem, procure o médico e insista em refazer exames, caso continue com sintomas e os diagnósticos não apontem nada. Netuno camufla informações.

Não deixe que pessoas maldosas estraguem a sua paz de espírito. Você precisa se concentrar ao máximo para sua vida fluir.

Alimentar-se, estar em dia com exames e se mexer será essencial, principalmente fazer atividades físicas, mesmo que se sinta mais indisposto e preguiçoso. Tudo o que eleve a imunidade deve fazer parte da sua rotina.

Pense em reorganizar sua casa para que ela reflita seus objetivos atuais de saúde.

Foque bastante em regimes de desintoxicação e limpeza do organismo, pois essa limpeza, além de física, pode também ter finalidade espiritual. E, como um bom sagitariano, não deixe sua alegria apagar!

Os períodos de maior energia, saúde, vigor e vitalidade são: 01/01 até 14/02, 01/07 até 17/08, 04/10 até 18/11.

Os períodos menos favoráveis para cirurgia e vitalidade são: 31/03 até 15/05, 18/08 até 03/10.

Melhores dias para tratamentos estéticos: 07/01 até 03/02, 02/03 até 25/03, 20/04 até 14/05, 09/06 até 02/07, 28/07 até 20/08, 01/11 até 25/11, 20/12 até 13/01/2020.

♑

CAPRICÓRNIO (22/12 a 20/01) – regente Saturno

Primeiro decanato: 22/12 a 31/12

Segundo decanato: 01/01 a 09/01

Terceiro decanato: 10/01 a 20/01

Panorama geral

O ano passado deve ter sido acirrado para os nascidos no primeiro decanato com a passagem de Saturno, porém também bem produtivo para quem soube aproveitar a energia desse planeta que nos faz trabalhar com a realidade.

E o que vai rolar para você este ano é manter a base construída, bem resolvida, arrumada, cuidada e sem altos e baixos. Além de rolarem mudanças, sejam de residência ou emocionais e nos relacionamentos, elas serão saudáveis: isso é Urano. Abra-se para o novo! Combine experiência com novidade. Remanejar e organizar as coisas de modo diferente poderá trazer revitalização e uma nova motivação de vida.

O que será importante para nativos do segundo decanato é trabalhar muito para ver um projeto, plano ou sonho se realizar. Um amor real poderá florescer aí também. Desde já, trabalhe para que as coisas realmente aconteçam. Netuno e Saturno trabalham juntos, principalmente para os aniversariantes nascidos entre os dias 05/01 e 09/01, dando suporte para que o que estava apenas na imaginação se torne realidade. Reúna-se com pessoas que agregam para construir seu futuro!

Os nascidos entre os dias 10/01 e 12/01 terão que ter muita concentração, esforço e capacidade de transformação, já que Plutão estará por perto. Preciso dizer o quanto isso será importante para o seu amadurecimento pessoal? Após a passagem desse astro, com certeza você será outra pessoa; afinal, esse será um momento de transformar, eliminar, deixar ir.

Aprender literalmente o significado de "desapegar". Assuntos do passado poderão vir à tona para serem superados. Não é para sair atacando, muito menos ficar na defensiva. É para encarar.

Carreira e finanças

A vida profissional dos capricornianos do primeiro e segundo decanatos tem tudo para crescer, assim como vai crescer mais ainda o interesse desses nativos pela carreira. Esse será o seu principal foco. O número de oportunidades e ajudas inesperadas se mostra bem maior, e é preciso aproveitar todas.

É importante perceber que isso não é algo gratuito ou um presente do cosmos, mas sim uma forma de reconhecimento pelo seu trabalho e seu esforço. Se você trabalhou bastante e se empenhou como deveria, plantando todas as sementes nos locais certos durante o último ano, essa é a hora de vê-las germinarem, tornando-se árvores grandiosas e muito frutíferas.

A novidade é que alternativas poderão surgir e solucionar antigos problemas. Você também pode romper com o passado para dar início a novos projetos ou planos que visem renovar coisas e situações. Aliás, a implementação de novos métodos de trabalho será coroada de sucesso.

É importante ter em mente uma nova maneira de lidar com as coisas e as atividades que já existiam, mas que podem e precisam ser modernizadas. Pense que também é possível investir em atividades ou tecnologias novas sem destruir as que já estão em operação nem abandonar espaços que já foram conquistados.

Viagens e estudos também são muito bem-vindos, pois conhecimento nunca é demais. Preste atenção a todas as propostas. Não perca de vista seu objetivo, para não deixar que pequenas dificuldades que possam aparecer minem a sua motivação. Com foco e dedicação, você vai chegar aonde deseja.

Os nascidos no terceiro decanato, sobretudo entre os dias 10/01 e 12/01, precisam se resguardar, não se arriscar nem se aventurar, principalmente em negociações que não apresentam segurança. Mantenha o equilíbrio!

É importante saber o que é prioritário pra você neste momento e manter o foco, planejando melhor as coisas de trabalho.

Avalie a relação entre custo e benefício de tudo o que faz e coloque mais energia nas coisas que exigem transformações e resultados imediatos. Se você estiver com pendências financeiras, tente resolver o quanto antes.

Vênus, de 04/02 até o dia 01/03, facilita negociações, acordos, reuniões, apresentação de projetos. Se tiver algum dinheiro a receber, essa é a hora de dar aquela lembrada a quem lhe deve. Vale também fazer renegociações, caso precise.

Em geral, os melhores períodos para trabalho, dinheiro, negócios e aquisições são: 01/01 até 06/01, 04/02 até 01/03, 26/03 até 20/04, 15/05 até 08/06, 22/08 até 14/09, 08/10 até 01/11, 26/11 até 19/12.

Os menos favoráveis são: 20/04 até 14/05, 03/07 até 27/07, 14/09 até 08/10.

Relacionamentos

Para os nascidos no primeiro decanato, as relações e as emoções estarão a mil, só que no bom sentido, o que é bem positivo. Você pode se dar conta de algumas insatisfações antigas, o que vai te levar a mudar para melhorar a relação que anda desgastada. Também é possível que você, simplesmente, não queira mais aquela situação, aquela pessoa.

O bom dessa história é que, apesar de todo o estresse, as decisões tomadas serão para o seu bem. Urano incita a fazer mudanças, virar a página, como se você estivesse cansado de estar ali tentando e nada acontecer. Esse astro remexe para dar uma nova cara, escrever uma nova história. É um ano de casamentos, namoros ou término de uniões que não estavam bem.

Você pode modificar sua relação atual, quebrando a rotina, proporcionando coisas agradáveis ao par. Ou permitindo pessoas novas na sua vida. Nessa fase, o que atrai é outro tipo de pessoa. É uma vontade de experimentar o diferente.

Aos nascidos no segundo decanato, será um bom ano para planejar o futuro, fortalecer a relação, construir uma rotina sólida, estar ao lado, ser companheiro, consolidar a amizade. A amizade é uma coisa que deve ser essencial, pois é ela que faz os amores perdurarem com aquela famosa frase: "foram felizes para sempre".

Para os nascidos no terceiro decanato, é um momento perfeito para realizar aquela desintoxicação emocional na relação, algo que vem sendo adiado há muito tempo. Isso se aplica mais aos relacionamentos amorosos, mas inclui também os de amizades.

Cuidado com contatos tóxicos!

Em geral, os melhores períodos para as relações, encontros amorosos e colaboração são: 01/01 até 06/01, 04/02 até 01/03, 26/03 até 20/04, 15/05 até 08/06, 22/08 até 14/09, 08/10 até 01/11, 26/11 até 19/12.

Os menos favoráveis são: 20/04 até 14/05, 03/07 até 27/07, 14/09 até 08/10.

Saúde

Exigências e pesadas obrigações poderão surgir, porém tenha cuidado para não se sobrecarregar. Não assuma responsabilidades se não estiver preparado para isso, e também não aceite sobrecargas e obrigações de terceiros.

Por fim, tome cuidado com os ossos, dê uma atenção especial à coluna e as articulações. Faça exercícios, mas fique atento aos males que o desgaste físico pode gerar. Procure uma recomendação especializada quanto às melhores atividades físicas que você pode realizar, assim, terá um aproveitamento melhor e seu corpo sofrerá menos desgaste.

É um ano para não relegar exames a segundo plano. Um *check-up* nunca é demais. É um em ano que vícios, condicionamentos físicos e alimentares não saudáveis podem ser corrigidos facilmente. Não perca essa energia sem nada ter feito.

Os períodos de maior energia, saúde, vigor e vitalidade são: 14/02 até 30/03, 18/08 até 03/10, 19/11 até 02/01/2020.

Os períodos menos favoráveis para cirurgia e vitalidade são: 16/05 até 30/06, 04/10 até 18/11.

Melhores dias para tratamentos estéticos: 01/01 até 06/01, 04/02 até 01/03, 26/03 até 20/04, 15/05 até 08/06, 22/08 até 14/09, 08/10 até 01/11, 26/11 até 19/12.

AQUÁRIO (21/01 a 19/02) – regente Urano

Primeiro decanato: de 21/01 a 31/01

Segundo decanato: de 01/02 a 09/02

Terceiro decanato: de 10/02 a 19/02

Panorama geral

O inesperado será o lema para os nascidos no primeiro decanato entre os dias 21/01 e 26/01. Não que você não esteja acostumado com essa energia, mas ser pego de surpresa sempre causa alguma agitação. No caso, as tais surpresas podem não ser bem-vindas.

Será preciso exercitar jogo de cintura, desprendimento e capacidade seletiva. É provável que tenha algumas frustrações com amigos e projetos. Redobre a atenção para não cair nos mesmos erros. É importante avaliar como deseja prosseguir com decisões que o favoreçam e o edifiquem. Atenção às posturas arrogantes!

Os nascidos no segundo e terceiro decanatos contam como amuleto o planeta Júpiter, que traz crescimento, sorte, abundância, prosperidade, sonhos realizados e tudo mais que você desejar. É um ano em que você tem tudo para ser feliz, leve, solto e descontraído. Excelente para interagir, crescer, fazer amizades, viajar.

Aproveite essa onda de boas energias para organizar a vida e deixá-la pronta para os imprevistos de Urano, que vem chegando. Crie estrutura, consistência e estabilidade.

Carreira e finanças

Aos nativos dos dias 21/01 a 26/01: cuidado com a frustração financeira.

Não é favorável carregar expectativas sobre o que deseja realizar. É um ano de mudanças no estilo de vida que vem acarretando gastos; então, será preciso um amadurecimento financeiro.

O que era para ser, de repente pode não ser. Não conte com o que não está na sua mão. Outro fator também importante será refletir sobre o seu autovalor e sobre a sua visão financeira. Reflita sobre os seus deveres e sobre a forma como vem encarando chefes ou autoridades. As coisas não vão correr facilmente.

Um conflito na forma de interagir com as tarefas diárias pedirá de você maturidade para avaliar o que é prioritário.

Os assuntos profissionais vão afligir e exigir muito da sua flexibilidade. Há aberturas de caminhos, porém o seu equilíbrio emocional é o que vai te dar sustentação para lidar com o que não era esperado e o caminho a seguir. Avalie a ansiedade e a forma como vem julgando as situações. Os exageros e as negligências dificultam os resultados.

Mais do que nunca, é hora de utilizar suas habilidades criativas para criar alternativas e novas diretrizes. Não está na hora de dar um salto a mais no seu conhecimento? O que estiver defasado vai pedir uma reestruturação, um algo a mais. O diferencial é que será determinante. Toda mudança traz alguma insegurança, mesmo para você. Fique atento, circule, observe! Não fique parado, mas também não adianta ir apostando em tudo o que aparecer. É preciso avaliar como pode absorver as experiências, visando ao aprimoramento pessoal.

É um ano para "pisar em ovos", mas com a mente aberta para o que a vida tem a oferecer.

Já os nascidos no segundo e terceiro decanatos podem e devem apostar no crescimento, alargar horizontes. Aquarianos, sigam em frente e coloquem toda a sua energia naquilo que vocês até agora vêm tentando, pois as chances são maiores. Ao mesmo tempo, vocês vão precisar se organizar para dar conta de tudo.

O ano traz sorte para fazer contatos, encontrar um novo emprego, firmar parcerias para seus projetos, adquirir conhecimento e cultura através de estudos, viagens e contatos com gente de fora. O período é muito próspero! Aproveitem!

Em geral, os melhores períodos para trabalho, dinheiro, negócios e aquisições são: 07/01 até 03/02, 02/03 até 25/03, 20/04 até 14/05, 09/06 até 02/07, 14/09 até 08/10, 01/11 até 25/11, 19/12 até 13/01/2020.

Os menos favoráveis são: 01/01 até 06/01, 15/05 até 08/06, 28/07 até 20/08, 08/10 até 01/11.

Relacionamentos

Neste ano, os namoros e os envolvimentos afetivos seguem com desafios e promessas de cortes ou afastamentos. Em primeiro lugar, faça uma avaliação do que realmente sente e o que realmente quer, do que você espera e o que está em jogo nesta troca. Diferenças de ideias e opiniões podem ativar conflitos. O desafio é se permitir e conquistar maior liberdade e autenticidade na troca com o(a) parceiro(a). É aceitar o outro como ele é ou não.

Para o amor fluir da melhor forma possível, é necessário expressar o que se pensa com verdade e ouvir o que o outro tem a dizer. Com certeza, uma conversa vem para trazer experiências curativas para a relação, eliminando qualquer dúvida ou mal-entendido. Não permita a interferência de pessoas do seu convívio na sua troca afetiva.

É importante deixar a porta aberta e compreender as mudanças, pois, agindo assim, o amor se fortalece, cresce. Faça atividades que refresquem e apimentem a vida a dois! Não deixe o certo pelo duvidoso, pelo atraente, pelo passageiro.

Júpiter movimenta os nascidos no segundo e terceiro decanatos. O ano favorece o namoro, o casamento e o lazer. Se estiver sozinho, certamente vai sair do casulo e se abrir para a entrada de uma pessoa especial em sua vida. A energia é descontraída, de encontros e acertos. Só fica sozinho quem quiser. Olhe pro lado, pra cima, pra baixo, mas olhe! Paquere, aceite convites, diga o que quer. Você estará mais predisposto a encontrar um amor. Com um pouquinho de charme, conseguirá enlaçar o seu alvo!

Se você estiver se relacionando, a união ficará mais agradável, mais gostosa. Aproveite essa alegria que você estará sentindo para fortalecer a vida a dois.

É um ano fértil, e para quem desejar aumentar a família, esse é o momento!

Em geral, os melhores períodos para as relações, encontros amorosos e colaboração são: 07/01 até 03/02, 02/03 até 25/03, 20/04 até 14/05, 09/06 até 02/07, 14/09 até 08/10, 01/11 até 25/11, 19/12 até 13/01/2020.

Os menos favoráveis são: 01/01 até 06/01, 15/05 até 08/06, 28/07 até 20/08, 08/10 até 01/11.

Saúde

Os estressadinhos de carteirinha devem começar o ano pensando em tomar providências para desacelerar. A ansiedade e uma vida desregrada vão te deixar com o coração na mão, colesterol e pressão altos.

Você sabia que esse tipo de nervosismo pode ser prevenido com algumas mudanças simples no seu cotidiano? Pequenos hábitos, como respiração e mudanças no dia a dia ajudam a controlar e evitar o problema. Alimentar-se de forma balanceada, praticar atividades físicas, mudar a postura, rir mais, fazer sexo, dormir melhor e ter uma prática religiosa: anote essas dicas preciosas para manter a mente, o corpo, as emoções e a alma saudáveis.

Abrace e lance um novo estilo de vida. É hora de mudar, operar transformações, eliminar vícios e comportamentos negativos. Rebele-se a seu favor!

O pessoal do terceiro e segundo decanatos terá um ano particularmente bom e estará confiante para direcionar suas energias. Autoconfiança, otimismo, consciência do "eu", sensação de que pode mais, capacidade de enfrentar a vida com um leque maior de opções. Que bom! Essa energia de alegria traz a oportunidade de sanar o que estiver lhe causando mal.

Sua saúde segue equilibrada e protegida até o final de novembro. Deve tomar cuidados apenas com a tendência a ganhar peso, típica dos exageros de Júpiter.

Os períodos de maior energia, saúde, vigor e vitalidade são: 01/01 até

14/02, 31/03 até 15/05, 01/07 até 17/08, 04/10 até 18/11.

Os períodos menos favoráveis para cirurgia e vitalidade são: 14/02 até 30/03, 19/11 até 02/01/2020.

Melhores dias para tratamentos estéticos: 07/01 até 03/02, 02/03 até 25/03, 20/04 até 14/05, 09/06 até 02/07, 14/09 até 08/10, 01/11 até 25/11, 19/12 até 13/01/2020.

PEIXES (20/02 a 20/03) – regente Netuno

Primeiro decanato: de 20/02 a 01/03

Segundo decanato: de 02/03 a 10/03

Terceiro decanato: de 11/03 a 20/03

Panorama geral

Urano vai movimentar o ano dos nativos do primeiro decanato, principalmente os nascidos entre os dias 19/02 e 25/02. Os movimentos provocados por Urano serão benéficos, trazendo um novo modo de encarar a vida. Situações que andavam paradas, sem *élan*, sem cor nem um porquê, vão encontrar novas possibilidades. Novos caminhos estarão bem à sua frente, portanto, experimente, mesmo que esses caminhos sejam totalmente diferentes do que você está acostumado.

O que você não esperava acontecer agora tem todas as possibilidades de acontecer. Do nada! Mudar de casa, mudar de emprego, mudar de estilo. A vida vai encontrar o meio certo para criar, alterar e operar mudanças positivas.

Netuno, Júpiter e Saturno são os destaques para os nascidos no segundo decanato. Há muito o que realizar, concluir. O Céu opera a seu favor! Bom ano para o desenvolvimento de recursos para sustentar metas e objetivos, favorecendo ações que lhe permitam superar desafios e obstáculos. Será necessário ter perseverança e saber definir o que se pretende. Foque! Sonhe, imagine, acredite, mas com seus pés bem fincados no chão.

Plutão, que na mitologia é representado por Hades, o Deus da Morte e do Mundo Inferior, quando em posição harmônica, regenera, recupera, dá a volta por cima, enfrenta os embates e desafios, vira o jogo e aguenta firme sem esmorecer. É esse caráter positivo que você, pisciano, vai ter ao seu lado, garantindo o renascer. É o ano do "eu tenho a força, eu tenho o poder". Tempo para rever ações e projetos do último ano e se preparar para limpar os dejetos e organizar a transformação.

Carreira e finanças

Este ano será marcado por um período de maior visibilidade e sucesso na carreira. Quem sabe você tenha uma ideia tão boa que se torne lucrativa? Muito lhe será exigido, mas as recompensas virão. Todo o trabalho que realizar ajudará a levá-lo aonde quer chegar. Isso é para você, que nasceu no primeiro decanato, entre os dias 19/02 e 25/02.

Se estiver envolvido em um processo de seleção para um novo emprego, pode receber boas notícias. Um novo projeto pode surgir ou, se estiver participando de um processo de recolocação no mercado de trabalho, as chances de êxito são grandes.

É possível que você comece a se dedicar ao planejamento de um grande projeto, que trará mudanças significativas em sua vida. O ano traz excelentes frutos financeiros, oportunidades, melhorias e ainda a possibilidade de você perceber a sua vocação. Toda mudança será a seu favor! Então, não é um ano para ficar parado, deixando chances escaparem.

O que estiver estagnado não vai trazer resultado. Abra-se ao novo! Diferencie-se no mercado, aposte em tecnologias, veja o que você precisa para representar a diferença. Troque de estratégia, de funcionários, de emprego! Pense que todo movimento trará ótimos resultados.

Será um excelente período para lançar produtos e empreendimentos, ou se deseja que algo seja rapidamente conhecido, divulgado, comentado e falado.

O pessoal do segundo decanato também terá a oportunidade de pôr em prática seus projetos e ideias, além de estabilizar finanças. É um ano para assumir as rédeas e seguir firme. Porém, as responsabilidades serão altas, e a maturidade será uma questão importante. Suas ações têm que ser dirigidas para tudo o que seja realizável. Selecione as ações no sentido do que é produtivo e possível.

Estude mais, pense mais e pondere mais. Não se deixe levar pela sedução do *marketing* e não gaste além do necessário. Esse é um dos segredos do sucesso agora. Muitas vezes, a sua opinião inicial não será a melhor. Então aprenda a ouvir, filtrar e aproveitar a opinião alheia, pois existe muita informação realmente útil por aí. Avalie como pode absorver as experiências, visando ao seu aprimoramento profissional!

Atenção aos conflitos e aos medos que você vem nutrindo e que impedem o seu verdadeiro progresso. Uma atuação mais silenciosa ou nos bastidores pode ser bem positiva. Cuidado com fofocas, intrigas ou movimentos que possam interferir em sua imagem diante de chefes, autoridades e colegas de trabalho. A ética e atitudes mais reservadas devem ser mantidas, pois blindarão você dos desafios. Foque suas metas, colocando em destaque uma comunicação mais clara e objetiva.

E o pessoal do terceiro decanato? Se você andava em desvantagem, perdeu o emprego ou aquela renda extra, é hora de se reinventar ou recriar a sua vida profissional. Assuma as rédeas, coloque toda a sua força e enfrente o que tiver que enfrentar, pois o final será feliz. Circunstâncias à sua volta irão apontar situações de transformação!

Pense sobre o planejamento ou o replanejamento financeiro e sobre como pode atuar com maior consistência, utilizando melhor os seus recursos. O trabalho passa por um novo formato e tem um chão fértil para prosperar. É um momento em que você, finalmente, será reconhecido e aplaudido por seus talentos e competências. Fase excelente para pedir uma promoção, começar um novo negócio ou mudar de função ou emprego. E também para resgatar benefícios que foram tirados ou encontrar condições para realizar o que até então não conseguia. Plutão vai eliminar o que vinha prejudicando sua vida, o seu caminhar.

Em geral, os melhores períodos para trabalho, dinheiro, negócios e aquisições são: 01/01 até 06/01, 04/02 até 01/03, 26/03 até 20/04, 15/05 até 08/06, 03/07 até 27/07, 22/08 até 14/09, 08/10 até 01/11, 26/11 até 19/12.

Os menos favoráveis são: 07/01 até 03/02, 09/06 até 02/07, 01/11 até 25/11.

Relacionamentos

Entre uma e outra pessoa que surgir em sua vida, uma em especial poderá chamar sua atenção. Um namoro pode começar a qualquer momento e com novos ares: isso é o que o ano promete para os piscianos do primeiro decanato que nasceram entre os dias 19/02 e 25/02. Você vai perceber que sua vida afetiva volta a caminhar sem obstáculos e em ritmo mais acelerado. O namoro que começar neste período trará as mudanças esperadas.

É um ano que trará também um frescor e um "borogodó" especial para os relacionamentos que andavam frios. Você terá a oportunidade de renovar as relações com energias revigorantes e dar aquela sensação de recomeço à sua união. O período é muito gostoso e deve ser bem aproveitado, sem medo, tanto para os solteiros quanto para os comprometidos. Casamentos, noivados e até términos são esperados, mas tudo será positivo!

Aos piscianos do segundo e terceiro decanatos: sua sensualidade estará nas alturas e você apenas deve ter discernimento para não cometer alguns erros. Mesmo altamente sensualizado, procure precaver-se de situações e pessoas que, em sã consciência, perceberia que não valem a pena. É para acreditar mais no amor, só não é para ter expectativas distantes da realidade de uma relação. E, se essa realidade não estiver boa, pode partir para outra. Quem sabe você não conhece alguém muito mais interessante?

Se for comprometido, aproveite as intensas energias junto de seu amor. E é certo: você pode esperar por um movimento bastante agradável em sua vida social, esteja num romance firme ou não.

Em geral, os melhores períodos para as relações, encontros amorosos e colaboração são: 01/01 até 06/01, 04/02 até 01/03, 26/03 até 20/04, 15/05 até 08/06, 03/07 até 27/07, 22/08 até 14/09, 08/10 até 01/11, 26/11 até 19/12.

Os menos favoráveis são: 07/01 até 03/02, 09/06 até 02/07, 01/11 até 25/11.

Saúde

Mesmo com Urano a seu favor, é um ano para se prevenir contra o cansaço físico ou mental por conta de muitas coisas que vão aparecer simultaneamente na sua vida.

O ritmo dos nascidos no primeiro decanato vai ser bem acelerado. Portanto, os cuidados devem começar já no início do ano, com a organização de uma rotina de saúde equilibrada, incluindo exercícios que envolvam mente e corpo, como ioga, aikidô e tai-chi, além de tratamentos alternativos, como a homeopatia e a medicina ayurvédica. A alimentação equilibrada não pode faltar.

É recomendado investir em um novo visual. Vale pintar e cortar o cabelo ou comprar roupas. Isso, com certeza, aumentará sua autoestima. Entenda que não há nada de errado em se presentear de vez em quando. Reserve um dia no spa, relaxe! O período é ótimo para começar um tratamento estético.

Aos nascidos no segundo decanato, este pode ser um ano de saúde mais frágil e dificuldade em manter sua energia vital equilibrada. A decisão mais sábia é cuidar com carinho de sua saúde e decidir por um bom programa, envolvendo exercícios e dieta balanceada. Júpiter pode trazer uns quilos a mais. Netuno fala para não descuidar da saúde. Marque consultas médicas, reveja sua alimentação e avalie o que fazer para melhorar a imunidade.

Tudo o que você se propuser a fazer pelo seu bem-estar contará com Saturno. Esse astro estará ao seu lado, dando-lhe a determinação suficiente para você não desistir no meio do caminho.

Que tal marcar aquela cirurgia plástica que vem adiando? É isso aí, nativo do terceiro do decanato, sua saúde estará plena e com total vigor. O ano é especialmente favorável para tratamentos longos, reformulação do guarda-roupa e estilo de vida. E, para quem está com alguma enfermidade que parecia não ter um resultado positivo, há grandes chances de cura, pois Plutão tem o poder do renascimento.

Os períodos de maior energia, saúde, vigor e vitalidade são: 14/02 até 30/03, 16/05 até 30/06, 19/11 até 02/01/2020.

Os períodos menos favoráveis para cirurgia e vitalidade são: 31/03 até 15/05, 18/08 até 03/10.

Melhores dias para tratamentos estéticos: 01/01 até 06/01, 04/02 até 01/03, 26/03 até 20/04, 15/05 até 08/06, 03/07 até 27/07, 22/08 até 14/09, 08/10 até 01/11, 26/11 até 19/12.

CALENDÁRIO DAS FASES DA LUA EM 2019

Obs: Todos os horários já estão corrigidos com o horário de verão.

Janeiro

Nova	05/01	23:29	15°25' de Capricórnio
Crescente	14/01	04:47	23°48' de Áries
Cheia	21/01	03:17	00°52' de Leão
Minguante	27/01	19:11	07°38' de Escorpião

Fevereiro

Nova	04/02	19:05	15°45' de Aquário
Crescente	12/02	20:27	23°55' de Touro
Cheia	19/02	12:55	00°42' de Virgem
Minguante	26/02	08:29	07°34' de Sagitário

Março

Nova	06/03	13:05	15°47' de Peixes
Crescente	14/03	07:28	23°33' de Gêmeos
Cheia	20/03	22:44	00°09' de Libra
Minguante	28/03	01:11	07°12' de Capricórnio

Abril

Nova	05/04	05:52	15°17' de Áries
Crescente	12/04	16:07	22°35' de Câncer
Cheia	19/04	08:13	29°09' de Libra
Minguante	26/04	19:19	07°23' de Aquário

Maio

Nova	04/05	19:47	14°11' de Touro
Crescente	11/05	22:13	21°03' de Leão
Cheia	18/05	18:12	27°39' de Escorpião
Minguante	26/05	13:35	05°09' de Peixes

Junho

Nova	03/06	07:03	12°34' de Gêmeos
Crescente	10/06	03:00	19°06' de Virgem
Cheia	17/06	05:32	25°53' de Sagitário
Minguante	25/06	06:48	03°34' de Áries

Julho

Nova	02/07	16:17	10°38' de Câncer
Crescente	09/07	07:56	16°58' de Libra
Cheia	16/07	18:39	24°04' de Capricórnio
Minguante	24/07	22:19	01°51' de Touro

Agosto

Nova	01/08	00:13	08°37' de Leão
Crescente	07/08	14:32	14°56' de Escorpião
Cheia	15/08	09:30	22°24' de Aquário
Minguante	23/08	11:57	00°12' de Gêmeos
Nova	30/08	07:38	06°47' de Virgem

Setembro

Crescente	06/09	00:12	13°15' de Sagitário
Cheia	14/09	01:34	21°05' de Peixes
Minguante	21/09	23:42	28°49' de Gêmeos
Nova	28/09	15:27	05°20' de Libra

Outubro

Crescente	05/01	13:48	12°09' de Capricórnio
Cheia	13/01	18:09	20°14' de Áries
Minguante	21/01	10:40	27°49' de Câncer
Nova	28/01	01:40	04°25' de Escorpião

Novembro

Crescente	04/11	08:24	11°42' de Aquário
Cheia	12/11	11:36	19°52' de Touro
Minguante	19/11	19:12	27°14' de Leão
Nova	26/11	13:07	04°03' de Sagitário

Dezembro

Crescente	04/12	04:59	11°49' de Peixes
Cheia	12/12	03:13	19°52' de Gêmeos
Minguante	19/12	02:58	26°58' de Virgem
Nova	26/12	03:14	04°07' de Capricórnio

AS FASES DA LUA

LUA NOVA

Esta fase ocorre quando o Sol e a Lua estão em conjunção, isto é, no mesmo Signo, em graus exatos ou muito próximos. A luz refletida da Lua é menor do que em qualquer outra fase do ciclo lunar. A atração gravitacional da Lua sobre a Terra é a mais forte, e pode ser apenas comparada com a fase da Lua Cheia. Neste momento, a Lua nasce e se põe junto com o Sol e, ofuscada pela proximidade deste, fica invisível.

Considera-se este como um período de ponto de partida, já que o Sol e a Lua estão unidos no mesmo grau. Novos começos, projetos e ideias estão em plena germinação. Um alívio ou liberação das pressões do mês anterior nos dá a sensação de estarmos quites com o que passou e disponíveis para começar algo novo em folha. Não vamos trazer nada da fase anterior para este momento — o que era importante e nos envolvia perdeu a força. Estamos aliviados e descarregados. Qualquer direção pode nos atrair.

Todos os resíduos e expectativas do mês anterior já devem ter sido zerados, para que possamos mudar de assunto, como se estivéssemos inaugurando uma agenda nova. Devemos introduzir um assunto, uma pauta, uma ideia nova em nossas vidas, e muitas coisas vão ser geradas a partir daí. Todas as possibilidades estão presentes.

Qualquer coisa que fizermos nessa fase lunar, até mesmo uma palavra ou um pensamento, terá muito mais chance de se concretizar. Portanto, pelo menos uma intenção deve ser colocada. Qualquer coisa deve ser plantada aqui: a semente de um projeto, de um romance, de uma ideia ou de uma planta. Nem tudo vai dar resultado, mas estamos plantando no período mais fértil possível.

Nunca podemos saber, de antemão, onde novos começos vão nos levar, mas os primeiros passos devem ser dados aqui. O instinto está muito aguçado, e o estado de alerta idem. Eles funcionam como um guia. A vida está se expressando na sua forma mais básica. A consciência das coisas não está muito clara, e só o impulso nos orienta. A ação ainda é muito espontânea. Não temos plano nem estratégia. Só o vigor do começo.

Lidar com qualquer coisa que diga respeito a nós mesmos e não aos outros, ou seja, que dependa só de nossa própria intenção e empenho e que possamos fazer por conta própria, terá mais chances de concretização.

Relacionamentos começados durante a Lua Nova podem ser estimulantes e muito espontâneos, mas não duradouros. Isso porque as relações neste momento são baseadas nas expectativas pessoais e não na observação de quem é o outro, ou do que a realidade pode de fato oferecer.

Ainda dentro do estilo "tudo-depende-da-motivação-pessoal", empregos, atividades e tarefas que oferecem maior autonomia, que possam ser realizados com um maior índice de liberdade, são os mais vantajosos nessa fase.

Bom para:

• Comprar casa, adquirir imóvel para investimento;

• Concepção, fertilização, gestação (fertilidade em alta);

• Comprar legumes, verduras e frutas maduros somente para consumo imediato (essa fase acelera a deterioração);

• Comprar flores desabrochadas somente para consumo imediato (essa fase diminui a durabilidade);

• Comprar legumes, verduras e frutas verdes e flores em botão (essa fase acelera amadurecimento);

• Criar;

• Relacionamentos passageiros e que servem mais para afirmação do ego;

• Ganhar peso;

• Cortar o cabelo para acelerar crescimento;

• Introduzir um elemento novo em qualquer esquema;

• Viagem de lazer;

• Fazer poupança;

• Cobrar débitos;

• Começar cursos;

• Iniciar um novo trabalho;

• Realizar trabalhos autônomos, que dependem de iniciativa pessoal e de pouca colaboração;

• Contratar empregados que precisam ter iniciativa própria;

• Começar uma construção ou uma obra;

• Consertar o carro;

• Fazer cirurgia cinco dias antes e cinco dias depois da Lua Nova.

Desaconselhável:

• Fazer cirurgia no dia exato da Lua Nova;

• Fazer exames, *check-ups* e diagnósticos, pois falta clareza.

LUA CRESCENTE

Esta fase ocorre quando o Sol e a Lua estão em Signos que se encontram a 90° graus de distância entre si — uma quadratura —, o que representa desarmonia de qualidades. A luz refletida da Lua é progressivamente maior. Agora, metade da Lua pode ser vista no Céu: ela é visível ao meio-dia e desaparece à meia-noite.

É um aspecto de crise e resistência. O que quer que estejamos pretendendo, passará por um teste e precisará ser defendido, sustentado e direcionado com firmeza.

Isso significa fazer opções, manter o curso das atividades e se comprometer.

Não é hora de fugir, desistir ou duvidar. Temos de aumentar nossa resistência contra as barreiras encontradas. As coisas estão bem mais visíveis.

É o primeiro estágio de desenvolvimento dos nossos desejos e objetivos. Tudo está muito vulnerável, pois há uma luta entre o que era apenas um projeto e o que pode de fato tomar forma. Nem todas as promessas são cumpridas e nem todos os anseios são concretizados, assim como nem todas as sementes vingam.

É um período muito movimentado, em que as coisas se aceleram, mas os resultados não estão garantidos, pois estão lutando para se impor. Os obstáculos devem ser enfrentados e ainda há tempo para qualquer mudança necessária se o crescimento estiver impedido.

O padrão que predominar na Lua Crescente é o que vai progredir durante todo o ciclo lunar, seja o de crescimento do sucesso ou de crescimento dos obstáculos. É bom abandonarmos completamente os planos que não estão desabrochando e nos concentrarmos nas sementes que estejam crescendo.

Tudo está mais claro, delineado e definido. Temos mais certeza do que queremos, conhecemos melhor a possibilidade de realização do que pretendemos, e também os problemas e as resistências à concretização de nossos objetivos. Tanto as chances quanto os obstáculos se apresentaram. O que ou quem quer que tenha que resistir aos nossos intentos vai aparecer, e a hora é de enfrentar ou negociar. As chances estão empatadas. A natureza de todas as coisas está lutando para vencer — até as adversidades.

Em vez de enfrentar cegamente os nossos obstáculos, pois, com isso, perderemos o fôlego, devemos reconhecer os limites e usar nossos recursos e nossas competências. Aliás, esta é a natureza das quadraturas. Não estamos mais por conta própria ou dependendo apenas de nosso empenho pessoal. Temos que trocar com os outros e com as circunstâncias externas.

É hora de se concentrar e focar os esforços. Nada de atirar em todas as direções. Por exemplo: não quebrar o ritmo, não interromper uma dieta ou um programa de exercícios, não faltar a um compromisso, não se omitir ou se afastar em um relacionamento. A hora é de comparecer e marcar presença. Uma ausência pode, literalmente, nos tirar do jogo. Não ser reticente e não permitir que sejam assim conosco: eis a melhor tática.

Devemos fazer uma proposta, tomar uma atitude, sustentar uma opinião ou, ainda, mudá-las se não estivermos encontrando eco. Também devemos mudar a tática de luta se sentirmos que perdemos força ou o alvo se distanciou. Esta é a fase que pede mais desinibição, encorajamento e comunicação.

Sair da sombra, do silêncio e da letargia é o que vai nos fazer dar voz e formas às coisas.

Devemos insistir no que está ganhando força e aproveitar o crescimento da onda.

Bom para:

- Cortar o cabelo para crescimento rápido — em compensação, o fio cresce mais fino;
- Cortar o cabelo para acelerar o crescimento quando se quer alterar o corte anterior, eliminar a tintura ou o permanente;
- Fazer tratamento de beleza;
- Ganhar peso ou aumentar o peso de qualquer coisa;
- Fazer poupança e investimentos;
- Comprar imóvel para investimento;
- Cobrar débitos;
- Viagem de lazer;
- Começar cursos;
- Iniciar novos trabalhos;
- Realizar trabalhos de venda, contratar empregados para a área de vendas;
- Firmar acordos e parcerias;
- Iniciar romance (relações iniciadas nesta fase são mais duradouras e satisfatórias);
- Fazer atividades físicas que consomem muita energia e vigor;
- Fazer lançamentos, noites de autógrafos, exposições e vernissages;
- Emprestar dinheiro a alguém (é mais benéfico do que pegar emprestado);
- Contar com presença de público;
- Assinar contratos, papéis importantes e acordos;
- Lançar novos empreendimentos;
- Comprar legumes, verduras e frutas maduros somente para consumo imediato (fase acelera a deterioração);

• Comprar flores desabrochadas somente para consumo imediato (fase diminui a durabilidade);

• Comprar legumes, verduras e frutas verdes e flores em botão (fase acelera o amadurecimento);

• Fazer plantio de cereais, frutas e flores, além de transplantes e enxertos;

• Promover o crescimento da parte aérea das plantas e vegetação.

Desaconselhável:

• Iniciar dietas de emagrecimento (é mais difícil perder peso);

• Estabelecer propósitos e planos com pouca praticidade ou imaturos.

LUA CHEIA

Esta fase ocorre quando o Sol e a Lua estão em Signos opostos, ou seja, se encontram a 180° graus de distância, formando uma oposição. A luz refletida da Lua atinge o seu ponto máximo. Agora, o círculo lunar é inteiramente visível durante toda a noite. O Sol se põe a oeste e a Lua nasce na direção oposta, no leste.

A atração gravitacional do Sol e da Lua sobre a Terra é a mais forte, equivalente apenas à da Lua Nova. Só que, nesta fase, essas forças operam em direções opostas sobre a Terra. Esse é um aspecto de polarização, culminância, mas também de complementaridade dos opostos. A Lua Cheia é como um transbordamento.

Se os obstáculos surgidos na fase da Lua Crescente foram enfrentados e todas as etapas próprias do processo de crescimento foram cumpridas a tempo no período anterior, então a Lua Cheia trará realização e culminância. Caso contrário, experimentaremos frustração, conflito e muita ansiedade.

A Lua Cheia revela o máximo de qualquer situação. O sucesso ou o fracasso dos nossos esforços será revelado à plena luz da Lua Cheia. O humor das pessoas está completamente alterado nesta fase. O magnetismo da Lua Cheia influencia os níveis de água no nosso corpo e em todo o planeta, elevando-os.

Todos os frutos deveriam estar agora plenamente fertilizados e prontos para colheita. A luz não vai crescer para além desse ponto. Não se pode brilhar mais do que isso e nenhum projeto vai desabrochar para além desse nível. Tudo chegou ao seu clímax e à sua energia máxima. Se não estivermos preenchidos e satisfeitos, a reação de descontentamento irá se intensificar. Toda iluminação que vinha crescendo e todo o campo magnético que vinha se ampliando devem ser canalizados para algo; caso contrário, a ansiedade e a agitação crescerão desproporcionalmente. As sensações e as emoções estão muito aguçadas. Pode-se esperar mudança de tempo e marés altas devido ao aumento de força gravitacional. E também um sensível aumento do número de partos. É comum ocorrer antecipação dos nascimentos devido ao aumento de volume de água no organismo. O que quer que tenha de ser atraído energicamente será nesta fase lunar.

Ocorre um aumento de preocupação com os relacionamentos, pode-se mesmo ficar obsessivo com alguma relação em particular. Em nenhuma outra fase os relacionamentos terão igual importância. Problemas nas relações existentes, ou mesmo a falta de um relacionamento, podem nos afetar mais do que o normal. Encontros iniciados nessa fase exigem o máximo de negociação e colaboração dos parceiros, pois as diferenças ficam muito mais explícitas. Viveremos nesta fase as consequências internas e externas das ações iniciadas na Lua Nova. Se fomos bem-sucedidos na Lua Nova, as experiências começam a ser usadas, ampliadas, partilhadas e assimiladas.

Mas, se o que tentamos até agora não teve forças para vingar, ou se faltou empenho para lutar pelo que desejávamos, é hora de abandonar as expectativas e voltar a tentar apenas na fase da Lua Crescente do próximo mês. Um clima de anticlímax pode nos invadir. As reações emocionais são mais intensas do que o normal e um sentimento de perturbação e excitação invade a alma. É muito mais difícil manter o equilíbrio na

Lua Cheia.

Lua Disseminadora

É assim que é chamada a segunda fase da Lua Cheia, que ocorre a 45º após o seu início (o que equivale a, aproximadamente, cinco dias depois da entrada da Lua Cheia) e permanece até o início da Lua Minguante.

Durante a Lua Disseminadora, é aconselhável espalhar, disseminar, desconcentrar. É favorável dispersar energia, porque os problemas também irão se dispersar, mas, ao mesmo tempo, isso indica espalhar os recursos, partilhá-los, pensar nos outros, porque os retornos podem se desdobrar e se multiplicar.

Os relacionamentos criados nesta fase são bastante resistentes, mas atraem pessoas que gostam de impor seu ponto de vista a todo custo. Isso acaba gerando relações nas quais um dos parceiros termina cedendo e se submetendo à firme vontade do outro.

Bom para:

- Cortar o cabelo para crescer mais cheio, com fio mais forte (com mais volume);
- Fazer hidratação e nutrição da pele (os poros mais dilatados absorvem melhor os nutrientes);
- Encontros sexuais;
- Encantamento e magnetismo;
- Atividades que sugerem grande presença de público;
- Atividades de muito público realizadas num ambiente externo;
- Aumento de frequência em bares, restaurantes etc. (as pessoas saem mais, tudo fica cheio);
- Atividades de comércio;
- Apresentações, shows, exposições, espetáculos, lançamentos e noites de autógrafos;
- Acelerar o amadurecimento de frutas e legumes;
- Desabrochar os botões das flores;
- Colheita de plantas curativas;
- Colheita de frutos mais suculentos;

• Atividade de pesca.

Desaconselhável:

• Fazer cirurgia (aumenta o risco de hemorragia, inflamação, edemas e hematomas);

• Iniciar dietas para emagrecimento (há maior retenção de líquido);

• Fazer depilação e aplicar tinturas no cabelo (crescimento acelerado dos pelos);

• Capinar e aparar grama (crescimento acelerado do capim);

• Comprar legumes e frutas já maduros (acelera a deterioração);

• Comprar flores (diminui a durabilidade);

• Mudar rotina de sono (maior predisposição para alteração do sono e insônia);

• Cerimônias de casamento (excesso de vulnerabilidade, excitação e predisposição à discórdia);

• Pegar estrada (predispõe a aumento de acidentes);

• Sair de carro (caos e congestionamento no trânsito).

LUA MINGUANTE

A luz refletida da Lua começa progressivamente a diminuir. Na primeira fase da Lua Minguante, ela ainda é bastante visível, mas, aos poucos, vai extinguindo seu brilho. Esta é a fase de menor força de atração gravitacional da Lua sobre a Terra, com o mais baixo nível de volume de água no organismo e no planeta. O período sugere mais recolhimento e interiorização.

Devemos olhar para dentro e examinar como nos sentimos em relação às vitórias ou insucessos da Lua Cheia. Os resultados do ciclo inteiro devem ser revistos, avaliados e resumidos agora. Devemos nos ajustar às circunstâncias que prevaleceram. É uma energia de síntese. É tempo de conciliar as coisas e terminá-las para não começar um novo ciclo com pendências.

Não é aconselhável nenhuma resistência; muito pelo contrário, a fase é de aceitação e adaptação, como se a Lua estivesse perdendo fôlego e luz. Não devemos desgastar as situações para que elas possam ser retomadas à frente.

O que não aconteceu até agora não terá mais forças para acontecer. Não há a menor condição para uma reviravolta.

Em compensação, conflitos e crises perdem igualmente a força e podem se apaziguar e até desaparecer por completo, ou perder totalmente o impacto sobre nós.

Temos mais facilidade para largar as coisas, pois estamos menos afetados por elas.

As possibilidades ficaram totalmente esclarecidas na Lua Cheia e agora sabemos o que fazer com elas. A questão aqui é se estamos contentes com o resultado final de nossas tentativas. Se não estivermos, temos que nos ajustar à realidade. Mudar dentro — para melhorar fora. É comum nos sentirmos desorientados nesta fase. As pessoas que não têm o hábito da introspecção e da autoanálise podem reagir negativamente a esta fase e sofrer um pouco de depressão. As tentativas feitas na vida profissional não costumam ser muito bem-sucedidas. É melhor insistir nas atividades que já estejam em curso e que se realizem num clima de recolhimento.

Nas pessoas mais interiorizadas, só os relacionamentos mais íntimos e profundos encontram eco. Geralmente, nesta fase, formam-se relações onde um dos parceiros precisa da ajuda e conforto do outro. Não é recomendável divulgação, lançamento de produtos ou promulgação de leis. Eles podem passar despercebidos.

Lua Balsâmica

É assim que é chamado o último estágio da Lua Minguante (que ocorre nos últimos quatro dias desta fase). Este é um tempo de retração, restauração, cura e rejuvenescimento. O termo balsâmico quer dizer elemento ou agente que cura, suaviza e restaura.

É hora de largar a atração magnética que a Lua exerce sobre nós e nos deixarmos conduzir no vazio, na sombra. Por incrível que pareça, ficar à deriva trará os melhores resultados. Também devemos procurar fazer as coisas por elas mesmas, sem nenhum outro propósito além de simplesmente fazê-las. Uma energia sutil, mais suave, é filtrada, e a cura pode acontecer. A energia psíquica está no máximo e é a intuição que nos guia. Devemos aceitar as coisas com os resultados que se apresentarem. Tudo está na sua forma final e não vai passar disso. Colhemos o que semeamos.

É tempo de retroceder, levantar acampamento, limpar o terreno, descansar e principalmente armazenar forças, para a próxima fase que em breve se inicia. Não se começa coisa alguma, ao contrário: resolvem-se todas as pendências, senão vão perdurar pelo mês seguinte. Nesses últimos quatro dias da Lua Minguante, um clima propício à reflexão nos invade naturalmente. As pessoas estão mais maleáveis e dispostas a fazer adaptações e conciliações. Não é um período brilhante para entrevistas de trabalho, pois faltam clareza e objetividade na expressão e definição do que se pretende realizar. Já nos relacionamentos, este é um momento de mais aceitação entre os parceiros.

Bom para:

- Dietas de emagrecimento (intensivas para perder peso rápido);
- Dietas de desintoxicação;
- Processos diuréticos e de eliminação;
- Cortar o cabelo para conservar o corte;
- Cortar o cabelo para aumentar o volume (fios mais grossos, pois o crescimento é lento);
- Tingir o cabelo;
- Fazer depilação (fase retarda o crescimento dos pelos);
- Fazer limpeza de pele ou tratamento para rejuvenescimento;
- Fazer cirurgias;
- Cicatrização mais rápida;
- Tratamentos dentários;
- Cortar hábitos, vícios e condicionamentos negativos;
- Encerrar relacionamentos;

- Dispensar serviços e funcionários;
- Arrumar a casa;
- Jogar coisas fora;
- Consertar roupas;
- Promover limpeza de papéis;
- Pintar paredes e madeira (absorção e adesão da tinta são melhores);
- Dedetização;
- Combater todos os tipos de pragas;
- Colher frutos (os que não forem colhidos até aqui vão encruar);
- Comprar frutas, legumes e verduras maduros (fase retarda a deteriorização). Cuidado para não comprá-los já secos;
- Comprar flores desabrochadas (fase retarda a deteriorização). Cuidado para não comprá-las já secas;
- Poda;
- Tudo o que cresce debaixo da terra;
- Plantio de hortaliças;
- Corte de madeira;
- Adubagem;
- Desumidificação, secagem e desidratação;
- Capinar e aparar a grama;
- Balanço financeiro do mês;
- Corte de despesas;
- Pegar empréstimo;
- Concluir todas as pendências;
- Reavaliar romance marcante (romances começados nesta fase transformam as pessoas envolvidas);
- Finalizar relacionamentos;
- Quitar pagamentos;
- Fazer conservas de frutas e legumes;
- Cultivo de ervas medicinais;
- Retardar o crescimento.

Desaconselhável:

- Inseminação, fertilização, concepção e gestação;

- Atividades que exigem presença forte de público (a participação deverá ser pequena);
- Atividade de divulgação;
- Poupança e investimentos;
- Abrir negócios;
- Fazer lançamentos;
- Noite de autógrafos, exibições, estreias, exposições, inaugurações;
- Conservação de frutas, verduras, legumes e flores;
- Comprar frutas, legumes e verduras verdes (elas ressecam antes de amadurecer);
- Comprar flores em broto (elas ressecam antes de desabrochar);
- Começar qualquer coisa (é uma energia de encerramento).

LUA E CIRURGIA

Lua Minguante

Melhor fase para procedimentos cirúrgicos. A recuperação será mais rápida do que o esperado. Há uma diminuição do nível de líquidos e fluidos corporais, favorecendo sua eliminação e menor tendência a inchaços.

Lua Nova

Evitar procedimentos cirúrgicos no dia exato da Lua Nova e no dia seguinte. Sempre há algum tipo de ocultação nesse período.

Lua Cheia

Evitar recorrer a procedimentos cirúrgicos durante esta fase. Os fluidos e líquidos do corpo se encontram em seu nível máximo, havendo assim maior tendência a inchaços, inflamações, hematomas e risco de hemorragia. A recuperação será mais lenta do que o previsto.

Lua Fora de Curso

Nunca operar três horas antes de seu início, durante sua ocorrência e três horas depois de seu término.

PROCEDIMENTOS CIRÚRGICOS

Signos fixos:

Há maior estabilidade tanto durante o procedimento quanto no pós-operatório de cirurgias feitas quando a Lua se encontra em Touro, Leão, Escorpião ou Aquário, exceto quando envolvem partes do corpo regidas por estes Signos.

Signos mutáveis:

Evitar cirurgias quando a Lua se encontra em Gêmeos, Peixes, Sagitário e Virgem. O período sugere instabilidade, reações e comportamentos irregulares durante a cirurgia e no pós-operatório.

Signos regentes:

Nunca operar órgãos ou partes do corpo que são regidos pelo Signo em que a Lua se encontra ou pelo Signo oposto a este.

SIGNOS	PARTES E ÓRGÃOS DO CORPO
Áries/Libra	Face, cérebro e região da cabeça
Libra/Áries	Rins
Touro/Escorpião	Garganta, tireoide, lábios e boca
Escorpião/Touro	Aparelhos urinários e genital, intestino grosso e reto
Gêmeos/Sagitário	Pulmões, traqueia, laringe, faringe, mãos, braços, pernas e trompas
Sagitário/Gêmeos	Bacia, coxa, fígado, quadril
Câncer/Capricórnio	Estômago, abdômen, aparelho digestivo, útero, ovários
Capricórnio/Câncer	Coluna, ossos, juntas, joelhos, pele, dentes, olhos, vesícula
Leão/ Aquário	Região lombar, coração
Aquário/Leão	Calcanhar, tornozelos, veias, vasos e capilares
Virgem/Peixes	Aparelho gastrointestinal
Peixes/Virgem	Pés, sistema linfático

Mercúrio retrógrado

Evitar procedimentos cirúrgicos e diagnósticos. Há maior imprecisão no resultado de exames e probabilidade de equívocos por parte dos médicos e assistentes. Não é incomum haver necessidade de a cirurgia ser refeita.

Marte retrógrado

Evitar cirurgia. Tendência a maior inchaço, sangramento e inflamação.

CALENDÁRIO DA LUA FORA DE CURSO 2019

Horário de verão oficial

Horário de verão 2019 — 0h de 21 de outubro/2018 até 0h de 16 de fevereiro/2019

Horário de verão 2020 — 0h de 20 de outubro/2019 até 0h de 15 de fevereiro/2020

- 3 horas (horário normal)

- 2 horas (horário de verão)

Obs: Todos os horários já estão corrigidos com o horário de verão.

JANEIRO		FEVEREIRO	
INÍCIO	**FIM**	**INÍCIO**	**FIM**
01/01 - 20:27	02/01 – 06:59	03/02 – 08:53	03/02 – 11:04
04/01 –21:11	04/01 – 16:55	05/02 – 22:00	06/02 – 00:03
07/01 – 04:21	07/01 – 04:47	07/02 – 20:14	08/02 – 12:35
09/01 – 14:54	09/01 – 17:44	10/02 – 21:48	10/02 – 23:28
11/01 – 12:25	12/01 – 06:18	12/02 – 20:27	13/02 – 07:33
14/01 – 13:56	14/01 – 16:32	15/02 – 10:49	15/02 – 12:03
16/01 – 16:34	16/01 – 23:01	17/02 – 11:18	17/02 – 12:22
18/01 – 23:33	19/01 – 01:44	19/02 – 10:52	19/02 – 11:48
20/01 – 23:50	21/01 – 01:55	20/02 – 22:52	21/02 – 11:18
22/01 – 23:20	23/01 – 01:23	23/02 – 12:11	23/02 – 12:57
24/01 – 11:51	25/01 – 02:03	25/02 – 09:14	25/02 – 18:20
27/01 – 03:22	27/01 – 05:31	28/02 – 03:18	28/02 – 03:49
28/01 – 20:39	29/01 – 12:33		
31/01 – 20:34	31/01 – 22:48		

MARÇO		ABRIL	
INÍCIO	**FIM**	**INÍCIO**	**FIM**
02/03 – 15:48	02/03 – 16:07	01/04 – 00:02	01/04 – 11:49
05/03 – 05:06	05/03 – 05:11	03/04 – 12:36	03/04 – 23:57
07/03 – 16:09	07/03 – 17:28	05/04 – 23:15	06/04 – 10:07
09/03 – 14:14	10/03 – 04:10	08/04 – 05:29	08/04 – 18:16
12/03 – 06:32	12/03 – 12:49	10/04 – 14:27	11/04 – 00:32
14/03 – 09:31	14/03 – 18:50	12/04 – 20:33	13/04 – 04:51
16/03 – 15:04	16/03 – 21:57	14/04 – 22:39	15/04 – 07:14
18/03 – 12:20	18/03 – 22:42	17/04 – 01:30	17/04 – 08:23
20/03 – 12:23	20/03 – 22:29	19/04 – 08:13	19/04 – 09:41
22/03 – 15:11	22/03 – 23:17	21/04 – 01:01	21/04 – 13:00
24/03 – 23:24	25/03 – 03:07	23/04 – 08:44	23/04 – 19:51
26/03 – 23:38	27/03 – 11:08	25/04 – 16:49	26/04 – 06:28
29/03 – 21:05	29/03 – 22:46	28/04 – 06:44	28/04 – 19:12
		30/04 – 18:58	

MAIO		JUNHO	
INÍCIO	**FIM**	**INÍCIO**	**FIM**
	01/05 – 07:24	01/06 – 19:54	02/06 – 08:48
03/05 – 05:48	03/05 – 17:19	04/06 – 12:43	04/06 – 22:24
05/05 – 12:11	06/05 – 00:41	06/06 – 11:11	06/06 – 16:16
07/05 – 20:50	08/05 – 06:07	08/06 – 18:24	08/06 – 18:46
09/05 – 23:07	10/05 – 10:14	10/06 – 09:02	10/06 – 21:30
12/05 – 09:25	12/05 – 13:22	12/06 – 12:16	13/06 – 10:03
14/05 – 14:20	14/05 – 15:51	14/06 – 16:46	15/06 – 06:04
16/05 – 06:38	16/05 – 18:26	17/06 – 05:31	18/06 – 13:14
18/05 – 18:12	18/05 – 22:22	19/06 – 08:20	19/06 – 23:01
20/05 – 14:06	21/05 – 04:57	21/06 – 11:03	22/06 – 11:02
23/05 – 00:58	23/05 – 14:50	24/06 – 20:11	24/06 – 23:38
25/05 – 09:52	26/05 – 03:08	27/06 – 04:52	27/06 – 10:32
28/05 – 01:22	28/05 – 15:32	29/06 – 15:39	29/06 – 18:10
30/05 – 12:09	31/05 – 01:44		

JULHO / AGOSTO

JULHO INÍCIO	JULHO FIM	AGOSTO INÍCIO	AGOSTO FIM
01/07 – 18:49	01/07 – 22:24	01/08 – 17:49	02/08 – 10:21
03/07 – 11:25	04/07 – 00:20	04/08 – 01:28	04/08 – 10:30
07/07 – 13:51	08/07 – 03:08	06/08 – 04:36	06/08 – 12:32
09/07 – 16:36	10/07 – 06:29	08/08 – 11:58	08/08 – 17:35
11/07 – 21:29	12/07 – 12:06	10/08 – 16:51	11/08 – 01:51
13/07 – 22:31	14/07 – 20:05	12/08 – 19:12	13/08 – 12:36
16/07 – 18:39	17/07 – 06:19	15/08 – 22:02	16/08 – 00:50
18/07 – 12:54	19/07 – 18:20	17/08 – 19:35	18/08 – 13:33
22/07 – 05:35	22/07 – 07:03	21/08 – 01:07	21/08 – 01:38
24/07 – 11:49	24/07 – 18:43	22/08 – 18:33	23/08 – 11:35
27/07 – 01:29	27/07 – 03:30	25/08 – 03:59	25/08 – 18:06
28/07 – 12:25	29/07 – 08:31	27/08 – 05:56	27/08 – 20:54
31/07 – 00:13	31/07 – 10:19	28/08 – 21:00	29/08 – 20:58
		31/08 – 07:21	31/08 – 20:09

SETEMBRO / OUTUBRO

SETEMBRO INÍCIO	SETEMBRO FIM	OUTUBRO INÍCIO	OUTUBRO FIM
02/09 – 05:34	02/09 – 20:36	02/10 – 06:47	02/10 – 08:45
04/09 – 07:59	05/09 – 00:09	04/10 – 04:34	04/10 – 14:44
06/09 – 13:04	07/09 – 07:38	06/10 – 20:26	07/10 – 00:42
09/09 – 05:31	09/09 – 18:24	08/10 – 15:27	09/10 – 13:06
11/09 – 02:23	12/09 – 06:52	11/10 – 06:56	12/10 – 01:46
14/09 – 01:34	14/09 – 19:33	13/10 – 19:00	14/10 – 13:24
16/09 – 13:03	17/09 – 07:32	16/10 – 05:38	16/10 – 23:31
19/09 – 10:57	19/09 – 17:58	18/10 – 23:15	19/10 – 07:43
21/09 – 23:42	22/09 – 01:51	21/10 – 10:40	21/10 – 14:29
23/09 – 19:06	24/09 – 06:20	23/10 – 07:16	23/10 – 17:30
25/09 – 13:15	26/09 – 07:37	25/10 – 11:00	25/10 – 18:20
28/09 – 00:59	28/09 – 07:04	27/10 – 06:23	27/10 – 18:30
29/09 – 23:06	30/09 – 06:42	29/10 – 15:35	29/10 – 19:59
		31/10 – 12:30	

NOVEMBRO | DEZEMBRO

INÍCIO	FIM	INÍCIO	FIM
	01/11 – 00:39	02/12 – 10:28	03/12 – 05:11
03/11 – 03:47	03/11 – 09:20	05/12 – 06:15	05/12 – 17:45
05/11 – 12:38	05/11 – 21:09	07/12 – 13:02	08/12 – 05:30
07/11 – 23:13	08/11 – 09:49	09/12 – 23:13	10/12 – 14:48
10/11 – 12:01	10/11 – 21:19	12/12 – 03:13	12/12 – 21:24
12/11 – 13:49	13/11 – 06:46	14/12 – 13:57	15/12 – 01:57
15/11 – 09:40	15/11 – 14:16	16/12 – 20:11	17/12 – 05:17
17/11 – 18:15	17/11 – 19:58	19/12 – 06:07	19/12 – 08:05
19/11 – 19:12	19/11 – 23:55	21/12 – 09:46	21/12 – 10:58
22/11 – 01:32	22/11 – 02:20	23/12 – 01:28	23/12 – 14:35
24/11 – 00:50	24/11 – 03:59	25/12 – 09:19	25/12 – 19:46
25/11 – 15:31	26/11 – 06:12	27/12 – 19:03	27/02 – 01:42
28/11 – 08:50	28/11 – 10:33	28/02 – 20:14	28/12 – 03:21
30/11 – 01:58	30/11 – 18:14	30/12 – 08:25	30/01 – 13:42

LUA FORA DE CURSO

Tecnicamente, a Lua Fora de Curso é o intervalo que vai da hora em que a Lua forma seu último aspecto com um planeta antes de deixar um Signo até o momento em que entra no Signo seguinte.

Esse período ficou, tradicionalmente, conhecido como um período infrutífero. As atividades realizadas enquanto a Lua está Fora de Curso geralmente não dão resultados. Isso vem da ideia de que depois de a Lua ter percorrido todos os aspectos dentro de um Signo, ela ficaria sem rumo, "vazia", sem objetivo, caindo em uma espécie de vácuo, um "ponto cego", até entrar no próximo Signo e começar uma nova série de aspectos com outros planetas.

Durante o período em que a Lua está Fora de Curso, é como se ela entrasse simbolicamente em repouso. Portanto, não acessamos o conhecimento instintivo que a Lua nos oferece.

As perspectivas de qualquer assunto não estão claras ou são mal avaliadas. Podemos nos sentir vagos e confusos, agindo sem objetivo ou finalidade definida, ou ainda lidando com pessoas que estejam assim. Por isso, não acertamos o alvo.

Durante este período, tudo está estéril, incerto e descontínuo. Nos são negados os frutos de empreendimentos que seriam promissores.

Algumas coisas que não acontecem neste momento podem ser tentadas de novo em outra hora. Devemos usar o período para assimilar o que ocorreu nos últimos dias antes de iniciarmos um novo curso de ação.

Por isso...

Evite: decisões importantes, cirurgias e atividades para as quais espera desdobramentos futuros, pois as coisas podem não sair como planejadas ou podem estar baseadas em falsos julgamentos.

Dedique-se: às atividades rotineiras; ao que já foi planejado; aos assuntos sem maior relevância ou dos quais vocês não espera muito.

Nota: A Lua se move 1° (um grau) a cada duas horas ou duas horas e meia. Sua influência exata sobre cada planeta dura apenas algumas horas, mas, na realidade, seus efeitos podem se fazer sentir por grande parte do dia. O início do período da Lua Fora de Curso baseia-se no momento do último aspecto *exato* que ela forma com um planeta, antes de entrar em um novo Signo. No entanto, ela ainda estará se afastando desse planeta por algum tempo. Por isso, este período, em certos casos, pode coincidir com a formação de aspectos da Lua com outros planetas, o que não é tecnicamente preciso. Considere, portanto, os períodos fornecidos no **Calendário da Lua Fora de Curso** nas páginas anteriores para evitar a escolha de uma data inadequada para a realização de atividades importantes.

O CÉU NOS MESES DO ANO

Janeiro 2019

Domingo	Segunda-feira	Terça-feira	Quarta-feira	Quinta-feira	Sexta-feira	Sábado
		1	2 ♐	3	4 ♑	5
		Lua Minguante em Escorpião LFC Início às 20:27	Lua Minguante em Sagitário às 06:59 LFC Fim às 06:59	Lua Minguante em Sagitário	Lua Minguante em Capricórnio às 16:55 LFC 15:42 às 16:55	Lua Nova às 23:29 em Capricórnio *Eclipse Solar às 23:43 em 15°25' de Capricórnio*
6	7 ♒	8	9 ♓	10	11	12 ♈
Lua Nova em Capricórnio	Lua Nova em Aquário às 04:47 LFC 04:21 às 04:47	Lua Nova em Aquário	Lua Nova em Peixes às 17:44 LFC 14:54 às 17:44	Lua Nova em Peixes	Lua Nova em Peixes LFC Início às 12:25	Lua Nova em Áries às 06:18 LFC Fim às 06:18
13	14 ♉	15	16 ♊	17	18	19 ♋
Lua Nova em Áries	Lua Crescente às 04:47 em Áries Lua em Touro às 16:32 LFC 13:56 às 16:32	Lua Crescente em Touro	Lua Crescente em Gêmeos às 23:01 LFC 16:34 às 23:01	Lua Crescente em Gêmeos	Lua Crescente em Gêmeos LFC Início às 23:33	Lua Crescente em Câncer à 01:44 LFC Fim à 01:44
20	21 ♌	22	23 ♍	24	25 ♎	26
Lua Crescente em Câncer LFC Início 23:50 *Sol no Signo de Aquário à 01h08*	Lua Cheia às 03:17 em Leão Lua em Leão 01:55 LFC Fim à 01:55 *Eclipse Lunar às 03:13 em 00°52 de Leão*	Lua Cheia em Leão LFC Início às 23:20	Lua Cheia em Virgem à 01:23 LFC Fim à 01:23	Lua Cheia em Virgem LFC Início às 11:51	Lua Cheia em Libra às 02:03 LFC Fim às 02:03	Lua Cheia em Libra
27 ♏	28	29 ♐	30	31 ♑		
Lua Minguante às 19:11 em Escorpião Lua em Escorpião às 05:31 LFC 03:22 às 05:31	Lua Minguante em Escorpião LFC Início às 20:39	Lua Minguante em Sagitário às 12:33 LFC Fim às 12:33	Lua Minguante em Sagitário	Lua Minguante em Capricórnio às 22:48 LFC 20:34 às 22:48		

O Céu do mês de janeiro de 2019

Todo início de ano marca um renovar de propósitos para o futuro. E, nesse sentido, o ano começa animado pelo ingresso de Marte em Áries, seu habitat natural, aumentando nossa energia e iniciativa para sairmos da inércia e avançarmos na direção dos nossos objetivos. Mas, junto a isso, Sol e Saturno conjuntos em Capricórnio, de 01/01 a 03/01, vão adicionar uma boa dose de realismo e pragmatismo às nossas ações, o que pode ser muito positivo para as efetivas concretizações, desde que o receio de avançar não seja excessivo. Como Mercúrio passa por Capricórnio de 05/01 a 24/01, será um bom período para organizar papéis, documentos e montar estratégias de longo prazo.

Entre 01 e 04/01, você deve aproveitar o trígono entre Mercúrio e Urano para pensar fora do padrão usual, e assim conseguir inovar e descobrir saídas originais e criativas para velhos problemas. Como o Sol e Netuno também fazem um sextil de 03/01 a 05/01, haverá uma ajuda celeste nesse sentido, aumentando sua intuição e inspiração. No dia 06/01, Urano fica estacionário e inicia seu movimento direto até agosto, indicando mais novidades e mudanças nesse período.

No dia 05/01, às 23:43, ocorre um Eclipse Parcial do Sol em Capricórnio (Lua Nova). Eclipses são eventos especiais, em que temos a chance de perceber o mundo sob outra ótica, como se a luz do local onde estamos desse uma piscada, nos fazendo perceber em seguida os arredores sob outra ótica. Nos Eclipses Solares como esse, a Lua (energia passiva ou Yin) como que apaga momentaneamente a energia consciente, ativa e solar (Yang), favorecendo os *insights* e lembranças relativos ao passado. Pode haver um saudosismo mórbido sobre as conquistas e sucessos passados por até seis meses após esse Eclipse, devido à conjunção da lunação com Plutão, principalmente para os nascidos no segundo decanato dos Signos cardinais (Capricórnio, Câncer, Áries e Libra).

Dezesseis dias depois, em 21/01, às 03:13, ocorre outro Eclipse, agora Total da Lua Cheia a 00°52' de Leão com Urano quadrando os dois luminares, podendo, então, marcar mudanças súbitas de crenças passadas que são substituídas por novas e revolucionárias nos próximos meses, principalmente para os nascidos no primeiro decanato dos Signos fixos (Leão, Aquário, Touro e Escorpião).

Vênus fica no Signo de Sagitário do dia 07/01 a 03/02, despertando o desejo de ampliação dos nossos horizontes, seja por meio de alguma reunião social com muita gente, ou mesmo nos inspirando a experimentar algum restaurante de comida mais exótica ou estrangeira.

Mercúrio e Marte, em pé de guerra de 07/01 a 09/02, podem indicar propensão a muitas brigas, discussões e conflitos, principalmente verbais. É aconselhável uma cautela maior no trânsito e nos deslocamentos para evitar acidentes e precipitações.

Júpiter e Netuno, de 08/01 a 19/01, vão nos induzir a ver o lado mais colorido e romântico do mundo. Evite a ingenuidade, mas aproveite esses dias para dar uma chance para a arte, a música e as questões mais espirituais ou sutis, porque estarão mais acessíveis.

O Sol em Capricórnio encontra Plutão de 10/01 a 12/01, fazendo com que nesse dia possamos atuar com maior determinação e deixar florescer nosso carisma e autoridade. E, do dia 12/01 ao dia 14/01, Saturno se une a Mercúrio, conferindo a todos nós um pensamento mais racional, pragmático e lógico. Fase ótima para tocar tarefas que exigem altos níveis de concentração e foco por longos períodos. Mas, de 14/01 a 15/01, Mercúrio solta Saturno e se harmoniza a Netuno, facilitando mais o pensamento intuitivo em detrimento da razão absoluta. Logo depois, Vênus e Marte em trígono, de 16/01 a 21/01, facilitam muito a vida dos pares românticos, pois a libido e a sensualidade ficam em maior evidência. Mas atento à conjunção de Mercúrio e Plutão, de 18/01 a 19/01, que pode provocar uma comunicação penetrante e persuasiva, mas nem sempre muito doce...

Sol quadrado a Urano, de 17/01 a 19/01, vai nos causar impaciência e excitação, junto com boa dose de necessidade de maior liberdade. Procure ver as coisas sob outra perspectiva, pois isso ficará mais interessante.

Na manhã do dia 20/01, o Sol entra em Aquário, permanecendo nesse Signo até 18/02, favorecendo os encontros sociais, a elaboração de planos sobre o futuro sob uma abordagem original e de vanguarda. De 19/01 a 23/01, Marte e Saturno se desentendem seriamente, dificultando muito as iniciativas. Seja paciente e persistente nesta fase, e evite abrir caminho a qualquer custo. De 20/01 a 22/01, Vênus entra em tensão com Netuno, marcando um período desaconselhável para fechar compras ou vendas, e até mesmo recomendando cuidado para não ser enganado em questões envolvendo dinheiro, porque o julgamento da realidade fica obscurecido. Como Vênus e Júpiter ficam em conjunção de 21/01 a 23/01, é um bom conselho evitar gastos excessivos até esse dia.

Por causa da quadratura de Urano e Mercúrio de 22/01 a 23/01, é prudente planejar bem os deslocamentos com alguma antecedência e ter cuidado ao expor ideias nesse período, porque a mente de todos fica extremamente agitada e ansiosa, assim como as comunicações e o raciocínio, que acaba entrecortado. Não é um bom momento para negociar acordos ou conseguir a adesão das pessoas às suas ideias — evite impô-las.

Mercúrio entra em Aquário na madrugada de 24/01 e lá fica até 10/02, facilitando, nesse período, o ato de pensar fora da caixa e o surgimento de ideias inovadoras e à frente do seu tempo.

De 23/01 a 27/01, os Céus nos presenteiam com um ótimo aspecto entre Marte e Júpiter, aumentando a nossa iniciativa, coragem, autoconfiança, sendo inclusive favorável para atividades esportivas ou viagens. O fim do mês, do dia 28/01 a 31/01, ainda favorece as relações comerciais, divulgações e contatos de todos os tipos proporcionados pela conjunção Sol e Mercúrio. Mas é bom ter um cuidado no dia 31 a partir do final da manhã, pois, devido à quadratura de Marte e Plutão até 03/02, podemos ter situações explosivas e violentas. Evite-as!

Posição diária da lua no mês de janeiro

DIA 01 DE JANEIRO – TERÇA-FEIRA

☽ *Minguante (Balsâmica)* ☽ *em Escorpião, LFC Início às 20:27*

Lua sextil Plutão – 11:24 às 15:09 (exato 13:20)

Aproveite a energia deste momento para se livrar de assuntos pendentes. É hora de encerrar o que não serve mais e deixar o caminho livre para uma nova história, um novo começo! Os reencontros também estão favorecidos.

Lua conjunção Vênus – 18:24 às 22:27 (exato 20:27)

O clima sedutor desta noite favorece os apaixonados, pondo fim às divergências. Os mimos de todas as formas serão bem recebidos. Esmere-se na aparência, capriche na produção pessoal e na atenção ao outro.

DIA 02 DE JANEIRO – QUARTA-FEIRA

☽ *Minguante (Balsâmica)* ☽ *em Sagitário às 06:59 LFC Fim às 06:59*

Enquanto a Lua estiver em Sagitário, recolher-se para ler, estudar e aprender será restaurador. Mantenha um espírito otimista mesmo diante dos impasses. Procure se afastar dos lugares rotineiros, viajar, passear em lugares distantes e ao ar livre para pensar na vida.

Lua trígono Marte – 06:42 às 10:41 (exato 08:43)

Disposição em alta! É um bom momento para iniciar um programa de exercícios para perder aqueles quilinhos a mais. Tome você a iniciativa! Resolva e elimine de vez o que vem atravancando a sua vida, e que só você e mais ninguém pode fazer.

DIA 03 DE JANEIRO – QUINTA-FEIRA

☽ *Minguante (Balsâmica)* ☽ *em Sagitário*

Lua conjunção Júpiter – 04:25 às 08:21 (exato 06:24)

Bom dia para procurar promoções de pacotes para viagens, solucionar pendências judiciais, assuntos de ensino superior e de formação intelectual. Nos relacionamentos, a generosidade promove a aproximação.

Lua quadratura Netuno – 08:03 às 11:57 (exato 10:01)

A manhã corre bem, porém é preciso tomar cuidado com a distração. Fique alerta a tudo o que for realizar. Evite procedimentos que possam debilitar sua imunidade.

DIA 04 DE JANEIRO – SEXTA-FEIRA

☽ *Minguante (Balsâmica)* ☽ *em Capricórnio às 16:55*

LFC Início às 15:42, LFC Fim às 16:55

Enquanto a Lua estiver em Capricórnio, a disciplina e a concentração trarão credibilidade e bons frutos. Este é um Signo econômico, assim, o menos é mais. Bom para enxugar gastos, examinar e cortar o que não é viável!

Lua trígono Urano – 11:12 às 16:09 (exato 13:11)

Que tal fazer algo de forma diferente da que você normalmente faz? Na hora do almoço, compre um lanche saudável e aproveite para assistir a uma exposição gratuita. Desejos simples, mas fora da rotina, farão bem à alma. No trabalho, busque um novo cliente, proponha algo novo.

Lua conjunção Mercúrio – 13:27 às 17:55 (exato 15:43)

Momento favorável para trabalhos intelectuais e para uma reunião com a equipe de trabalho. Você terá um jeito especial de pedir ou dar apoio aos colegas. Bom para transações comerciais, contratos e viagens.

Lua quadratura Marte – 20:00 à 00:11 de 05/01 (exato 22:04)

Período de vulnerabilidade: as pessoas tendem a se mostrar autoritárias e sem paciência. Talvez seja uma boa ideia ler um livro ou assistir a um documentário. Cuidado em dobro ao dirigir, atenção no trânsito.

DIA 05 DE JANEIRO – SÁBADO

● *Nova às 23:29 em 15°25' de Capricórnio* ● *em Capricórnio*

Eclipse Solar às 23:43 em 15°25' de Capricórnio

Lua conjunção Saturno – 14:30 às 18:34 (exato 16:33)

Foco, disciplina e produtividade no trabalho. Será melhor não adiar as tarefas. Os vínculos sólidos são os mais importantes durante este período. Trate-os com muita responsabilidade.

Lua sextil Netuno – 19:01 às 23:01 (exato 21:02)

Alta sensibilidade no ar. Imagens, odores, sons e lugares não passam despercebidos. As coisas mais sutis também podem ser captadas e afetar as emoções positivamente. Sensibilidade e encantamento fazem com que as pessoas se aproximem.

Lua conjunção Sol – 21:17 à 01:38 de 06/01 (exato 23:29)

Tendência a você estar de bem com você, mais centrado e bem-disposto. Para quem está sozinho, dá a sensação de autossuficiência. Bom momento para, antes de dormir, pensar em planejar algo novo.

DIA 06 DE JANEIRO – DOMINGO

● *Nova* ● *em Capricórnio*

Lua conjunção Plutão – 08:12 às 12:12 (exato 10:13)

Período favorável para ressignificar, reerguer e começar de novo, do zero, seja um assunto financeiro, profissional ou pessoal. Tudo o que for verdadeiro florescerá.

Lua quadratura Urano – 23:58 às 03:58 de 07/01 (exato 01:57 de 07/01)

Momento de inquietação interior. Se estiver em casa, procure se deitar e ter a garantia de que terá uma noite com o mínimo de agitação possível. Se estiver fora de casa, tenha em mente que você está com tendência à irritabilidade.

DIA 07 DE JANEIRO – SEGUNDA-FEIRA

● *Nova* ● *em Aquário às 04:47, LFC Início às 04:21, LFC Fim às 04:47*

Enquanto a Lua estiver em Aquário, paira um sentimento de excitação, criatividade, curiosidade e sede pelo o que é novo. É benéfico participar de situações em grandes grupos. A emoção pede momentos de liberdade e quebra de rotina.

Lua sextil Vênus – 02:07 às 06:31 (exato 04:21)

Sob esta influência, ficamos com vontade de embelezar a casa. Além disso, ficamos muito receptivos à vida social, pois estamos de bom humor, mais afetuosos. Percebemos melhor a atratividade de outras pessoas. Da mesma forma, ficamos mais atraentes e charmosos aos olhos dos outros.

Lua sextil Marte – 11:32 às 15:51 (exato 13:43)

Período produtivo em que a disposição para resolver qualquer coisa está em alta. Se tiver algum assunto pendente e que incomoda emocionalmente, é um bom momento para se impor e resolver de forma acertada. No trabalho, bom período para participar de concorrências.

DIA 08 DE JANEIRO – TERÇA-FEIRA

● *Nova* ● *em Aquário*

Lua sextil Júpiter – 05:40 às 09:48 (exato 07:45)

Se estiver pensando em fazer alguma viagem, é um bom momento para planejá-la! Até porque ventos de boa sorte sopram a seu favor e vão dar inspiração para realizar um bom roteiro. Favorável, também, para quem quer engravidar.

DIA 09 DE JANEIRO – QUARTA-FEIRA

● *Nova* ● *em Peixes às 17:44, LFC Início às 14:54, LFC Fim às 17:44*

Enquanto a Lua estiver em Peixes, é hora de diminuir o ritmo e contemplar a vida. Encantar-se por alguém ou por algo é preciso! Contudo, cuidado para não ficar distraído e se descuidar dos detalhes do dia a dia.

Lua sextil Urano – 12:53 às 16:54 (exato 14:54)

Uma certa inquietude fará com que você tenha vontade de experiências novas, pessoas novas. Bom momento para conquistar um novo nicho de mercado, ir em busca de novos clientes. A criatividade está em alta, podendo auxiliar em novas soluções no trabalho.

Lua quadratura Vênus – 20:55 à 01:23 de 10/01 (exato 23:11)

Momento de vulnerabilidade e de oscilação dos desejos. Desarmonia interna. Pode dar vontade de gastar além da conta para preencher um vazio. Desaconselhável para transações imobiliárias, investimentos e aquisições. A necessidade de autogratificação pode aumentar o consumo de doces.

DIA 10 DE JANEIRO – QUINTA-FEIRA

● *Nova* ● *em Peixes*

Lua sextil Mercúrio – 07:53 às 12:37 (exato 10:17)

A manhã promete favorecimento para transações comerciais, assinatura de contratos, lançamento de produtos e relações públicas. Emoção e comunicação de mãos dadas! Você se comunica com propriedade e encontra acolhimento.

Lua sextil Saturno – 17:12 às 21:15 (exato 19:14)

Momento adequado para decisões que requeiram planejamento, assertividade e maturidade, pois há disposição para isso. Nas relações, há favorecimento para a estabilização de vínculos e de compromissos, que se fortalecem ainda mais quando se expressam planos comuns.

Lua quadratura Júpiter – 19:47 às 23:50 (exato 21:49)

Desânimo. Tendência a gerar expectativas que depois podem não corresponder à realidade. Momento de insatisfação em que consideramos que os relacionamentos têm que nos acolher incondicionalmente. Cuidado para não compensar com uma alimentação inadequada e gerar uma noite desconfortável.

Lua conjunção Netuno – 20:47 à 00:49 de 11/01 (exato 22:48)

Sob esta influência, há encantamento, sensibilidade, inspiração, ajuda mútua e solidariedade no ar. Favorável para lançamento de filmes, shows, espetáculos, aumentando as chances de sucesso. Momento também de encontros promovidos pelo acaso. Sintonia entre as pessoas.

DIA 11 DE JANEIRO – SEXTA-FEIRA

● *Nova* ● *em Peixes, LFC Início às 12:25*

Lua sextil Plutão – 10:13 às 14:12 (exato 12:12)

Indica transformação, regeneração, aceitação de mudanças radicais. Favorável para reformas em casa. Bom dia para finalizar as tarefas ou projetos que estejam inacabados. Bom para quem quer engravidar. Favorável para a recuperação de relações importantes.

Lua sextil Sol – 10:14 às 14:12 (exato 12:26)

Bom momento para encontros! Aproveite para marcar um almoço com alguém especial, principalmente se vocês precisam de uma reconciliação. Com emoção e razão de mãos dadas, estamos em equilíbrio conosco e em relação ao outro, o que confere brilho aos relacionamentos.

DIA 12 DE JANEIRO – SÁBADO

● *Nova* ● *em Áries às 06:18, LFC Fim às 06:18*

Enquanto a Lua estiver em Áries, há dinamismo e audácia no ar! A impulsividade estará à frente da razão. Um período favorável para competições e esportes, desde que de curta duração, além de atividades ao ar livre. Todos estarão mais propensos a resolver as situações de forma objetiva, determinada, verdadeira, sem rodeios. Evite cirurgias na cabeça e nos rins.

Lua trígono Vênus – 15:11 às 19:29 (exato 17:21)

No trabalho, bom momento para negociar preços com fornecedores, salários com o seu chefe, além da elaboração de orçamentos. Esse período desperta em todos a afetuosidade e a sedução. Produza-se e busque locais interessantes para um *happy hour.* Para quem quer engravidar, também é um período favorável.

Lua conjunção Marte – 20:06 à 00:16 de 12/01 (exato 22:13)

Aproveite, porque a palavra de ordem é iniciativa! Portanto, se estiver à frente de alguma situação, projeto ou algo novo, terá benefícios, pois estará assertivo e com energia para enfrentar desafios e perceber oportunidades.

DIA 13 DE JANEIRO – DOMINGO

● *Nova* ● *em Áries*

Lua quadratura Mercúrio – 04:50 às 09:19 (exato 07:06)

Baixo êxito com a divulgação de qualquer tipo de informação ou comunicado. Cuidado ao falar e com quem falar, pois pode ser que as pessoas tenham uma interpretação errônea das suas palavras, inclusive nas relações íntimas. Tendência à agressividade.

Lua quadratura Saturno – 05:37 às 09:20 (exato 07:38)
Prefira, neste período, um contato mais impessoal e, dentro do possível, preserve-se e foque em suas tarefas. Caso for se exercitar, aqueça-se muito antes dos exercícios e se hidrate.

Lua trígono Júpiter – 08:32 às 12:30 (exato 10:32)
Depois do meio da manhã, a sensação de bem-estar retorna. Fará bem usar o bom humor para tornar tudo mais leve. Bom também para pensar em buscar mercados mais distantes geograficamente.

Lua quadratura Plutão – 21:32 à 01:24 de 14/01 (exato 23:29)
Tente dormir cedo hoje. Evite multidões. Esta noite, a radicalização está no ar e todos estão avessos à medidas extremas e demonstrações de poder. Não conte com pessoas em posição mais forte do que a sua. Os relacionamentos desalinhados podem entrar em crise, movidos por sentimentos de perda, traição ou poder.

DIA 14 DE JANEIRO – SEGUNDA-FEIRA

☾ *Crescente às 04:47 em 23°48' de Áries* ☾ *em Touro às 16:32,*
LFC Início às 13:56, LFC Fim às 16:32

Enquanto a Lua estiver em Touro, existe um desejo geral por segurança material e emocional. O bom senso sobressai ao impulso. Atividades ligadas à beleza, moda e decoração estão favorecidas. Cuidado com a vontade de comer doces e pães!

Lua quadratura Sol – 02:38 às 06:51 (exato 04:47)
Madrugada de incompatibilidades — os desejos brigam com as emoções. Como essa divisão é uma sensação geral, deve-se ter todo o cuidado com a avaliação de comportamento.

Lua conjunção Urano – 12:01 às 15:49 (exato 13:57)

É um período ideal para mudança de hábitos, de alimentação ou para largar vícios. Se você quer lançar um produto ou serviço, eis um momento favorável, principalmente se for ou tiver relação com o universo eletrônico. Se está fazendo um tratamento e não está obtendo um resultado satisfatório, é a hora de experimentar uma terapia alternativa complementar.

DIA 15 DE JANEIRO – TERÇA-FEIRA

☾ *Crescente* ☾ *em Touro*

Lua trígono Saturno – 14:59 às 18:40 (exato 16:51)

Aproveite o momento, porque a disciplina está em alta! Paira o bom senso na avaliação dos negócios, e as escolhas recaem sobre os mais viáveis. As atividades administrativas e de previdência estão favoráveis. Nos relacionamentos, os mais sólidos são mais valorizados do que os passageiros.

Lua sextil Netuno – 15:25 às 20:41 (exato 21:04)

Interessante observar que neste período há muitas coincidências, que decorrem da sintonia maior entre as pessoas. Há, também, um clima de ajuda mútua. Favorável, em especial, para quem trabalha com imagem. O seu organismo responderá bem à medicação, se você estiver fazendo algum tratamento.

Lua trígono Mercúrio – 21:25 à 01:31 de 16/01 (exato 23:31)

Estando o comércio favorecido, esse é um momento bom para fazer compras, quem sabe pela internet. Favorável, também, para troca de carro. Se tem um assunto delicado para conversar com alguém, aproveite à noite, porque o entendimento será muito bom!

DIA 16 DE JANEIRO – QUARTA-FEIRA

☾ *Crescente* ☾ *em Gêmeos às 23:01, LFC Início às 16:34, LFC Fim às 23:01*

Enquanto a Lua estiver em Gêmeos, o aprendizado e a comunicação estarão em alta! É tempo, também, de libertar as ideias, seja na forma de projetos ou conversas. É um bom momento para se falar de sentimentos dentro de um relacionamento, pois as palavras fluirão melhor. Os deslocamentos — de pessoas, de veículos — serão mais intensos.

Lua trígono Plutão – 05:29 às 09:04 (exato 07:18)

Se você quer abandonar um hábito ou realizar mudanças radicais, esse é um momento propício, pois estamos receptivos às transformações. Bom também para providenciar consertos em casa. Comece o dia retomando atividades ou projetos inacabados que, agora, têm mais chances de conclusão.

Lua trígono Sol – 14:39 às 18:28 (exato 16:34)

Momentos favoráveis de entendimento entre os casais; aproveite! Se tem em mente um projeto ou ideia, excelente tarde para que eles deem frutos; portanto, mãos à obra. Vitalidade e sensação de bem-estar de uma forma geral.

DIA 17 DE JANEIRO – QUINTA-FEIRA

☾ *Crescente* ☾ *em Gêmeos*

Lua oposição Vênus – 16:02 às 19:44 (exato 17:55)

Cuidado com os gastos, pois a necessidade de autogratificação será maior. Se estiver pensando em fazer alguma intervenção estética, desmarque: as chances de você não gostar dos resultados são muitas. No trabalho, é possível que o sentimento de apatia prejudique o rendimento.

Lua sextil Marte – 16:43 às 20:19 (exato 18:33)

Momento que propicia algum ímpeto, pois a sensibilidade estará mais aguçada para perceber as oportunidades no trabalho e no âmbito pessoal. Se tiver a chance de se aproximar de alguém e tomar a iniciativa, isso pode trazer bons resultados. Seja espontâneo!

Lua quadratura Netuno – 22:14 à 01:38 de 18/01 (exato 23:57)

A melhor coisa a fazer é ir dormir cedo! Até porque você poderá estar com menos disposição física e emocional. Se for absolutamente necessário enviar alguma informação por e-mail ou mensagem, cheque tudo antes, pois a tendência é a desatenção, e isso pode gerar prejuízos.

Lua oposição Júpiter – 23:26 às 02:53 de 18/01 (exato 01:11 de 18/01)

Sentimento de insatisfação emocional. Antes de dormir, faça refeições bem leves, porque a tendência é se exceder na comida e/ou bebida, o que pode sobrecarregar o fígado. Se fuma, evite o cigarro.

DIA 18 DE JANEIRO – SEXTA-FEIRA

☾ Crescente ☾ em Gêmeos, LFC Início às 23:33

Lua sextil Urano – 21:53 à 01:10 de 19/01 (exato 23:31)

Se tiver com algumas emoções contidas em relação a alguém, aproveite para conversar na hora do jantar: você irá se sentir mais livre para expor o que se passa no seu coração. Fique atento, pois poderá ter *insights* que o ajudarão na solução de problemas.

DIA 19 DE JANEIRO – SÁBADO

☾ Crescente ☾ em Câncer à 01:44, LFC Fim à 01:44

Enquanto a Lua estiver em Câncer, nos sentiremos mais vulneráveis emocionalmente, e também mais amorosos. Teremos mais necessidade de trocas afetivas com os nossos vínculos mais íntimos. Estaremos sensíveis a lembranças de tudo o que nos remeta ao passado. Sensação de nostalgia no ar.

Lua quadratura Marte – 20:46 à 00:08 de 20/01 (exato 22:29)

Evite as compras por impulso: nesse período, a chance será grande de se arrepender. Tenha muita calma para dirigir e atenção no trânsito, que será reflexo da impaciência e agressividade que paira neste momento. Respire fundo! Todo cuidado é pouco nos relacionamentos: evite ao máximo os confrontos, pois poderão ter consequências infelizes.

Lua oposição Saturno – 22:11 à 01:26 de 20/01 (exato 23:50)

Você poderá se sentir de baixo-astral. Suas frustrações devem vir à tona e este sentimento pode levar você ao pessimismo. Por insegurança, talvez você recue frente às situações que se apresentarem. Se quiser se aproximar mais intimamente de alguém, prefira outra ocasião.

Lua trígono Netuno – 23:43 às 02:56 (exato 01:20 de 20/01)

Mas eis que existe uma esperança: este período pode propiciar algum romantismo, inspiração e clima de encantamento entre as pessoas. Você poderá notar que sua percepção estará maior do que o normal.

DIA 20 DE JANEIRO – DOMINGO

☾ Crescente ☾ em Câncer, LFC Início às 23:50

Entrada do Sol no Signo de Aquário às 06:59

Lua oposição Plutão – 10:26 às 13:37 (exato 12:02)

Esta manhã você se depara com um clima mais hostil. Nos relacionamentos, as diferenças devem ser contornadas, pois o embate pode levar a resultados permanentes. E cuidado, pois este momento é desfavorável também para os investimentos de risco! Uma antiga perda, que foi pouco elaborada, pode voltar a sensibilizar e até prejudicar uma relação atual.

Lua oposição Mercúrio – 15:13 às 18:43 (exato 16:57)

Se tem alguma viagem marcada, atenção: há o risco de ela ter seu horário alterado. No ambiente de trabalho, o clima é de agitação; portanto, tenha foco. Período muito desfavorável para você expor assuntos pessoais. Evite, porque pode ser interpretado erroneamente. E pense no que vai falar, pois pode magoar os outros sem ter essa intenção.

Lua quadratura Urano – 22:15 à 01:25 de 21/01 (exato 23:51)

O momento é de imprevistos de toda ordem, originando, por isso, tensão. No trabalho, o inesperado muda a rotina e o planejamento. Para as grávidas, pode ocorrer a antecipação dos partos. Nos relacionamentos, mantenha o equilíbrio: o momento é de muita intolerância.

DIA 21 DE JANEIRO – SEGUNDA-FEIRA

○ Cheia às 03:17 em 00º52 de Leão ○ em Leão à 01:55, LFC Fim à 01:55

Eclipse Lunar às 03:13 em 00º52 de Leão

Enquanto a Lua estiver em Leão, é tempo de brilhar, de se sentir o centro das atenções. Se quiser dar uma festa, aproveite o momento: será um sucesso! Nesse período, é comum dar preferência a lugares e pessoas que nos fazem sentir especiais. Devemos ter cuidado para não exagerarmos nas compras caras. O período é muito bom para tratamentos de beleza em geral, principalmente do cabelo.

Lua oposição Sol – 01:34 às 04:47 (exato 03:17)

Momento de encontros em que haja complementaridade. Desfavorável para quem se negar a colaborar. Melhor unir forças do que confrontar, pois todos estarão em iguais condições. Alguém pode surpreender, revelando-se desafiador ou importante!

Lua trígono Marte – 22:40 à 01:57 de 22/01 (exato 00:20 de 21/01)

A noite promete! Se você estiver sozinho, tome a iniciativa e se aproxime daquela pessoa com quem você quer estar: a sorte estará do seu lado. Se você estiver num relacionamento tenso, é um momento favorável à sinceridade de sentimentos. Coloque-se verdadeiramente e o resultado será um clima mais leve e quente.

DIA 22 DE JANEIRO – TERÇA-FEIRA

◯ Cheia ◯ em Leão, LFC Início às 23:20

Lua trígono Vênus – 01:00 às 04:26 (exato 02:44)

O magnetismo, o brilho e a sedução estão no ar neste período! Aproveite para usufruir um encontro sob os auspícios do charme, da ternura e da intimidade. Se quiser engravidar, esse momento será uma excelente oportunidade.

Lua trígono Júpiter – 01:35 às 04:48 (exato 03:13)

Esse é um momento de satisfação emocional. A confiança nos vínculos com pessoas próximas trazem generosidade e proximidade. O bom humor em decorrência desta satisfação suaviza possíveis obstáculos, pois convida à generosidade. Período promissor e prazeroso nas viagens a trabalho.

Lua trígono Urano – 21:43 à 00:54 de 23/01 (exato 23:20)

Durante essas horas, você não levará a vida tão à sério. Nesse clima *relax*, aproveite para se atualizar em relação à sua atividade profissional. Aliado a algumas boas ideias que poderão surgir nesse momento, esse tempo poderá ser frutífero nos próximos dias.

DIA 23 DE JANEIRO – QUARTA-FEIRA

◯ Cheia ◯ em Virgem à 01:23, LFC Fim à 01:23

Enquanto a Lua estiver em Virgem, é a hora de organizar a vida: seu interior, sua saúde, sua vida financeira, sua casa, seu trabalho e também terminar tarefas não concluídas. Dedique-se às atividades que requeiram mais atenção e análise. Este período favorece a continuidade do que for iniciado, então, pense em um novo curso ou até em um novo emprego. Você vai se sentir feliz em contato com a natureza.

Lua trígono Saturno – 22:27 à01:33 de 24/01 (exato 23:57)

Período favorável para a sustentação (e não lançamento) de campanhas publicitárias. No trabalho, encontrará comprometimento da equipe, mesmo em tarefas mais árduas. Há maior discernimento na avaliação de negócios. No relacionamento, é um bom período para fazer planos.

Lua oposição Netuno – 23:17 às 02:32 de 24/01 (exato 00:56 de 24/01)

Neste período, o clima é de prostração! Melhor será dormir cedo e aproveitar para recarregar as energias. Além disso, o descanso ajuda o corpo a se defender, já que este aspecto também pode diminuir a imunidade.

DIA 24 DE JANEIRO – QUINTA-FEIRA

◯ Cheia ◯ em Virgem, LFC Início às 11:51

Lua quadratura Júpiter – 02:02 às 05:19 (exato 03:42)

Nestas horas, o sentimento pode ser de um certo descontentamento geral, o que pode fazer você se sentir angustiado. Tendência a estar com uma expectativa muito grande em relação ao que as pessoas possam oferecer.

Lua quadratura Vênus – 04:41 às 08:13 (exato 06:20)

E continua o desânimo neste começo de dia! Se você pratica exercícios pela manhã, não estranhe se seu rendimento cair. Este momento também não favorece a concepção. Prepare um café da manhã saudável, pois a carência pode fazer você abusar, principalmente dos alimentos doces.

Lua trígono Plutão – 10:12 às 13:29 (exato 11:51)

Bom período para fazer um conserto em casa. No trabalho, experimentará uma proximidade maior com pessoas poderosas. Então, aproveite para reapresentar uma proposta ou projeto. Este aspecto vai ajudar!

DIA 25 DE JANEIRO – SEXTA-FEIRA

◯ *Cheia* ◯ *em Libra às 02:03, LFC Fim às 02:03*

Enquanto a Lua estiver em Libra, gentileza, sociabilidade, refinamento e beleza estarão no ar! Todos nos sentimos mais colaborativos, mas só devemos ir até onde o outro permitir. Sendo diplomáticos, diminuímos, inclusive, a resistência de oponentes. Este período é favorável para a formação de sociedades, parcerias de negócios e trabalhos em equipe, sobretudo atividades que lidam com arte e estética.

Lua trígono Mercúrio – 03:03 às 06:49 (exato 04:57)

Para quem trabalha neste período, o clima é de colaboração. Nos relacionamentos, essas horas favorecem o entendimento em relação a assuntos delicados. Há fluência nos diálogos e facilidade de expressar sentimentos.

Lua trígono Sol – 09:00 às 12:37 (exato 10:49)

Coerência, integração entre o que se sente e o que a consciência diz! Momento fecundo para ideias. Favorável para gestações e nascimentos. No trabalho, as tarefas são executadas com fluência. Para quem trabalha com o público, momentos de percepção de suas expectativas.

DIA 26 DE JANEIRO – SÁBADO

◯ *Cheia* ◯ *em Libra*

Lua quadratura Saturno – 00:25 às 03:54 (exato 02:11)

Cuidado especial com a saúde, pois nessas horas é possível que os problemas mal curados voltem a incomodar. Momento de insegurança emocional e tendência ao pessimismo. O melhor a fazer é uma refeição saudável, hidratar-se e ler um livro leve para ter uma boa noite de sono.

Lua sextil Júpiter – 04:39 às 08:09 (exato 06:25)

Momentos de alto bem-estar físico e emocional. Se tem viagem de trabalho no mês, marque para este período, pois trará desdobramentos benéficos. Atividades relacionadas a viagem também estão favoráveis neste intervalo.

Lua oposição Marte – 05:06 às 08:44 (exato 06:57)

Período marcado por uma certa impulsividade. O melhor a fazer é evitar atitudes egoístas que podem melindrar o outro. O clima menos cortês destas horas pode comprometer a colaboração de pessoas para o desempenho de atividades.

Lua sextil Vênus — 11:09 às 14:57 (exato 13:04)

Período ameno e romantismo aguçado. Mande uma mensagem instigante para o seu *affair*. Se estiver no trabalho e quiser negociar seu salário, o momento é favorável, mas curto, ou seja, só se manifeste se tiver uma oportunidade. Capriche na sua apresentação pessoal e na apresentação do seu trabalho.

Lua quadratura Plutão — 12:46 às 16:14 (exato 14:31)

Cuidado na hora do almoço! Evite situações ou lugares menos seguros. Para quem tem um relacionamento, o sentimento de perda e exclusão pode desestabilizar a união. Neste período, devemos manter o equilíbrio e não ultrapassar nenhum limite. E aceitar que há coisas que estão além de nós.

DIA 27 DE JANEIRO – DOMINGO

☽ Minguante às 19:11 em 07°38' de Escorpião ☽ em Escorpião às 05:31
LFC Início às 03:22, LFC Fim às 05:31

Enquanto a Lua estiver em Escorpião, o erotismo nos convida a encontros sexuais, paixões e desejos. Ao mesmo tempo, nos faz mais agressivos e desconfiados além do necessário. Nestes dias, também fica difícil perdoar. Período favorável para quem trabalha com reformas ou reabilitação.

Lua oposição Urano – 01:35 às 05:06 (exato 03:22)

Período em que o sono poderá estar agitado. Horas marcadas pelos imprevistos, cancelamentos inesperados de reservas, problemas com equipamentos eletrônicos. Se há alguma gravidez por perto, fique alerta, pois o parto pode ser antecipado. Atenção ao sistema circulatório do seu organismo.

Lua quadratura Mercúrio – 13:54 às 18:03 (exato 16:01)

Devemos ter cuidado, pois palavras inadequadas podem ferir as relações mais íntimas. As informações instáveis dificultam a segurança nos acordos, planejamentos e assinaturas de contratos. Atenção muito especial a comunicados institucionais. Cuidado com o que falar — há risco de má interpretação.

Lua quadratura Sol – 17:14 às 21:09 (exato 19:11)

Estas horas trazem conflito entre o conservador e o novo. A apresentação de um novo projeto terá que ser muito mais convincente. Se trabalha com o público, esse conflito pode perturbar o resultado do comportamento e receptividade das pessoas. Aos casais, atentem para o que pode virar disputa! A lucidez e o bom senso devem predominar.

DIA 28 DE JANEIRO – SEGUNDA-FEIRA

☽ *Minguante* ☽ *em Escorpião, LFC Início às 20:39*

Lua sextil Saturno – 05:56 às 09:38 (exato 07:47)

Momento promissor para começar uma dieta! Bom também para iniciar um tratamento dentário. Autodisciplina maior. Os conhecimentos adquiridos tendem a ser permanentes. Favorável para atividades ligadas ao setor imobiliário e de construções e reformas.

Lua trígono Netuno – 06:23 às 10:03 (exato 08:15)

Favorável a tudo o que provoque a fantasia dos outros. Campanhas viralizam. Produtos e peças com bom acabamento visual chamam a atenção. Para os casais, sedução e, sobretudo, a capacidade de concessão fortalecem os vínculos.

Lua sextil Plutão – 18:46 às 22:29 (exato 20:40)

Estamos abertos à transformação! Se queremos fazer mudanças em nossas vidas, este momento vai dar uma boa ajuda. Durante essas horas, os poderosos e populares conseguem maior adesão dos outros. Propensão ao perdão pode recuperar vínculos afastados.

DIA 29 DE JANEIRO – TERÇA-FEIRA

☽ *Minguante* ☽ *em Sagitário às 12:33, LFC Fim às 12:33*

Enquanto a Lua estiver em Sagitário, é tempo de grande otimismo! Por isso, as mudanças fluem com maior facilidade. Além de confiantes, estamos mais espontâneos e desejosos por viagens, contato com a natureza e coisas que não fazem parte do nosso dia a dia. O período ilumina quem presta exames e concursos. Atividades favorecidas: congressos, cursos, conferências, eventos grandes e turismo. Evite cirurgia no fígado, coxas, quadris, ciático, vias respiratórias, pernas, braços e mãos.

Hoje, a Lua não faz aspectos com outros planetas no Céu. Devemos observar recomendações para a fase e Signo em que ela se encontra.

DIA 30 DE JANEIRO – QUARTA-FEIRA

☽ *Minguante* ☽ *em Sagitário*

Lua sextil Sol – 05:58 às 10:08 (exato 08:05)

Hoje, começamos nosso dia com mais clareza emocional, o que nos ajuda a pensar melhor. Além disso, são horas de autoestima elevada. As pessoas inseguras e dependentes podem, inclusive, experimentar mais autonomia, revelando-se.

Lua sextil Mercúrio – 06:17 às 10:11 (exato 08:33)

Favorável para vendas, compras, panfletagem, para o comércio e relações públicas. Boa hora para trocar de carro. Se quiser mudar algum hábito alimentar ruim, aproveite a energia desse começo de manhã. Vá com fé!

Lua quadratura Netuno – 15:11 às 19:04 (exato 17:08)

A distração que talvez ocorra nesse período pode causar perda de objetos e documentos, além de prejudicar o rendimento no trabalho e no cumprimento de prazos. Estamos predispostos à impontualidade. Convém checar todas as informações, pois a comunicação pode falhar!

Lua conjunção Júpiter – 20:25 à 00:22 de 31/01 (exato 22:24)

Noite de bom humor e confiança nos laços estreitos. Há, também, generosidade nos relacionamentos mais íntimos. Favorável para os tratamentos e para os processos de recuperação dos procedimentos cirúrgicos. Podemos receber ajuda profissional de pessoas conhecidas.

DIA 31 DE JANEIRO – QUINTA-FEIRA

☽ *Minguante* ☽ *em Capricórnio às 22:48, LFC Início às 20:34, LFC Fim às 22:48*

Enquanto a Lua estiver em Capricórnio, um quê de pessimismo estará no ar! O senso de responsabilidade e dever impera. Tempo de se concentrar no trabalho e nas responsabilidades e de colher o fruto da produtividade. Mais contenção nos relacionamentos. Estamos todos mais suscetíveis a melindres; portanto, cuidado com as críticas aos outros.

Lua trígono Marte – 01:45 às 05:54 (exato 03:51)

Este aspecto favorece os encontros físicos e a concepção. Atitudes espontâneas serão bem recebidas. Período positivo para as atividades profissionais desenvolvidas com mais autonomia. Dar ânimo aos colegas de forma sincera será bem-vindo.

Lua conjunção Vênus – 13:24 às 17:47 (exato 15:36)

Sedução e charme pairam nesta tarde! Oportuno para novos encontros ou para uma reconciliação, pois há disponibilidade amorosa. Bom momento para procedimentos estéticos e tratamentos hormonais. No trabalho, use sua diplomacia para ter o que precisa.

Lua trígono Urano – 18:35 às 22:33 (exato 20:34)

Esses primeiros momentos da noite são bons para fazer uma surpresa para os nossos parceiros. As pessoas vão se sentir à vontade para revelar emoções reprimidas. Um *happy hour* curto também é uma boa oportunidade para quem quer conhecer pessoas novas.

Fevereiro 2019

Domingo	Segunda-feira	Terça-feira	Quarta-feira	Quinta-feira	Sexta-feira	Sábado
					1	2
					Lua Minguante em Capricórnio	Lua Minguante em Capricórnio
3 ♒	4	5	6 ♓	7	8 ♈	9
Lua Minguante em Aquário às 11:04 LFC 08:53 às 11:04	Lua Nova às 19:05 em Aquário Lua em Aquário	Lua Nova em Aquário LFC Inicio às 22:00	Lua Nova em Peixes à 00:03 LFC Fim à 00:03	Lua Nova em Peixes LFC Início às 20:14	Lua Nova em Áries às 12:35 LFC Fim às 12:35	Lua Nova em Áries
10 ♉	11	12	13 ♊	14	15 ♋	16
Lua Nova em Touro às 23:28 LFC 21:48 às 23:28	Lua Nova em Touro	Lua Crescente às 20:27 em Touro Lua em Touro LFC Início às 20:27	Lua Crescente em Gêmeos às 07:33 LFC Fim às 07:33	Lua Crescente em Gêmeos	Lua Crescente em Câncer às 12:03 LFC 10:49 às 12:03	Lua Crescente em Câncer
17 ♌	18	19 ♍	20	21 ♎	22	23 ♏
Lua Crescente em Leão às 12:22 LFC 11:18 às 12:22	Lua Crescente em Leão Sol no Signo de Peixes às 20:03	Lua Cheia às 12:55 em Virgem Lua em Virgem às 11:48 LFC 10:52 às 11:48	Lua Cheia em Virgem LFC Início 22:52	Lua Cheia em Libra às 11:18 LFC Fim às 11:18	Lua Cheia em Libra	Lua Cheia em Escorpião às 12:57 LFC 12:11 às 12:57
24	25 ♐	26	27	28 ♑		
Lua Cheia em Escorpião	Lua Cheia em Sagitário às 18:20 LFC 09:14 às 18:20	Lua Minguante às 08:29 em Sagitário Lua em Sagitário	Lua Minguante em Sagitário	Lua Minguante em Capricórnio às 03:49 LFC 03:18 às 03:49		

O Céu do mês de fevereiro de 2019

Fevereiro começa com Vênus e Urano em harmonia de 02/02 a 03/02, nos incitando a viver o novo: novas amizades, novas comidas, novos ambientes, novas ideias e novas pessoas. Procure ser original e experimentar uma vida social excitante. Surpresas serão bem-vindas e vão impressionar nesses dias. E, de 03/02 a 04/02, Mercúrio e Júpiter ainda dão uma ajudinha, facilitando as comunicações. Aproveite! Só esteja atento ao aspecto tenso entre Marte e Plutão, que começou em 31/01 e provoca algumas situações explosivas até 03/02. Será melhor evitar ânimos acirrados.

Na sequência, há bons aspectos no Céu: Sol em harmonia a Júpiter de 06/02 a 09/02, Mercúrio e Marte entre 07/02 e 08/02, e Mercúrio e Urano de 09/02 a 10/02, que vão indicar um ótimo momento para viajar, estudar ou tomar medidas ousadas, com clareza e determinação. O astral fica um pouco tenso entre 11/2 e 14/02 por causa da conjunção entre Marte e Urano: há um clima de precipitações e alta ansiedade, que inclusive pode causar acidentes – vá com calma.

Marte passa pelo Signo de Touro de 14/02 a 31/03, privilegiando todas as iniciativas mais voltadas para segurança e desejos pessoais. Mas o curso da ação tende a ser bem pragmático, principalmente na relação custo-benefício: se a equação indicar muito esforço para pouco resultado, será mais difícil sair da inércia. Então, um bom conselho é evitar muita acomodação se você precisa alcançar algo concreto nesse período.

Na noite do dia 18/02, o Sol entra em Peixes, permanecendo nesse Signo até 20/03. Com o Sol em Peixes, nos tornamos mais aptos a perceber além do mundo concreto. Há uma tendência natural a ficarmos mais abertos para os assuntos místicos, religiosos ou sutis. Mas também nos tornamos mais desligados ou menos concentrados nas questões concretas, com possibilidade de confundir o real e o imaginário. O Sol em Peixes exalta a criatividade, o mundo irreal, o encantamento e a elevação que as artes nos proporcionam. Por outro lado, há mais ingenuidade, fantasia e a sedução do mundo noturno. Mercúrio entra em Peixes no dia 19/02 e só passa a Áries em 17/04, devido às suas retrogradações, reforçando ainda mais o que foi dito sobre o Sol em Peixes, mas com algumas peculiaridades. É um período em que a comunicação e o raciocínio ficam menos objetivos e lineares. Nesse período, é muito mais fácil ver o todo de uma situação do que analisar racionalmente elementos isolados. O "*big picture*" (a observação do todo em detrimento das partes) fica mais perceptível e, por isso, é mais fácil se esquecer de detalhes. Se eles forem importantes, faça um esforço maior nesse sentido para não incorrer em erros de interpretação ou omissão de dados, tanto na linguagem escrita como na falada.

Há mais coisas boas no Céu: Vênus em sextil, Netuno de 16/02 a 18/02 e o Sol de bem com Urano de 17/02 a 19/02 facilitam o envolvimento romântico e trazem excitação ao mesmo tempo. Como há duas conjunções quase simultâneas de Vênus e Saturno de 17/02 a 19/02, e Mercúrio e Netuno de 18/02 a 19/02, há reais chances desses encontros vingarem (se não baixar uma timidez extrema!), mas procure privilegiar a linguagem não verbal, pois a comunicação racional não vai ser tão efetiva agora. Logo depois, até 20/02, com o sextil entre Mercúrio e Saturno, será um momento propício para compreender racionalmente a "mágica" que ocorreu nos dias anteriores. Mercúrio forma vários aspectos em fevereiro: recebe uma quadratura de Júpiter entre 21/02 e 23/02, um sextil de Vênus entre 22/02 e 28/02, e um sextil de Plutão entre 22/02 e 24/02. Júpiter irá gerar verborragia excessiva e inundação de informação, mas Vênus e Plutão podem propiciar momentos muito positivos para fazer valer seu ponto de vista, seja negociando questões financeiras ou até mesmo revelando maior poder de sedução nas questões amorosas. Um ponto de atenção ocorre entre 22/2 e 23/02 por causa da conjunção Vênus/Plutão: assim como podem surgir paixões arrebatadoras, é possível que ocorra excesso de ciúme ou extrema necessidade de controle sobre a pessoa amada.

Se você precisa começar alguma coisa que anda meio travada, aproveite o sextil que ocorre entre 24/02 e 02/03, principalmente se envolver contato ou colaboração de outras pessoas, pois será mais fácil sair da inércia nesse período.

E, no último dia do mês, começa uma quadratura entre Vênus e Urano que se desfaz somente em 02/03, indicando maior necessidade de excitação e novidades na vida social. Aproveite o clima, mas não exagere.

Posição diária da Lua no mês de fevereiro

DIA 01 DE FEVEREIRO - SEXTA-FEIRA

☽ *Minguante (Balsâmica)* ☽ *em Capricórnio*

Hoje, a Lua não faz aspectos com outros planetas no Céu. Devemos observar recomendações para a fase e o Signo em que ela se encontra.

DIA 02 DE FEVEREIRO - SÁBADO

☽ *Minguante (Balsâmica)* ☽ *em Capricórnio*

Lua sextil Netuno – 02:40 às 06:42 (exato 04:42)

Essas horas prometem um sono agradável, podendo haver sonhos e intuições. Pessoas que gostam da madrugada para meditar ou para desenvolver uma atividade criativa serão brindadas com mais inspiração.

Lua conjunção Saturno – 02:55 às 06:58 (exato 04:58)

Se uma preocupação invadir a mente tentando subtrair nosso sono, não devemos deixar que isso seja motivo de desespero. Com objetividade e bom senso, saberemos exatamente como resolvê-la.

Lua conjunção Plutão – 16:12 às 20:16 (exato 18:15)

Uma mágoa antiga poderá ressurgir e ser motivo de indisposição com alguém próximo. Afrontas devem ser evitadas. As discussões simples, muitas vezes, se tornam provocações mais acirradas. É aconselhável evitar confronto com quem já se tenha uma rixa.

Lua quadratura Marte – 17:03 às 21:20 (exato 19:13)

Esse aspecto acentua ainda mais o anterior. Nessa tarde/noite, o ideal é realizar as atividades com independência, sem cobrar nada do outro. A prática de um exercício físico ou uma vigorosa caminhada aliviará as possíveis tensões que esse aspecto sugere.

DIA 03 DE FEVEREIRO - DOMINGO

☽ *Minguante (Balsâmica)* ☽ *em Aquário às 11:04, LFC Início às 08:53, LFC Fim às 11:04*

Enquanto a Lua estiver em Aquário, podemos aproveitar para fazer coisas diferentes da nossa rotina habitual. Um clima de eletricidade está no ar. Disposição para experimentarmos o novo, o não usual. Fica mais fácil largar vícios e condicionamentos por conta da vontade de mudar. Sentimento de liberdade em alta! Dias propícios para flexibilizar a agenda e cortar compromissos.

Lua quadratura Urano – 06:50 às 10:54 (exato 08:54)

Quem tiver atividades nessas horas deve atentar para a probabilidade de que as coisas não saiam do jeito previsto. O que estava programado não sucede. Somos invadidos por uma energia nervosa que não nos deixa parar quietos. Atividades rotineiras devem ser evitadas para não aumentar a inquietação.

DIA 04 DE FEVEREIRO - SEGUNDA-FEIRA

● *Nova às 19:05 em 15°45' de Aquário* ● *em Aquário*

Lua conjunção Sol – 16:49 às 21:16 (exato 19:05)

Entrada da Lua Nova! Nosso instinto e estado de alerta ficam mais aguçados. A consciência das coisas não está clara ainda. Devemos introduzir dados novos em nossa vida, sejam assuntos, ideias ou intenções. Muitas coisas serão geradas a partir daí.

Lua sextil Júpiter – 22:31 às 02:38 de 05/02 (exato 00:36 de 04/02)

Aumento da autoconfiança e do bom humor. Os problemas parecerão mais fáceis de serem resolvidos. Podemos reunir muitas pessoas em festas ou eventos.

DIA 05 DE FEVEREIRO - TERÇA-FEIRA

● *Nova* ● *em Aquário, LFC Início às 22:00*

Lua conjunção Mercúrio – 02:45 às 07:34 (exato 05:12)

Mente alerta, ligada! Favorece quem prefere essas horas silenciosas para estudar ou se dedicar a algum trabalho que requeira muita concentração.

Lua sextil Marte – 09:38 às 14:00 (exato 11:50)

A tudo o que pudermos agilizar hoje, deve ser dada a partida agora. Trabalhos são realizados com rapidez e desembaraço. Nas relações em geral, devemos ir direto ao ponto, com franqueza.

Lua sextil Urano – 19:56 à 00:00 (exato 22:00)

Bom para dar uma circulada, respirar novos ares e contatar pessoas interessantes, com ideias inovadoras. Esse aspecto também beneficia trabalhos criativos ou inventivos.

DIA 06 DE FEVEREIRO - QUARTA-FEIRA

● *Nova* ● *em Peixes à 00:03, LFC Fim à 00:03*

Enquanto a Lua estiver em Peixes, ficamos mais imaginativos e sonhadores. Privilegiamos tudo o que nos remeta a um estado idílico, de romantismo e *glamour*. Nada de enfrentar barras pesadas. Movidos pela necessidade de crer numa força superior, tendemos a buscar a fé por meio de cultos religiosos ou explicações que não são deste mundo.

Lua sextil Vênus – 03:17 às 07:47 (exato 05:34)

Energia propícia à demonstração de todo tipo de afeto. Estar com alguém querido trará uma sensação muito reconfortante. Quem quiser uma aproximação com o ser amado pode apostar num café da manhã bem romântico, com flores e aromas. As fantasias também serão bem-vindas.

DIA 07 DE FEVEREIRO - QUINTA-FEIRA

● *Nova* ● *em Peixes, LFC Início às 20:14*

Lua conjunção Netuno – 04:41 às 08:43 (exato 06:44)

A energia está em baixa. As pessoas com problemas de saúde devem ser acompanhadas de perto. Precisamos ter cuidado com medicações, porque podem causar reação. Quem sai cedo para seus compromissos ou atividades deve prestar atenção para não esquecer coisas importantes, inclusive documentos.

Lua sextil Saturno – 05:42 às 09:46 (exato 07:45)

O que estiver agendado para essas horas tende a ser cumprido. O bom uso do tempo e dos recursos disponíveis beneficiará a produção no trabalho. Não devemos nos esquivar das responsabilidades.

Lua quadratura Júpiter – 12:13 às 16:19 (exato 14:17)

Uma falsa onda de automerecimento fará com que as pessoas queiram tudo nas mãos. Fica um sentimento de grandeza distorcido, o que nos leva a achar que tudo tem que ser conseguido facilmente. Cuidado, pois isso pode gerar frustração.

Lua sextil Plutão – 18:12 às 22:15 (exato 20:14)

Essa é uma energia de recuperação de saúde, de oportunidade ou de medidas regeneradoras. É interessante para retomar projetos ou tarefas que estavam abandonados. Também podemos apostar na recuperação de relações importantes que andavam estremecidas.

DIA 08 DE FEVEREIRO - SEXTA -FEIRA

● *Nova* ● *em Áries às 12:35, LFC Fim às 12:35*

Enquanto a Lua estiver em Áries, temos necessidade de resolver logo os impasses e a energia para a ação está,mais do que nunca, ativada. As pessoas estão mais impacientes, querendo logo as soluções e não suportando as esperas. Os serviços com atendimento agilizado serão mais procurados. Em qualquer tipo de relação, o mais importante é usar a sinceridade.

Lua quadratura Vênus – 22:09 às 02:31 de 09/02 (exato 00:22 de 09/02)

Devemos evitar atividades fastidiosas ou trabalhosas. O período também não favorece atividades que exijam disciplina. Nas relações afetivas, o sentimento que predomina é o de carência. A necessidade de romance poderá gerar atrito entre os pares.

DIA 09 DE FEVEREIRO - SÁBADO

● *Nova* ● *em Áries*

Lua quadratura Saturno – 18:07 às 22:05 (exato 20:07)

Haverá um excesso de atenção às frustrações e ao que não está funcionando bem. Essa atitude conduz ao pessimismo e à intolerância. Por isso, não beneficia reuniões. O melhor será cumprir as atividades a sós. Também é aconselhável não pedir favores. A noite de sábado promete menos movimento em locais de lazer.

DIA 10 DE FEVEREIRO - DOMINGO

● Nova ● em Touro às 23:28, LFC Início às 21:48, LFC Fim às 23:28

Enquanto a Lua estiver em Touro, estamos mais conservadores e evitando as novidades. O que for seguro e garantido será a prioridade. A gastronomia está em alta. Restaurantes que oferecem comidas finas e iguarias serão mais procurados. Lugares com vista atraente e ambientes agradáveis e confortáveis serão muito bem-vindos. No amor, grande disposição para o afeto e os carinhos físicos.

Lua trígono Júpiter – 00:43 às 04:42 (exato 02:43)

Tudo parecerá mais fácil e a contento. Ótimo para quem estiver viajando ou esperando para viajar. Aumenta a movimentação nos aeroportos. Um sentimento de satisfação invade a todos, tornando as relações mais amenas. Quem trabalha nessas horas conta com a boa vontade coletiva.

Lua sextil Sol – 04:32 às 08:43 (exato 06:40)

Favorece os casais, tornando o ambiente propício aos acordos e à troca de ideias. É mais fácil conseguir apoio de alguém do sexo oposto. Este é, também, um dos raros momentos em que a consciência se harmoniza com as emoções, permitindo que possamos vislumbrar tudo com mais clareza.

Lua quadratura Plutão – 05:54 às 09:46 (exato 07:52)

Ao sair de casa nesta manhã, convém evitar trajetos com algum risco de perigo. Os ânimos estão alterados. Portanto, muito cuidado também no trânsito. Não devemos nos meter em confusão.

Lua conjunção Marte – 16:46 às 20:49 (exato 18:49)

Dar a partida e agilizar tudo o que estiver ao nosso alcance será compensador e trará um ótimo resultado. Favorece a tomada de atitude e resoluções. No trabalho, há um senso de oportunidade apurado. Esse aspecto promove muita energia e é aconselhável canalizá-la nos esportes ou atividades físicas. Porém, é aconselhável evitar discussões simples, pois facilmente elas se tornam brigas e ofensas.

Lua conjunção Urano – 19:51 às 23:43 (exato 21:49)

Uma energia de urgência pode nos levar a jogar para o alto coisas importantes! Devemos saber priorizar o que é emergência e o que pode aguardar uma solução. Não é indicado mexer com eletricidade. É importante manter a calma frente a qualquer fato inesperado que possa surgir.

Lua sextil Mercúrio – 23:42 às 04:11 de 11/02 (exato 01:58 de 11/02)

Muita movimentação na internet. As conversas e trocas de informação estão em alta. Pequenas viagens favorecidas. No relacionamento, é um bom momento para dar ou pedir explicações. Os diálogos trazem entendimento suficiente.

DIA 11 DE FEVEREIRO - SEGUNDA-FEIRA

● *Nova* ● *em Touro*

Lua trígono Vênus – 14: 34 às 18:44 (exato 16:40)

Excelente energia de acordos e entendimento no ar. Bom momento para um pedido de casamento! Ou para fazer planos a dois! A compreensão facilita para que tudo ocorra de forma satisfatória. Devemos passar essa tarde ao lado de quem amamos ou realizando algo de nosso inteiro agrado. Compras para presentear estão favorecidas devido à maior percepção do bom gosto.

DIA 12 DE FEVEREIRO - TERÇA-FEIRA

☾ *Crescente às 20:27 em 23°55' de Touro* ☾ *Crescente em Touro, LFC Início às 20:27*

Lua sextil Netuno – 02:38 às 06:24 (exato 04:32)

Horas convidativas ao repouso ou à meditação. Quem gosta de escrever ou produzir arte encontra mais inspiração nessas primeiras horas da manhã.

Lua trígono Saturno – 04:13 às 07:58 (exato 06:06)

Acordamos com muita disposição produtiva. Os trabalhos são encarados como necessários e damos conta de tudo o que terá que ser feito. Podemos aproveitar para planejar as tarefas domésticas também.

Lua trígono Plutão – 15:03 às 18:44 (exato 16:55)

Propício às terapias em geral. Falar do passado, buscar as melhores soluções para o que nos aflige internamente, profundamente, é recomendável. Essa é uma energia de cura e resgate. Também podemos correr atrás de uma chance que estaria aparentemente perdida. E recuperá-la!

Lua quadratura Sol – 18:26 às 22:24 (exato 20:27)

Aspecto relativo à entrada da Lua na fase Crescente. É importante não desacelerar o ritmo e lutar pelo que se almeja alcançar nesse ciclo. Os convites deverão ser aceitos. O comparecimento pode fazer toda a diferença. Se faltarmos aos compromissos ou reuniões nesse período, podemos perder boas oportunidades.

DIA 13 DE FEVEREIRO - QUARTA-FEIRA

☾ *Crescente* ☾ *em Gêmeos às 07:33, LFC Fim às 07:33*

Enquanto a Lua estiver em Gêmeos, as pessoas estarão mais tagarelas, comunicativas e ávidas por novidades. Lançamento de novos produtos, livros, anúncios ou publicações está superfavorável. Aumenta a frequência nos shoppings, nas feiras livres e nos barzinhos. Com maior flexibilidade e desapego proporcionados pela passagem da Lua por esse Signo, conseguimos nos desapegar das ideias arraigadas que carregamos conosco. Por isso, é mais fácil as pessoas mudarem de ponto de vista e comportamento.

Lua quadratura Mercúrio – 16:31 às 20:39 (exato 18:37)

Durante essas horas, fica mais difícil colocar em palavras o que estamos sentindo. Não devemos conversar sobre assuntos delicados ou que exijam concentração. Podemos nos sentir mais ansiosos e agitados. No trabalho, podem surgir tarefas de última hora. Dados e informações que não forem devidamente checados podem interferir em um julgamento objetivo dos fatos.

DIA 14 DE FEVEREIRO - QUINTA-FEIRA

☾ *Crescente* ☾ *em Gêmeos*

Lua quadratura Netuno – 09:10 às 12:40 (exato 10:57)

Baixa de energia prejudica o rendimento de tarefas que exijam esforço físico ou mental. Devemos nos dedicar a assuntos leves e atividades amenas. Podemos estar mais distraídos e esquecidos também. É recomendável olhar a agenda e checar os compromissos dessa manhã. Atenção aos horários.

Lua oposição Júpiter – 17:10 às 20:40 (exato 18:57)

Um sentimento na base do "eu mereço" pode nos induzir a querer tudo fácil demais. Precisamos nos esforçar para que algo dê certo nesse momento. Lutar contra a indolência e fazer algo realmente positivo em prol do que se quer é a saída.

DIA 15 DE FEVEREIRO - SEXTA-FEIRA

☾ *Crescente* ☾ *em Câncer às 12:03, LFC Início às 10:49, LFC Fim às 12:03*

Enquanto a Lua estiver em Câncer, ótimos dias para estar em família. Almoços ou jantares em volta de uma mesa preparada com muito carinho para receber os familiares e os amigos íntimos serão um afago para a alma. Porém, devemos ter cuidado, porque as pessoas se ofendem com mais facilidade com a Lua nesse sensível Signo. Artigos para bebê e gestantes em alta!

Lua trígono Sol – 03:58 às 07:39 (exato 05:50)

Esta bela energia nos brinda com um começo de sexta-feira ideal para o entendimento entre todos, em especial os casais. O debate é positivo, porque o conceito ou a ideia que for considerado vitorioso será acatado e aprovado pelo outro.

Lua sextil Urano – 09:06 às 12:31 (exato 10:50)

O que for feito sob improviso poderá dar mais certo. Muito bom para trabalhar em si mesmo uma questão ou situação que necessite de desapego. As mudanças são mais aceitas durante essas horas.

Lua sextil Marte – 11:38 às 15:11 (exato 13:25)

Ritmo acelerado para dar a partida no que se pretende para hoje. As coisas se desembaraçam com maior facilidade. Uma abordagem mais ousada e picante tornará possível um encontro com alguém do nosso interesse. É hora de fazer o convite para essa noite de sexta-feira.

DIA 16 DE FEVEREIRO – SÁBADO

☾ *Crescente* ☾ *em Câncer*

Lua trígono Mercúrio – 03:46 às 07:31 (exato 05:40)

Muita conversa e bate-papo, seja via internet ou pessoalmente. Nessas horas, o entendimento sobre os assuntos se torna mais aguçado, e pode surgir uma boa ideia para resolver uma tarefa aos que trabalham nesse período.

Lua oposição Vênus – 10:36 às 14:10 (exato 12:25)

Aumento de carência emocional leva a cobranças e exigências ao ser amado ou a pessoas próximas. Vamos prestar atenção para que isso não ocorra, lembrando que o outro também se encontra nessa mesma energia. O ideal é fazer por ele o que gostaríamos que ele fizesse por nós.

Lua trígono Netuno – 12:10 às 15:47 (exato 13:50)

Período de maior inspiração para os artistas, músicos e poetas. Favorece os contatos em geral. É mais fácil contar com boa vontade por parte dos colegas de trabalho ou pessoas da nossa convivência. Fazer o bem a quem esteja necessitando pode elevar nossa paz interior.

Lua oposição Saturno – 14:00 às 17:18 (exato 15:41)

Há um sentimento de cobrança interna que pode atrapalhar nossas ações, por acharmos que, por mais que se faça, nunca está realmente bom. Vamos nos permitir alguns erros e rir dos tropeços! É assim que desmontamos essa pesada energia.

Lua oposição Plutão – 22:02 à 01:17 de 17/02 (exato 23:40)

Cuidado com lugares ermos ou com risco de assalto. Todos os trajetos devem ser checados ao sair nesse sábado à noite. Também devemos evitar discussões e animosidades. Não é aconselhável locais com muita gente. Tumultos precisam ser evitados. Os ânimos estão alterados.

DIA 17 DE FEVEREIRO - DOMINGO

☾ *Crescente* ☾ *em Leão às 12:22, LFC Início às 11:18, LFC Fim às 12:22*

Enquanto a Lua estiver em Leão, serão dias festivos e calorosos! As pessoas gostam de se arrumar com boas roupas e acessórios para um verdadeiro desfile de moda. Os cabelos também podem receber uma atenção especial. Tratamentos, cortes e hidratação trarão ótimos resultados. Lua Crescente em Leão favorece casamento hoje! Festas, homenagens, coquetéis ou simples reuniões serão sorvidos num clima de satisfação e entusiasmo. Espetáculos em alta.

Lua quadratura Urano – 09:41 às 12:54 (exato 11:18)

Nessas horas, é bom estar preparado para algo que não saia de acordo com o previsto. Um plano B salvará a situação. As pessoas ficam mais intolerantes e aguentam menos a pressão. Portanto, não devemos forçar a barra com ninguém. Melhor cada um escolher seu programa para esse domingo.

Lua quadratura Marte – 14:17 às 17:36 (exato 15:59)

Uma onda de irritação acaba com nosso humor. Vamos tratar as coisas com mais leveza e sem cobranças! O trato com o outro fica mais difícil, mas a tolerância salvará qualquer situação incômoda. Sair para caminhar em locais amplos, andar de bicicleta ou praticar um esporte irá canalizar o excesso da energia de agressividade para uma atividade benéfica.

DIA 18 DE FEVEREIRO - SEGUNDA-FEIRA

☾ *Crescente* ☾ *em Leão*

Entrada do Sol no Signo de Peixes às 20h03min

Lua trígono Júpiter – 19:23 às 22:35 (exato 21:01)

Esse aspecto é uma bênção, e é o único no dia de hoje. Nessas horas, o que parecia impossível pode se mostrar possível. Elevemos a nossa fé e autoestima para conseguir nossos propósitos. Podemos incentivar alguém que precise de uma força nesse momento. A generosidade e o bom humor irão predominar. Excelente para viagens ou compra de passagens. Seminários e eventos culturais ou religiosos estão favorecidos.

DIA 19 DE FEVEREIRO - TERÇA-FEIRA

○ *Cheia às 12:55 em 00°42' de Virgem* ○ *em Virgem às 11:48*

LFC Início às 10:52, LFC Fim às 11:48

Enquanto a Lua estiver em Virgem, as pessoas se tornam mais meticulosas, críticas e detalhistas. Os trabalhos devem ser entregues com muito capricho. Tudo deve ser feito com esmero e atenção aos detalhes. A limpeza se torna muito importante. Os locais asseados, arrumados e com aparência de limpos terão a preferência. Podemos nos dedicar às arrumações da casa ou do local de trabalho. Favorável para nos dedicarmos à alimentação e saúde em geral.

Lua trígono Urano – 09:17 às 12:25 (exato 10:52)

Usando a criatividade, podemos encontrar novas alternativas para antigos impasses. Ir a um lugar diferente ou conversar com pessoas diferentes do nosso meio poderá trazer boas surpresas.

Lua oposição Sol – 11:13 às 14:34 (exato 12:55)

Não se trata de uma boa hora para discutir a relação. Os pares estão em desarmonia no Céu. Casais com muitas diferenças entre si poderão se ressentir mais na relação se houver desacordo. Por outro lado, esse aspecto torna os instintos mais aguçados, permitindo uma relação tórrida entre os amantes, sejam casados ou não.

Lua trígono Marte – 15:52 às 19:09 (exato 17:32)

Segue uma energia bastante erótica para os encontros, aumentando ainda mais a atração física. Também facilita a tomada de decisões, seja no trabalho ou no ambiente doméstico. Ser franco e direto irá ajudar na comunicação e esclarecer logo o que tiver que ser resolvido.

DIA 20 DE FEVEREIRO - QUARTA-FEIRA

◯ *Cheia* ◯ *em Virgem, LFC Início às 22:52*

Lua oposição Netuno – 10:48 às 13:58 (exato 12:24)

Sonolência e dispersão para essas horas. Temos que fazer um esforço maior para manter o foco. Não é hora de tentar uma solução para um assunto mais complicado. Estamos sensíveis e nos impressionamos com facilidade, o que pode prejudicar uma visão mais realista dos fatos.

Lua trígono Saturno – 12:56 às 16:08 (exato 14:33)

Tudo o que tiver que ser feito será melhor fazer agora, pois há muito senso de responsabilidade no ar. Os trabalhos são realizados com eficiência, e o tempo tende a ser usado de forma bastante produtiva. Os acordos e promessas firmados sob esse aspecto terão muitas chances de realização.

Lua oposição Mercúrio – 14:24 às 17:57 (exato 16:12)

Devemos evitar assuntos que deem margem a segundas intenções ou a fofocas. No trabalho, muito cuidado com uma tendência à dispersão. Temos que priorizar o que é mais importante e ir resolvendo, para não nos perdermos em coisas de menor relevância.

Lua trígono Vênus – 17:02 às 20:27 (exato 18:46)

A *happy hour* dessa quarta-feira promete um clima descontraído e afável entre todos. A boa vontade impera. Pedindo com jeitinho e carinho, é possível conseguir o que quiser. Bom horário para ir às compras ou para trocar uma roupa ou sapato, por exemplo. Dessa vez, vamos acertar na escolha.

Lua quadratura Júpiter – 19:05 às 22:18 (exato 20:42)

Propensão ao consumo de comidas, doces e bebidas além do necessário. No caso de ir às compras, é melhor fazer um lanche antes de encarar o supermercado. Olhar bem os produtos, conferir a data de validade e pensar se realmente estamos precisando daquilo se faz necessário para não cometer desperdícios, nem de dinheiro nem de mercadoria.

Lua trígono Plutão – 21:15 à 00:28 de 21/02 (exato 22:53)

Ótimas horas para um profundo mergulho interno a fim de rever emoções do passado que possam estar interferindo no nosso comportamento atual. Remover o lixo interno nos fará um bem enorme. Também é indicado colocar em ordem gavetas, armários ou baús. É possível até encontrar algo que andava perdido por aí.

DIA 21 DE FEVEREIRO - QUINTA-FEIRA

◯ *Cheia* ◯ *em Libra às 11:18, LFC Fim às 11:18*

Enquanto a Lua estiver em Libra, os acordos, as alianças e as sociedades são beneficiados. Nesse Signo da diplomacia, a Lua induz a um estado de entendimento e gentileza entre as pessoas. O requinte, o glamour e os locais refinados serão especialmente apreciados. Atividades ligadas a estética, decoração e joias estão protegidas. Bom para jogar charme e conquistar o ser amado. Nesses dias, devemos buscar companhia. Nada de ficar só! Hoje, a Lua não faz aspectos com outros planetas no Céu. Devemos observar recomendações para a fase e Signo em que ela se encontra.

DIA 22 DE FEVEREIRO - SEXTA -FEIRA

◯ *Cheia (Disseminadora)* ◯ *em Libra*

Lua quadratura Saturno – 13:40 às 17:01 (exato 15:21)

Tendência a prestar atenção ao que não está dando certo, o que promove um estado de frustração. Vamos nos lembrar do que tem dado certo também. O melhor, nesse momento, será praticar as atividades sem precisar pedir ajuda, mostrando que somos capazes e produtivos.

Lua sextil Júpiter – 20:15 às 23:37 (exato 21:57)

A onda de baixo-astral já se foi, e agora tudo melhora sob uma ótica positiva e bem-humorada. Essa é uma energia de sorte, e podemos aproveitar para fazer planos maiores para o futuro.

Lua quadratura Vênus – 21:56 à 01:33 de 23/02 (exato 23:47)

Vamos aproveitar a energia anterior e caprichar numa satisfação pessoal. Pode ser um banho com ervas aromáticas, ouvir uma boa música ou saborear algo de que se goste bastante. Mas nada de se entregar a um sentimento negativo de carência emocional, querendo mais e mais do outro. Isso só aumentará a insatisfação.

Lua quadratura Plutão – 22:11 à 01:36 de 23/02 (exato 23:53)

Devemos reservar essas horas para ficar em paz conosco e com os outros. Embora seja difícil, não é aconselhável tocar em assuntos mal-resolvidos nesse momento nem cobrar definições do outro. Se uma mágoa antiga ressurgir, melhor escrever o que sentimos sobre ela. Será uma forma de desmontar essa energia destrutiva, sem deixar que ela atrapalhe a convivência a dois.

DIA 23 DE FEVEREIRO - SÁBADO

○ Cheia (Disseminadora) ○ em Escorpião às 12:57
LFC Início às 12:11, LFC Fim às 12:57

Enquanto a Lua estiver em Escorpião, será conveniente prestar atenção às nossas emoções, pois elas estarão mais extremadas. As pessoas tendem a reagir de forma passional e dramática. Com maior suscetibilidade, podemos nos tornar julgadores impiedosos, pois nos sentimos atingidos por pouco. É a melhor Lua para descobrir segredos e desvendar mistérios. Mergulhar numa atividade que nos consuma por inteiro também é favorável, pois a inclinação é ir até o âmago da questão.

Lua oposição Urano – 10:28 às 13:53 (exato 12:12)

Tendência a agitação e ansiedade. As tarefas devem ser executadas aos poucos, dando intervalos entre uma e outra. É comum acontecer de horários serem desmarcados na última hora. Nada é garantia de se realizar conforme o combinado. Devemos manter a calma e ter jogo de cintura.

Lua trígono Sol – 19:51 às 23:36 (exato 21:45)

Excelente horário para conseguir favores de pessoas do sexo oposto. O entendimento entre casais está beneficiado. Há uma integração entre os sentimentos e a razão. Dessa forma, enxergamos tudo com mais clareza. Podemos realizar coisas sem nos desgastarmos.

Lua oposição Marte – 22:22 às 02:01 de 24/02 (exato 00:13 de 24/02)

Imprimimos um ritmo acelerado a tudo o que for feito nessas horas. Pode ser difícil pegar no sono. Uma atividade vigorosa, e até mesmo a vida sexual podem ser boas válvulas de escape para esse tipo de energia.

DIA 24 DE FEVEREIRO - DOMINGO

○ Cheia (Disseminadora) ○ em Escorpião

Lua trígono Netuno – 14:42 às 18:16 (exato 16:30)

Missas e cultos religiosos tendem a lotar nesse domingo. As pessoas estão mais afeitas a buscar um caminho divino e respostas além do mero conhecimento. Campanhas de roupas usadas, de remédios e outros itens para os mais necessitados terão uma boa resposta. Também é um ótimo momento para passeios junto ao mar, praias ou cachoeiras.

Lua sextil Saturno – 17:33 às 21:10 (exato 19:22)

Excelente momento para uma visita aos idosos da família nessa tarde/noite de domingo. Ouvir os mais velhos e com mais experiência de vida, absorver um pouco de sua sabedoria nos fará muito bem. Também é positivo reunir pessoas confiáveis em torno de uma causa, pois vai dar certo.

DIA 25 DE FEVEREIRO - SEGUNDA-FEIRA

○ Cheia (Disseminadora) ○ em Sagitário às 18:20

LFC Início às 09:14, LFC Fim às 18:20

Enquanto a Lua estiver em Sagitário, as viagens e os passeios terão um sabor muito especial. As pessoas estão animadas e em busca de aventuras. Aspecto favorece as agências de viagens, hotéis e pousadas. Estamos bem-humorados e olhando a vida por uma ótica mais positiva. Devemos procurar meios de crescer, seja profissionalmente, seja em relação a um projeto. São dias para expandir negócios, ideias e ideais.

Lua sextil Plutão – 02:28 às 06:06 (exato 04:19)

Essa madrugada promete um sono reparador e curador. As pessoas debilitadas têm aí uma chance de recuperação da saúde e do vigor.

Lua trígono Mercúrio – 06:13 às 10:14 (exato 08:15)

As tarefas correm sem embaraços nessa manhã. Tudo flui melhor através da boa comunicação e do entendimento entre as pessoas. Um assunto delicado pode ser abordado e resolvido. Favorável a entrevistas, aulas, aprendizagem de assuntos novos e informática. Aspecto também beneficia o trânsito e os serviços de frete.

Lua sextil Vênus – 07:14 às 11:13 (exato 09:15)

Que tal um café da manhã bem caprichado para ganhar muitos pontos em relação ao ser amado?! Essa energia privilegia os relacionamentos, as declarações amorosas e os carinhos. Dar ou receber presentes será, mais do que nunca, um grande prazer.

DIA 26 DE FEVEREIRO - TERÇA-FEIRA

☽ *Minguante às 08:29 em 07°34 de Sagitário* ☽ *em Sagitário*

Lua quadratura Sol – 06:24 às 10:31 (exato 08:29)

Esse aspecto marca a entrada da Lua na fase Minguante. Essas horas pedem certo recolhimento. Atividades desgastantes devem ser evitadas. Não é aconselhável começar nenhum projeto.

Lua quadratura Netuno – 22:19 às 02:10 de 27/02 (exato 00:16 de 27/02)

Aumento da sensibilidade. Ficamos mais desanimados e apáticos. Tudo parece mais penoso do que realmente é. Estamos propensos a erros de julgamento. Nenhuma decisão deve ser tomada.

DIA 27 DE FEVEREIRO - QUARTA-FEIRA

☽ *Minguante* ☽ *em Sagitário*

Lua conjunção Júpiter – 09:34 às 13:32 (exato 11:34)

Excelente para viajar. Aumenta a procura por passeios, excursões e cruzeiros. Setor turístico muito ativado. Nesse momento, a alma pensa grande. Gestos de generosidade serão recompensados. Ótimas chances poderão surgir no nosso caminho.

Lua quadratura Mercúrio – 20:04 à 00:16 de 28/02 (exato 22:12)
É mais difícil manter a concentração sob esse aspecto. Podemos nos sentir mais agitados e impacientes. Não é positivo para conversas em que seja necessário se chegar a um acordo.

DIA 28 DE FEVEREIRO - QUINTA-FEIRA

☽ *Minguante* ☽ *em Capricórnio às 03:49, LFC Início às 03:18, LFC Fim às 03:49*

Enquanto a Lua estiver em Capricórnio, as pessoas se dão conta do que é necessário fazer. Sabem quais as suas responsabilidades e deveres. A sensação de dever cumprido será mais recompensadora do que o prazer ou outras satisfações. Dias produtivos nos esperam! A disciplina e a determinação contagiam o estado de espírito das pessoas, fazendo com que consigam levar a cabo tudo o que demanda esforço.

Lua trígono Urano – 01:19 às 05:16 (exato 03:18)
As pessoas que trabalham durante essas horas obterão maior rendimento, experimentando uma maneira diferente de executar as tarefas. Será mais produtivo o trabalho que permitir inovação.

Lua trígono Marte – 21:18 à 01:33 de 01/03 (exato 23:27)
Podemos apostar no romance com uma atitude franca e direta a respeito das intenções. As coisas tendem a rolar sem impedimentos se quem deseja conquistar for direto ao ponto. Podemos resolver coisas e desembaraçar situações.

Lua sextil Sol – 21:58 às 02:21 de 01/03 (exato 00:11)
O mês termina com outra energia positiva que auxilia a saúde e o bom entendimento entre casais ou sócios. Temos a grata sensação de que tudo transcorre como tem que ser, e que nossas emoções estão, finalmente, em equilíbrio.

Março 2019

Domingo	Segunda-feira	Terça-feira	Quarta-feira	Quinta-feira	Sexta-feira	Sábado
					1	2 ♒
					Lua Minguante em Capricórnio	Lua Minguante em Aquário às 16:07 LFC 15:48 às 16:07
3	4	5 ♓	6	7 ♈	8	9
Lua Minguante em Aquário	Lua Minguante em Aquário	Lua Minguante em Peixes às 05:11 LFC 05:06 às 05:11	*Início Mercúrio Retrógrado* Lua Nova às 13:05 em Peixes Lua em Peixes	*Mercúrio Retrógrado* Lua Nova em Áries às 17:28 LFC 16:09 às 17:28	*Mercúrio Retrógrado* Lua Nova em Áries	*Mercúrio Retrógrado* Lua Nova em Áries LFC Início às 14:14
10 ♉	11	12 ♊	13	14 ♋	15	16 ♌
Mercúrio Retrógrado Lua Nova em Touro às 04:10 LFC Fim às 04:10	*Mercúrio Retrógrado* Lua Nova em Touro	*Mercúrio Retrógrado* Lua Nova em Gêmeos às 12:49 LFC 06:32 às 12:49	*Mercúrio Retrógrado* Lua Nova em Gêmeos	*Mercúrio Retrógrado* Lua Crescente 07:28 em Gêmeos Lua em Câncer às 18:50 LFC 09:31 às 18:50	*Mercúrio Retrógrado* Lua Crescente em Câncer	*Mercúrio Retrógrado* Lua Crescente em Leão às 21:57 LFC 15:04 às 21:57
17	18 ♍	19	20 ♎	21	22 ♏	23
Lua Crescente em Leão	Lua Crescente em Virgem às 22:42 LFC 12:20 às 22:42	Lua Crescente em Virgem	*Sol no Signo de Áries às 18h58min19seg* Lua Cheia às 22:44 em Libra Lua em Libra às 22:29 LFC 12:23 às 22:29	Lua Cheia em Libra	Lua Cheia em Escorpião às 23:17 LFC 15:11 às 23:17	Lua Cheia em Escorpião
24	25 ♐	26	27 ♑	28	29 ♒	30
Mercúrio Retrógrado Lua Cheia em Escorpião LFC Início às 23:24	*Mercúrio Retrógrado* Lua Cheia em Sagitário às 03:07 LFC Fim às 03:07	*Mercúrio Retrógrado* Lua Cheia em Sagitário LFC Início às 23:38	*Mercúrio Retrógrado* Lua Cheia em Capricórnio às 11:08 LFC Fim às 11:08	*Fim Mercúrio Retrógrado* Lua Minguante à 01:11 em Capricórnio Lua em Capricórnio	Lua Minguante em Aquário às 22:46 LFC 21:05 às 22:46	Lua Minguante em Aquário

O Céu do mês de março de 2019

O mês começa com a entrada de Vênus no Signo de Aquário, por ele permanecendo até o dia 26/03, o que tornará as relações sociais e os encontros para conversar sobre ideias muito mais interessantes, desde que não convencionais ou muito amarrados e certinhos. Há uma maior busca por liberdade para que cada um expresse melhor a sua própria individualidade, principalmente em grupo.

A seguir, ocorrem dois aspectos que dificultam a clareza das ideias e a comunicação. De 05/03 a 07/03, o Sol e Netuno entram em conjunção, e, no mesmo dia, Mercúrio em Peixes fica retrógrado durante quase todo o mês de março (de 05/3 a 28/03). Erros estão previstos, assim como enganos na comunicação imediata, incluindo e-mails perdidos e ligações que não se completam, ou ainda mensagens que não chegam ao seu destinatário. Os próprios aparelhos que usamos para nos comunicar podem apresentar defeitos de todo tipo. Cuidado extra para não perder o celular, nem se perder pelos caminhos por onde andar. Não se surpreenda com internet que cai ou e-mail enviado ao endereço errado. Muita atenção a isso tudo para não se dar mal, hein?

Felizmente, há bons aspectos no Céu também. De 08/03 a 12/03, Marte e Netuno fazem sextil, auxiliando para que nossos esforços e iniciativas ocorram com mais facilidade nesse período, inclusive com maior efetividade. É também um momento favorável para ações humanitárias ou de caridade. De 08/03 a 10/03, Sol e Saturno também se harmonizam, proporcionando uma visão mais clara e pragmática de onde se quer chegar. Marte em sextil com Saturno, entre 12/03 e 15/03, irá inclusive propiciar uma dose extra de energia para um eventual trabalho que exija esforço continuado por longos períodos, nisso sendo ainda ajudado por Sol e Plutão em bom aspecto de 12/03 a 14/03, e por Sol e Júpiter nos injetando muita autoconfiança e otimismo de 12/03 a 14/03 (só não exagere e pense que virou o "Super-Homem" ou a "Mulher Maravilha" — facetas de Júpiter e seus excessos).

Júpiter, aliás, também causa excessos a Mercúrio de 14/03 a 17/03, podendo fazer com que o forte sentimento de confiança no que pensamos possa levar a julgamentos precipitados ou a equívocos. Felizmente, Sol e Mercúrio de 14 a 15/03 podem trazer maior clareza às nossas mentes. Há outro aspecto de Mercúrio com Plutão de 15/03 a 17/03, que pode ser bem aproveitado caso você precise convencer alguém importante sobre alguma questão, porque o poder de convencer pela palavra tem mais força nesses três dias.

Marte e Plutão formam um belo trígono de 18/03 a 21/03, fazendo com que esses dias sejam uma janela de oportunidade para a ação estratégica e ousada em direção aos seus objetivos. Bom período para se arriscar e colher os benefícios logo depois. Em seguida, ocorre um sextil de Mercúrio e Saturno, de 19/03 a 21/03, facilitando a concentração mental, o foco e a comunicação objetiva.

Ao anoitecer do dia 20/03, acontece o verdadeiro Ano-Novo astrológico, marcado pelo ingresso do Sol em Áries. Essa é uma data tão importante no calendário astrológico que merece um mapa astral específico, chamado de "Mapa do Equinócio de Áries". Com o Sol em Áries, há maior ênfase à ação, coragem, sinceridade, franqueza e individualidade. Áries é o Signo do pioneirismo, das conquistas e, por isso, desperta o espírito de luta rumo a uma meta, principalmente se isso significar competição. É o momento ideal para vencer a inércia e parar de deixar a vida nos levar.

De 19/03 a 23/03, Vênus e Marte tensionados indicam necessidade de evitar impulsos de gastos excessivos, que vão ficar fortes nesses quatro dias, mas devem permanecer por todo o ano, pelo fato de esse aspecto estar no mapa do equinócio, já mencionado. O mesmo se aplica a Vênus em sextil a Júpiter de 20/03 a 22/03, indicando um ano (até o próximo equinócio de Áries em março de 2020) de muitos prazeres, muitos gastos, mas também de ganhos, tanto financeiros como afetivos.

Do dia 22/03 a 04/04, Mercúrio Retrógrado faz conjunção a Netuno em Peixes, tornando as comunicações ainda mais confusas e sem foco. Confira tudo o que falar ou escrever para ter certeza de que foi bem compreendido. Da mesma forma, não saia de casa sem um GPS ou sem conhecer direito o caminho a seguir, pois a chance de se perder se torna muito maior nesses dias.

No dia 26/03 (e até 20/04), Vênus passa a transitar pelo Signo de Peixes, tornando as relações afetivas mais inspiradoras. Será mais fácil se encantar por atmosferas ou pessoas interessantes e que nos enlevem. E, de 26/03 a 29/03, Vênus faz um sextil a Urano, nos conduzindo a prazeres e relações sociais mais excitantes e fora do padrão.

Terminando o mês de março, Marte entra em Gêmeos na madrugada de 31/03, e permanece nesse Signo até 16/05. É muito positivo quando Marte trafega por Áries, seu domicílio natural, pois, sentindo-se em casa, Marte nos concede maior energia, iniciativa e combatividade para perseguirmos nossas metas e nos defendermos com eficácia de quem atravessa nosso caminho.

Posição diária da Lua no mês de março

DIA 01 DE MARÇO - SEXTA-FEIRA

☽ *Minguante (Balsâmica)* ☽ *em Capricórnio*

Lua sextil Netuno – 09:38 às 13:41 (exato 11:40)

Pela manhã, as coisas fluem e podemos nos sentir inspirados para as atividades e tarefas. Pode ser um bom momento para fazer contatos e resolver mais facilmente algumas situações e pendências.

Lua conjunção Saturno – 13:20 às 17:24 (exato 15:24)

Podemos concluir tarefas e atividades. A sexta-feira termina de forma séria e responsável, e é provável que tudo o que mais se queira seja ir pra cama cedo ou aproveitar para estudar algo que exija concentração. Nas relações próximas, haverá respeito e comprometimento, mas também isolamento e carência por conta das responsabilidades.

Lua conjunção Plutão – 22:45 às 02:51 de 02/03 (exato 00:49 de 02/03)

Uma noite de sono profundo e restaurador. Também de encarar a verdade: se algo chegou ao fim, melhor deixar ir e não forçar. Dê o seu melhor e espere o resultado. Momento de desapego. Pode estar ocorrendo uma transformação importante em alguma área de sua vida.

DIA 02 DE MARÇO - SÁBADO

☽ *Minguante (Balsâmica)* ☽ *em Aquário às 16:07, LFC Início às 15:48, LFC Fim às 16:07*

Enquanto a Lua estiver em Aquário, é um momento que confere racionalidade e intuição aos nossos atos, mas também ficamos mais sociáveis e voltados para o futuro. Esse aspecto injeta impessoalidade nos contatos e transparência nas relações. Bom para cortar manias e vícios de forma objetiva.

Lua sextil Mercúrio – 11:46 às 16:02 (exato 13:56)

Se tiver que entrar em contato com alguém, esclarecer uma situação, ir ao comércio ou circular por aí, esse é um bom momento. Também é positivo sair um pouco da rotina, ir à praia ou fazer algum programa diferente com os amigos.

Lua quadratura Urano – 13:44 às 17:49 (exato 15:48)

Esse aspecto pode trazer irritabilidade, e é preciso cautela para lidar com situações inesperadas. Podem ocorrer mudanças repentinas em relação ao que havia sido programado. Você pode encontrar com amigos e, de repente, surgir um programa diferente. Esteja aberto para as novidades e não entre em atritos desnecessários.

Lua conjunção Vênus – 16:47 às 21:19 (exato 19:04)

Momento favorável para o amor e os relacionamentos. O afeto flui facilmente e inspira o entendimento entre os casais. Bom também para comprar roupas, maquiagem, cosméticos e produtos de beleza. Momento ideal para ir ao salão e cuidar da aparência.

DIA 03 DE MARÇO - DOMINGO

☽ Minguante (Balsâmica) ☽ em Aquário

Lua quadratura Marte – 13:42 às 18:04 (exato 15:55)

Durante essas horas, seja paciente para não entrar em atrito com os outros por qualquer razão. Aliás, o emocional pode falar mais alto e será preciso dosar a agressividade.

DIA 04 DE MARÇO - SEGUNDA-FEIRA

☽ Minguante (Balsâmica) ☽ em Aquário

Lua sextil Júpiter – 11:26 às 15:33 (exato 13:31)

A segunda-feira começa com bom humor e otimismo, que ajuda a remediar qualquer desentendimento ocorrido pelo aspecto anterior. Esse aspecto confere fluidez e facilidade para resolver assuntos e pendências.

DIA 05 DE MARÇO - TERÇA-FEIRA

☽ Minguante (Balsâmica) ☽ em Peixes às 05:11, LFC Início às 05:06, LFC Fim às 05:11

Enquanto a Lua estiver em Peixes, a empatia e intuição falam mais alto! Ficamos sensíveis aos ambientes e humores das pessoas. Bom para atividades nos bastidores, ligadas à mídia, gravação, à arte, ao cinema e à fotografia.

Lua sextil Urano – 01:29 às 03:04 (exato 05:06)

Esse aspecto favorece as amizades e contatos em geral. Pode ser que você não queira ir pra cama mais cedo ou tenha ido, mas não esteja conseguindo dormir. Seja como for, pode estar se sentindo inspirado a fazer coisas diferentes ou mudar alguma coisa em você.

DIA 06 DE MARÇO - QUARTA-FEIRA

● *Nova às 13:05 em 15°47' de Peixes* ● *em Peixes*

Início Mercúrio Retrógrado

Com o início de Mercúrio Retrógrado, fique atento à documentação e papéis, podem ocorrer atrasos e dificuldades em viagens, emissão de passaportes, na comunicação, no envio de e-mails, contatos, contratos e assinaturas. Melhor esperar até passar esse movimento, para efetuar acordos e negociações importantes.

Lua sextil Marte – 06:17 às 10:33 (exato 08:27)

Podemos acordar com disposição e energia. Bom para quem vai fazer atividade física, participar de provas, exames e competição.

Lua conjunção Sol – 10:51 às 15:14 (exato 13:05)

Esse é um momento mágico, de inspiração e sensibilidade. A Lua e o Sol estão juntos em Peixes e iniciam a última Lunação do Ano Astrológico passado. Onde cai no mapa é onde assuntos e dificuldades antigas se dissolvem, para permitir que entre uma fase de maior decisão e autonomia no futuro. Esse ciclo dura um mês; até lá muita coisa pode não fazer sentido, e teremos que buscar as respostas dentro de nós mesmos. Bom momento para meditar e entrar em contato com o nosso lado mais sensível.

Lua conjunção Netuno – 11:46 às 15:49 (exato 13:49)

A Lua Nova semeia com Netuno sonhos e fantasias. Podem ser horas de recolhimento, reflexão e fantasia. Cuidado para não misturar as coisas e confundir os fatos. Bom para atividades ligadas à meditação, à arte, à dança, ao *ballet*, à música e ao cinema.

Lua sextil Saturno – 15:56 às 20:00 (exato 17:59)

Bom senso para lidar com questões de ordem prática e funcional. Esse aspecto ajuda a lidar com a realidade e a pôr no papel os sonhos e as inspirações do aspecto anterior. Trabalhe para que se torne real. Traz planejamento e responsabilidade.

DIA 07 DE MARÇO - QUINTA-FEIRA

● *Nova* ● *em Áries às 17:28, LFC Início às 16:09, LFC Fim às 17:28*

Mercúrio Retrógrado

Enquanto a Lua estiver em Áries, podemos ter mais coragem para agir e tomar decisões. Evite apenas a imprudência e a impaciência. Tudo o que fizer agora poderá trazer situações novas em sua vida.

Lua quadratura Júpiter – 00:35 às 04:37 (exato 02:38)

Excesso de otimismo pode acabar levando-o a gastar mais dinheiro ou tempo com diversões. É preciso reconhecer as limitações, antes de prometer algo ou se meter em despesas extras. Reveja as prioridades, evite passar da hora ou se arriscar além da conta.

Lua sextil Plutão – 00:41 às 04:42 (exato 02:42)

Recuperação emocional e psíquica. Bom para aprofundar conhecimentos, pesquisar e rever estudos. Favorece a intimidade sexual entre os casais.

Lua conjunção Mercúrio – 14:11 às 18:05 (exato 16:09)

Esse aspecto favorece as trocas e o comércio. Nas relações, é momento de buscar o diálogo para desfazer desentendimentos. A Lua nos motiva à comunicação, mas Mercúrio está retrógrado, indicando que pode ser uma D.R. antiga com cara de nova. Evite discussões. Se precisar, dê meia volta no quarteirão para pôr as emoções em ordem. Momento de ouvir o outro e se expressar também. Desejo de analisar os sentimentos.

DIA 08 DE MARÇO - SEXTA-FEIRA

Nova em Áries

Mercúrio Retrógrado

Hoje a Lua não faz aspectos com outros planetas no Céu. Devemos observar recomendações para a fase e o Signo que ela se encontra.

DIA 09 DE MARÇO - SÁBADO

Nova em Áries, LFC Início às 14:14

Mercúrio Retrógrado

Lua quadratura Saturno – 03:46 às 07:41 (exato 05:45)

Desconforto e isolamento, sentimento de carência e cansaço. Pode ser uma noite mal dormida por conta das responsabilidades com o trabalho e compromissos. Preocupação com a hora e cuidados com pessoas de mais idade.

Lua quadratura Plutão – 11:59 às 15:53 (exato 13:57)

Astral tenso na manhã de sábado, mas você pode usar esse aspecto para concluir alguns trabalhos. Necessidade de se concentrar intensamente em uma tarefa ou atividade. Bom para pesquisas. Tendemos ao tudo ou nada. Desconforto e conflito no contato familiar. Espere até o trânsito passar.

Lua trígono Júpiter – 12:00 às 16:11 (exato 14:15)

Esse trânsito ajuda a driblar o anterior com bom humor e fé. Um pouco de otimismo traz esperança em situações de crise e dificuldade. Favorece os contatos distantes e as viagens.

DIA 10 DE MARÇO - DOMINGO

Nova em Touro às 04:10, LFC Fim às 04:10

Mercúrio Retrógrado

Enquanto a Lua estiver em Touro, é importante cuidar do corpo físico e das finanças. Tudo o que fizer agora tende a ter resultado lento, mas duradouro. Essa Lua traz calma e sensualidade. Bom para a vida afetiva. Pode indicar novos investimentos. Procuramos segurança e conforto material.

Lua conjunção Urano – 02:34 às 06:28 (exato 04:32)

Algo inesperado pode estimular você a sair da rotina ou a ficar acordado durante a madrugada. Desejo emocional de novidades. Esse aspecto favorece fazer novos amigos, se estiver esticando a noite ou no trabalho.

Lua quadratura Vênus – 23:37 às 03:50 de 11/03 (exato 01:46 de 11/03)

Ciúme e desconforto emocional. Podem ocorrer desentendimentos, principalmente entre pessoas do sexo feminino. Tendência a ser autoindulgente, esquecer compromissos e gastar a mais.

DIA 11 DE MARÇO - SEGUNDA-FEIRA

● *Nova* ● *em Touro*

Mercúrio Retrógrado

Lua sextil Netuno – 09:23 às 13:11 (exato 11:19)

Faça uma pausa para relaxar ou meditar pela manhã, antes de começar as tarefas. As coisas fluem com facilidade e nos sentimos em comunhão com as pessoas e eventos de rotina. Pode ser que queira dormir mais um pouco ou ficar mais tempo na cama.

Lua conjunção Marte – 10:27 às 14:27 (exato 12:28)

Agora é hora de agir e correr. Pode ser um bom momento para se exercitar e fazer uma atividade física. No trabalho, podemos estar mais decididos e corajosos. Seja competitivo, mas evite atitudes agressivas.

Lua trígono Saturno – 13:41 às 17:27 (exato 15:35)

Resultados concretos dão forma aos projetos em andamento. Esse aspecto traz foco e responsabilidade e nos ajuda a realizar os objetivos. Bom para o contato com chefes e superiores.

Lua sextil Sol – 18:11 às 22:15 (exato 20:15)

Clareza e disposição para dar vida ao que se quer. Esse aspecto ajuda nos relacionamentos em geral, trazendo brilho pessoal e aumentando a atração entre as pessoas.

Lua trígono Plutão – 21:22 à 01:06 de 12/03 (exato 23:14)

Esse aspecto fluente favorece as relações e aproxima as pessoas. Ficamos inspirados a nos abrir mais e a compartilhar a nossa intimidade. Bom para trabalhos com pesquisa ou que requeiram concentração.

DIA 12 DE MARÇO - TERÇA-FEIRA

● *Nova* ● *em Gêmeos às 12:49, LFC Início às 06:32, LFC Fim às 12:49*

Mercúrio Retrógrado

Enquanto a Lua estiver em Gêmeos, ficamos mais sociáveis e curiosos. É momento de se comunicar, se locomover e circular. Bom para rever tarefas e projetos.

Lua sextil Mercúrio – 04:45 às 08:14 (exato 06:32)

Boa hora para rever algumas questões. Se for fazer prova hoje, reveja alguns itens antes, pois esse aspecto confere boa memória. Favorece os contatos, agendamentos e a comunicação.

DIA 13 DE MARÇO - QUARTA-FEIRA

● *Nova* ● *em Gêmeos*

Mercúrio Retrógrado

Lua trígono Vênus – 12:59 às 16:56 (exato 14:59)

Beleza e bem-estar contam nessas horas, e você pode desejar algo que traga conforto, como um bom banho ou uma comidinha gostosa. Pode ser um momento adequado para expressar nosso afeto e estar com quem gostamos.

Lua quadratura Netuno – 16:55 às 20:31 (exato 18:45)

Muito sonho e fantasia. Cuidado com bebidas alcoólicas e relaxantes. O desejo é de sair da realidade, mas é preciso manter a cabeça no lugar. É preciso estar atento para não se enganar com as aparências.

DIA 14 DE MARÇO - QUINTA-FEIRA

☾ Crescente às 07:28 em 23°33' de Gêmeos ☾ em Câncer às 18:50,
LFC Início às 09:31, LFC Fim às 18:50

Mercúrio Retrógrado

Enquanto a Lua estiver em Câncer, ficamos mais emotivos e carentes. Queremos curtir o lar e a família. Desejo de ter contato com aquilo que nos é familiar. Interpretamos as situações de acordo com o que sentimos. Essa Lua nos ajuda a cuidar de assuntos domésticos ou familiares.

Lua oposição Júpiter – 05:04 às 08:36 (exato 06:52)

Podemos exagerar no desejo de conforto, é preciso dosar a vontade de ser autoindulgente. Talvez queiramos dormir mais um pouco, enquanto o dia pede responsabilidade e compromisso. Evite comer demais no café da manhã, prefira alimentos mais leves e saudáveis.

Lua quadratura Sol – 05:32 às 09:21 (exato 07:28)

Irritação nas primeiras horas da manhã. Emocionalmente queremos uma coisa, mas o lado racional pede objetividade e ação. Você pode usar esse aspecto para fazer uma atividade física ou adiantar as tarefas do dia.

Lua quadratura Mercúrio – 07:51 às 11:11 (exato 09:32)

Muito barulho pode irritar. Não é boa hora para conversar ou telefonar pra alguém, podem surgir conflitos na comunicação. Também indica cansaço mental ou dificuldade para se concentrar.

Lua sextil Urano – 17:45 às 21:17 (exato 19:32)

À tarde, o clima fica mais ameno e descontraído. Será bom estar com os amigos e fazer algo diferente do habitual. Pode encontrar um conhecido na rua por acaso ou receber um convite inesperado.

DIA 15 DE MARÇO - SEXTA-FEIRA

☾ Crescente ☾ em Câncer

Mercúrio Retrógrado

Lua trígono Netuno – 21:35 à 01:00 de 16/03 (exato 23:19)

A sexta-feira tem clima de *happy hour* e fantasia. As pessoas se sentem inspiradas, as ruas e os barzinhos podem estar cheios! Ótimo momento para ir ao cinema, fazer um passeio romântico, como um jantar a dois ou sair pra dançar com o companheiro(a).

DIA 16 DE MARÇO - SÁBADO

☾ *Crescente* ☾ *em Leão às 21:57, LFC Início às 15:04, LFC Fim às 21:57*

Mercúrio Retrógrado

Enquanto a Lua estiver em Leão, ficamos animados e festivos. Podemos investir mais em nós mesmos, no que nos dá prazer e alegria. Ganhamos estratégia e criatividade para lidar com as situações.

Lua oposição Saturno – 01:42 às 05:05 (exato 03:25)

Timidez ou reserva. Talvez seja hora de ir para sua casa e descansar. A responsabilidade toma conta de você e é importante não ultrapassar os limites.

Lua sextil Marte – 03:35 às 07:06 (exato 05:23)

Esse aspecto confere atração e favorece os casais. Também pode nos tirar o sono. Se estiver trabalhando, vai ter boa disposição para realizar as tarefas.

Lua oposição Plutão – 08:12 às 11:34 (exato 09:54)

Há um clima de tudo ou nada; alguma situação pode estar vindo à tona, e isso traz tensão. Talvez seja melhor evitar riscos e perigos desnecessários. O lado bom é que também pode ser o fim de algo que o incomoda ou tira o seu equilíbrio, para trazer recuperação emocional.

Lua trígono Mercúrio – 08:20 às 11:28 (exato 09:55)

Harmonia entre a mente e as emoções. Facilidade no diálogo e trocas comerciais. Bom para estudos, testes, revisão de contratos. Favorece o contato com as pessoas e as pequenas viagens.

Lua trígono Sol – 13:15 às 16:51 (exato 15:04)

Clareza e disposição levam ao sucesso. Tudo flui nessas horas e há harmonia entre as pessoas de modo geral. Bom para investir em algo que reforce suas habilidades e aptidões naturais. A autoconfiança ajuda a resolver as situações mais difíceis.

Lua quadratura Urano – 21:07 à 00:26 de 17/03 (exato 22:48)

Interrupções e mudanças podem trazer desconforto. Desejo de sair da rotina, encontrar pessoas novas ou lidar com situações diferentes.

DIA 17 DE MARÇO - DOMINGO

☾ *Crescente* ☾ *em Leão*

Mercúrio Retrógrado

Hoje a Lua não faz aspectos com outros planetas no Céu. Devemos observar recomendações para a fase e o Signo que ela se encontra.

DIA 18 DE MARÇO - SEGUNDA-FEIRA

☾ *Crescente* ☾ *em Virgem às 22:42, LFC Início às 12:20, LFC Fim às 22:42*

Mercúrio Retrógrado

Enquanto a Lua estiver em Virgem, ficamos mais sensíveis à desordem e à falta de limpeza. Ter atenção nos detalhes vai ajudar a organizar as coisas em casa e no ambiente de trabalho. Desejo de cuidar da alimentação, saúde e dos assuntos de rotina.

Lua oposição Vênus – 04:41 às 08:13 (exato 06:28)

Situações externas podem mexer com o nosso emocional ou questões financeiras que nos preocupam e tiram o sono. Procure renovar seus valores, sua forma de cuidar da família e pessoas próximas. Pode querer dormir mais um pouco, mas o dever o chama.

Lua quadratura Marte – 07:24 às 10:47 (exato 09:07)

Podemos ficar irritados e agressivos com situações que nos desagradam. Tente manter a calma e canalize os impulsos para atividades que requeiram esforço físico. Evite confrontos desnecessários.

Lua trígono Júpiter – 10:42 às 13:55 (exato 12:20)

Bom humor e otimismo vão compensar os aspectos anteriores e contornar qualquer desentendimento ocorrido mais cedo. Pode pensar onde e como expandir sua empresa ou negócio e investir na viagem tão desejada há meses.

Lua trígono Urano – 22:04 à 01:15 de 19/03 (exato 23:41)

Um programa diferente, fora da rotina, pode ser uma boa opção. Amigos e pessoas próximas contribuem para a sensação de bem-estar.

DIA 19 DE MARÇO - TERÇA-FEIRA

☾ *Crescente* ☾ *em Virgem*

Mercúrio Retrógrado

Lua oposição Netuno – 23:38 às 02:49 de 20/03 (exato 01:14 de 20/03)

Esse aspecto indica sono e falta de atenção, o que aumenta o risco de acidente, ingestão errada de medicamentos e intoxicação. Não adianta forçar, melhor descansar ou dormir mais cedo.

DIA 20 DE MARÇO - QUARTA-FEIRA

○ *Cheia às 22:44 em 00°09 de Libra* ○ *Libra às 22:29,*
LFC Início às 12:23, LFC Fim às 22:29

Mercúrio Retrógrado
Entrada do Sol no Signo de Áries às 18h58min19seg
Equinócio da Primavera H. Norte – Equinócio de Outono H. Sul

Enquanto a Lua estiver em Libra, desejamos equilíbrio. Cerque-se de beleza, enfeite a casa com flores, coloque seu melhor perfume e busque harmonizar-se com as pessoas ao seu redor. Se precisar, contorne as situações com diplomacia.

Lua trígono Saturno – 03:39 às 06:52 (exato 05:16)

Vai ser mais fácil acordar cedo hoje e cumprir com as responsabilidades do dia. Questões domésticas podem ter um bom desfecho. Conclusão de trabalhos e metas. Maturidade emocional traz estabilidade.

Lua oposição Mercúrio – 04:57 às 04:04 (exato 05:36)

Alguma situação está pedindo sua atenção e você tem que refletir antes de fazer escolhas importantes. Indecisão, cansaço mental e mente agitada marcam o período.

Lua trígono Plutão – 09:28 às 12:40 (exato 11:05)

Reflita sobre suas atitudes, mude velhos padrões, modifique seu interior e modo de se relacionar para vivenciar novas situações. Esse aspecto recupera as energias e traz regeneração física e emocional.

Lua trígono Marte – 09:31 às 12:50 (exato 11:12)

Harmonia emocional, a energia flui e você pode colher frutos de esforços anteriores. Podemos nos sentir mais seguros e confiantes. Bom para atividades físicas.

Lua quadratura Júpiter – 10:46 às 13:59 (exato 12:23)

Não extrapole na comida e na bebida. Se for às compras, mantenha o foco no que precisa para não ultrapassar o orçamento.

Lua oposição Sol – 20:59 à 00:27 de 21/03 (exato 22:44)

Hoje é Lua Cheia e as emoções podem estar à flor da pele. Ficamos mais sensíveis e emotivos. Tente cuidar dos afetos com objetividade.

DIA 21 DE MARÇO – QUINTA-FEIRA

○ *Cheia* ○ *em Libra*

Mercúrio Retrógrado

Hoje a Lua não faz aspectos com outros planetas no Céu. Devemos observar recomendações para a fase e o Signo que ela se encontra.

DIA 22 DE MARÇO – SEXTA-FEIRA

○ *Cheia* ○ *em Escorpião às 23:17, LFC Início às 15:11, LFC Fim às 23:17*

Mercúrio Retrógrado

Enquanto a Lua estiver em Escorpião, ficamos mais intensos e passionais. Aprenda a perdoar e não leve tudo para o lado pessoal. Essa Lua favorece atividades ligadas à pesquisa e investigação. Traz cura profunda, mas é preciso respeitar cada fase e ciclo para uma completa regeneração. Se precisar, durma bastante.

Lua quadratura Saturno – 04:01 às 07:19 (exato 05:40)

Não há tempo ou recursos. O sentimento aqui é de falta ou carência; tente não se deixar levar pelo pessimismo ou excesso de preocupação com compromissos e trabalho.

Lua quadratura Plutão – 09:49 às 13:09 (exato 11:30)

Tensão no ar. Algo chegou ao limite e é hora de pôr fim ou dar uma definição. Momento pede desapego, mas podemos estar mergulhados nas emoções. Tente não dramatizar e deixe ir o que precisa ir.

Lua sextil Júpiter – 11:18 às 14:38 (exato 13:00)

O clima fica mais leve, há otimismo para lidar com situações e pessoas difíceis. Apenas tente não deixar que abusem da sua boa vontade.

Lua trígono Vênus– 13:22 às 16:59 (exato 15:11)

Ótimo momento para ir às compras, shoppings ou salão de beleza para cuidar da aparência. Ficamos mais atentos ao que nos deixa mais bonitos e uma postura agradável favorece as relações de modo geral.

Lua oposição Urano – 22:56 às 02:19 de 23/03 (exato 00:39 de 23/03)

Rompimentos ou mudança de planos; você vai ter que estar aberto para situações novas e convites que podem surgir inesperadamente. Permita-se sair um pouco da rotina. Algo diferente pode atrair você.

DIA 23 DE MARÇO - SÁBADO

◯ *Cheia (Disseminadora)* ◯ *em Escorpião*

Mercúrio Retrógrado

Hoje a Lua não faz aspectos com outros planetas no Céu. Devemos observar recomendações para a fase e o Signo que ela se encontra.

DIA 24 DE MARÇO - DOMINGO

○ Cheia (disseminadora) ○ em Escorpião, LFC Início às 23:24

Mercúrio Retrógrado

Lua trígono Netuno – 02:06 às 05:34 (exato 03:51)

Noite tranquila e agradável. Alguns sonhos podem trazer mensagens importantes; portanto, deixe papel e caneta ao lado da cama e anote o que lembrar.

Lua trígono Mercúrio – 02:28 às 05:52 (exato 04:11)

A razão e as emoções estão em compasso e se harmonizam. Tudo flui nessas horas para quem estiver em trânsito ou em viagem. A comunicação também estará mais fácil, você consegue entender o outro e se faz compreender. Aproveite para conversar sobre o que sente.

Lua sextil Saturno – 06:40 às 10:10 (exato 08:26)

A responsabilidade vai dar o tom da manhã. Bom momento para rever planos, projetos e estratégias, assim como para enxugar gastos.

Lua sextil Plutão – 12:43 às 16:17 (exato 14:31)

Algo que se recupera ou que ganha força. Resgate de situações que dávamos como perdidas. Limpeza emocional e desapego trazem transformação.

Lua oposição Marte – 17:45 às 21:29 (exato 19:39)

Tendência à tensão e agitação nessas horas. Podemos agir sob a influência das emoções, mas tente não perder a cabeça! Mantenha a calma e seja paciente com pessoas mais lentas do que você.

Lua quadratura Vênus – 21:25 à 01:21 de 25/03 (exato 23:25)

Desconforto nas relações sociais ou próximas. Preste atenção aos seus sentimentos e se dê o conforto necessário para garantir o equilíbrio.

DIA 25 DE MARÇO - SEGUNDA-FEIRA

○ Cheia (Disseminadora) ○ em Sagitário às 03:07, LFC Fim às 03:07

Mercúrio Retrógrado

Enquanto a Lua estiver em Sagitário, ficamos inquietos e curiosos. Desejo de viajar e conhecer outros lugares. Bom para iniciar um curso superior, faculdade ou estudar uma língua estrangeira. Você pode ter contato com pessoas que estão distantes ou fora do país.

Lua trígono Sol – 09:31 às 13:30 (exato 11: 31)

Harmonia emocional e psíquica. Facilidade em realizar as tarefas do dia a dia. Há clareza para resolver as situações e começar a semana com o pé direito.

DIA 26 DE MARÇO - TERÇA-FEIRA

○ Cheia (Disseminadora) ○ em Sagitário, LFC Início às 23:38

Mercúrio Retrógrado

Lua quadratura Mercúrio – 07:10 às 10:53 (exato 09:02)

Esforço e esgotamento mental. Não é uma boa hora para tomar decisões, salvo as de emergência. Evite falar muito nessas horas; podemos extrapolar e não ser bem entendidos.

Lua quadratura Netuno – 08:14 às 12:00 (exato 10:08)

Confusão e enganos trazem decepção. Aqui o desejo é de fazer algo, mas talvez seja melhor esperar esse trânsito passar para ser mais assertivo. Cuidado com pessoas e propostas que parecem ser muito atraentes.

Lua conjunção Júpiter – 21:42 à 01:32 de 27/03 (exato 23:38)

Algo exige movimento e você terá que ser flexível para se adaptar às novidades e mudanças. Mantenha a mente e o coração abertos. Talvez haja um pote de ouro no fim do arco-íris!

DIA 27 DE MARÇO - QUARTA-FEIRA

○ Cheia (Disseminadora) ○ em Capricórnio às 11:08, LFC Fim às 11:08

Mercúrio Retrógrado

Enquanto a Lua estiver em Capricórnio, queremos estabilidade, desejo de investir no que traga resultado concreto. São dias que pedem planejamento e preparação para situações novas.

Lua sextil Vênus – 10:56 às 13:06 (exato 13:07)

Os relacionamentos fluem, há harmonia e sensação de bem-estar na companhia das pessoas em geral. Favorece a moda, estética e arte. Se puder, compre uma peça de roupa que o (a) faça se sentir mais bonito!

Lua trígono Urano – 11:12 às 15:07 (exato 13:11)

Novidades serão bem-vindas agora! O Universo nos surpreende, trazendo pessoas e eventos fora do habitual. Bom para um passeio ou programa diferente.

Lua quadratura Sol – 23:02 às 03:17 de 28/03 (exato 01:11 de 28/03)

À noite, podemos estar fora dos eixos, nos sentindo irritados e irrequietos. Se houver alguma questão pendente ou mal resolvida, ficamos ainda mais sensíveis e preocupados. Tente deixar de lado; insistir agora só vai aumentar a pressão. Espere para resolver depois, quando estiver mais sereno.

DIA 28 DE MARÇO - QUINTA-FEIRA

☽ *Minguante à 01:11 em 07°12' de Capricórnio* ☽ *em Capricórnio*

Fim de Mercúrio Retrógrado

Lua sextil Mercúrio – 16:47 às 20:49 (exato 18:49)

Facilidade de entendimento que ajuda na comunicação. Bom para fazer compras, vendas, assinar contratos, viajar, estar em contato com as pessoas, lidar com papéis e documentos.

Lua sextil Netuno – 18:32 às 22:33 (exato 20:34)

Intuição e magia no ar. Ficamos inspirados e sensíveis. A noite promete um clima romântico e de encantamento. Se estiver acompanhado, aproveite para declarar seu amor. Se estiver só, se abra para o Universo e peça que ele traga sua alma gêmea. Esteja atento e compartilhe seu carinho com pessoas que precisam de você.

Lua conjunção Saturno – 23:58 às 04:02 de 29/03 (exato 02:01 de 29/03)

Esse aspecto pode indicar início de uma fase de construção. Algo está pedindo sua dedicação e responsabilidade.

DIA 29 DE MARÇO - SEXTA-FEIRA

☽ *Minguante* ☽ *em Aquário às 22:46, LFC Início às 21:05, LFC Fim às 22:46*

Enquanto a Lua estiver em Aquário, tudo fica diferente, há cem anos-luz! O futuro parece chegar mais rápido. Bom para estar com os amigos e curtir um programa fora da rotina. Favorece atividades ligadas à Astrologia, à Ciência, à Robótica e à Computação.

Lua conjunção Plutão – 06:33 às 10:37 (exato 08:36)

Tudo fica mais intenso, seja para o bem ou para o mal. Bom esvaziar a alma de sentimentos negativos. Que tal uma limpeza para deixar a energia fluir? Tente não levar tudo a sério e invista no que promova transformação. Bom para atividades que requeiram concentração, planejamento e pesquisa. Evite ciúme e desconfiança.

Lua trígono Marte – 18:55 às 23:13 (exato 21:06)

Perfeito para um encontro a dois. Há atração e entrosamento físico e sexual. Também traz harmonia em atividades de grupo ou com amigos. É uma noite agradável, e o clima de *happy hour* vai contagiar o astral!

Lua quadratura Urano – 23:06 às 03:13 (exato 01:11 de 30/03)

Evite atitudes imprudentes nessas horas. Tente seguir o roteiro, mas mantenha-se aberto às novidades e mudança de planos. Coisas inesperadas podem acontecer, e você terá que ter calma para lidar com a situação.

DIA 30 DE MARÇO - SÁBADO

☽ *Minguante* ☽ *em Aquário*

Lua sextil Sol – 16:40 às 21:07 (exato 18:54)

Consciência emocional que ajuda a ir mais longe. Preste mais atenção nas suas qualidades e na sua intuição de maneira prática e objetiva. Bom para as relações e contatos de modo geral.

DIA 31 DE MARÇO - DOMINGO

☽ *Minguante (Balsâmica)* ☽ *em Aquário*

Lua sextil Júpiter – 21:59 às 02:03 de 01/04 (exato 00:03 de 01/04)

Situações mágicas acontecem quando temos um pouco de bom humor. Às vezes, parece que o Universo conspira para que as coisas ocorram positivamente. Tenha fé e otimismo, mesmo em meio aos desafios.

Abril 2019

Domingo	Segunda-feira	Terça-feira	Quarta-feira	Quinta-feira	Sexta-feira	Sábado
	1 ♓	2	3 ♈	4	5	6 ♉
	Lua Minguante em Peixes às 11:49 LFC 00:02 às 11:49	Lua Minguante em Peixes	Lua Minguante em Áries às 23:57 LFC 12:36 às 23:57	Lua Minguante em Áries	Lua Nova às 05:52 em Áries Lua em Áries LFC Início às 23:15	Lua Nova em Touro às 10:07 LFC Fim às 10:07
7	8 ♊	9	10	11 ♋	12	13 ♌
Lua Nova em Touro	Lua Nova em Gêmeos às 18:16 LFC 05:29 às 18:16	Lua Nova em Gêmeos	Lua Nova em Gêmeos LFC Início às 14:27	Lua Nova em Câncer à 00:32 LFC Fim à 00:32	Lua Crescente às 16:07 em Câncer Lua em Câncer LFC Início às 20:33	Lua Crescente em Leão às 04:51 LFC Fim às 04:51
14	15 ♍	16	17 ♎	18	19 ♏	20
Lua Crescente em Leão LFC Início às 22:39	Lua Crescente em Virgem às 07:14 LFC Fim às 07:14	Lua Crescente em Virgem	Lua Crescente em Libra às 08:23 LFC 01:30 às 08:23	Lua Crescente em Libra	Lua Cheia às 08:13 em Libra Lua em Escorpião às 09:41 LFC 08:13 às 09:41	Lua Cheia em Escorpião *Sol no Signo de Touro às 05:55*
21 ♐	22	23 ♑	24	25	26 ♒	27
Lua Cheia em Sagitário às 13:00 LFC 01:01 às 13:00	Lua Cheia em Sagitário	Lua Cheia em Capricórnio às 19:51 LFC 08:44 às 19:51	Lua Cheia em Capricórnio	Lua Cheia em Capricórnio LFC Início às 16:49	Lua Minguante às 19:19 em Aquário Lua em Aquário às 06:28 LFC Fim às 06:28	Lua Minguante em Aquário
28 ♓	29	30				
Lua Minguante em Peixes às 19:12 LFC 06:44 às 19:12	Lua Minguante em Peixes	Lua Minguante em Peixes LFC Início às 18:58				

O Céu do mês de abril de 2019

Há bons aspectos no Céu no início de abril. De 05 a 08/04, Mercúrio e Saturno em sextil vão facilitar a implementação de ideias e projetos, que poderão ser criados e colocados em prática de maneira consistente e com um bom senso de realidade. Em seguida, Mercúrio recebe outro sextil, agora de Plutão (de 09 a 11/04), aumentando o poder de negociação em qualquer atividade. O problema é que Saturno, entrando em forte desarmonia ao Sol de 09 a 11/04, irá dificultar as coisas, gerando medo de agir e um certo pessimismo, o que não é nada benéfico. No meio disso, Vênus conjunto a Netuno em Peixes entre 09 e 10/04 pode nos levar a decisões financeiras equivocadas, pois o julgamento, inclusive nas questões afetivas, fica enevoado e tendente à credulidade ingênua. Evite cair nessa cilada. Felizmente, logo após, de 11 a 13/04, Saturno vai dar um auxílio à Vênus, ofertando certa dose de pragmatismo e objetividade às questões financeiras e afetivas.

Júpiter fica em movimento retrógrado de 10/04 a 11/08, sendo um bom momento para rever questões judiciais, revisar dissertações de mestrado ou teses de doutorado.

Mercúrio entra em conflito com Júpiter de 11 a 13/04, como também Sol e Plutão, que se estranham entre 12 e 14/04. É um período tenso, onde a briga de egos e a disputa para vencer as discussões ficam mais acirradas. Evite entrar nessa vibração, pois será uma briga inútil. No dia 14/04, o Sol, em harmonia a Júpiter, pode tornar mais claras essas questões.

Vênus faz bom aspecto a Plutão de 14 a 15/04, sendo um bom momento para recuperar relações afetivas que não estavam bem, assim como aquela conta bancária que estava no vermelho, mas isso irá requerer empenho e negociações da sua parte. O que pode atrapalhar esse movimento, e que deve ser evitado a todo custo, é o que indica Vênus em desentendimento a Júpiter de 15 a 16/04, quando o impulso para a autogratificação cresce demais, podendo levar por água abaixo os esforços de recuperação que Plutão e Vênus podem proporcionar. Procure evitar gastos desnecessários para não se arrepender depois.

Mercúrio estará no Signo de Áries de 17/04 a 06/05, tornando as comunicações mais diretas e assertivas. Nesse período, não dê voltas para falar se quiser deixar seu recado claro.

Mas, com a entrada do Sol no Signo de Touro na manhã de 20/04, surge uma maior necessidade de conforto e segurança no lugar da pressa dos dias do Sol em Áries. Nesse período, tenderemos também a fazer as coisas com um pouco mais de calma e consistência, privilegiando um balanço positivo entre esforço e resultados. Essa tendência deve permanecer até que o Sol entre em Gêmeos, no dia 21 do mês seguinte.

Entre os dias 21 e 23/04, Sol e Urano ficam conjuntos, aumentando a necessidade de adrenalina e excitação. Um desejo por maior liberdade e autonomia pode surgir, eventualmente querendo desafiar regras e limitações que são impostas pelos outros. Usar a criatividade, e não a mera revolta para se desvencilhar do que te oprime, pode ser bem mais eficaz nesse momento.

Netuno enfraquece Marte entre os dias 25 e 19/04. Será um período em que você pode se cansar mais rapidamente e provavelmente levará mais tempo para se recuperar. Netuno ainda irá dificultar a tomada de iniciativa e a capacidade de lutar pelos seus objetivos. A sensação é de muito esforço para pouco resultado, ou resultados muito distantes do que pretendíamos. Calma, foco e persistência serão necessários.

No último dia de abril, começam dois aspectos de Mercúrio, contraditórios à primeira vista. Primeiro, um sextil com Marte de 30/04 a 02/05, que irá provocar a ansiedade de se mexer, saçaricar pelos arredores, correr ou conversar e trocar informações com pressa. Porém, ao mesmo tempo, Saturno quadra Mercúrio entre 30/04 e 01/05, criando dificuldades nos deslocamentos e nas comunicações. O segredo aqui é contornar as dificuldades sem "dar murro em ponta de faca"; ou seja, se não deu de um jeito, tente de outro, e de outro, até conseguir. O que pode ser frustrante é tentar várias vezes da mesma maneira. Contornar o problema sem tentar passar por cima do que te restringe vai dar mais certo nesses dias que fecham o mês de abril.

Posição diária da Lua no mês de abril

DIA 01 DE ABRIL - SEGUNDA-FEIRA

☽ *Minguante (Balsâmica)* ☽ *em Peixes às 11:49, LFC Início à 00:02, LFC Fim às 11:49*

Enquanto a Lua estiver em Peixes, a emotividade se expressará de forma mais sensível e enfática. O espírito é acariciado por um leve tom humanitário. É um período de busca na fé e em que se age sob o efeito dela. O desejo pelo contato espiritual se fortalece pela crença numa inteligência maior. O romantismo se manifesta de forma mais nítida e clara. O ritmo de ação é mais letárgico, carinhoso, ameno, mas não deixa de ser eficaz. É tempo de olhar para o próximo e por ele buscar um contato.

Lua quadratura Marte – 11:34 às 15:52 (exato 13:45)

Cuidado com acontecimentos que possam lhe dirigir agressividade. Fuja da raiva. Opte por realizar exercícios leves durante o período do almoço.

Lua sextil Urano – 12:27 às 16:31 (exato 14:31)

Possibilidades de situações oportunas, inesperadas. Use a criatividade e saia da rotina. Evite o excesso para ter melhor benefício nas ações da tarde.

DIA 02 DE ABRIL - TERÇA-FEIRA

☽ *Minguante (Balsâmica)* ☽ *em Peixes*

Lua conjunção Vênus – 01:17 às 05:46 (exato 03:33)

Um refresco para esta madrugada. Vênus proporciona horas de tranquilidade e harmonia, acalmando as emoções e deixando um ar leve.

Lua conjunção Netuno – 20:24 à 00:24 de 03/04 (exato 22:26)

Um momento para relaxar em boa companhia. Deixe a imaginação fluir. Coloque em prática os desejos. A noite tem tudo para ser maravilhosa.

Lua conjunção Mercúrio – 20:53 à 01:03 de 03/04 (exato 22:59)

A comunicação está em alta. Mercúrio dita um tom agregador para os dois aspectos anteriores. Há um ambiente de troca que pode ser explorado num viés romântico. Aproveite!

DIA 03 DE ABRIL - QUARTA-FEIRA

☽ Minguante (Balsâmica) ☽ em Áries às 23:57, LFC Início às 12:36, LFC Fim às 23:57

Enquanto a Lua estiver em Áries, as emoções se expressarão de forma dinâmica, impulsiva, corajosa e entusiástica. Há muita energia vital proporcionando a ação e a revitalização. Há imediatismo, o que requer avaliação nas ações e ponderação dos riscos. Cresce o individualismo. O foco está no eu e não no coletivo. Ótimo para exercitar o corpo, realizar esportes e competir. Evite conflitos e discussões. Controle a raiva e ações desproporcionais.

Lua sextil Saturno – 01:58 às 05:58 (exato 03:59)

Reflexão para esta madrugada. Saturno oferece a possibilidade de avaliação crítica, construtiva e racional, das situações e dos sentimentos que podem estar nebulosos e conflitantes.

Lua sextil Plutão – 08:09 às 12:09 (exato 10:10)

O dia se inicia com bons ares de Plutão, convidando para mergulhar mais profundamente no seu interior. É um período propício para a regeneração, a renovação nos aspectos internos e de relacionamento.

Lua quadratura Júpiter – 10:36 às 14:36 (exato 12:37)

Cautela. Não exagere. Estas horas sugerem uma menor exposição ao risco. Prudência quanto às avaliações. O menos pode ser mais em aspectos desta natureza de Júpiter.

DIA 04 DE ABRIL - QUINTA-FEIRA

☽ Minguante (Balsâmica) ☽ em Áries

Lua sextil Marte – 03:10 às 07:20 (exato 05:17)

O sono pode ter sido um pouco agitado, mas um bom sexo pela manhã pode estimular o dia para novas aventuras.

DIA 05 DE ABRIL - SEXTA-FEIRA

● *Nova às 05:52 em 15°17' de Áries* ● *em Áries, LFC Início às 23:15*

Lua conjunção Sol – 03:44 às 07:57 (exato 05:52)

Um incentivo para encher de energia vital esta manhã de sexta. Aproveite para praticar exercícios e aprimorar a forma física.

Lua quadratura Saturno – 13:06 às 16:58 (exato 15:13)

Um tom nostálgico e até melancólico pode influenciar prejudicialmente seu estado emocional nesta tarde. Mantenha a força de vontade e não tenha medo de seguir adiante em suas metas.

Lua quadratura Plutão – 18:55 às 22:45 (exato 20:52)

Há possibilidade de sentimentos de rejeição nesta tarde. Mantenha-se firme. Evite decisões repentinas e acaloradas. Reflita. Não se deixe levar pelo imediatismo.

Lua trígono Júpiter – 21:18 à 01:11 de 06/04 (exato 23:16)

Fluidos positivos. Momentos de alívio, revitalizando e reconstruindo as energias vitais. Relaxe, leia, estude. Aproveite para instruir-se no que deseja. Vá fundo no anseio de descobrir.

DIA 06 DE ABRIL - SÁBADO

● *Nova* ● *em Touro às 10:07, LFC Fim às 10:07*

Enquanto a Lua estiver em Touro, o tom é curtir a vida, tempo de eleger o que é bom e de privilegiar o bonito, o belo, o sensual. Opte pela segurança, pela solidez e pelo bem-estar, e não necessariamente pelo novo. É tempo de cautela, perseverança e confiança para alcançar de forma equilibrada os objetivos que se almeja, evitando principalmente qualquer possibilidade de risco. Mas combata a preguiça e não se acomode. A emoção se expressará com mais ternura e afetividade, proporcionando acolhimento às relações.

Lua conjunção Urano – 11:13 às 15:03 (exato 13:10)

O almoço pode trazer contratempos e mudança de humor. Utilize o horário para uma alimentação leve e um desjejum mais relaxante!

DIA 07 DE ABRIL - DOMINGO

● *Nova* ● *em Touro*

Lua sextil Vênus – 10:59 às 15:07 (exato 13:05)

Uma manhã cheia de boas influências de Vênus para tratar de assuntos que necessitem de carinho, compreensão e troca fraterna.

Lua sextil Netuno – 16:53 às 20:37 (exato 18:47)

Netuno contribui com o dia, dando um ar leve e juvenil. Aproveite para um bom filme, uma boa leitura ou uma meditação. Deixe a imaginação fluir.

Lua trígono Saturno – 22:07 à 01:51 de 08/04 (exato 00:00)

As horas deste período serão muito bem aproveitadas em qualquer situação que se use a analise racional e ponderada em todas as ações.

Lua sextil Mercúrio – 23:05 às 03:03 de 08/04 (exato 01:05 de 08/04)

A troca e a comunicação, o contato com a leitura e a meditação são áreas de atividades de grande contribuição de Mercúrio para este final de domingo.

DIA 08 DE ABRIL - SEGUNDA-FEIRA

● *Nova* ● *em Gêmeos às 18:16, LFC Início às 05:29, LFC Fim às 18:16*

Enquanto a Lua estiver em Gêmeos, as emoções se expressarão de forma jovial, leve e versátil, buscando sempre a adaptabilidade. Há procura dos sentimentos para se sentir saciado, compreendido. A praticidade toma conta das ações. Vontade de conhecer tudo e todos. Lê-se muito, ouve-se qualquer estilo. A comunicação e a interatividade sobressaem no período. Ótimo para as relações sociais, para os jogos, para as brincadeiras e para o entretenimento em geral.

Lua trígono Plutão – 03:38 às 07:21 (exato 05:30)

É possível a ocorrência de sonhos interessantes e uma conexão maior com o astral. Ótimas reflexões podem ser obtidas a partir deste trânsito.

DIA 09 DE ABRIL - TERÇA-FEIRA

● *Nova* ● *em Gêmeos*

Lua conjunção Marte – 03:19 às 07:12 (exato 05:17)

Propensão ao dinamismo. Tudo tende a ser resolvido de forma rápida, ligeira. Atenção ao dirigir. Não exceda a velocidade e mantenha-se alerta!

Lua quadratura Vênus – 23:51 às 03:50 (exato 01:52 de 10/04)

Durante a noite, a interação com outras pessoas está prejudicada. Incapacidade de entendimento, dificuldade de articulação e convencimento. Use estas horas para fazer uma leitura ou ouvir uma música.

DIA 10 DE ABRIL - QUARTA-FEIRA

● *Nova* ● *em Gêmeos, LFC Início às 14:27*

Lua quadratura Netuno – 00:10 às 03:47 (exato 01:59)

A mente pode estar divagando em lembranças e imaginações que não refletem corretamente a realidade. Para quem trabalha neste período, recomenda-se cautela e atenção redobrada nas atividades.

Lua sextil Sol – 05:10 às 09:03 (exato 07:07)

Os raios do Sol trazem vigor e disposição pela manhã. Ótimo para tomadas de decisão e atividades físicas, como caminhada, ioga e tai chi chuan.

Lua quadratura Mercúrio – 09:47 às 13:40 (exato 11:44)

Possibilidades de distúrbios na comunicação e no transporte. Se há necessidade de deslocamentos, saia com antecedência para evitar surpresas inoportunas.

Lua oposição Júpiter – 12:40 às 16:15 (exato 14:28)

O senhor dos planetas não estará nos seus melhores aspectos, desfavorecendo qualquer julgamento dos fatos e de pessoas. Cuidado ao fazer compras, excessos podem ser cometidos. É recomendado ter prudência em todas as ações.

DIA 11 DE ABRIL - QUINTA-FEIRA

● Nova ● em Câncer à 00:32, LFC Fim à 00:32

Enquanto a Lua estiver em Câncer, as emoções se expressarão de forma natural, afável, amável, acolhedora e carinhosa. A Lua estará em seu Signo de regência com poder total de influência. O ambiente e as relações familiares terão prevalência em todos os aspectos. Os sentimentos dos outros serão de extrema relevância. As atenções estarão voltadas para as questões relacionadas à proteção e ao bem-estar. Afaste-se da carência excessiva e fuja das tensões. A sensibilidade estará hiperativada.

Hoje a Lua não faz aspectos com outros planetas no Céu. Devemos observar recomendações para a fase e o Signo em que ela se encontra.

DIA 12 DE ABRIL - SEXTA-FEIRA

☾ Crescente às 16:07 em 22°35' de Câncer ☾ em Câncer, LFC Início às 20:33

Lua trígono Netuno – 05:29 às 08:57 (exato 07:16)

A imaginação e a sintonia com o astral podem ajudar você a escolher uma ótima companhia e um lugar diferenciado para um café da manhã.

Lua trígono Vênus – 10:11 às 14:00 (exato 12:06)

Momento propício para ajudar a quem precisa ou então pedir ajuda. Boa vontade é sempre bem recompensada, se a intenção for verdadeira e justa.

Lua oposição Saturno – 10:22 às 13:49 (exato 12:07)

Sua autoestima pode ser testada. Mantenha-se alerta para não deixar o mau humor prejudicar seus objetivos nesta tarde.

Lua oposição Plutão – 15:17 às 18:44 (exato 17:02)

O clima fica um pouco pesado neste final de tarde. Evite a irritação. Não entre em discussões, mesmo que se sinta com a razão. Distorções dos fatos podem ocorrer e será difícil obter um julgamento ponderado.

Lua trígono Mercúrio – 18:41 às 22:25 (exato 20:34)

Bom para reunir os amigos em casa e falar de amenidades, contar piadas e se divertir. Relaxe a mente e deixe que a felicidade do convívio lhe traga bons fluidos!

DIA 13 DE ABRIL - SÁBADO

☾ Crescente ☾ em Leão às 04:51, LFC Fim às 04:51

Enquanto a Lua estiver em Leão, as emoções se expressarão de maneira nobre, generosa, grandiosa e até confiante. A tendência é optar por situações onde se recebe elogios que não são necessariamente verdadeiros. Portanto, controle seu ego e evite exposições desnecessárias. Não exagere e não seja arrogante. O período responde com bons resultados à quem busca indulgência e age com solidariedade.

Lua quadratura Urano – 06:30 às 09:57 (exato 08:15)

Situações inesperadas podem ocorrer durante esta manhã. Paciência e tranquilidade para agir podem ser ferramentas essenciais para a solução de contratempos.

Lua sextil Marte – 18:26 às 21:59 (exato 20:14)

O vigor estará a mil. Ponha esta energia em movimento. Exercite-se e o seu organismo responderá de forma satisfatória.

DIA 14 DE ABRIL - DOMINGO

☾ Crescente ☾ em Leão, LFC Início às 22:39

Lua trígono Júpiter – 20:09 às 23:29 (exato 21:50)

Fim de semana acabando e Júpiter envia boas energias para um bem-estar físico e mental. Aproveite o momento relaxando ou assistindo a um bom filme e as forças estarão renovadas para a próxima semana.

Lua trígono Sol – 20:51 à 00:26 de 15/04 (exato 22:40)

O Sol corrobora para a energia revitalizadora e promove bem-estar emocional, trazendo confiança para um novo dia.

DIA 15 DE ABRIL - SEGUNDA-FEIRA

☾ Crescente ☾ em Virgem às 07:14, LFC Fim às 07:14

Enquanto a Lua estiver em Virgem, as emoções se expressarão de forma curiosa e seletiva. O aprendizado, memorização e análise dos fatos se darão de forma rápida e mais assertiva. Os sentimentos estarão mais analíticos e racionais. Buscar-se-á compreensão pelas partes e não pelo todo. Deve-se ter atenção ao imediatismo, ao controle obsessivo e aos questionamentos exagerados. Timidez e recolhimento podem ser percebidos.

Lua trígono Urano – 09:03 às 12:28 (exato 10:43)

Nesta manhã, deve-se optar pelo novo e pela criatividade. Não há necessidade de grandes planejamentos, pois o inesperado trará bons resultados.

Lua quadratura Marte – 22:45 às 02:12 de 16/04 (exato 00:29 de 16/04)

As reações tendem a ser agressivas e a proporcionar rompantes. Livre-se do desequilíbrio emocional. Tenha um jantar leve para escapar de problemas gastrointestinais.

DIA 16 DE ABRIL - TERÇA-FEIRA

☾ *Crescente* ☾ *em Virgem*

Lua oposição Netuno – 10:31 às 13:46 (exato 12:10)

O dia deve começar um pouco confuso. A memória pode ser afetada. Calma e paciência são os trunfos para enfrentar as poucas horas netunianas.

Lua trígono Saturno – 15:02 às 18:18 (exato 16:41)

No período da tarde, tudo começa a fazer sentido. Sua percepção e seu pensamento estarão mais racionais. Tudo contribui para uma análise mais precisa de todas as situações.

Lua trígono Plutão – 19:33 às 22:49 (exato 21:11)

Uma noite de reflexão. A energia proporciona cura e recuperação. Bom para tentativas de resgatar relações e analisar fatos e situações.

Lua quadratura Júpiter – 21:25 à 00:42 de 17/04 (exato 23:04)

Cuidado com os exageros. Avalie suas interpretações. Não julgue.

Mantenha os pés no chão. Não use este período para fazer projeções.

Lua oposição Vênus – 23:42 às 03:16 de 17/04 (exato 01:30 de 17/04)

Vênus intensifica a sensação de que tudo está meio vago. Não busque por definições e não estabeleça comprometimentos. Qualquer decisão neste período pode não surtir os efeitos desejados.

DIA 17 DE ABRIL - QUARTA-FEIRA

☾ *Crescente* ☾ *em Libra às 08:23, LFC Início à 01:30, LFC Fim às 08:23*

Enquanto a Lua estiver em Libra, as emoções se expressarão de forma mais equilibrada. O comportamento promove a cordialidade, a diplomacia das relações e a sociabilidade. O tom é de entendimento, de procura por harmonia. O período favorece as negociações, a diplomacia, a imparcialidade, o equilíbrio, desfrutar as artes e privilegiar a estética.

Lua oposição Mercúrio – 07:04 às 10:38 (exato 08:52)

Deve-se ter atenção na comunicação para evitar más interpretações. Preferível utilizar um modo mais direto e enfático do que um tom rebuscado.

DIA 18 DE ABRIL - QUINTA-FEIRA

☾ *Crescente* ☾ *em Libra*

Lua trígono Marte – 02:02 às 05:28 (exato 03:47)

Uma ótima relação no Céu, entre Lua e Marte, dá a força emocional para vencer desafios e enfrentar obstáculos. Nos desentendimentos e rivalidades, é possível chegar ao consenso sem rancores.

Lua quadratura Saturno – 16:08 às 19:28 (exato 17:49)

Sentimentos de culpa e restrições afetivas com alteração de humor são possíveis neste trânsito. Prudência e cautela são essenciais para avançar sem maiores problemas.

Lua quadratura Plutão – 20:38 às 23:57 (exato 22:19)

Se você estiver sob forte pressão emocional e influência de sentimentos difíceis de suportar, acredite que há algo superior que pode dar mais assistência na sua vida. Não se retraia e compartilhe com uma pessoa próxima. A ajuda pode vir de onde menos se espera.

Lua sextil Júpiter – 22:27 à 01:47 de 19/04 (exato 00:08 de 19/04)

Um alívio para o dia de aspectos intensos. Religiosidade e consciência ética tomam conta do período, apoiando as avaliações e norteando decisões. Seja transparente e bons resultados podem ser esperados.

DIA 19 DE ABRIL - SEXTA-FEIRA

◯ Cheia às 08:13 em 29°09' de Libra ◯ em Escorpião às 09:41, LFC Início às 08:13, LFC Fim às 09:41

Enquanto a Lua estiver em Escorpião, as emoções serão expressas de forma mais enfática e intensa, refletindo os desejos latentes. O ímpeto para aderir à paixões, uma maior sensibilidade corporal e uma elevação da libido são características possíveis de comportamento neste período. A alma pede um mergulho mais profundo de reflexão interior. Pode-se reagir de forma mais extrema e radical aos sentimentos e às emoções. Mantenha o foco no equilíbrio, preste atenção em possíveis reações desproporcionais. Mas o momento também traz força e energia para quem busca reabilitação e reciclagem.

Lua oposição Sol – 06:26 às 10:00 (exato 08:13)

Um certo conflito do intelecto com os sentimentos. As emoções tendem a não estar claras para entendimento. Não se aflija, reduza o ritmo, não desperdice energia corporal.

Lua oposição Urano – 11:54 às 15:16 (exato 13:36)

Irritabilidade com situações inesperadas pode ocorrer. Prudência é recomendada.

DIA 20 DE ABRIL - SÁBADO

◯ Cheia ◯ em Escorpião

Entrada do Sol no Signo de Touro às 05h55min10seg

Lua trígono Netuno – 13:57 às 17:23 (exato 15:40)

Hoje, a tarde protagoniza um astral leve e uma sensação de bem-estar. O momento pede a fluidez de ideias, idealização de eventos. Ótimo para desenvolver temas para o público.

Lua sextil Saturno – 18:36 às 22:04 (exato 20:21)

O silêncio e a calma desta noite podem oferecer um ambiente propício ao desenvolvimento das tarefas pendentes. Ocupe-se com a organização do ambiente de casa!

Lua sextil Plutão – 23:15 às 02:44 de 21/04 (exato 01:01 de 21/04)

A madrugada promete um período de recuperação. Aproveite para colocar o corpo em repouso e reestruturar a alma com os fluidos benéficos de Plutão.

DIA 21 de ABRIL - DOMINGO

◯ Cheia ◯ em Sagitário às 13:00, LFC Início à 01:01, LFC Fim às 13:00

Enquanto a Lua estiver em Sagitário, as emoções se expressarão de maneira mais otimista, jovial e com muita confiança. Momento de começar projetos, estudos, relações de trabalho. O ímpeto para conquistas de objetivos maiores estará fortalecendo o espírito. O intercâmbio e o início de relações internacionais serão beneficiadas. Aposte na fé interior e na liberdade de escolha do espírito. É tempo de quebrar limites e de estabelecer novos recordes.

Lua trígono Vênus – 13:24 às 17:17 (exato 15:20)

A tarde inicia com a influência Balsâmica de Vênus, proporcionando um ambiente acolhedor e tranquilo para pôr em prática todo seu o charme e empatia!

Lua trígono Mercúrio – 22:18 às 02:18 de 22/04 (exato 01:19 de 22/04)

Uma noite de domingo para explorar a comunicação, o contato e a troca de ideias. Que tal reunir os amigos para uma bate-papo, discutir projetos e trocar experiências?

DIA 22 DE ABRIL - SEGUNDA-FEIRA

◯ *Cheia (Disseminadora)* ◯ *em Sagitário*

Lua oposição Marte – 13:38 às 17:31 (exato 15:36)

Controle o ímpeto da ação imediata. Analise antes de falar. Reflita antes de agir. Pense e repense. Não se exponha. Essas atitudes podem contribuir positivamente neste trânsito de Marte.

Lua quadratura Netuno – 19:13 às 22:55 (exato 21:04)

Preguiça e dificuldade de concentração para esta noite de segunda. Aproveite para dormir mais cedo e relaxar o corpo. Assim, você terá maior vigor para enfrentar a semana.

DIA 23 DE ABRIL - TERÇA-FEIRA

◯ *Cheia (Disseminadora)* ◯ *em Capricórnio às 19:51, LFC Início às 08:44, LFC Fim às 19:51*

Enquanto a Lua estiver em Capricórnio, uma certa introspecção emocional é um comportamento natural neste período. Timidez, solidez, autocontrole e busca por segurança nas situações que se apresentem são atitudes influenciadas pelo Signo de Capricórnio nesta Lua de abril. Busca pela disciplina e praticidade pode contribuir para os temas de trabalho ou que requeiram alto nível de responsabilidade para execução das tarefas.

Lua conjunção Júpiter – 06:50 às 10:35 (exato 08:45)

Use a força interior e a sua capacidade para enfrentar os desafios e barreiras que impedem de alcançar seus objetivos.

Lua trígono Urano – 22:51 às 02:42 de 24/04 (exato 00:47 de 24/04)

Novidades podem surgir de forma inesperada. Liberte-se dos sentimentos que possam estar te prejudicando. Renove suas atitudes em seu benefício.

DIA 24 DE ABRIL - QUARTA-FEIRA

○ *Cheia (Disseminadora)* ○ *em Capricórnio*

Lua trígono Sol – 00:57 às 05:06 (exato 03:03)

O início da manhã é ideal para estar em boa companhia. Um café da manhã com amigos de longa data pode trazer sentimentos de acolhimento e consolidar relações que lhe renderão frutos.

Lua quadratura Vênus – 02:06 às 06:19 (exato 04:13)

À tarde, sentimentos de insegurança e incapacidade podem desfavorecer trabalhos e definições de ações em projetos. Difícil convencer os outros e ter credibilidade. Evite se expor em apresentações e reuniões importantes.

Lua quadratura Mercúrio – 13:03 às 17:27 (exato 15:15)

Conflito entre mente e emoções. A comunicação não flui de forma desejada. Habilidade de conduzir conversas não provoca os efeitos práticos. Distancie-se de discussões. Melhor adiar assinatura de contratos.

DIA 25 DE ABRIL - QUINTA-FEIRA

○ *Cheia (Disseminadora)* ○ *em Capricórnio, LFC Início às 16:49*

Lua sextil Netuno – 04:24 às 08:21 (exato 06:23)

A intuição flui de forma fácil. Preste atenção ao acordar e anote os sonhos se for possível. Sempre há boas dicas em trânsitos positivos de Netuno.

Lua conjunção Saturno – 09:35 às 13:32 (exato 11:34)

Algumas situações podem parecer mais complicadas do que pareciam. Fuja de preocupações desnecessárias. Não tente adiar o planejado. Faça com calma e firmeza. Não desista!

Lua conjunção Plutão – 14:49 às 18:48 (exato 16:49)

Tome cuidado com o radicalismo. A intensidade dos atos e das palavras pode se tornar prejudicial e não atingir os objetivos. Procure ter resiliência.

DIA 26 DE ABRIL - SEXTA-FEIRA

☽ Minguante às 19:19 em 06°23 de Aquário ☽ em Aquário às 06:28,
LFC Fim às 06:28

Enquanto a Lua estiver em Aquário, as emoções se expressam mais livremente. A liberdade de imaginação se apresenta de forma intuitiva. Há sociabilidade nas escolhas, optando-se por um entrosamento diversificado. O improviso terá bons resultados e a visão de futuro fica mais clara e lógica. É convidativo para manusear tecnologias e se relacionar com o novo. Atenção com mudanças repentinas do humor, rebeldia e autoritarismo.

Lua quadratura Urano – 09:54 às 13:56 (exato 11:58)

O planejamento pode sofrer por causa de situações inesperadas. Tenha um plano B. Cuidado ao fazer exercícios. Atenção ao dirigir. Toda atenção e precaução são bem-vindas nesta hora.

Lua quadratura Sol – 17:05 às 21:30 (exato 19:19)

Cuidado com avaliações incorretas sobre o sentido da vida e de seus sentimentos internos. A noite não está propícia para autorreflexões e autoanálises. Use-a para se distrair e afaste-se de avaliações interiores.

Lua sextil Vênus – 19:42 à 00:13 de 27/04 (exato 21:59)

Momento para usar e abusar do seu bom gosto. Beneficie-se de novos vestuários e uma mudança de visual. Convide alguém especial para estar com você nestas horas. Os resultados sempre serão frutíferos.

DIA 27 DE ABRIL - SÁBADO

☽ Minguante ☽ em Aquário

Lua sextil Mercúrio – 09:15 às 13:56 (exato 11:36)

O sábado favorece o comércio e a comunicação. Ótimo para se movimentar. Aproveite, converse. A troca de experiências vai lhe trazer benefício e resultados inesperados.

Lua trígono Marte – 17:02 às 21:20 (exato 19:12)

A energia de ação estimula o momento para gerar inovação. Ouse. Envolva o seu mental para reverter tempos de crise em seu benefício.

DIA 28 DE ABRIL - DOMINGO

☽ *Minguante* ☽ *em Peixes às 19:12, LFC Início às 06:44, LFC Fim às 19:12*

Enquanto a Lua estiver em Peixes, as emoções se expressam de forma leve, romântica e sonhadora. O comportamento altruísta prevalece sobre o egocentrismo. A compaixão vence a radicalidade. Os sentimentos estão sensíveis e intensos. Há uma busca pelo sentido da vida e pelo sentido das relações humanas. Evite a baixa autoestima. Não se permita ceder às pressões emocionais.

Lua sextil Júpiter – 04:42 às 08:45 (exato 06:45)

Uma manhã convidativa para leitura e contato com a natureza, podendo contribuir para elevar sua autoestima e impulsioná-lo para seguir em frente.

Lua sextil Urano – 22:59 às 03:05 de 29/04 (exato 01:04 de 29/04)

Use das suas capacidades e ponha-se em conexão com o divino. Medite e o período de sono será restaurador.

DIA 29 DE ABRIL - SEGUNDA-FEIRA

☽ *Minguante (Balsâmica)* ☽ *em Peixes*

Lua sextil Sol – 11:22 às 15:46 (exato 13:36)

Clareza nos assuntos e bom discernimento são contribuições do Sol para o final desta manhã e início da tarde. Reflita e você determinará um caminho adequado a seguir.

DIA 30 DE ABRIL - TERÇA-FEIRA

☽ *Minguante (Balsâmica)* ☽ *em Peixes, LFC Início às 18:58*

Lua conjunção Netuno – 05:32 às 09:32 (exato 07:34)

Ah, que preguiça! Muita força de vontade para executar as tarefas diárias nesta manhã. Todo exercício vai parecer cansativo. Não convém exigir além do limite do corpo. Faça atividades leves, mas não deixe de fazê-las.

Lua quadratura Marte – 09:16 às 13:28 (exato 11:24)

Se o mau humor bater, não ligue pra ele! Não se irrite. Aproveite para dosar o ímpeto de agressividade que pode lhe colocar em situações desagradáveis.

Lua sextil Saturno – 10:34 às 14:34 (exato 12:35)

O almoço pode ser indicado para colocar em prática aquelas atividades pendentes que estão há tempos em fase de planejamento. Um local mais tranquilo pode ajudar na concentração e a ter os melhores resultados.

Lua sextil Plutão – 15:48 às 19:48 (exato 17:49)

Mais energia de ação. Mais força vital. A noite começa com vigor para vencer qualquer adversidade. Use-a de forma inteligente e inovadora. Ouse para agir e ótimos resultados virão.

Lua quadratura Júpiter – 16:57 às 20:55 (exato 18:58)

Cuidado para não ultrapassar os limites. Evite sobrecarga de qualquer natureza. Sua capacidade de avaliação estará superestimada.

Maio 2019

Domingo	Segunda-feira	Terça-feira	Quarta-feira	Quinta-feira	Sexta-feira	Sábado
			1 ♈	2	3 ♉	4
			Lua Minguante em Áries às 07:24 LFC Fim às 07:24	Lua Minguante em Áries	Lua Minguante em Touro às 17:19 LFC 05:48 às 17:19	Lua Nova às 19:47 em Touro Lua em Touro
5	6 ♊	7	8 ♋	9	10 ♌	11
Lua Nova em Touro LFC Início às 12:11	Lua Nova em Gêmeos à 00:41 LFC Fim à 00:41	Lua Nova em Gêmeos LFC Início às 20:50	Lua Nova em Câncer às 06:07 LFC Fim às 06:07	Lua Nova em Câncer LFC Início às 23:07	Lua Nova em Leão às 10:14 LFC Fim às 10:14	Lua Crescente às 22:13 em Leão Lua em Leão
12 ♍	13	14 ♎	15	16 ♏	17	18 ♐
Lua Crescente em Virgem às 13:22 LFC 09:25 às 13:22	Lua Crescente em Virgem	Lua Crescente em Libra às 15:51 LFC 14:20 às 15:51	Lua Crescente em Libra	Lua Crescente em Escorpião às 18:26 LFC 06:38 às 18:26	Lua Crescente em Escorpião	Lua Cheia às 18:12 em Escorpião Lua em Sagitário às 22:22 LFC 18:12 às 22:22
19	20	21 ♑	22	23 ♒	24	25
Lua Cheia em Sagitário	Lua Cheia em Sagitário LFC Início às 14:06	Lua Cheia em Capricórnio às 04:57 LFC Fim às 04:57 *Sol no Signo de Gêmeos às 04:59*	Lua Cheia em Capricórnio	Lua Cheia em Aquário às 14:50 LFC 00:58 às 14:50	Lua Cheia em Aquário	Lua Cheia em Aquário LFC Início às 09:52
26 ♓	27	28 ♈	29	30	31 ♉	
Lua Minguante às 13:35 em Peixes Lua em Peixes às 03:08 LFC Fim às 03:08	Lua Minguante em Peixes	Lua Minguante em Áries às 15:32 LFC 01:22 às 15:32	Lua Minguante em Áries	Lua Minguante em Áries LFC Início às 12:09	Lua Minguante em Touro à 01:44 LFC Fim à 01:44	

O Céu do mês de maio de 2019

O mês de maio já começa sob Saturno retrógrado, que se iniciou em 29/04 e vai até 18/09. Será um período positivo para rever tudo o que você achava que estava bem estruturado e seguro, mas pode não estar. Esse período é muito propício para identificar o que precisa ser melhorado em todas as áreas da sua vida e efetivamente fazê-lo. Então, mãos à obra.

Mercúrio faz diversos aspectos logo no início do mês, alguns positivos e outros nem tanto. Primeiro, sofre uma severa quadratura de Plutão de 02 a 03/05, tornando a comunicação penetrante e contundente. Cuidado com o que fala ou escreve para não ferir sentimentos e suscetibilidades. Ao mesmo tempo, Mercúrio recebe um positivo trígono de Júpiter no mesmo período, facilitando a comunicação, o pensamento amplo e otimista e fazendo com que bons *insights* possam surgir.

Do dia 04 ao dia 07/05 é Marte que se desentende com Júpiter, acirrando os ânimos competitivos e podendo gerar desavenças. O ideal é direcionar todo esse excesso de energia para atividades mais salutares, como esportes, ginástica ou ações em que você possa atuar de forma mais autônoma e independente da interação com os demais, para não desperdiçar todo o potencial em conflitos e não avançar no que precisaria.

Mercúrio ingressa em Touro em 06/05 e fica nesse Signo até 21/05. Isso faz com que a forma de pensarmos e de aprendermos fique mais lenta, literal, porém mais prática. Se você tiver que fazer um comunicado, palestra ou até mesmo ensinar alguém nesse período, procure ser bem direto e usar a abordagem mais concreta possível. Evitar raciocínio subjetivo enquanto Mercúrio está em Touro, pois será muito menos eficaz. Por outro lado, o que se aprende tende a ser bem assimilado e dificilmente será esquecido.

Saturno dá uma bela tolhida em Vênus de 06 a 08/05, dificultando bastante as relações sociais e afetivas. Como se não bastasse, Plutão também incomoda Vênus no período de 08 a 10/05, o que também pode causar rupturas em relacionamentos. Outro problema que precisa ser alertado é a possibilidade de perdas financeiras com Plutão/Vênus nessa vibração; por isso, cuidado com atividades que envolvam risco financeiro (investimentos, empréstimos etc.) nesse período. Mercúrio e Urano ficam em conjunção entre 07 e 08/05, o que pode propiciar *insights* e ideias criativas para solucionar velhos problemas. Com o Sol em sextil a Netuno de 07 a 10/05, não deixe de ouvir a sua intuição, pois ela estará mais presente e assertiva do que de costume. E, finalmente, Vênus e Júpiter em harmonia entre 08 e 10/05, o que será um presente para as uniões afetivas, os relacionamentos amorosos e os encontros sociais. Que tal um jantar num lugar diferente? Aproveite o que o Céu te dá.

A seguir, há diversos aspectos positivos no Céu. Começando por Saturno em trígono ao Sol de 10 a 12/05, favorecendo o reconhecimento do seu esforço, principalmente por superiores hierárquicos ou pessoas mais velhas. Logo depois, de 12 a 15/05, Sol e Plutão também fazem um trígono, aumentando a autoconfiança e sensação de empoderamento pessoal. No meio de tudo isso, Marte/Vênus, em harmonia de 12 a 16/05, ainda vão facilitar a paquera, o flerte e os prazeres que só os pares afetivos irão curtir. Mercúrio, em sextil com Netuno entre 15 e 16/05, ainda vai privilegiar a linguagem não verbal, o que pode ser bem interessante aos casais neste momento.

No dia 15/05, Vênus passa a transitar pelo Signo de Touro e ficará até 08/6, dando um toque de sensualidade e sedução às parcerias românticas. Marte também muda de Signo e entra em Câncer a partir de 16/05 até 01/07, fazendo com que as iniciativas sejam mais direcionadas à proteção das pessoas mais íntimas e próximas de nós. As ações e as reações ao mundo externo também passam a ser mais cautelosas e menos diretas. Mercúrio fica em harmonia a Saturno e a Plutão entre 16 e 18/05, facilitando o raciocínio profundo e prático. Questões complexas e que dependem de um exame profundo poderão ser melhor equacionadas nesses dias.

Vênus e Urano ficam juntos de 17 a 19/05, fazendo com que tenhamos maior necessidade de estimulação social. É um bom momento para paquerar ou fazer algo bem diferente a dois. Logo a seguir, entre 20 e 24/05, Marte e Urano também ficam de bem, propiciando a superação de obstáculos de maneira inovadora e criativa, inclusive facilitando a liderança de grupos, desde que não seja pela imposição de ordens. Como Sol e Mercúrio estarão conjuntos entre 20 e 22/05, será um período especialmente criativo e intelectualmente estimulante.

Em 21/05, o Sol entra no Signo de Gêmeos, marcando o início de um período onde a comunicação, o *networking*, o ensino e o aprendizado ficarão bem mais enfatizados até 21/06.

É aconselhável tomar um certo cuidado com as transações comerciais, as comunicações e os deslocamentos enquanto Mercúrio e Netuno se desentenderem, o que ocorrerá de 29 a 30/05, pois a chance de mal entendidos e enganos aumenta bastante. No mesmo período, Vênus e Netuno vão criar o clima necessário para aproveitar tudo o que possa encantar a alma: um bom filme, uma boa música, artes ou um ótimo jantar romântico. Logo a seguir, Vênus faz trígono a Saturno, de 30 a 31/05, ajudando a consolidar a conexão sentimental iniciada um pouco antes por Netuno.

Mercúrio, oposto a Júpiter de 30 a 31/05, também deve provocar uma forte estimulação intelectual nesse finzinho de mês, e não se surpreenda se tiver que viajar ou fazer diversos deslocamentos pela cidade nesses dois dias.

Posição diária da Lua no mês de maio

DIA 01 DE MAIO – QUARTA-FEIRA

☽ *Minguante (Balsâmica)* ☽ *em Áries às 07:24, LFC Fim às 07:24*

Enquanto a Lua estiver em Áries, será um momento muito especial para terminar aquelas coisinhas que ficam pelo caminho; é quando a coragem para finalizar surge. Facilidade para encerrar e cortar o que não funciona bem. O excesso de energia pode atropelar pessoas e situações. Momentos bons para atividades mais independentes e ao ar livre. Fazer exercícios, como corridas, natação e *crossfit* para os que já praticam é excelente para revigorar. Hoje a Lua não faz aspectos com outros planetas no Céu. Devemos observar recomendações para a fase e o Signo em que ela se encontra.

DIA 02 DE MAIO – QUINTA-FEIRA

☽ *Minguante (Balsâmica)* ☽ *em Áries*

Lua conjunção Vênus – 09:30 às 13:47 (exato 11:40)

Investir na aparência é importante para ajudar a finalizar ou concretizar aqueles papéis ou contratos que só precisam de uma assinatura para serem firmados. É momento para decidir aquelas questões que estão dependendo de um sim ou um não.

Lua quadratura Saturno – 21:21 à 01:11 de 03/05 (exato 23:18)

O momento requer uma postura mais reservada. Uma noite calma, de poucas palavras e com um jantar em um pequeno bistrô seria ideal. O excesso de exigência pode estragar um encontro.

Lua sextil Marte – 23:19 às 03:23 de 03/05 (exato 01:23 de 03/05)

Se o trabalho é em casa, ainda dá para agilizar tudo o que está para ser redigido ou enviado pela internet. A madrugada pode ser muito produtiva, pois a energia está alta.

DIA 03 DE MAIO – SEXTA-FEIRA

☽ *Minguante (Balsâmica)* ☽ *em Touro às 17:19, LFC Início às 05:48, LFC Fim às 17:19*

Enquanto a Lua estiver em Touro, é um momento bom para pensar nas finanças e fazer com que o dinheiro trabalhe a seu favor, por exemplo, formalizando um bom investimento seguro. A atividade física pode aliviar o estresse.

Lua quadratura Plutão – 02:23 às 06:13 (exato 04:18)

Acordar sentindo a pressão e a sensação de que tudo pode piorar é bem ruim. Se algo importante está em risco, é hora de avaliar se vale a pena lutar por isso ou se o melhor é deixar ir; é o ditado "vão-se os anéis e ficam os dedos".

Lua trígono Júpiter – 03:13 às 07:00 (exato 05:07)

Agora as coisas começam a se clarear e a fazer sentido, abrindo saídas para a situação que está se apresentando. A respiração é mais livre e o ânimo pode tomar conta do momento, trazendo otimismo e liberdade de ação.

Lua conjunção Mercúrio – 03:34 às 07:59 (exato 05:48)

Expressar o que se está sentindo ajuda as pessoas e as situações envolvidas a irem à direção certa. Quando tudo fica esclarecido, os relacionamentos fluem. Como ainda é muito cedo, questões pessoais podem ser resolvidas através das mensagens de texto ou *WhatsApp*. As mídias sociais contribuem para o contato com pessoas mais afastadas.

Lua conjunção Urano – 21:21 à 01:09 de 04/05 (exato 23:16)

Ansiedade alta rege o momento e, como é sexta, dá para gastar essa energia dançando ou dando um rolê com os amigos. Só cuidado com a vontade de cancelar tudo e chutar o pau da barraca.

DIA 04 DE MAIO – SÁBADO

● *Nova às 19:47 em 14°11' de Touro* ● *em Touro*

Lua conjunção Sol – 17:47 às 21:46 (exato 19:47)

O que quer que se escolha fazer é muito bom, alimenta a alma e o corpo. Essa alquimia de Lua e Sol é perfeita para estar junto com pessoas com quem se harmoniza ou apenas estar consigo mesmo. Sábado à noite oferece muitas atividades, e a sensação de bem-estar é contagiosa.

DIA 05 DE MAIO - DOMINGO

● *Nova* ● *em Touro, LFC Início às 12:11*

Lua sextil Netuno – 01:11 às 04:52 (exato 03:03)

Apesar do avanço da hora, a madrugada é de sonhos e imaginação, propícia àqueles que trabalham com criatividade, escrevem, pintam ou estudam. Com inspiração, é possível iniciar um projeto solidário *on-line*.

Lua trígono Saturno – 05:31 às 09:12 (exato 07:23)

Auspicioso para quem acorda cedo e gosta de planejar um bom café da manhã e as atividades do dia. A produtividade está no seu máximo; excelente para contratar serviços profissionais e também executar tarefas que exijam alto grau de qualificação.

Lua trígono Plutão – 10:20 às 14:00 (exato 12:11)

É possível realizar atividades que explorem o aprofundamento em todas as áreas e estar com pessoas com forte vínculo emocional. Recuperar e investigar coisas aparentemente perdidas vão trazer bons resultados. A energia para iniciar projetos de médio e longo prazo está em sobra.

DIA 06 DE MAIO - SEGUNDA-FEIRA

● *Nova* ● *em Gêmeos à 00:41, LFC Fim à 00:41*

Enquanto a Lua estiver em Gêmeos, a quantidade de informação e novidades é grande, mas a capacidade de absorver é ainda maior. O momento favorece eventos onde circulam conhecimento e aprendizagem em assuntos multidisciplinares. Independentemente de ser presencial ou virtual, as pessoas se comunicam mais. A adaptação está em todas as áreas e as profissões mais favorecidas são as que usam as trocas de todos os tipos e assuntos. *Marketing* está em alta. Hoje a Lua não faz aspectos com outros planetas no Céu. Devemos observar recomendações para a fase e o Signo que a Lua se encontra.

DIA 07 DE MAIO - TERÇA-FEIRA

● *Nova* ● *em Gêmeos, LFC Início às 20:50*

Lua quadratura Netuno – 07:27 às 11:02 (exato 09:16)

O problema é o engano: engano na escolha da pessoa para executar uma tarefa, engano quanto ao que foi entendido e ao que é para fazer, engano até do lugar em que se tinha de estar. Melhor mesmo é dar uma parada e ouvir uma música, por exemplo.

Lua sextil Vênus – 11:37 às 15:31 (exato 13:36)

Agora é um bom momento para escolher o que se gosta e ainda por cima dar a partida para fazer o que se agrada. Excelente para fazer mudanças no *look*, desde as roupas aos cabelos. Ótimo para cobrar quem te deve algo.

Lua oposição Júpiter – 16:24 às 19:56 (exato 18:12)

Os excessos precisam ser observados em todos os sentidos. Os pensamentos ficam se repetindo continuamente, e quando se percebe já se passaram horas. Traçar uma única meta e dar continuidade a ela é a melhor escolha agora.

Lua conjunção Marte – 18:57 ás 22:40 (exato 20:51)

Momento bom para realizar um serviço de modo autônomo. Se é para fazer reuniões, melhor realizar com poucas pessoas, pois a interação pode fluir melhor. Delegar tarefas vai ajudar a terminar o trabalho acumulado.

DIA 08 DE MAIO - QUARTA-FEIRA

● *Nova* ● *em Câncer às 06:07, LFC Fim às 06:07*

Enquanto a Lua estiver em Câncer, é legal deixar tudo com um jeito pessoal e com ar de intimidade. Ir a lugares conhecidos e com referência de oferecer boa acolhida é uma ótima opção. Evite fazer muitas coisas diferentes e novas juntas. Bom momento para abraços e acolhimento, como também para testar aquela receita *gourmet*. Há valorização de profissões que prezam pelo cuidado e proteção das pessoas.

Lua sextil Urano – 10:21 às 13:52 (exato 12:08)

A sensação de conforto em começar coisas novas é bem legal. Surgem pessoas diferentes que agregam muito ao momento presente e que parecem já ser conhecidas há muito tempo. As interrupções das atividades são para descansar e retomar fôlego.

Lua sextil Mercúrio – 10:21 às 14:21 (exato 12:15)

As trocas de informações se destinam a tornar as atividades empenhadas e os contratos a serem firmados mais claros e bons para todos os envolvidos. Atividades como escrever, mandar e-mails ou gravar vídeos dão ótimos resultados. Bom para atividades de *marketing* e propaganda, principalmente se o objetivo é a melhora da vida íntima.

DIA 09 DE MAIO - QUINTA-FEIRA

● *Nova* ● *em Câncer, LFC Início às 23:07*

Lua trígono Netuno – 12:10 às 15:39 (exato 13:56)

A conexão é muito espontânea com pessoas e páginas na internet. As coisas podem funcionar de maneiras não convencionais ao se iniciar projetos. A inspiração está fluindo e parece que tudo se conecta.

Lua sextil Sol – 13:05 às 16:49 (exato 14:58)

Emoção e razão caminham juntas para achar a melhor e mais prática maneira de se fazer as coisas. Se o caso é cuidados pessoais, tem-se um bom resultado. Uma forma produtiva de realizar tarefas é em casa.

Lua oposição Saturno – 16:00 às 19:29 (exato 17:46)

Começar as coisas sem um mínimo de organização e previsão de recurso pode dar dor de cabeça. Pausa para planejar e fazer os levantamentos necessários é imprescindível para qualquer coisa que se faça agora.

Lua oposição Plutão – 20:36 à 00:03 de 10/05 (exato 22:21)

As emoções estão à flor da pele e é preciso primeiro avaliar a situação que está se apresentando para depois posicionar-se. Quando as reações são fundamentadas no passado, as situações podem se tornar desagradáveis e de difícil reparação.

Lua quadratura Vênus – 21:12 à 01:00 de 10/05 (exato 23:07)

Olhar com segundas intenções não funciona, seduzir muito menos. Dar atenção e carinho às pessoa é melhor em vez de gerar expectativas, pois muitas vezes as pessoas estão disponíveis.

DIA 10 DE MAIO - SEXTA-FEIRA

● *Nova* ● *em Leão às 10:14, LFC Fim às 10:14*

Enquanto a Lua estiver em Leão, é muito importante estar conectado com o que se gosta ou com quem se gosta. Ter satisfação e alegria na vida irradia e transforma o ambiente, juntamente com as pessoas que o rodeiam. Ir a lugares bonitos com bom atendimento e bons serviços coroa o momento com satisfação e contentamento. Dramatizar quando as coisas não saem como esperado não adianta nada, só atrai mais desgosto.

Lua quadratura Urano – 14:34 às 18:02 (exato 16:20)

Os humores estão tomados de ansiedade e precipitação. O momento não é adequado para fechar acordos ou negócios, muito menos fazer aquela reunião importante. Deixar as resoluções importantes para outro dia mais favorável é uma decisão sábia. Estando junto com alguém, é muito prudente evitar assuntos desagradáveis.

Lua quadratura Mercúrio – 22:30 às 02:31 de 11/05 (exato 00:34 de 11/05)

Falar demais pode ser o excesso que não dá certo neste fim de noite. As pessoas e o trânsito parecem apressados e impacientes, e a dica é ir mais devagar com tudo. Convém planejar o que vai falar ou por onde andar, pois o risco de perder a atenção e assim se desviar do caminho é grande.

DIA 11 DE MAIO - SÁBADO

☾ *Crescente às 22:13 em 21°03' de Leão* ☾ *em Leão*

Lua quadratura Sol – 20:23 à 00:01 de 12/05 (exato 22:13)

A noite de sábado começa de forma errada, pois todos estão aborrecidos (nós e as pessoas à nossa volta). A falta de ânimo é contagiante, e tudo que se quer é ir para casa. Respirar e iniciar um diálogo com as resistências abaixadas e um toque de sinceridade é um jeito de se aproximar e se dar conta de que pode haver outras pessoas na mesma situação.

Lua trígono Júpiter – 23:34 às 02:58 de 12/05 (exato 01:17 de 12/05)

A noite ainda não terminou e as coisas começam a melhorar. O humor e a emoção começam a dar sinais de empolgação. Use o bom senso para não tentar compensar o momento anterior de forma afoita. A generosidade que parte do coração é a porta de entrada da madrugada.

DIA 12 DE MAIO - DOMINGO

☾ *Crescente* ☾ *em Virgem às 13:22, LFC Início às 09:25, LFC Fim às 13:22*

Enquanto a Lua estiver em Virgem, saber escolher com critérios é uma sabedoria. Quando estamos diante de muitas possibilidades, a escolha do simples e do natural vai facilitar o acerto. A medida tem que ser coerente com o todo. Estar em contato com a natureza e só relaxar é curativo. Momento muito bom para zelar pela saúde com métodos preventivos. Excelente para manter tudo limpo e para uma rotina simples.

Lua trígono Vênus – 05:23 às 09:06 (exato 07:15)

Manhã de domingo e a energia é de pura atração, sobretudo de coisas boas e agradáveis. O magnetismo pessoal facilita o encontro de melhores programas com as pessoas certas. Se o assunto é trabalho, é fácil encontrar pessoas que estão mais dispostas a cooperar. Estética, beleza e cuidados com o espaço pessoal dão muito certo.

Lua sextil Marte – 07:37 às 11:11 (exato 09:26)

Assertividade e confiança estão por toda parte e, como é domingo, todo mundo está um pouco mais relaxado. É mais fácil encontrar parcerias para atividades físicas e para outros encontros. O ânimo para conquistar aquilo que se deseja é abundante. Sente-se a força de realização e competição.

Lua trígono Urano – 17:51 às 21:14 (exato 19:34)

Coisas novas e inesperadas podem acontecer neste fim de tarde. Muitas vezes, o que está planejado se transforma em uma atividade totalmente diferente. A mudança de cenário e pessoas é muito benéfica e acaba por ser estimulante. Surpresas são bem-vindas.

DIA 13 DE MAIO - SEGUNDA-FEIRA

☾ *Crescente* ☾ *em Virgem*

Lua trígono Mercúrio – 09:50 às 13:46 (exato 11:49)

Fica muito simples planejar e detalhar os projetos ou trabalhos em andamento. As pessoas que estão envolvidas nessas tarefas são capazes de entender bem e agir com facilidade. Favorável para tratamentos de saúde e cuidados com a higiene pessoal e alimentação saudável.

Lua oposição Netuno – 18:31 às 21:55 (exato 20:16)

Encaixar o sonho na realidade às vezes é frustrante. A intenção é ser simples e objetivo. Ideias mirabolantes podem ser pouco aplicáveis. O olhar mais realista ajuda a não sair do foco.

Lua trígono Saturno – 21:58 à 01:20 de 14/05 (exato 23:41)

Agora dá para planejar, pois o enfoque prático é o tom do momento. Preparar a estratégia para a semana é bem produtivo. O rendimento das atividades é proporcional ao tempo investido.

DIA 14 DE MAIO - TERÇA-FEIRA

☾ *Crescente* ☾ *em Libra às 15:51, LFC Início às 14:20, LFC Fim às 15:51*

Enquanto a Lua estiver em Libra, a palavra de ordem é conciliar e equilibrar as atividades. Suavizar a rotina com leveza e beleza traz para o dia a sensação de bem-estar e a possibilidade de uma convivência harmônica. O alimento emocional aqui são os encontros e as relações. As coisas fazem sentido quando se está junto.

Lua quadratura Júpiter – 01:52 às 05:11 (exato 03:33)

Às vezes, tudo o que se quer é moderação, mas a ansiedade pode começar a dar sinais. A dica é pensar se o que se pretende fazer agora é realmente importante.

Lua trígono Plutão – 02:30 às 05:52 (exato 04:13)

Enfim um momento para começar atividades que sejam alinhadas com as pessoas à sua volta. Mesmo que as coisas não tenham tido um início favorável, agora é o momento para acertá-las.

Lua trígono Sol – 02:44 às 06:18 (exato 04:31)

O ânimo envolve o começo da manhã, trazendo oportunidades para que o que foi acordado siga em frente e se realize no plano concreto. É sempre legal alinhar pessoas e ações.

Lua quadratura Marte – 12:33 às 16:05 (exato 14:20)

O começo da tarde está com uma atmosfera um pouco tensa e de desafios. Medir as palavras se torna necessário, principalmente se as decisões a serem tomadas forem importantes. A atitude de deixar as pessoas falarem tudo que precisam, e assim se colocarem, pode ser a saída para impasses.

DIA 15 DE MAIO – QUARTA-FEIRA

☾ *Crescente* ☾ *em Libra*

Hoje a Lua não faz aspectos com outros planetas no Céu. Devemos observar recomendações para a fase e o Signo em que ela se encontra.

DIA 16 DE MAIO – QUINTA-FEIRA

☾ *Crescente* ☾ *em Escorpião às 18:26, LFC Início às 06:38, LFC Fim às 18:26*

Enquanto a Lua estiver em Escorpião, a escolha de ir fundo no que se está fazendo e investigar é a melhor opção. Agora, não dá para fazer vista grossa ou deixar para lá. É o momento de realizar tarefas e trabalhos que precisam de foco e profundidade. É importante evitar encontros ou reuniões onde haja interesses ocultos ou pessoas manipuladoras. Favorece profissões que trabalham com cura, medicina, psicologia, restauração e reformas. Momento importante para tratamentos psicológicos.

Lua quadratura Saturno – 00:19 às 03:42 (exato 02:02 de 16/05)

Sentir a sobrecarga de tarefas não é fácil. Pode haver atrasos ou até mesmo ser necessário refazer tarefas que outras pessoas não deram conta. O senso de autorresponsabilidade pesa.

Lua sextil Júpiter – 03:58 às 07:19 (exato 05:40)

O sentimento é de que as nuvens pretas foram embora e o otimismo volta. Vontade e animação para fazer as atividades que estão sendo propostas. Bom começar o dia com uma boa caminhada e um desjejum farto.

Lua quadratura Plutão – 04:56 às 08:19 (exato 06:38)

Não adianta bater de frente com pessoas que se acham cheias de razão. Não importa o que acontece, os prejuízos atingem ambos os lados. A melhor saída é fazer um levantamento da situação e negociar para minimizar as possíveis perdas.

Lua trígono Marte – 17:32 às 21:05 (exato 19:19)

A hora é de agir de modo assertivo e com atitude de liderança. Impulso com assertividade e profundidade garante o sucesso. Uma aula de artes marciais é revigorante.

Lua oposição Vênus – 19:55 às 23:40 (exato 21:49)

Ficar na zona de conforto somente atrasa e impede o andamento dos relacionamentos. Saber o que as pessoas estão querendo pode evitar a insatisfação. O mergulho nas emoções pode dar respostas ao que não estava sendo consciente. Pedir ajuda para uma pessoa preparada vai garantir a expressão verdadeira do que se está sentindo.

Lua oposição Urano – 23:21 às 02:46 de 17/05 (exato 01:05 de 17/05)

Racionalizar pode não ajudar a colocar as coisas no lugar depois que se passa dos limites, e a vontade é "chutar o pau da barraca". A ansiedade pode ser a consequência do cancelamento de compromissos assumidos. Deixar a agenda mais flexível para esta noite pode ajudar a lidar com os imprevistos.

DIA 17 DE MAIO - SEXTA-FEIRA

☾ *Crescente* ☾ *em Escorpião*

Hoje a Lua não faz aspectos com outros planetas no Céu. Devemos observar recomendações para a fase e o Signo em que ela se encontra.

DIA 18 DE MAIO - SÁBADO

○ *Cheia às 18:12 em 27°39' de Escorpião* ○ *em Sagitário às 22:22,*
LFC Início às 18:12, LFC Fim às 22:22

Enquanto a Lua estiver em Sagitário, fazer curso e viajar ampliam os horizontes. Cresce também o sentimento de liberdade e a necessidade de estar em ambientes mais abertos e com convívio de mais pessoas. Favorece o contato com pessoas e línguas estrangeiras. Trabalhar com viagens e turismo é muito prazeroso. Estudo de Filosofia, Cultura e Religiões é muito enriquecedor. Outras áreas boas para atuação são as ligadas aos assuntos de leis e justiça, como advocacia. O cuidado é para os excessos de qualquer tipo, principalmente alimentar.

Lua trígono Netuno – 00:18 às 03:46 (exato 02:03)

Tudo flui com facilidade. É muito agradável ver um filme inspirador. A empatia é uma forte aliada dos relacionamentos. Opte por ir a lugares mais intimistas e aconchegantes. O sono e sonho são bons e restauradores. Salas virtuais de bate-papo ficam cheias de pessoas querendo interagir.

Lua sextil Saturno – 03:31 às 06:58 (exato 05:16)

Estando *on-line*, a produtividade está no máximo. Competência é a palavra de ordem. É muito fácil planejar e executar; portanto, aproveite a disposição.

Lua sextil Plutão – 08:20 às 11:49 (exato 10:05)

Se for para recuperar algo, agora é um bom momento. Atividades que impliquem em restauração ou recuperação são os focos. Nas relações afetivas, a profundidade dos sentimentos se intensifica. É muito nobre dar uma segunda chance para alguém ou algo.

Lua oposição Mercúrio – 09:21 às 13:30 (exato 11:27)

A palavra não pode ser leviana nem impensada. Palavras não medidas podem comprometer toda uma trajetória de negociações ou acordos. Ficar na dispersão só no celular pode ser um fator que complica o trabalho.

Lua oposição Sol – 16:18 às 20:05 (exato 18:12)

A produtividade pode estar em baixa, assim como a disposição e energia. Não há um consenso e nem um consentimento para o andamento das atividades. O cenário melhora se você conseguir identificar onde está o ponto cego.

DIA 19 DE MAIO - DOMINGO

◯ Cheia ◯ em Sagitário

Hoje a Lua não faz aspectos com outros planetas no Céu. Devemos observar recomendações para a fase e o Signo em que ela se encontra.

DIA 20 DE MAIO - SEGUNDA-FEIRA

◯ Cheia ◯ em Sagitário, LFC Início às 14:06

Entrada do Sol no Signo de Gêmeos às 04h59min01seg

Lua quadratura Netuno – 05:41 às 09:22 (exato 07:33)

Ficamos tentados a transformar sapos em príncipes ou princesas, ou mascarar aquela situação difícil dizendo que tudo vai ficar bem, sem agir em relação a isso. Muitas vezes, as coisas precisam de um posicionamento para que sigam. Pedir ajuda de um especialista pode ser uma solução.

Lua conjunção Júpiter – 12:15 às 15:56 (exato 14:06)

Muitas coisas e possibilidades se iniciam nesta tarde. Muito bom colocar entusiasmo nos assuntos mais importantes. Fique atento para não desperdiçar energia em projetos secundários.

DIA 21 DE MAIO - TERÇA-FEIRA

◯ *Cheia (Disseminadora)* ◯ *em Capricórnio às 04:57, LFC Fim às 04:57*

Enquanto a Lua estiver em Capricórnio, fase perfeita para desenvolver competência, profissionalismo e cumprimento de prazos. Seriedade e respeito norteiam as relações tanto pessoais quanto profissionais. Pessoas que exercem cargos de chefia e comando se destacam nessa fase. Lazer e diversão têm que valer a pena e ser de qualidade, não só um passatempo. O que é adquirido é escolhido por custo-benefício e durabilidade.

Lua oposição Marte – 09:35 às 13:55 (exato 11:36)

As ondas do mar na areia da praia são as metáforas para esse momento: o ir e vir não deixa as tarefas serem cumpridas com eficiência. É produtivo olhar para as necessidades dos envolvidos e administrar os problemas.

Lua trígono Urano – 10:48 às 14:38 (exato 12:44)

O uso criativo e funcional dos recursos mostra a competência de cada pessoa envolvida no trabalho. Tanto em casa como no trabalho, essa eficiência gera tempo e economia.

Lua trígono Vênus – 17:52 às 22:05 (exato 20:00)

Elegância minimalista rege o fim de tarde. A cortesia e a educação são sentidas por toda parte. Um bistrô tranquilo vai ser o toque especial para um encontro bem-sucedido.

DIA 22 DE MAIO - QUARTA-FEIRA

◯ *Cheia (Disseminadora)* ◯ *em Capricórnio*

Lua sextil Netuno – 14:15 às 18:12 (exato 16:15)

Realizar trabalhos inspirados é realmente possível. O que está sendo feito é envolvido com beleza e sutileza. Dar um toque de *glamour* ajuda aos que querem se conhecer melhor. Momento excelente para *marketing* e criações visuais.

Lua conjunção Saturno – 17:26 às 21:19 (exato 19:24)

Agora é hora de levar tudo a sério. Tarefas têm que ser entregues no prazo e devem ser bem executadas. Muita cobrança no trabalho e em casa. A autoexigência é bem acentuada, deixando as pessoas com ar de preocupação.

Lua conjunção Plutão – 22:59 às 02:55 de 23/05 (exato 00:59 de 22/05)

O desafio é manter a responsabilidade e eficiência em todo o processo. A tensão está presente em todos. A pressão é forte para terminar tarefas em todos os âmbitos da vida. Não se tem tempo para falar de sentimentos, por isso é bom procurar um profissional da área para ajudar no processo.

DIA 23 DE MAIO - QUINTA-FEIRA

◯ *Cheia (Disseminadora)* ◯ *em Aquário às 14:50, LFC Início à 00:58, LFC Fim às 14:50*

Enquanto a Lua estiver em Aquário, procuramos momentos em que tenhamos mais liberdade e espaço aberto. O impulso é de realizar atividades independentes e criativas. O olhar é voltado para o futuro e para o contexto social. Grande interesse por assuntos originais e fora do comum. A Lua nesse Signo favorece profissões autônomas e horários flexíveis, como também empreendimentos pela internet e pelo celular.

Lua trígono Sol – 17:38 às 21:59 (exato 19:50)

Grande disposição para encontrar grupos. Quanto mais gente, melhor. Os assuntos preferidos são sobre atualidade, sociedade e política. Ótimo momento para trabalhar *on-line* e com redes sociais. A *network* fica muito acessível.

Lua quadratura Urano – 21:16 à 01:16 de 24/05 (exato 23:18)

A conversa pode acabar de repente. A mudança repentina para outra atividade pode gerar ansiedade, já que os planos podem ter que mudar de última hora. Usar a criatividade sempre é uma boa saída.

DIA 24 DE MAIO - SEXTA-FEIRA

◯ *Cheia (Disseminadora)* ◯ *em Aquário*

Lua trígono Mercúrio – 00:34 às 05:28 (exato 03:02)

Conversa inteligente com gente culta é o que pode aparecer, nem que seja virtualmente. Bom momento para produzir textos e responder pessoas que estão *on-line*.

Lua quadratura Vênus – 11:04 às 15:30 (exato 13:18)

Insatisfação pode deixar as pessoas sem tolerância para que as coisas fluam como deveria ser. Não é uma boa hora para acordos, negociações, compras e vendas. Cuidado para não exigir muito do outro.

DIA 25 DE MAIO - SÁBADO

◯ *Cheia (Disseminadora)* ◯ *em Aquário, LFC Início às 09:52*

Lua sextil Júpiter – 07:51 às 11:51 (exato 09:52)

Manhã de sábado começa com muita energia e motivação. Bom para atividade ao ar livre, exercícios e para encontrar muita gente. Se a atividade principal é o trabalho, começar por projetos novos e diferentes vai fazer a manhã render.

DIA 26 DE MAIO - DOMINGO

☽ *Minguante às 13:35 em 05°09' de Peixes* ☽ *em Peixes às 03:08, LFC Fim à 03:08*

Enquanto a Lua estiver em Peixes, é essencial que estejamos conectados com algo maior e que, acima de tudo, as crenças interiores façam sentido. Favorece atividades artísticas e criativas. Muito bom para quem trabalha no âmbito psíquico e também com assuntos místicos. A sensibilidade pode estar muito alta, então é bom evitarmos lugares cheios e barulhentos.

Lua sextil Urano – 09:59 às 14:04 (exato 12:03)

Ânimo extra para a criatividade e inovação. A conexão interpessoal está muito fluida e é possível criar coisas muito legais, principalmente de forma coletiva. Visitar feiras de tecnologia é um bom programa.

Lua quadratura Sol – 11:20 às 15:46 (exato 13:35)

Parar para descansar e fazer uma refeição saudável pode impedir desgaste e perda de energia. A autoconfiança está fraca e as pessoas podem não estar muito disponíveis.

Lua trígono Marte – 14:57 às 19:15 (exato 17:08)

Uma caminhada ao ar livre pode ser agradável e revigorante. Os parques são ótimos lugares para passear e encontrar pessoas. A energia é sutil, mas restauradora.

DIA 27 DE MAIO - SEGUNDA-FEIRA

☽ *Minguante* ☽ *em Peixes*

Lua quadratura Mercúrio – 02:37 às 07:35 (exato 05:08)

Não é um bom momento para responder ou redigir mensagens de texto, pois o que se está pensando em transmitir pode estar distorcido. Pode haver desentendimentos por falhas na comunicação e interpretações erradas das palavras.

Lua sextil Vênus – 06:37 às 11:07 (exato 08:53)

Vale começar o dia cuidando da aparência. Bom para procedimentos como limpeza de pele e depilação. Podem surgir oportunidades de bons negócios. Com a autoestima alta, é possível achar as pessoas certas.

Lua conjunção Netuno – 14:38 às 18:40 (exato 16:40)

Confusão é eminente; então, adiar aquela reunião importante é uma opção sensata. O senso artístico e musical é sentido fortemente agora, e atividades criativas são recomendadas.

Lua sextil Saturno – 17:21 às 21:23 (exato 19:23)

A competência é o toque do momento. Oportunidades de realizar tarefas surgem. Contatar pessoas experientes e profissionais pode ser um recurso para desenvolver qualquer projeto. Bom momento para aprimorar o que já se domina.

Lua quadratura Júpiter – 19:55 às 23:53 (exato 21:56)

O excesso pode ser desvantajoso e causar prejuízos. Às vezes, menos é mais. Estar disposto a cortar gastos fará bem. A procrastinação pode atrapalhar e adiar os compromissos importantes.

Lua sextil Plutão – 23:20 às 03:20 de 28/05 (exato 01:22 de 28/05)

O poder pessoal torna o momento muito especial. Possibilidade de se dissolver situações difíceis. Dúvidas podem ser esclarecidas. Coisa perdidas podem ser encontradas.

DIA 28 DE MAIO - TERÇA-FEIRA

☽ *Minguante* ☽ *em Áries às 15:32, LFC Início à 01:22, LFC Fim às 15:32*

Enquanto a Lua estiver em Áries, estar na chefia e comando é muito produtivo. A iniciativa acrescida da liberdade de ação leva a um nível de satisfação alto. A coragem e a competitividade impulsionam as coisas para que elas se iniciem e saiam do plano das ideias. A dica aqui é pensar para não se precipitar. Novas possibilidades surgem. A prática de exercícios deve ser feita para manutenção da saúde.

Hoje a Lua não faz aspectos com outros planetas no Céu. Devemos observar recomendações para a fase e o Signo em que ela se encontra.

DIA 29 DE MAIO - QUARTA-FEIRA

☽ *Minguante (Balsâmica)* ☽ *em Áries*

Lua sextil Sol – 04:43 às 08:58 (exato 06:53)

A autoestima está coerente com as atitudes. Sentir-se capaz é muito importante. Aproveite essa onda otimista para cuidar-se e não exagerar, pois a Lua Balsâmica pede preparação para a próxima fase.

Lua quadratura Marte – 06:25 às 10:35 (exato 08:31)

Quando a competição é o fim e não o meio, é sinal que não se está pensando nas tarefas. Fazer uma caminhada ou exercícios leves dissipa o excesso de energia, impedindo que ela seja descarregada em quem não merece.

DIA 30 DE MAIO - QUINTA-FEIRA

☽ *Minguante (Balsâmica)* ☽ *em Áries, LFC Início às 12:09*

Lua sextil Mercúrio – 02:44 às 07:17 (exato 05:04)

É hora de pensar e sentir em sintonia; é um momento muito bom para iniciativas, mesmo na situação de encerramento de algo. Tem coisas que precisam de bons pensamentos para que o direcionamento da ação seja assertiva. A comunicação fica clara, especialmente no começo de manhã.

Lua quadratura Saturno – 04:21 às 08:11 (exato 06:17)

Agora é sentido um mau humor que pode indicar bloqueios. A sensação é de falta de produtividade, apesar da intenção de agir. Não é hora de se sobrecarregar nem de ceder à pressão para entregar mais do que se aguenta. Dentista: só em caso de emergência.

Lua trígono Júpiter – 06:26 às 10:16 (exato 08:22)

É um misto de energias, e esta, agora, é de otimismo e confiança. A confiança supera as dificuldades. O bom senso, aliado ao conhecimento, pode mostrar qual caminho é mais tranquilo para se alcançar a expectativa de sucesso.

Lua quadratura Plutão – 10:13 às 14:03 (exato 12:09)

O efeito sanfona que começou neste dia culmina com a sensação de estar no limite. Evitar a todo custo bater de frente com as pessoas pode ser uma solução. A Comunicação Não-Violenta (CNV) é um instrumento extremamente útil agora. Não são aconselháveis cirurgias, a não ser que seja urgente.

DIA 31 DE MAIO - SEXTA-FEIRA

☽ *Minguante (Balsâmica)* ☽ *em Touro à 01:44, LFC Fim à 01:44*

Enquanto a Lua estiver em Touro, é hora de cuidar da parte material e pensar de forma prática e simples. Segurança e estabilidade são valores a serem conquistados. Momento onde as situações tendem a permanecer sem grandes alterações. Atividades estéticas como, por exemplo, perfumes para o corpo e para a casa, caem muito bem. Boa comida e ambiente confortável é o que se almeja nesta fase.

Lua conjunção Urano – 08:34 às 12:18 (exato 10:27)

Tem um pensamento ansioso que tende a arriscar, mas não vai ser bom. Tomadas de decisão apressadas não dão certo. Fazer uma atividade física leve ajuda a passar o tempo e a encontrar um caminho mais construtivo.

Lua sextil Marte – 18:51 às 22:45 (exato 20:50)

Happy hour muito legal, gente animada e com muita disposição. É hora de agir na conquista e nas atitudes afinadas com o valor pessoal. Cuidados pessoais têm muito resultado. É fácil criar momentos confortáveis e agradáveis.

Junho 2019

Domingo	Segunda-feira	Terça-feira	Quarta-feira	Quinta-feira	Sexta-feira	Sábado
						1
						Lua Minguante em Touro LFC Início às 19:54
2 ♊	3	4 ♋	5	6 ♌	7	8 ♍
Lua Minguante em Gêmeos às 08:48 LFC Fim às 08:48	Lua Nova às 07:03 em Gêmeos Lua em Gêmeos	Lua Nova em Câncer às 22:24 LFC 12:43 às 22:24	Lua Nova em Câncer	Lua Nova em Leão às 16:16 LFC 11:11 às 16:16	Lua Nova em Leão	Lua Nova em Virgem às 18:46 LFC 18:24 às 18:46
9	10 ♎	11	12	13 ♏	14	15 ♐
Lua Nova em Virgem	Lua Crescente às 03:00 em Virgem Lua em Libra às 21:30 LFC 09:02 às 21:30	Lua Crescente em Libra	Lua Crescente em Libra LFC Início às 12:16	Lua Crescente em Escorpião à 01:03 LFC Fim às 10:03	Lua Crescente em Escorpião LFC Inicio às 16:46	Lua Crescente em Sagitário às 06:04 LFC Fim às 06:04
16	17 ♑	18	19 ♒	20	21	23 ♓
Lua Crescente em Sagitário	Lua Cheia às 05:32 em Sagitário Lua em Capricórnio às 13:14 LFC 05:31 às 13:14	Lua Cheia em Capricórnio	Lua Cheia em Aquário às 23:01 LFC 08:20 às 23:01	Lua Cheia em Aquário	Lua Cheia em Aquário LFC Início às 11:03 *Sol no Signo de Touro às 12:54*	Lua Cheia em Peixes às 11:02 LFC Fim às 11:02
23	24 ♈	25	26	27 ♉	28	29 ♊
Lua Cheia em Peixes	Lua Cheia em Áries às 23:38 LFC 20:11 às 23:38	Lua Minguante às 06:48 em Áries Lua em Áries	Lua Minguante em Áries	Lua Minguante em Touro às 10:32 LFC 04:52 às 10:32	Lua Minguante em Touro	Lua Minguante em Gêmeos às 18:10 LFC 15:39 às 18:10

O Céu do mês de junho de 2019

O primeiro dia de junho começa com um aspecto bem sutil e, ao mesmo tempo, benéfico, principalmente em nível coletivo. Trata-se de Saturno em Capricórnio se harmonizando a Netuno em Peixes, que vai de 02/06 a 03/07 e vai favorecer as nossas ações no sentido de deixar nossa vida mais estruturada. Aquilo que representa segurança para você, e por isso mesmo lhe provoca um certo medo de errar, pode agora ser positivamente mexido e melhor estruturado.

Vênus e Plutão em trígono de 02 a 03/06 vai também favorecer a recuperação daquelas relações afetivas que estão por um fio. Mercúrio faz um trígono com Urano de 06 a 08/06 deixando o intelecto positivamente estimulado e criativo.

Mercúrio passa pelo Signo de Câncer no dia 04 e, a partir daí, a comunicação e os contatos sociais devem ficar muito mais voltados para as pessoas mais íntimas e queridas. Aproveite para fazer contato com aqueles que deixaram saudades e não vê faz tempo durante a permanência de Mercúrio em Câncer, que vai até 26/06.

Outro planeta que muda de Signo nesses dias é Vênus, que entra em Gêmeos no dia 08/06 e fica por lá até 03/07, o que também favorece os encontros sociais e a vontade de trocar informações e conversar.

Netuno tenciona o Sol (de 08 a 10/06) e a Júpiter (de 08 a 26/06), fazendo-nos descolar um pouco da realidade pelo lado do Sol, e aumentando a ligação com o lado mágico ou sutil/espiritual da vida, pelo lado de Júpiter. Procure manter um pé na realidade e faça um esforço para evitar preconceito de crenças, que você imagina universais, mas no fundo cada um tem a sua. Respeite-as, pois de 09 a 11/06 ocorre outra tensão no Céu, agora entre Sol e Júpiter, reforçando a tendência acima.

No dia dos namorados, Marte e Netuno iniciam um trígono que vai de 12 a 15/06, favorecendo as iniciativas de criar leveza e encantamento, muito propícios à data. Porém, logo depois, Mercúrio conjunto a Marte (de 16 a 19/06) se opõem a Saturno (de 13 a 17/06), e aquilo que parecia leve torna-se pesado e cheio de obstáculos. Disciplina e constância na ação serão primordiais agora. Evitar discussões mais ríspidas e decisões impulsivas também será benéfico. Como Mercúrio estará em trígono com Netuno de 15 a 17/06, talvez a intuição possa indicar saídas melhores do que o confronto verbal.

Marte e Mercúrio entram em rota de colisão com Plutão entre 18 e 21/06. São dias bem explosivos e tensos, onde podemos exagerar demais na forma de nos expressarmos, correndo o risco de nos arrependermos amargamente depois. Cautela e sangue frio serão muito bem-vindos nesse período.

Em 21/06 o Sol entra no Signo de Câncer. Isso quer dizer que desta data até 22/07 serão dias muito propícios para tratar de assuntos domésticos e estar mais presente em casa e junto a família. Reforçar os vínculos com as pessoas que já confia será também muito mais prazeroso do que buscar companhias de desconhecidos.

No período que vai de 23 a 25/06, tenha um certo cuidado com os gastos, porque Vênus fica afligida por Júpiter e Netuno simultaneamente. Você pode gastar demais e depois nem saber onde foi parar o dinheiro. Também não é um momento muito favorável para se apaixonar, porque a percepção do que te encanta agora também estará muito distorcida e inflada. Mercúrio também migra para Leão de 26/06 a 19/07, favorecendo a comunicação cheia de entusiasmo que contagia positivamente os ouvintes.

E, fechando o mês de junho, entre os dias 26 e 28 o Sol e Urano formam um sextil, elevando os ânimos e nos deixando dispostos a fazer mudanças pessoais ou implementar novos hábitos.

Posição diária da Lua no mês de junho

DIA 01 DE JUNHO – SÁBADO

☽ *Minguante (Balsâmica)* ☽ *em Touro¸ LFC Início às 19:54*

Lua sextil Netuno — 10:24 às 14:06 (exato 12:16)

Uma manhã perfeita para atividades lúdicas e criativas. Programas ligados à arte vão lhe conceder um olhar cheio de esperança, encantamento e magia para programar não só o fim de semana mas a semana toda. Se puder, faça tudo acompanhado de uma boa música.

Lua trígono Saturno — 12:41 às 16:02 (exato 14:13)

Este período lhe trará uma energia portadora de equilíbrio aos sentimentos e emoções. Terá uma tarde melhor se estiver com a sensação de dever cumprido. Após uma manhã encantadora, estas serão horas produtivas.

Lua conjunção Vênus — 14:56 às 18:56 (exato 16:57)

Este é um aspecto que proporciona agradar, seduzir, conquistar. Favorece a aproximação entre pessoas. Com o bom gosto aguçado, é um excelente momento, somado ao movimento anterior (Lua trígono Saturno) para sair e comprar o que precisa para decoração, artigos de vestuário e adornos.

Lua trígono Plutão —17:31 às 21:41 (exato 19:54)

Somando-se a um dia tão auspicioso, a noite lhe proporciona momentos de recuperação, desapego, revisão de armários, gavetas... Esta energia também lhe propõe a oportunidade de restaurar algo ligado aos relacionamentos.

DIA 02 DE JUNHO –DOMINGO

☽ *Minguante (Balsâmica)* ☽ *em Gêmeos às 08:48¸ LFC Fim às 08:48*

Enquanto a Lua estiver em Gêmeos, todos estão adaptáveis as circunstâncias, assim torna-se possível transitar nos mais diversos meios. Uma certa agitação, pressa além de um estado espirituoso é comum a este período. Bom para dedicar-se ao estudo, à escrita e para aprender algo novo. Se tem um objetivo em vista, será necessário energia extra para não esmorecer no meio do caminho.

DIA 03 DE JUNHO – SEGUNDA-FEIRA

● *Nova às 07:03 em 12°34' de Gêmeos* ● *em Gêmeos*

Lua conjunção Sol — 05:09 às 08:56 (exato 07:03)

O dia inicia cheio de um sentimento de que tudo é possível e de que é claro o que se precisa fazer para o alcance dos objetivos. Mesmo com esta energia, não aposte todas as fichas em um único negócio ou pensamento; o excesso de empolgação pode lhe afetar o discernimento.

Lua quadratura Netuno — 15:55 às 19:23 (exato 17:40)

Este é um período que expõe física, psíquica, emocional e espiritualmente. Se está com a saúde afetada, pode sentir uma piora; se está emocionalmente abalado pode sentir-se ainda mais triste. Tudo pode tomar proporções astronômicas e sem muito sentido, até sem explicação. A vulnerabilidade será companheira durante toda a tarde.

Lua oposição Júpiter — 18:50 às 22:17 (exato 20:36)

Pela indisposição, o mau humor pode lhe afetar no período da noite; como o clima de insatisfação é grande, tenha cuidado e atenção para não cair em armadilhas que oferecem soluções mágicas, fáceis e rápidas. Lembre-se: o mesmo clima está para todos.

DIA 04 DE JUNHO – TERÇA-FEIRA

● *Nova* ● *em Câncer às 22:24, LFC Início às 12:43, LFC Fim às 22:24*

Enquanto a Lua estiver em Câncer, são momentos em que memórias do passado e um sentimento de *déjà vu* podem prender muito da nossa atenção, fazendo com que assuntos mais emergenciais sejam negligenciados. É importante aparar todas as arestas referentes ao passado para seguir em frente.

Lua conjunção Mercúrio — 10:43 às 14:40 (exato 12:43)

Excelente momento para levantar informações, procurar e/ou marcar entrevista de emprego, anunciar imóveis, por exemplo, ou qualquer tipo de anúncio. A mente está ligada a nossas necessidades mais íntimas, o que torna mais confortável expressa-las. Se nos deixarmos levar pelas emoções livremente, podemos perder um pouco da clareza.

Lua sextil Urano — 19:54 às 23:20 (exato 21:38)

A noite promete *starts* de criatividade e engenhosidade. Problemas e diferenças com outras pessoas podem ser solucionados mais facilmente. Aproveite para sair da rotina e entregar-se a algo diferente, o que poderá gerar novas sensações.

DIA 05 DE JUNHO – QUARTA-FEIRA

● *Nova* ● *em Câncer*

Lua conjunção Marte — 10:00 às 13:35 (exato 11:49)

Momentos de aceleração, propensos à irritação e impaciência caso os acontecimentos da manhã não ocorram no tempo desejado. Será preciso respirar fundo e procurar apaziguar o ânimos; assim, logo poderemos vislumbrar tudo se encadeando como esperado.

Lua trígono Netuno — 19:24 às 22:47 (exato 21:07)

Estaremos inspirados e sensíveis ao estado de espírito dos outros. É um momento de declarações e entregas verdadeiras, onde podemos esperar dos parceiros e entregar a eles o melhor. Causas humanitárias/beneficentes podem nos chamar atenção especial.

Lua oposição Saturno — 20:47 à 00:08 de 06/06 (exato 22:29)

Pensamentos rígidos e engessados podem surgir, dificultando uma boa noite de sono. Teimosia e bater na mesma tecla devem ser comportamentos policiados para não gerar momentos de intransigência. Procure algo para relaxar, algo do seu agrado, como uma boa leitura ou um bom filme.

DIA 06 DE JUNHO – QUINTA-FEIRA

● *Nova* ● *em Leão às 16:16, LFC Início às 11:11, LFC Fim às 16:16*

Enquanto a Lua estiver em Leão, há uma necessidade de se destacar e sentir-se importante; isso nos levará a preferir o uso de serviços especiais e tratamentos personalizados. Ser tratado com reverência fará a diferença.

Lua oposição Plutão — 02:18 às 05:42 (exato 04:01)

Este aspecto no dia tende a deixar todos mais rudes ou com sentimentos de opressão. As emoções influenciam nas decisões, carregando um peso obsessivo e compulsivo pelo desejo de estar no controle. Aos que trabalham neste período, procure evitar lugares desconhecidos e enfrentamentos desnecessários.

Lua sextil Vênus — 09:19 às 13:01 (exato 11:11)

A manhã escoa toda a energia da madrugada. Momentos de *glamour* e de um sentimento de autoestima elevado. Aproveitar para fazer trocas, comprar adereços, escolher presentes lhe trará satisfação. Cuidado para não sair gastando demais.

Lua quadratura Urano — 22:56 às 02:18 de 07/06 (exato 00:38 de 07/06)

Este é um aspecto que promete uma noite bem agitada, com o sono comprometido por demasiada ansiedade. Melhor é assistir à TV ou tentar alguma técnica de relaxamento. O importante é ter em mente que o momento vai passar.

DIA 07 DE JUNHO – SEXTA-FEIRA

● *Nova* ● *em Leão*

Lua sextil Sol — 18:59 às 22:35 (exato 20:48)

A energia que toma conta é de harmonia e coesão com nossos sentimentos e emoções. É um aspecto propício para aconselhamento com parceiros, pessoas em quem podemos confiar. Nos sentiremos acolhidos e acolhedores e ficará clara nossa troca.

Lua trígono Júpiter — 23:55 às 03:16 de 08/06 (exato 01:36 de 08/06)

É um momento cercado de fé e otimismo. O sentimento é de que dando o primeiro passo tudo se resolverá, superando as expectativas. Bom também para reconhecer o outro e ser reconhecido.

DIA 08 DE JUNHO – SÁBADO

● *Nova* ● *em Virgem às 18:46, LFC Início às 18:24, LFC Fim às 18:46*

Enquanto a Lua estiver em Virgem, a praticidade, organização, estar atentos aos detalhes nos ajudará a realizar com rapidez todas as tarefas pré-estabelecidas. Um ambiente limpo, livre de entulhos auxiliará na produtividade e no sono. É aconselhável ficarmos atentos ao que comemos, pois o aparelho digestivo pode estar mais sensível; aqui uma alimentação leve e saudável pode evitar momentos de indigestão e mal-estar.

Lua quadratura Vênus — 16:32 às 20:15 (exato 18:24)

Neste fim de tarde e início da noite, estamos propensos a sensibilidade e vulneráveis a qualquer pequeno acontecimento que em qualquer outra ocasião passaria despercebido. Todas as atividades ou tarefas se apresentam mais cansativas e particularmente desinteressantes. Este sentimento pode nos impedir de fazer o que realmente nos traria prazer.

DIA 09 DE JUNHO – DOMINGO

● *Nova* ● *em Virgem*

Lua trígono Urano — 01:33 às 04:58 (exato 03:17)

É possível sermos surpreendidos positivamente por membros de nossa família. Visitas ou encontros inusitados também estão favoráveis. Momentos incluirão comportamentos ousados e inusitados, tanto nossos como dos que estão à nossa volta.

Lua sextil Mercúrio — 06:38 às 10:28 (exato 08:34)

Falar com pessoas com quem não tem contato há algum tempo está favorecido. Colocar as notícias em dia e contar o que vem acontecendo pode ser uma forma divertida e agradável de aproveitar a manhã de domingo.

Lua sextil Marte — 19:58 às 23:32 (exato 21:46)

Todos estamos com os instintos bem aguçados, o que provoca embates positivamente calorosos. Será difícil resistir às paixões, e ceder com maior facilidade aos impulsos será naturalmente prazeroso.

DIA 10 DE JUNHO – SEGUNDA-FEIRA

☾ *Crescente às 03:00 em 19º06' de Virgem ☾ em Libra às 21:30, LFC Início às 09:02, LFC Fim às 21:30*

Enquanto a Lua estiver em Libra, vibra um sentimento de que tudo está harmônico; relações e ambientes nos trazem a sensação de equilíbrio. É um excelente período para a atividades que necessitem cooperação, e se estiverem relacionadas a estética e a proporção das coisas, muito melhor.

Lua oposição Netuno — 00:36 às 03:59 (exato 02:19)

Essa combinação traz um pouco de preguiça e torna as coisas mais indefinidas. Aproveite para se recuperar do fim de semana dinâmico; tome um banho bem relaxante, coloque uma roupa confortável e vá dormir.

Lua quadratura Sol — 01:09 às 04:59 (exato 03:00)

A segunda-feira amanhece após uma noite inquieta e com uma certa falta de energia; é provável que este aspecto somado ao período anterior faça com que o sono não seja contínuo e restaurador. O equilíbrio dessas forças estará em conflito; se não consegue dormir, procure manter-se relaxado.

Lua trígono Saturno — 01:32 às 04:53 (exato 03:14)

Um certo conforto relacionado ao sentimento de dever cumprido lhe proporcionará algum consolo; o pensamento equilibrado e comprometido pode trazer algum alívio.

Lua trígono Plutão — 07:19 às 10:42 (exato 09:02)

O início da manhã está com clima ótimo para agendar aquele exame que vem sendo adiado. Os resultados serão precisos. Se tiver a oportunidade de dormir um pouco mais será ótimo, pois o sono será altamente reparador.

DIA 11 DE JUNHO – TERÇA-FEIRA

☾ *Crescente* ☾ *em Libra*

Lua trígono Vênus — 00:03 às 03:46 (exato 01:56)

Período agradável em que a melhor maneira de obter os resultados desejados é usar a diplomacia e o charme. Faça algo que lhe dê prazer, principalmente se for com seu par.

Lua quadratura Mercúrio — 16:06 às 19:59 (exato 18:04)

Aqui o que falamos não reflete o que sentimos, e o que ouvimos pode não ser o que o outro tentou dizer. Pense, reflita sobre o que vai falar para não causar nenhum mal-entendido.

DIA 12 DE JUNHO – QUARTA-FEIRA

☾ *Crescente* ☾ *em Libra, LFC Início às 12:16*

Lua quadratura Marte — 01:29 às 05:06 (exato 03:20)

Para aliviar a ansiedade da noite, procure respirar profundamente. Ficar sozinho, quieto em seu canto pode arrefecer esta madrugada de agitação interna, que por si pode não ter muita explicação.

Lua quadratura Saturno — 04:28 às 07:55 (exato 06:12)

O início do dia pode provocar um excesso de trabalho e desencontros. Em virtude deste momento e somando-se o impacto do aspecto anterior, nem pense na excelência ou perfeição de qualquer trabalho.

Lua sextil Júpiter — 04:44 às 08:08 (exato 06:28)

Para amenizar todo o estresse da madrugada surge uma sensação de otimismo, de que tudo passa e de que novos momentos mais positivos estão pela frente. Pense positivo.

Lua trígono Sol — 08:06 às 11:48 (exato 09:58)

Pela manhã, plenitude e equilíbrio emocional. Pronto, podemos colocar em ordem qualquer pendência ou questão a decidir. Como estamos vendo com clareza tudo à nossa frente, excelente momento para decisões e comprometimento.

Lua quadratura Plutão — 10:32 às 13:59 (exato 12:16)

Durante este aspecto fuja dos embates emocionais, especialmente se envolvem questões financeiras. Suspeitas infundadas, manipulações e comportamentos obsessivos costumam gerar crises. Temos que ter cuidado e ficar atentos.

DIA 13 DE JUNHO – QUINTA-FEIRA

☾ *Crescente* ☾ *em Escorpião à 01:03, LFC Fim às 10:03*

Enquanto a Lua estiver em Escorpião, privacidade é algo que vamos levar a sério. Respeitar os limites, nossos e dos outros. Podemos nos sentir facilmente ofendidos por muito pouco, e mais lentos e sem pretensão de perdoar.

Lua oposição Urano — 08:25 às 11:55 (exato 10:12)

Nada parece seguir o programa, e tentar controlar a agenda é um desperdício nessa manhã. Tentar tornar equilibrada a vontade de todos será impossível. O melhor é exercitar a flexibilidade e tentar acordar o inesperado.

DIA 14 DE JUNHO – SEXTA-FEIRA

☾ *Crescente* ☾ *em Escorpião, LFC Início às 16:46*

Lua trígono Mercúrio — 02:34 às 06:33 (exato 04:34)

A madrugada poderá se estender com muito bate-papo e trocas de informação. Internet "a mil". As palavras expressam bem nossos pensamentos, e podemos fazer uma boa lista de coisas a serem cumpridas durante o dia.

Lua trígono Netuno — 08:06 às 11:39 (exato 09:54)

Manhã propícia para introduzir alguns elementos de encantamento na vida. Seja lá o que escolha fazer, faça com charme e suavidade, assim estará favorecendo as circunstâncias e os acontecimentos felizes.

Lua trígono Marte — 08:20 às 12:05 (exato 10:14)

Esta manhã está mesmo privilegiada para aqueles que têm atividades como esportes e academia. Também é excelente para tomarmos atitudes e decisões. O que nos propusermos a fazer deve ser feito. Tudo será resolvido a contento.

Lua sextil Saturno — 08:34 às 12:08 (exato 10:22)
Conseguimos apaziguar as emoções, isso nos permite sermos mais racionais e termos uma visão das coisas de acordo com a realidade. Marcando um compromisso para esse horário, é garantia de que será cumprido.

Lua sextil Plutão — 14:58 às 16:46 (exato 16:47)
Excelente horário para qualquer tipo de terapia ou tratamentos. Há uma ótima energia de recuperação e cura, principalmente para aqueles que possuem grande fé em algo maior. Neste momento, temos o poder de recuperar também algo que perdemos, como uma chance ou mesmo uma relação.

DIA 15 DE JUNHO – SÁBADO

☾ Crescente ☾ em Sagitário às 06:04, LFC Fim às 06:04

Enquanto a Lua estiver em Sagitário, podemos planejar viagens ou mesmo viajar. O longe, o desconhecido o desbravamento, incitará nosso espírito de aventura. Palestras, congressos ou simpósios estão indicados.

Lua oposição Vênus — 19:23 às 23:23 (exato 21:24)
Os carentes de plantão que se cuidem! Sob esse aspecto exigimos, muitas vezes, mais do que o outro pode ofertar. Por isso o melhor será descansar a cabeça e o coração. Nada de cobranças.

DIA 16 DE JUNHO– DOMINGO

☾ Crescente ☾ em Sagitário

Lua conjunção Júpiter — 14:18 às 17:58 (exato 16:10)
Muito otimismo para iniciarmos a semana com o "pé direito". Benéfico para as viagens em geral. Para quem gosta de estudar ou trabalhar, essas horas favorecem os assuntos ligados à lei, à justiça e ao estudo de idiomas.

Lua quadratura Netuno — 16:40 às 14:21 (exato 16:12)

Estamos suportando muito pouco as adversidades. Devemos fazer algo por alguém necessitado. Essa atitude de solidariedade cederá a fragilidade de nossas emoções nesse momento.

DIA 17 DE JUNHO – SEGUNDA-FEIRA

○ Cheia às 05:32 em 25°53' de Sagitário ○ em Capricórnio às 13:14, LFC Início às 05:31, LFC Fim às 13:14

Enquanto a Lua estiver em Capricórnio, estaremos mais reservados e prudentes. Há maior preocupação com a segurança material. Mercado de trabalho em alta. Favorece agências, anúncios de emprego, treinamento de pessoal e especializações.

Lua oposição Sol — 03:29 às 07:33 (exato 05:32)

O que é conhecido e familiar se confronta com o novo, podendo causar conflito e nos deixar divididos. No âmbito pessoal, pode ser um momento para deixar antigas necessidades emocionais para trás e abrir espaço para novos desejos e ideais.

Lua trígono Urano — 21:34 à 01:25 de 18/06 (exato 23:30)

A noite pode trazer surpresas que nos favorecem. Muita rapidez no desenrolar das situações. Aproveitar para abrir espaço para novos aprendizados.

DIA 18 DE JUNHO – TERÇA-FEIRA

○ Cheia ○ em Capricórnio

Lua conjunção Saturno — 22:56 às 02:49 de 19/06 (exato 00:55 de 19/06)

Bom momento para realizar estudos e trabalhos que requeiram disciplina. O planejamento do futuro agora conta com um sentimento realista e uma larga visão de possibilidades a serem realizadas.

DIA 19 DE JUNHO – QUARTA-FEIRA

○ Cheia ○ em Aquário às 23:01, LFC Início às 08:20, LFC Fim às 23:01

Enquanto a Lua estiver em Aquário, ficamos mais soltos e podemos aproveitar para frequentar lugares diferentes dos habituais e conhecer pessoas fora de nosso círculo social. Experimentar ter atitudes diferentes frente às mesmas situações conhecidas também estará bem de acordo com a tônica do momento.

Lua oposição Marte — 05:19 às 09:26 (exato 07:23)

Aspecto que pode indicar um embate com o outro. Nos relacionamentos, tome cuidado com atitudes reativas. Há uma tendência a projetar nossa irritabilidade no outro, criando conflitos. Procure extravasar essa energia em alguma atividade física.

Lua conjunção Plutão — 06:20 às 10:13 (exato 08:18)

Grande capacidade de concentração e realização. Bom momento para encarar qualquer desafio que exija dedicação. A regeneração da saúde também está favorecida. Cuidado com o excesso de controle e a possessividade.

Lua oposição Mercúrio — 06:09 às 10:29 (exato 08:20)

O tráfego no final do dia não promete estar muito bom. Há uma energia nervosa no ar e todos os deslocamentos e comunicações podem sofrer certa flutuação. Não confie em dados que não foram suficientemente checados. Não é um bom momento para assinatura de contratos.

DIA 20 DE JUNHO – QUINTA-FEIRA

◯ *Cheia* ◯ *em Aquário*

Lua quadratura Urano — 07:56 às 11:56 (exato 09:57)

O início da manhã promete reviravoltas e surpresas nem sempre desejáveis. A vontade de permanecer na zona de conforto é ameaçada por situações que nos forçam a sair do que é conhecido e familiar. Procure exercitar a tolerância.

DIA 21 DE JUNHO – SEXTA-FEIRA

◯ *Cheia* ◯ *em Aquário, LFC Início às 11:03*

Entrada do Sol no Signo de Câncer às 12h54min08seg

Solstício de Verão H. Norte — Solstício de Inverno H. Sul

Lua trígono Vênus — 02:27 às 06:55 (exato 04:43)

O dia começa com um belíssimo aspecto que traz uma sensação de harmonia com o meio que nos cerca, especialmente com aqueles que amamos. Devemos expressar nosso afeto sem reservas e aproveitar essa energia para resolver algum possível mal-entendido.

Lua sextil Júpiter — 09:02 às 13:02 (exato 11:03)

Às vezes, precisamos perder algo para ganhar algo muito, muito melhor. Essa manhã é perfeita para aproveitar oportunidades, aprender, ensinar e ser reconhecido. É a esperança que nos visita, trazendo mais brilho.

DIA 22 DE JUNHO – SÁBADO

○ *Cheia* ○ *em Peixes ás 11:02, LFC Fim às 11:02*

Enquanto a Lua estiver em Peixes, permita a entrada do sonho e do sagrado em seu dia a dia. Ficamos mais sensíveis e isso também se reflete na nossa tolerância física. Cuidado com álcool, medicamentos e alimentos, pois estamos mais suscetíveis às intoxicações.

Lua trígono Sol — 10:46 às 15:09 (exato 12:59)

Cooperação vem fácil entre a manhã e a tarde de sábado. Aproveite para marcar a apresentação de uma ideia, em especial algo rico em imaginação; sua audiência estará mais receptiva.

Lua sextil Urano — 20:22 à 00:26 de 23/06 (exato 22:26)

A rotina será quebrada por acontecimentos inesperados. Abra-se ao novo e veja o tédio desaparecer como mágica. Não programe nada, simplesmente permita-se uma pequena ousadia.

DIA 23 DE JUNHO – DOMINGO

○ *Cheia* ○ *em Peixes*

Lua quadratura Júpiter — 21:03 à 01:03 (exato 23:04)

Às vezes, o otimismo pode nos levar ao exagero. Nessa madrugada, é preciso tomar cuidado com exageros. Sob essa influência, não percebemos nossos limites.

Lua sextil Saturno — 22:07 às 02:11 de 24/04 (exato 00:10 de 24/06)

O fim do dia pode até não ser dos mais entusiasmantes, mas persista em seus objetivos; com a clareza mental em alta, os resultados serão bem concretos.

Lua quadratura Vênus — 21:57 às 02:29 de 24/06 (exato 00:15 de 24/06)

Estamos especialmente vulneráveis emocionalmente. Não sabemos identificar com clareza o que queremos ou, até mesmo, o que precisamos. Queremos intimidade, aquilo que conhecemos ou prazeres mais imediatos? Ficar em casa ou sair? É preciso ser cuidadoso com as escolhas.

Lua conjunção Netuno — 22:55 às 02:57 de 24/06 (exato 00:57 de 24/06)

Há delicadeza e cuidado no trato com o outro. Coincidências positivas trazem encantamento e reforçam o clima romântico. Use a imaginação e a doçura e curta a leveza do momento.

DIA 24 DE JUNHO – SEGUNDA-FEIRA

◯ *Cheia* ◯ *em Áries às 23:38, LFC Início às 20:11, LFC Fim às 23:38*

Enquanto a Lua estiver em Áries, nos entusiasmamos com facilidade. Sob essa energia, sentimos que podemos dar conta de todo e qualquer desafio. Nada melhor do que essa sensação para começar a semana!

Lua sextil Plutão — 06:16 às 10:19 (exato 08:18)

Excelente manhã para agendar exames de rotina. É difícil algo escapar sob esse aspecto. Também é um bom momento para atividades cujo foco sejam a recuperação ou purificação do organismo. Aproveite as primeiras horas para se aproximar das pessoas mais influentes em seu ambiente de trabalho.

Lua trígono Marte — 12:13 às 16:28 (exato 14:23)

Respeite suas vontades e seja autêntico. Essa é uma boa maneira de contornar a bagunça causada pelo trânsito descrito anteriormente. Tome a iniciativa de quebrar a rotina e inclua alguma atividade física em seu cardápio para esta manhã. Isso ajudará a espantar as teias de aranha do pensamento.

Lua trígono Mercúrio — 17:59 às 22:21 (exato 20:11)

Precisa estudar para aquela prova difícil? Se esse for o caso, esta noite facilita a esticada; beneficiada pelo trânsito anterior, as chances de ter uma madrugada produtiva são excelentes.

DIA 25 DE JUNHO – TERÇA-FEIRA

☽ *Minguante às 06:48 em 03°34' de Áries* ☽ *em Áries*

Lua quadratura Sol — 04:36 às 08:55 (exato 06:48)

Sentimentos desencontrados prejudicam o descanso. Temos dificuldades em conciliar o que queremos com o que precisamos. Impacientes e irritadiços, podemos provocar os outros sem necessidade, piorando a situação.

DIA 26 DE JUNHO – QUARTA-FEIRA

☽ *Minguante* ☽ *em Áries*

Lua trígono Júpiter — 08:22 às 12:16 (exato 10:21)

Uma boa manhã para eventos com pessoas de destaque. Associar-se a elas poderá trazer uma vantagem muito positiva aos negócios. Abundância e generosidade estão presentes nesta manhã, abençoando nossas intenções.

Lua quadratura Saturno — 09:41 às 13:35 (exato 11:39)

Apesar do movimento anterior em paralelo, parece que trazemos o peso do mundo sobre os nossos ombros. Agora é hora de baixar a cabeça e dar duro. O trabalho bem-feito deve ser o suficiente para nos acalentar.

Lua sextil Vênus — 16:29 às 20:48 (exato 18:39)

Boas chances de melhorarmos nossos relacionamentos. Reuniões agradáveis com pessoas com as quais temos afinidades estão favorecidas e trazem bons frutos.

Lua quadratura Plutão — 17:45 às 21:39 (exato 19:44)

Evite bate-bocas esta noite. O ideal é fugir de qualquer assunto com potencial para complicações emocionais. O mesmo vale para pensamentos obsessivos. Estamos em ebulição, e as crises que surgirem são, possivelmente, reflexos da nossa paisagem interior.

DIA 27 DE JUNHO – QUINTA-FEIRA

☽ Minguante ☽ em Touro às 10:32, LFC Início às 04:52, LFC Fim às 10:32

Enquanto a Lua estiver em Touro, fica mais fácil tratar de assuntos sobre finanças, preços, fechar negócios e realizar compras. Todos estarão se dedicando a algo que tenha firmeza e constância. Favorece lançar empreendimentos imobiliários e coisas para as quais se queira constância e longa duração.

Lua quadratura Marte — 02:49 às 06:53 (exato 04:53)

Se você possui dificuldades para dormir, tente deitar-se mais cedo. Marte confere um fluxo de energia muito alto que não é compatível com o horário. No entanto, se você trabalha bem de noite, aponte o lápis e vá assinalando sua lista de afazeres.

Lua quadratura Mercúrio — 09:19 às 13:25 (exato 11:24)

Tal configuração inclina para uma língua ferina; no melhor dos casos, induzidos pelo nervosismo ou indecisão, acabamos falando algo que não reflete com sinceridade o que estamos sentindo, ocasionando tristeza naqueles que amamos.

Lua conjunção Urano — 19:41 às 23:28 (exato 21:36)

Favorece passar a borracha e realizar a mudança sem tocar no assunto. Romper com o que estava te chateando por meio da simples desconexão momentânea sobre o fato gerador. Tente algo inusitado e o resto se encaminhará.

Lua sextil Sol — 20:04 à 00:10 de 28/06 (exato 22:08)

Sob este aspecto, o astral melhora bastante. Mais intuitivos, somos capazes de vislumbrar as melhores soluções para os impasses que porventura tenham ocorrido no dia de hoje. Esse também é um aspecto que beneficia o relacionamento conjugal.

DIA 28 DE JUNHO – SEXTA-FEIRA

☽ Minguante (Balsâmica) ☽ em Touro

Lua trígono Saturno — 18:30 às 22:10 (exato 20:21)

Nesse horário tudo tende a sair como combinado. Temos maior capacidade de realizar o que queremos, pois contamos com autocontrole e disciplina. Estamos mais persistentes.

Lua sextil Netuno — 19:47 às 23:28 (exato 21:39)

Ótimo para um teatro ou show para completar nossa noite. Estamos mais sensíveis e empáticos. Aumento da inspiração, o que favorece os poetas, os músicos e os artistas de modo geral. Podemos nos deparar com uma feliz coincidência.

DIA 29 DE JUNHO – SÁBADO

☽ Minguante (Balsâmica) ☽ em Gêmeos às 18:10, LFC Início às 15:39, LFC Fim às 18:10

Enquanto a Lua estiver em Gêmeos, ficamos mais comunicativos, curiosos e tagarelas. Podemos ver os dois lados de tudo e nos adaptamos com mais facilidade às situações.

Lua trígono Plutão — 02:16 às 05:58 (exato 04:09)

A madrugada é perfeita para restaurar nossas forças. Acordamos revigorados, renovados e prontos para aproveitar o sábado!

Lua sextil Marte — 13:45 às 17:32 (exato 15:39)

Espontaneidade e sinceridade aliviam as tensões nos relacionamentos. Tome a iniciativa e aposte na ousadia para conquistar aquilo que deseja.

Lua sextil Mercúrio — 19:59 às 23:44 (exato 21:52)

Aproveite para planejar uma viagem curta para o domingo. Pode receber notícias favoráveis ao longo do período, que podem estar relacionadas com irmãos ou parentes.

DIA 30 DE JUNHO – DOMINGO

☽ *Minguante (Balsâmica)* ☽ *em Gêmeos*

Lua oposição Júpiter — 22:22 à 01:49 de 01/07 (exato 00:07 de 01/07)

Resultados frustrantes são, muitas vezes, consequência de expectativas desmedidas. Esperar que as coisas caiam do Céu não nos levará muito longe. Ambições precisam ser revistas, redesenhadas e redimensionadas.

Julho 2019

Domingo	Segunda-feira	Terça-feira	Quarta-feira	Quinta-feira	Sexta-feira	Sábado
	1 ♋ Lua Minguante em Câncer às 22:24 LFC 18:49 às 22:24	2 Lua Nova às 16:17 em Câncer Lua em Câncer *Eclipse Solar às 16:24 em Câncer*	3 Lua Nova em Câncer LFC Início às 11:25	4 ♌ Lua Nova em Leão à 00:20 LFC Fim à 00:20	5 Lua Nova em Leão LFC Início às 03:25	6 ♍ Lua Nova em Virgem à 01:26 LFC Fim à 01:26
7 Lua Nova em Virgem LFC Início às 13:51	8 ♎ Lua Nova em Libra às 03:08 LFC Fim às 03:08 *Início Mercúrio Retrógrado*	9 Lua Crescente às 07:56 em Libra Lua em Libra LFC Início às 16:36 *Mercúrio Retrógrado*	10 ♏ Lua Crescente em Escorpião às 06:29 LFC Fim às 06:29 *Mercúrio Retrógrado*	11 Lua Crescente em Escorpião LFC Início às 21:29 *Mercúrio Retrógrado*	12 ♐ Lua Crescente em Sagitário às 12:06 LFC Fim às 12:06 *Mercúrio Retrógrado*	13 Lua Crescente em Sagitário LFC Início às 22:31 *Mercúrio Retrógrado*
14 ♑ Lua Crescente em Capricórnio às 20:05 LFC Fim às 20:05 *Mercúrio Retrógrado*	15 Lua Crescente em Capricórnio *Mercúrio Retrógrado*	16 Lua Cheia às 18:39 em Capricórnio Lua em Capricórnio LFC Início às 18:39 *Eclipse Lunar às 18:32 em Capricórnio Mercúrio Retrógrado*	17 ♒ Lua Cheia em Aquário às 06:19 LFC Fim às 06:19 *Mercúrio Retrógrado*	18 Lua Cheia em Aquário LFC Início às 12:54 *Mercúrio Retrógrado*	19 ♓ Lua Cheia em Peixes às 18:20 LFC Fim às 18:20 *Mercúrio Retrógrado*	20 Lua Cheia em Peixes *Mercúrio Retrógrado*
21 Lua Cheia em Peixes *Mercúrio Retrógrado*	22 ♈ Lua Cheia em Áries às 07:03 LFC 05:35 às 07:03 *Sol no Signo de Leão às 23:50 Mercúrio Retrógrado*	23 Lua Cheia em Áries *Mercúrio Retrógrado*	24 ♉ Lua Minguante às 22:19 em Touro Lua em Touro às 18:43 LFC 11:49 às 18:43 *Mercúrio Retrógrado*	25 Lua Minguante em Touro *Mercúrio Retrógrado*	26 Lua Minguante em Touro *Mercúrio Retrógrado*	27 ♊ Lua Minguante em Gêmeos às 03:30 LFC 01:29 às 03:30 *Mercúrio Retrógrado*
28 Lua Minguante em Gêmeos LFC Início às 12:25 *Mercúrio Retrógrado*	29 ♋ Lua Minguante em Câncer às 08:31 LFC Fim às 08:31 *Mercúrio Retrógrado*	30 Lua Minguante em Câncer *Mercúrio Retrógrado*	31 ♌ Lua Minguante em Leão às 10:19 LFC 00:13 às 10:19 *Mercúrio Retrógrado*			

O Céu do mês de julho de 2019

No primeiro dia do mês de julho, ocorre a entrada de Marte no Signo de Leão, permanecendo por lá até 18/08. É um período positivo para tomar ações assertivas e que causem impacto nas pessoas, mas é aconselhável evitar a arrogância.

No dia 02/07, às 16h24, ocorre um Eclipse Total do Sol em Câncer (Lua Nova). Eclipses são eventos peculiares que funcionam como um "*flash*", uma oportunidade de perceber as coisas sob outra ótica, ora fazendo o passado vir à tona (Eclipses Solares), ora obscurecendo-o (Eclipses Lunares). Os Eclipses acontecem aos pares (Eclipses Lunar e Solar), e no intervalo entre dois Eclipses não são recomendadas as atividades que exigem público, como lançamento de produtos, eventos públicos, divulgações em massa ou mesmo o início/inaugurações de atividades importantes, porque há forte tendência de que esses impulsos caiam no esquecimento. No caso, devem ser evitadas essas iniciativas de 02 a 16/07, quando ocorre novo Eclipse Parcial da Lua Cheia em Capricórnio às 18h32. Em ambos, pela posição de Saturno e Plutão interagindo com a lunação, as questões que envolvem hierarquia e poder estarão presentes.

Mercúrio passa a ficar retrógrado de 04/07 a 01/08, chegando, inclusive, a voltar para Câncer entre 19/07 e 11/08 (favorecendo a socialização com entes queridos ou familiares que há muito não se via). Mas todos os cuidados com Mercúrio Retrógrado, já mencionados antes, devem ser observados durante esse mês de julho a partir do dia 04. Sempre que Mercúrio fica retrógrado, tudo o que ele rege, ou seja, as comunicações, deslocamentos e transportes, tende a não funcionar direito. Prepare-se para gastar mais tempo para ir e vir, principalmente quando você está atrasado, além de ter que revisar comunicados e memorandos. Não estranhe, também, se o telefone e a internet começarem a funcionar de modo intermitente e lento. Também é muito comum os mal-entendidos que precisam ser explicados e os e-mails que precisam ser reenviados. O ideal é não se estressar e não se apressar nessas questões, mas, pelo contrário, aproveitar esse movimento retrógrado para revisar o que já foi escrito ou lido. Se possível, é bom também evitar o início de um curso ou fazer divulgações importantes nesse período, pois corre-se o risco de ter que repetir os mesmos.

A seguir, Vênus entra em Câncer no dia 03/07 e permanecerá nesse Signo até o dia 27/07. Será um período onde a convivência com os parentes e as pessoas da família se tornará muito mais prazerosa do que de costume.

Do dia 07 a 10/07, Mercúrio fica conjunto a Marte em Leão, favorecendo expressões públicas, palestras, aulas etc. É também um período de maior franqueza, em que ir direto ao ponto é sempre melhor do que ser excessivamente diplomático. De 07 a 09/07, também ocorre um sextil entre Vênus e Urano, aumentando a agitação e o desejo por encontros sociais e troca de ideias. Porém, Sol oposto a Saturno de 08 a 10/07 pode esfriar um pouco esse clima, com algumas obrigações inadiáveis a serem cumpridas. Atenção ao período de 09 a 13/07, pois Marte e Urano em desalinho podem provocar muita impulsividade e desejo de maior autonomia. Evite rompantes e tome cuidado com acidentes que podem ocorrer por excesso de pressa e precipitação. De 10 a 12/07, também ocorre Sol e Netuno em trígono, sendo um excelente período para ouvir sua intuição e obter respostas preciosas para seus problemas. Logo depois, ocorre uma oposição entre Sol em Câncer e Plutão em Capricórnio de 13 a 15/07. Podem surgir confrontações de pessoas poderosas e hostis ou emergirem verdades que estavam ocultadas, talvez segredos de família. É aconselhável não enfrentar e nem "cutucar o leão com vara curta".

De 16 a 19/07, Vênus faz oposição a Saturno e logo em seguida recebe um trígono de Netuno (de 17 a 19/07). Pelo lado de Saturno, as relações afetivas podem ser colocadas em xeque, como se nos perguntássemos intimamente; aonde essa relação vai dar? Será que tem futuro? Mas, pelo lado de Vênus/Netuno, simultaneamente haverá um fundo de esperança que pode ser positivo, inclusive para colorir e renovar o brilho de relacionamentos desgastados. Para onde se inclinará a sua balança?

No dia 20/07, ocorre uma conjunção do Sol e Mercúrio ainda em Câncer e, logo em seguida, o Sol ingressa no Signo de Leão, seu *habitat* natural, na noite de 22/07. A energia mais voltada para dentro de Câncer aflora agora para fora com a força leonina com todo o seu ímpeto. O momento é de aparecer, valorizar as pessoas, os prazeres, o *glamour* e o refinamento. Se quiser receber alguém, receba-o com honrarias e faça-o se sentir especial. O que for feito dessa maneira agora tende a ser muito mais bem-sucedido enquanto o Sol estiver em Leão, o que ocorrerá até 23/08.

Algum cuidado é aconselhável entre 20 e 22/07, quando Plutão, se opondo a Vênus, pode provocar forte necessidade de controle sobre quem gostamos, ocasionando, com isso, crises de ciúmes e possibilidades de rupturas de relações sociais ou afetivas, o que convém evitar.

Marte e Júpiter, em harmonia de 23 a 26/07, vão favorecer todas as atividades que requeiram autoconfiança e energia, incluindo as esportivas. Como Mercúrio e Vênus estarão unidos de 24 a 25/07, também é um bom momento para paquera e até mesmo para negociações comerciais de compra e venda ou divulgação de produtos e eventos.

Vênus entra no Signo de Leão na noite do dia 27/07 e permanece até 21/08. Você definitivamente irá querer ser muito mais bem tratado nesse período, mais do que em qualquer outro. Por isso, se quiser agradar as pessoas à sua volta, siga a dica de fazer o melhor por elas, de modo que se sintam verdadeiramente especiais.

Fechando o mês de julho, destacamos a quadratura entre Sol em Leão e Urano em Touro de 28 a 30/07, que pode promover certa inquietação e revolta contra tudo o que é imposto sobre a nossa vontade. Evite rebelar-se agora, porque são apenas três dias de tensão, e rapidamente você esquecerá o que te irritava.

Posição diária da Lua no mês de julho

DIA 01 DE JULHO - SEGUNDA-FEIRA

☽ *Minguante (Balsâmica)* ☽ *em Câncer às 22:24, LFC Início às 18:49, LFC Fim às 22:24*

Enquanto a Lua estiver em Câncer, ficamos mais emotivos e envolvidos com as pessoas e situações. O lar, a mãe e a família ganham destaque. Figuras femininas têm maior influência, e é uma boa hora para cuidar daqueles que amamos.

Lua quadratura Netuno – 01:19 às 04:47 (exato 03:05)

Esse aspecto dá sono e falta de atenção. Também durante essas horas, podemos estar mais sensíveis e desejar sair um pouco da realidade. Se puder, ligue a TV e procure um filme que contenha uma mensagem pra você!

Lua conjunção Vênus – 16:56 às 20:40 (exato 18:49)

Uma atitude suave e agradável favorece as relações. Bondade e carinho são temperos que atraem e promovem o amor entre as partes. Bom para estar com a família e pessoas que amamos.

DIA 02 DE JULHO - TERÇA-FEIRA

● *Nova às 16:17 em 10°38' de Câncer* ● *em Câncer*

Eclipse Solar às 16:24 em 10°38' de Câncer

Lua sextil Urano – 06:46 às 10:08 (exato 08:28)

Prepare seu emocional para mudanças positivas. Tudo começa com uma nova postura interna. Podem surgir pessoas e eventos que vão alinhar você com o futuro. Siga a intuição.

Lua conjunção Sol – 14:29 às 18:03 (exato 16:17)

Aqui é Lua Nova junto com um Eclipse! É um momento poderoso, que trará mudanças e eventos que afetarão você ao longo dos próximos meses. Algo pode estar oculto ou não muito claro, e o melhor é não deixar pra resolver na última hora. Evite fazer coisas muito importantes, como fechar um grande negócio, comprar um imóvel, iniciar uma nova atividade ou relacionamento. Tente entrar em contato com suas verdadeiras emoções e aquiete seu coração.

DIA 03 DE JULHO - QUARTA-FEIRA

● *Nova* ● *em Câncer, LFC Início às 11:25*

Lua oposição saturno – 02:22 às 05:39 (exato 04:02)

Cobranças e preocupações podem tirar o sono durante a noite. Faça alguma atividade mecânica ou leia um livro e tente desanuviar. Também pode adiantar algumas tarefas. Algo está tirando o seu sossego e exigindo responsabilidade, mas não descuide da saúde.

Lua trígono Netuno – 04:01 às 07:20 (exato 05:42)

Durante essas horas, o sono vem mais facilmente e você pode até receber mensagens através de sonhos. Deixe papel e caneta ao lado da cabeceira da cama para anotar os sonhos que tiver. Ficamos mais inspirados e nos sentimos em boa sintonia com as pessoas e acontecimentos.

Lua oposição Plutão – 09:45 às 13:04 (exato 11:26)

Colheita de esforços passados. Pode ter que lidar com algo que vem à tona ou se revela. Agora não é hora de fazer drama; tente ser objetivo e resolver a situação que se apresenta com calma. Pode ser o fim de uma situação difícil, ou pode aparecer o resultado de algum trabalho ou investimento.

DIA 04 DE JULHO - QUINTA-FEIRA

● *Nova* ● *em Leão à 00:20, LFC Fim à 00:20*

Enquanto a Lua estiver em Leão, ficamos mais criativos e animados. O astral fica festivo e será bom sair um pouco para curtir com os amigos. Confere capacidade de gerenciamento, estratégia e disposição para pôr os projetos em ação.

Lua conjunção Marte – 00:57 às 04:25 (exato 02:42)

Este aspecto dá disposição e energia. Pode ser uma noite agitada, ou você pode adiantar algumas tarefas e atividades. Bom para as conquistas, pois nos sentimos mais atraentes, mas tome cuidado com excessos e com a agressividade.

Lua conjunção Mercúrio – 05:10 às 08:31 (exato 06:51)

Disposição mental. Razão e emoção agora estão juntos e favorecem trabalhos que envolvam o lado intelectual. Pode indicar o começo de alguma atividade ou até relacionamento. Bom para viajar e fazer contatos importantes.

Lua quadratura Urano – 08:32 às 11:50 (exato 10:12)

Algo pode sair da rotina e nos surpreender. Esteja aberto para lidar com imprevistos e situações que exijam seu lado mais criativo e original. Desconforto com aquilo que não estamos acostumados.

DIA 05 DE JUNHO - SEXTA-FEIRA

● *Nova* ● *em Leão, LFC Início às 03:25*

Lua trígono Júpiter – 01:47 às 05:02 (exato 03:26)

A noite de sexta-feira será agradável e animada. Tudo flui nessas horas. Nós nos sentimos otimistas e confiantes. Bom para viajar. As pessoas ao nosso redor estão mais disponíveis e temos uma sensação maior de bem-estar.

DIA 06 DE JULHO - SÁBADO

● *Nova* ● *em Virgem à 01:26, LFC Fim à 01:26*

Enquanto a Lua estiver em Virgem, os detalhes ganham ênfase. É preciso olhar nas entrelinhas. Favorece os cuidados com a saúde e assuntos de rotina. Desejo de ordem e limpeza. Você pode tirar um tempo para organizar o trabalho e os ambientes. Momento bom também para fazer uma dieta.

Lua sextil Vênus – 05:12 às 08:46 (exato 07:01)

Contatos favoráveis. Momento de organizar as finanças e assuntos pessoais. Você pode ter ganhos ou receber presentes. Também é bom fazer compras durante essas horas, principalmente de produtos de beleza e que nos tragam prazer.

Lua trígono Urano – 09:45 às 13:02 (exato 11:25)

Bom para fazer algo diferente e sair da rotina, encontrar com os amigos para uma atividade em grupo ou a que não está habituado. Curiosidade e atração pelo que é diferente. O que quer que venha a fazer trará resultados que vão influenciar o futuro.

DIA 07 DE JULHO - DOMINGO

● *Nova* ● *em Virgem, LFC Início às 13:51*

Lua sextil Sol – 00:02 às 03:36 (exato 01:50)

Equilíbrio interno, clareza emocional que favorece qualquer atividade ou empreendimento. Nós nos sentimos motivados e bem dispostos.

Lua quadratura Júpiter – 02:40 às 05:59 (exato 04:21)

Cuidado com exageros! Evite a autoindulgência e excesso de otimismo. Pode ser uma noite agitada e será difícil dormir.

Lua trígono Saturno – 04:25 às 07:43 (exato 06:05)

Responsabilidade com compromissos e horários. As chances aumentam em assuntos de trabalho e projetos duradouros. Não tenha pressa; resolva o que for preciso, visando a qualidade e o bom desempenho.

Lua oposição Netuno – 06:31 às 09:50 (exato 08:12)

O sono e a falta de atenção podem atrapalhar. Se puder, tire essas horas para descansar e relaxar. Também é bom ver um filme ou ouvir música. Será difícil se concentrar em tarefas de rotina; as coisas parecem escapar pelas mãos. Apesar do esforço, podem ocorrer enganos.

Lua trígono Plutão – 12:10 às 15:30 (exato 13:51)

Esse aspecto nos ajuda a recuperar o estado físico e emocional, encontrar objetos perdidos, descobrir segredos, fazer pesquisas e investigar mais a fundo algum assunto. Pode ser mais fácil deixar ir o que não serve mais, largar um hábito nocivo e concluir trabalhos.

DIA 08 DE JULHO - SEGUNDA-FEIRA

● *Nova* ● *em Libra às 03:08, LFC Fim às 03:08*

Início Mercúrio Retrógrado

Enquanto a Lua estiver em Libra, é importante agir com diplomacia e ponderação. A indecisão pode atrapalhar, mas é hora de fazer escolhas importantes. Ponha na balança e veja aquilo que trará mais equilíbrio para você e para os outros à sua volta.

Lua sextil Marte – 08:22 às 11:55 (exato 10:11)

As nossas atitudes geram frutos positivos. Algum esforço para que as coisas deem certo. Bom para tomar decisões. Também nos sentimos mais atraentes e dispostos, favorecendo o contato com o sexo oposto e as atividades físicas.

Lua sextil Mercúrio – 08:56 às 12:17 (exato 10:38)

Esse aspecto favorece os contatos, as viagens, atividades ligadas à comunicação e ao raciocínio. Bom para estudar, fazer testes e provas. Também para esclarecer algum assunto e conversar. As pessoas estarão mais receptivas ao diálogo e à troca de ideias.

Lua quadratura Vênus – 11:41 às 15:25 (exato 13:34)

Durante essas horas, evite ir às compras ou fazer transações importantes. Podem ocorrer desentendimentos com figuras do sexo feminino. Insatisfação emocional. Parece que nada nos compensa. Melhor esperar o trânsito passar e não descontar na comida e na bebida.

DIA 09 DE JULHO - TERÇA-FEIRA

☾ *Crescente às 07:56 em 16°58' de Libra* ☾ *em Libra, LFC Início às 16:36*

Mercúrio Retrógrado

Lua sextil Júpiter – 04:46 às 08:13 (exato 06:31)

O dia começa com fé nos projetos e generosidade, que atraem bons negócios e parcerias. Harmonia e facilidade de ver as coisas com otimismo.

Lua quadratura Sol – 06:04 às 09:45 (exato 07:56)

É hora de fazer as coisas funcionarem e, para isso, será necessário esforço. As dúvidas podem atrapalhar. Invista no que vem fazendo, apesar dos obstáculos. Será importante ter clareza do que quer.

Lua quadratura Saturno – 06:39 às 10:04 (exato 08:23)

Podemos ter dificuldades que parecem ser maiores do que nossa capacidade. Vá aos poucos, mas mantenha a concentração. Será preciso maturidade para lidar com sentimentos de rejeição, tristeza e tendência ao isolamento que o aspecto traz. Também podemos nos sentir pressionados por responsabilidades, horários e obrigações.

Lua quadratura Plutão – 14:51 às 18:19 (exato 16:36)

Tudo fica mais intenso agora, e a tendência é que surjam desentendimentos nas relações. Evite dramatizar as situações ou se expor a situações que tragam risco para você e os outros. Podemos estar sujeitos a explosões de humor. Tente se concentrar no que é importante. Momento de concluir algum trabalho ou atividade.

DIA 10 DE JULHO - QUARTA-FEIRA

☾ Crescente ☾ em Escorpião às 06:29, LFC Fim às 06:29

Mercúrio Retrógrado

Enquanto a Lua estiver em Escorpião, ficamos mais intensos e sensíveis. Tendência a guardar ofensas. O ciúme pode causar desentendimentos. São dias bons para aprofundar conhecimentos e relacionamentos que nos façam bem.

Lua quadratura Mercúrio – 12:04 às 15:30 (exato 13:49)

Falta de foco e dificuldade de concentração. Não é um bom momento para assinaturas, contratos e comércio. Tendência a mal-entendidos e a voltar atrás no que se diz. É importante analisar as situações com calma.

Lua quadratura Marte – 14:29 às 18:10 (exato 16:21)

Esse aspecto enfatiza o anterior e pode trazer irritabilidade e desentendimentos. A agitação pode resultar em prejuízos. Procure manter a calma e aumente a dose de paciência, se quiser evitar discussões e aborrecimentos.

Lua oposição Urano – 15:35 às 19:07 (exato 17:22)

Eventos sociais e atividades em grupo trazem novas oportunidades, mas você terá que fazer um esforço para não se perder por conta de possíveis imprevistos. Esteja aberto para conhecer pessoas diferentes e fazer novas amizades.

Lua trígono Vênus – 20:31 à 00:25 de 11/07 (exato 22:30)

Um aspecto fluente e que traz alívio no fim do dia. Pode ser um bom momento para estar com o ser amado, fazer um programa romântico, ir a um cinema assistir a um filme, preferindo atividades que nos deem prazer e conforto. Os relacionamentos se harmonizam. Também é bom para ir às compras no shopping ou supermercado.

DIA 11 DE JULHO - QUINTA-FEIRA

☾ *Crescente* ☾ *em Escorpião, LFC Início às 21:29*

Mercúrio Retrógrado

Lua sextil Saturno – 10:54 às 14:30 – (exato 12:43)

Momento de seriedade que favorece projetos duradouros. Relacionamentos se tornam sólidos e ganhamos a confiança de pessoas mais velhas e superiores.

Lua trígono Netuno – 13:40 às 17:15 (exato 15:29)

Um toque de mágica, tudo flui agora e você pode relaxar, mesmo que esteja em meio a atividades importantes. A intuição estará mais forte. Confie no seu talento e inspiração. Bom para atividades que envolvam mídia, público, arte e cinema.

Lua trígono Sol – 14:36 às 18:29 (exato 16:34)

Resultados positivos de decisões e ações anteriores, os frutos começam a surgir. Bom para colocar seus talentos em evidência e sobressair.

No amor, ficamos mais radiantes e calorosos, permitindo expressar melhor nossos afetos.

Lua sextil Plutão – 19:40 às 23:17 (exato 21:29)

Esse aspecto aumenta a intimidade e o magnetismo. Trabalhos ou atividades que envolvam concentração e pesquisa estão favorecidos. Pode ser um bom momento para a recuperação física e emocional.

DIA 12 DE JULHO - SEXTA-FEIRA

☾ Crescente ☾ em Sagitário às 12:06, LFC Fim às 12:06

Mercúrio Retrógrado

Enquanto a Lua estiver em Sagitário, tudo aumenta e podemos exagerar. Otimismo, mas também pressa e ansiedade para alcançar o que desejamos. Foque nos objetivos e lance setas, ou ações, que o ajudarão a chegar onde quer. Bom para estudos superiores, como Filosofia, Psicologia, Teologia e Religião. Também favorece o estudo de línguas estrangeiras e viagens a lugares distantes. Evite fazer promessas e deixar as coisas para última hora.

Lua trígono Mercúrio – 16:45 às 20:19 (exato 18:34)

Esse aspecto favorece a revisão de contratos, assinaturas e viagens. O diálogo flui facilmente e você pode expor suas ideias e pensamentos, que serão bem aceitos pelas pessoas.

Lua trígono Marte – 23:13 às 03:06 de 13/07 (exato 01:11 de 13/07)

Pode ser que você tenha coragem de se declarar a alguém. Momento de tomar decisões e agir. A noite de sexta-feira será divertida e movimentada. Aproveite!

DIA 13 DE JULHO - SÁBADO

☾ Crescente ☾ em Sagitário, LFC Início às 22:31

Mercúrio Retrógrado

Lua conjunção Júpiter – 15:20 às 19:03 (exato 17:12)

Início de projetos ligados a viagens e estudos está favorecido. Otimismo e bom humor nos tornam mais atraentes. Só tome cuidado para não exagerar na comida e bebida.

Lua quadratura Netuno – 20:37 à 00:23 de 14/07 (exato 22:32)

Cuidado com pessoas que possam trazer confusão ou enganar você. O melhor é ir dormir cedo, ver um bom filme ou relaxar na banheira. Bebidas alcoólicas tendem a trazer mais danos, quando sob esse aspecto. Esteja atento à validade de alimentos e medicamentos. E evite lugares isolados ou desconhecidos.

DIA 14 DE JULHO - DOMINGO

☾ Crescente ☾ em Capricórnio às 20:05, LFC Fim às 20:05

Mercúrio Retrógrado

Enquanto a Lua estiver em Capricórnio, a tendência é sermos mais realistas e maduros em nossas decisões e análises. São dias para dar continuidade ao que já vem fazendo. Visamos resultados concretos e duradouros. Hoje a Lua não faz aspectos com outros planetas no Céu. Devemos observar recomendações para a fase e o Signo em que ela se encontra.

DIA 15 DE JULHO - SEGUNDA-FEIRA

☾ Crescente ☾ em Capricórnio

Mercúrio Retrógrado

Lua trígono Urano – 06:13 às 10:04 (exato 08:09)

A intuição pode ajudá-lo a tomar decisões durante essas horas. Podemos começar uma nova atividade ou trabalho. Fica mais fácil ser original e ter ideias diferentes, que vão agradar ao chefe e aos colegas.

Lua oposição Vênus – 23:31 às 03:52 de 16/07 (exato 01:43 de 16/07)

Será preciso esforço para ter equilíbrio emocional durante esse trânsito. Possibilidade de desentendimentos com mulheres. Podem surgir também indisposição ou exposição em atividades sociais e dificuldades nos relacionamentos.

DIA 16 DE JULHO- TERÇA-FEIRA

◯ Cheia às 18:39 em 24º04' de Capricórnio ◯ em Capricórnio, LFC Início às 18:39

Eclipse Lunar às 18:32 em 24º04' de Capricórnio

Mercúrio Retrógrado

Lua conjunção Saturno – 02:22 às 06:14 (exato 04:19)

Solidez e comprometimento trazem resultados duradouros. As preocupações com o trabalho podem tirar o sono. Talvez passe a madrugada estudando ou planejando algum projeto e as tarefas do dia. Evite o pessimismo e o excesso de cobrança.

Lua sextil Netuno – 05:54 às 09:49 (exato 07:53)

O sono vem mais facilmente agora. Pode relaxar e dormir um pouco, reconectar-se a sua essência e intuir o que precisa para alcançar o sucesso. Esse aspecto indica empatia e sensibilidade, aumentando as chances de bons resultados.

Lua conjunção Plutão – 12:18 às 16:14 (exato 14:17)

Início de atividade intensa, concentração e força psíquica vem agora com este aspecto. Dê tudo de si e espere uma profunda transformação das situações às quais tem se dedicado. Também pode encontrar respostas e saber segredos que serão importantes pra você no futuro.

Lua oposição Sol – 16:31 às 20:47 (exato 18:39)

Este aspecto indica Lua Cheia, quando ficamos mais sensíveis e as emoções transbordam. O Eclipse Lunar intensifica tudo! Podemos sentir necessidade de sair um pouco e ver o movimento nas ruas, nos reunirmos com as pessoas e fazer algum programa animado. Também indica colheita, resultado daquilo que iniciamos na Lua Nova. Desejo de estar com as pessoas e compartilhar.

DIA 17 DE JULHO - QUARTA-FEIRA

◯ Cheia ◯ em Aquário às 06:19, LFC Fim às 06:19

Mercúrio Retrógrado

Enquanto a Lua estiver em Aquário, estamos a vinte mil anos-luz! Objetividade e dedicação a projetos futuros, atividades de grupo, desejo de romper com o passado e viver novas situações na vida afetiva e profissional. Ficamos mais abertos para fazer novas amizades. Sentimo-nos atraídos por tudo o que é diferente!

Lua oposição Mercúrio – 06:45 às 10:31 (exato 08:40)

Leva mais tempo para expressar o que sentimos e pensamos. Podem surgir discussões e conflitos ao tentar falar o que deseja. Alguns obstáculos em contatos e viagens. O estado emocional dificulta o entendimento e a comunicação. Seja paciente!

Lua quadratura Urano – 16:55 às 20:54 (exato 18:55)

Eventos inesperados podem nos desafiar a manter os compromissos em dia. Desejo de liberdade. Será difícil agir com responsabilidade nessas horas, pois queremos mesmo é romper com a rotina. Podem surgir convites e há chance de encontrar amigos que você não vê há muito tempo.

DIA 18 DE JULHO - QUINTA-FEIRA

○ *Cheia* ○ *em Aquário, LFC Início às 12:54*

Mercúrio Retrógrado

Lua oposição Marte – 00:42 às 04:56 (exato 02:51)

Podemos extrapolar nas ações e reações emocionais. Será necessário buscar o equilíbrio entre o que sentimos e o que estamos fazendo. Queremos uma coisa, mas acabamos por agir de outra forma. Esse aspecto traz explosões de humor. Mantenha a calma e tente controlar a agressividade até conquistar o que quer.

Lua sextil Júpiter – 10:53 às 14:53 (exato 12:55)

A verdade é bem-vinda e pode nos ajudar a encontrar soluções e caminhos que expandam os horizontes. O desejo de colaborar e compartilhar com os outros torna tudo mais fácil. Bom para conhecer lugares distantes e pessoas de outros países.

DIA 19 DE JULHO - SEXTA-FEIRA

◯ *Cheia (Disseminadora)* ◯ *em Peixes às 18:20, LFC Fim às 18:20*

Mercúrio Retrógrado

Enquanto a Lua estiver em Peixes, ficamos mais sensíveis, intuitivos e distraídos. São dias para relaxar e conectar-se com energias mais sutis. Peixes é o último Signo e fecha situações e ciclo. Conclua trabalhos e tarefas, mas não force resultados, deixe fluir. Os sonhos podem trazer mensagens importantes. Se lembrar, anote e não se esqueça de pôr a data.

DIA 20 DE JULHO - SÁBADO

◯ *Cheia (Disseminadora)* ◯ *em Peixes*

Mercúrio Retrógrado

Lua sextil Urano – 05:15 às 09:19 (exato 07:17)

Facilidade para fazer um programa diferente e sair da rotina. Os amigos podem ligar de repente e convidar você pra sair e curtir a manhã de sábado. Favorece atividades de grupo e trabalhos em equipe.

Lua quadratura Júpiter – 23:04 às 03:08 de 21/07 (exato 01:07 de 21/07)

Qualquer excesso será mais sentido por conta desse aspecto. Evite exagerar na comida e na bebida. Esse aspecto traz otimismo, mas é bom avaliar os riscos e não gastar mais do que pode.

DIA 21 DE JULHO - DOMINGO

◯ *Cheia (Disseminadora)* ◯ *em Peixes*

Mercúrio Retrógrado

Lua sextil Saturno – 01:26 às 05:30 (exato 03:29)

Bom senso e responsabilidade. Se houve exagero por conta do aspecto anterior, é hora de cair na real. Desejo emocional de segurança, que nos ajuda a avaliar as situações com mais maturidade. Se estiver no trabalho, vai ter mais facilidade de cumprir as tarefas e obter bons resultados.

Lua conjunção Netuno – 05:43 às 09:46 (exato 07:47)

Perdemos a objetividade e ficamos muito sensíveis. Esse aspecto dá sono e dispersão. Favorece as atividades voltadas para o lado espiritual e artístico. Será melhor tirar essas horas para dormir e descansar, ver um bom filme ou ir à praia e dar um mergulho no mar.

Lua sextil Plutão – 12:16 às 16:20 (exato 14:19)

Momento de recuperação e superação. Bom para aprofundar as relações que nos façam bem e também deixar ir embora quem não convém. Se tiver que se concentrar em alguma tarefa, terá bom resultado. Esse aspecto indica cura e transformação das situações.

DIA 22 DE JULHO - SEGUNDA-FEIRA

○ *Cheia (Disseminadora)* ○ *em Áries às 07:03, LFC Início às 05:35, LFC Fim às 07:03*

Mercúrio Retrógrado

Entrada do Sol no Signo de Leão às 23h50min16seg

Enquanto a Lua estiver em Áries, ficamos mais ativos e confiantes. Será mais fácil tomar decisões e agir em prol dos objetivos. Mas evite a pressa e a agressividade. Momento de conquistar o que se quer. A Lua em Áries ajuda a dar *start* em atividades, principalmente aquelas que dependem exclusivamente de nós.

Lua trígono Mercúrio – 01:03 às 04:52 (exato 02:59)

Inteligência emocional. O lado mental está em harmonia com as emoções, e será mais fácil expressar o que sentimos e pensamos. Esse aspecto nos torna mais eloquentes e comunicativos. Também favorece viagens, estudos e compras.

Lua trígono Sol – 03:23 às 07:46 (exato 05:35)

Sensação de bem-estar e harmonia. Há clareza sobre o que sentimos e o que queremos. Favorece as iniciativas, que tendem a ser mais assertivas.

DIA 23 DE JULHO - TERÇA-FEIRA

○ *Cheia (Disseminadora)* ○ *em Áries*

Mercúrio Retrógrado

Lua trígono Marte – 08:27 às 12:41 (exato 10:35)

Manhã positiva para atividades físicas, esportes e competições. Motivação emocional para conquistar o que queremos, executar tarefas e tomar decisões.

Lua trígono Júpiter – 11:14 às 15:12 (exato 13:15)

Confiança e bom humor atraem pessoas e situações positivas. Tudo parece fluir com a ajuda dos mundos superiores. Alguns resultados podem ser maiores ou melhores do que o esperado.

Lua quadratura Saturno – 13:32 às 17:30 (exato 15:32)

Se obteve bons resultados com o aspecto anterior, agora é hora de usar o bom senso e ser econômico. Contenha e calcule os gastos; faça uma reserva para objetivos sólidos. Podem ocorrer atrasos ou surgirem responsabilidades extras. Esteja atento a compromissos e prazos. Nas relações, podem ocorrer desencontros ou rejeição. Tente não se entregar ao pessimismo; foque em ações concretas e conclua as tarefas.

DIA 24 DE JULHO - QUARTA-FEIRA

☽ *Minguante às 22:19 em 01°51' de Touro* ☽ *em Touro às 18:43,*
LFC Início às 11:49, LFC Fim às 18:43

Mercúrio Retrógrado

Enquanto a Lua estiver em Touro, ficamos mais calmos, mas também mais teimosos. O astral está lento e vagaroso. Touro não gosta de mudanças, prefere investir em objetivos que tragam resultados duradouros. O tato e o paladar ficam mais apurados. Buscamos por conforto, segurança material e física.

Lua quadratura Plutão – 00:21 às 04:19 (exato 02:21)

Fim de situações e relacionamentos. Evite dramatizar ou ceder a chantagens emocionais. Momento de limpeza. Deixe ir tudo o que é nocivo. Faça uma faxina no armário e doe as roupas que não usa mais. Pode ser difícil dormir e pegar no sono; algo pode exigir nossa atenção e equilíbrio emocional. Cuidado com ciúme e provocações.

Lua quadratura Vênus – 08:00 às 12:24 (exato 10:14)

Sensação de falta de amor e insatisfação emocional. Nada nos agrada agora. Podemos lidar com perdas financeiras ou términos de relações. Ou ter que ir para o trabalho, mesmo não nos sentindo bem. Desconforto em responsabilidades sociais.

Lua quadratura Mercúrio – 09:54 às 13:43 (exato 11:49)

Você fala uma coisa, o outro escuta outra. Melhor evitar falatório, checar bem e-mails e informações. Também podemos ter dificuldade no trânsito ou em viagens.

Lua quadratura Sol – 20:10 à 00:24 de 25/07 (exato 22:19)

Este aspecto indica Lua Minguante; é hora de fechar o ciclo. Momento de conclusão. Não é o momento de investir em situações novas. Dedique-se a trazer resultados ao que já vem fazendo. Também indica dificuldades nas relações, desentendimentos e falta de clareza. Tente não impor o que quer e não deixe o outro ultrapassar os seus limites.

DIA 25 DE JULHO - QUINTA-FEIRA

☽ *Minguante* ☽ *em Touro*

Mercúrio Retrógrado

Lua conjunção Urano – 05:22 às 09:12 (exato 07:18)

Muita criatividade e um jeito novo de fazer as coisas podem dar frutos. Atividades fora da rotina, convites inesperados e amigos que encontramos por acaso. Esse aspecto traz intuição e originalidade, que vão ajudá-lo a executar bem as tarefas e alcançar bons resultados no trabalho.

Lua quadratura Marte – 22:11 às 02:11 de 26/07 (exato 00:13 de 26/07)

Irritabilidade e agitação podem nos tirar o sono. Estamos muito reativos. Melhor tomar um banho quente e deixar esse trânsito passar para tomar decisões importantes, que no momento podem ser tomadas por impulso. Cuidado com pessoas dispostas a nos provocar e discutir. Pode ter que dar conta de muito trabalho ou despender esforço físico.

Lua trígono Saturno – 23:37 às 03:22 de 26/07 (exato 01:30 de 26/07)

Este aspecto dá um freio no anterior. É hora de pensar com mais maturidade e agir com responsabilidade. Pode obter resultado de esforços feitos anteriormente, terminar a tempo um trabalho, selar um compromisso, acordo ou relacionamento.

DIA 26 DE JULHO - SEXTA-FEIRA

☽ *Minguante* ☽ *em Touro*

Mercúrio Retrógrado

Lua sextil Netuno – 04:05 às 07:51 (exato 06:00)

Magia e intuição brindam a madrugada e o começo da manhã. Uma sensação de estarmos flutuando ou que tudo está funcionando como deve ser. É hora de relaxar e deixar fluir.

Lua trígono Plutão – 10:05 às 13:50 (exato 11:58)

Esse aspecto traz recuperação emocional e força interior para lidar com as mais variadas situações. Favorece pesquisas, estudos e atividades que requeiram concentração. Traz de volta o afeto e o amor, desfazendo desgastes e crises nas relações. Confere magnetismo pessoal, que atrai a boa influência de pessoas poderosas ou capazes de ajudar você a atingir os seus objetivos.

Lua sextil Mercúrio – 16:55 às 20:31 (exato 18:45)

Curiosidade e inteligência atraem boas parcerias. Intuição para dizer as palavras certas na hora certa. Esteja atento a contatos que vão favorece-lo no futuro. Bom para circular um pouco, fazer comércio, fechar acordos, mexer com documentos e viajar.

Lua sextil Vênus – 23:27 às 03:30 de 27/07 (exato 01:29 de 27/07)

Esse aspecto traz o amor e o afeto das pessoas ao nosso redor. Nos sentimos atraentes e benquistos e, além disso, aumentam as chances de aproximação daqueles que queremos cativar. Pode ganhar algum presente, mimo ou carinho de pessoas próximas.

DIA 27 DE JULHO - SÁBADO

☽ Minguante (Balsâmica) ☽ em Gêmeos às 03:30, LFC Início à 01:29, LFC Fim às 03:30

Mercúrio Retrógrado

Enquanto a Lua estiver em Gêmeos, confere flexibilidade, inteligência e eloquência. Facilidade de comunicar ideias e se locomover. Podemos ter que lidar com duas ou mais situações. Oportunidade de olhar para os lados e enxergar diferentes alternativas, mas cuidado para não se dispersar. Bom para o comércio e pequenas viagens.

Lua sextil Sol – 09:18 às 13:14 (exato 11:17)

Você ganha força emocional para conseguir o que deseja. Clareza e boa disposição. As coisas fluem com um pequeno esforço. Podemos demonstrar nossas intenções a chefes e superiores, colegas de trabalho e amigos. Bom para apresentação de trabalhos e projetos.

DIA 28 DE JULHO - DOMINGO

☽ Minguante (Balsâmica) ☽ em Gêmeos, LFC Início às 12:25

Mercúrio Retrógrado

Lua oposição Júpiter – 04:23 às 07:54 (exato 06:10)

Esse aspecto traz viagens, contato com pessoas estrangeiras ou de países distantes. Podemos estar longe de casa e é preciso manter o equilíbrio para não exagerar em compras.

Lua sextil Marte – 07:55 às 11:37 (exato 09:46)

Atitudes assertivas e facilidade em tomar decisões. É hora de fazer um esforço para alcançar os objetivos. Esse aspecto deixa-nos mais ativos e atraentes. Bom para atividades físicas e conquistas amorosas.

Lua quadratura Netuno – 10:38 às 14:10 (exato 12:25)

Esse aspecto deixa-nos confusos e sonolentos. Cuidado com atividades perto do mar ou piscina, pois podem ocorrer acidentes. Ficamos distraídos ao volante. Verifique a data de validade de remédios e alimentos antes de ingerir. Se puder, durma um pouco ou tente se distrair, de preferência em lugares seguros.

DIA 29 DE JULHO - SEGUNDA-FEIRA

☽ Minguante (Balsâmica) ☽ em Câncer às 08:31, LFC Fim às 08:31

Mercúrio Retrógrado

Enquanto a Lua estiver em Câncer, ficamos mais emotivos, apegados, e algumas lembranças do passado podem surgir, trazendo um sentimento de nostalgia. Desejamos ficar em casa com a família e pessoas próximas. Podemos aproveitar para fazer uma comida gostosa, comprar coisas que deixem o lar mais confortável e aconchegante.

Lua sextil Urano – 17:55 às 21:17 (exato 19:38)

Mudanças trazem oportunidade de sair da rotina. Bom para estar com amigos e fazer algo diferente, como experimentar comidas exóticas e ir a um restaurante que nunca foi antes. Ficamos mais abertos e dispostos a inovar.

DIA 30 DE JULHO - TERÇA-FEIRA

☽ Minguante (Balsâmica) ☽ em Câncer

Mercúrio Retrógrado

Lua oposição Saturno – 09:18 às 12:36 (exato 10:58)

A manhã começa lenta, com a sensação de peso e cansaço. Obrigações e cobranças no trabalho. Será difícil pegar o ritmo. Podem ocorrer atrasos e você terá que ser paciente para superar o estresse. Distanciamento e frieza nas relações. Pode se sentir inseguro, mas tente focar nas metas de longo prazo e nos objetivos.

Lua trígono Netuno – 13:36 às 16:53 (exato 15:16)

Esse aspecto confere inspiração e empatia, além de facilitar o contato com as pessoas em geral. Atividades ligadas à arte, à música, à fotografia e ao cinema tendem a proporcionar bons efeitos sobre o nosso estado emocional. Também é favorável para se conectar com a espiritualidade, por exemplo, fazendo uma meditação ou visitando museus e mosteiros, igrejas, templos e lugares de oração.

Lua oposição Plutão – 18:49 às 22:06 (exato 20:28)

Clima de tudo ou nada e exigências podem nos dar a sensação de ameaça. É hora de encarar o fim de algum projeto ou situação. Não dê poder ao outro de atacar você e evite situações extremas ou que o coloquem em perigo.

Lua conjunção Mercúrio – 22:55 às 02:10 de 31/07 (exato 00:34 de 31/07)

Atividade mental e muitas ideias podem nos deixar sem sono. Desejo de conversar e obter informações sobre determinado assunto. Esse aspecto também traz contatos, passeios, pequenas viagens e locomoções. Você pode passar essas horas estudando, escrevendo ou pensando nas coisas que precisa fazer.

DIA 31 DE JULHO - QUARTA-FEIRA

☽ Minguante (Balsâmica) ☽ em Leão às 10:19, LFC Início à 00:13, LFC Fim às 10:19

Mercúrio Retrógrado

Enquanto a Lua estiver em Leão, cultive sua criança interior e tudo o que deixa você mais alegre. Será bom estar com crianças e em ambientes festivos. Ficamos vaidosos e o momento é bom para cuidar da aparência. Podemos investir em roupas e acessórios que nos deixem mais bonitos. Favorece *hobbies* e divertimentos, mas a Lua em Leão também confere estratégia e talento para ensinar.

Lua conjunção Vênus – 16:05 às 19:36 (exato 17:52)

Esse aspecto confere ternura e sensação de bem-estar. É hora de cuidar de quem amamos e temos afeto. Está mais fácil tornar os ambientes agradáveis e bonitos. Pode ser bom para eventos sociais, festas e início de relacionamento afetivo. Favorece o contato com mulheres, atividades com beleza e moda.

Lua quadratura Urano – 19:16 às 22:30 (exato 20:55)

Algo pode sair do comum e você terá que manter a calma para lidar com imprevistos. Convites em cima da hora ou de onde menos esperamos que nos tiram da rotina. Abra-se para o novo e aproveite as mudanças que o aspecto traz para fazer algo diferente.

Lua conjunção Sol – 22:28 à 01:56 de 01/08 (exato 00:13 de 01/08)

Esse aspecto indica Lua Nova, quando geramos novos frutos e situações. Podemos começar novas atividades e relacionamentos. Espere um clima de romance com o ser amado e invista mais em você!

Agosto 2019

Domingo	Segunda-feira	Terça-feira	Quarta-feira	Quinta-feira	Sexta-feira	Sábado
				1	2 ♍	3
				Lua Nova à 00:13 em Leão Lua em Leão LFC Início às 17:49 *Fim Mercúrio Retrógrado*	Lua Nova em Virgem às 10:21 LFC Fim às 10:21	Lua Nova em Virgem
4 ♎	5	6 ♏	7	8 ♐	9	10
Lua Nova em Libra às 10:30 LFC 01:28 às 10:30	Lua Nova em Libra	Lua Nova em Escorpião às 12:32 LFC 04:36 às 12:32	Lua Crescente às 14:32 em Escorpião Lua em Escorpião	Lua Crescente em Sagitário às 17:35 LFC 11:58 às 17:35	Lua Crescente em Sagitário	Lua Crescente em Sagitário LFC Início às 16:51
11 ♑	12	13 ♒	14	15	16 ♓	17
Lua Crescente em Capricórnio à 01:51 LFC Fim à 01:51	Lua Crescente em Capricórnio LFC Início às 19:12	Lua Crescente em Aquário às 12:36 LFC Fim às 12:36	Lua Crescente em Aquário	Lua Cheia às 09:30 em Aquário Lua em Aquário LFC Início às 22:02	Lua Cheia em Peixes à 00:50 LFC Fim à 00:50	Lua Cheia em Peixes LFC Início às 19:35
18 ♈	19	20	21 ♉	22	23 ♊	24
Lua Cheia em Áries às 13:33 LFC Fim às 13:33	Lua Cheia em Áries	Lua Cheia em Áries	Lua Cheia em Touro à 01:38 LFC 01:07 à 01:38	Lua Cheia em Touro LFC Início às 18:33	Lua Minguante às 11:57 em Gêmeos Lua em Gêmeos às 11:35 LFC Fim às 11:35 *Sol no Signo de Virgem às 07:01*	Lua Minguante em Gêmeos
25 ♋	26	27 ♌	28	29 ♍	30	31 ♎
Lua Minguante em Câncer às 18:06 LFC 03:59 às 18:06	Lua Minguante em Câncer	Lua Minguante em Leão às 20:54 LFC 05:56 às 20:54	Lua Minguante em Leão LFC Início às 21:00	Lua Minguante em Virgem às 20:58 LFC Fim às 20:58	Lua Nova às 07:38 em Virgem Lua em Virgem	Lua Nova em Libra às 20:09 LFC 07:21 às 20:09

O Céu do mês de agosto de 2019

O mês de agosto começa com Mercúrio em Câncer reiniciando seu movimento direto em 01/08 e entrando finalmente em Leão no dia 11/08, lá ficando até 29/08. Repetimos os cuidados já mencionados sobre Mercúrio Retrógrado vistos no capítulo do Céu do mês de julho, mas ressaltamos que essa retrogradação em Câncer pode ser muito útil para reatar relações do passado que ficaram esquecidas no tempo (especialmente dentro da família). Agora, elas podem ser retomadas, principalmente se você agir com o jeitinho cativante do Signo de Câncer, que sabe conquistar com doçura e cuidados especiais.

Com Vênus em Leão em pé de guerra com Urano de 01 a 03/08, as relações sociais e afetivas ficam envoltas em muita necessidade de adrenalina e excitação, sendo que, ao mesmo tempo, há um desejo por maior liberdade e independência. São dias em que muito grude não vai ser tão gostoso, e talvez seja um bom momento para os pares afetivos permitirem que cada um fique na sua, pois excesso de controle sobre o outro agora é combustível para rompimentos.

Júpiter nos brinda com dois aspectos positivos em sequência: trígono com o Sol e com Vênus. Embora esses planetas não estejam dignificados nesse momento, de 06 a 09/08 a autoconfiança cresce e há boas chances de encontros afetivos darem certo. Mesmo porque Vênus e Sol também entram em conjunção logo a seguir, de 10 a 17/08. Também podem ser períodos favoráveis para analisar e resolver questões jurídicas ou financeiras. Então, aproveite. Só evite ideias muito radicais ou excêntricas entre 15 a 17/08, devido à quadratura entre Mercúrio e Urano. Mas, logo depois, Mercúrio e Júpiter entram em trígono de 20 a 21/08, favorecendo bastante quaisquer atividades que envolvam viagens, comunicação, divulgação, palestras etc.

Marte passa pelo Signo de Virgem de 18/08 a 04/10, indicando um período onde as ações devem ser pautadas muito mais pela praticidade e efetividade do que pelo entusiasmo de quando Marte estava em Leão. É tempo de fazer com diligência e método, como apregoa o Signo de Virgem.

Vênus entra no Signo de Virgem no dia 21/08 (ficará nele até 14/09), fazendo com que o foco das relações sociais seja mais pautado na efetividade e no pragmatismo. É um bom momento também para detalhar e analisar seus gastos. Mas de 22 a 26/08, Vênus e Marte, em excelente configuração, indica um ótimo momento para buscar a sua paixão, seja ela uma pessoa, um *hobby* ou uma atividade produtiva. Como Vênus também faz trígono a Urano de 25 a 27/08, é possível que você encontre respostas muito interessantes e empolgantes nessa pesquisa.

O Sol ingressa no Signo de Virgem na manhã do dia 23/08. Por ser um Signo analítico, lógico e prático, todas as atividades que envolverem essas características serão favorecidas. Será, também, um excelente momento para organizar as tranqueiras guardadas, para que você saiba exatamente onde estão quando precisar delas. Mercúrio também entra em Virgem no final do mês de agosto (em de 29/08), reforçando o que foi dito acima, pois Virgem é um dos Signos onde Mercúrio está domiciliado, e, portanto, propicia o uso de todo o seu poder mental para analisar e resolver questões técnicas das mais difíceis.

Urano em trígono a Marte é um aspecto muito útil quando precisamos tomar decisões e ações assertivas que envolvam criatividade e técnica, e isso ocorrerá de 25 a 27/08. O mais interessante é que Urano também faz um trígono com o Sol de 28 a 30/08 e a Mercúrio de 31/8 a 01/09, favorecendo os *insights* criativos e inventivos. E Marte, junto ao Sol de 30 a 01/09, vai dar uma boa ajuda nesse processo.

Posição diária da Lua no mês de agosto

DIA 01 DE AGOSTO - QUINTA-FEIRA

Nova à 00:13 em 08°37' de Leão em Leão LFC Início às 17:49

Fim de Mercúrio Retrógrado

Lua trígono Júpiter – 08:17 às 11:29 (exato 09:54)

Acordamos otimistas, paira o bom humor! Favorável para viagens mais distantes ou que sejam a trabalho. Comece o dia fazendo contatos para ampliar o número de clientes. A equipe de trabalho está disposta a colaborar. Estamos mais generosos na intimidade.

Lua conjunção Marte – 16:08 às 19:27 (exato 17:49)

Estaremos ansiosos, impulsivos e agressivos. Todo cuidado é pouco para não haver arrependimentos. A colaboração dependerá da generosidade dos mais ativos, garantindo o andamento do trabalho. Cuide da alimentação nessas horas de ansiedade para não ter sintomas azia ou dor de cabeça.

DIA 02 DE AGOSTO - SEXTA-FEIRA

Nova em Virgem às 10:21, LFC Fim às 10:21

Enquanto a Lua estiver em Virgem, todos os trabalhos e assuntos que requeiram foco, análise e organização estão favorecidos. É tempo de limpeza do corpo, da alma, da vida, de jogar fora tudo o que não nos serve mais. Plantas novas na casa trarão boas energias. Período muito bom para procurar um novo emprego ou curso!

Lua trígono Urano – 19:13 às 22:25 (exato 20:51)

Aproveite o clima para mudar algo na casa! Arrume o armário, coloque flores na jarra da mesa! Depois de um jantar saudável, que tal tentar algo novo nas redes sociais? Vale até um site de relacionamentos: o momento é favorável, também, para conhecer pessoas novas.

DIA 03 DE AGOSTO - SÁBADO

Nova em Virgem

Lua quadratura Júpiter – 08:03 às 11:16 (exato 09:40)

Nada de se levantar da cama com muitas expectativas. Assim, evitamos frustrações. Um quê de preguiça e insatisfação. Comece o dia com tarefas leves, e cuidado para não desvalorizar os mais chegados! Opte por um café da manhã bem saudável, e tenha muito respeito ao fígado.

Lua trígono Saturno – 09:26 às 12:39 (11:04)

Manhã temperada com um pouco de autocontrole, disciplina e determinação. Há, aqui, favorecimento para quem trabalha na área administrativa ou em atividades ligadas à segurança. Valorizar e afagar os mais chegados trará recompensas!

Lua oposição Netuno – 13:54 às 17:07 (15:32)

Período em que devemos checar as trocas de informações e mensagens para garantir que não ocorram erros na comunicação. A insatisfação continua e podemos sentir insegurança. A distração nos visita; então, atentemos aos compromissos de toda ordem! Evite esportes e deslocamentos pelo mar.

Lua trígono Plutão – 18:58 às 22:11 (exato 20:36)

A noite nos traz um melhor ânimo! Abrimo-nos para aceitar o desafio de mudanças mais radicais em nossa vida, caso seja necessário, como o início de um novo hábito. Bom período para reencontrar antigos amigos, ex-colegas de trabalho, um amor antigo. Caso isso seja empreendido, há chances boas de recuperação de vínculos.

Lua sextil Mercúrio – 23:48 às 03:06 (exato 01:28 de 04/08)

Período em que nossas emoções se expressam melhor, por isso é bom para uma conversa delicada. Se seu trabalho é em contato com as pessoas, essas horas serão particularmente benéficas. Boas, também, para negociações. A equipe de trabalho está colaborativa.

DIA 04 DE AGOSTO – DOMINGO

● *Nova* ● *em Libra às 10:30, LFC Início à 01:28, LFC Fim às 10:30*

Enquanto a Lua estiver em Libra, é hora de caprichar na aparência! A colaboração, o senso de justiça, a reciprocidade, a cortesia e a diplomacia, se usadas, devem abrir muitas portas. Tempo, também, em que tudo funciona melhor em parceria: nos projetos, nos objetivos, nas atividades. Há probabilidade de conhecer alguém através de outras pessoas. Aproveite o charme e usufrua do flerte!

DIA 05 DE AGOSTO - SEGUNDA-FEIRA

● *Nova* ● *em Libra*

Lua sextil Vênus – 01:11 às 03:01 (exato 03:02)

Horas em clima de harmonia entre as pessoas. Produziremos melhor se formos, sobretudo, gentis e diplomáticos. A ternura aproxima os casais, afastando os desentendimentos. A suavidade deste aspecto afasta problemas de origem psicossomática, o que garante horas de sono tranquilo.

Lua sextil Sol – 05:39 às 09:12 (exato 07:26)

Período de grande harmonia entre os casais. Bom momento para marcar o casamento! Aqui, existe maior clareza dos sentimentos e nos expressamos melhor, o que pode gerar reconciliações. Se trabalha com o público, horas em que se percebe as suas expectativas.

Lua sextil Júpiter – 08:47 às 12:07 (10:28)

O dia começa com bom humor! O período indica que o público pode consumir mais. Para as questões legais, deve-se dar entrada nesta manhã. Favorável, também, para todas as atividades ligadas ao ensino. A generosidade paira sobre os relacionamentos íntimos.

Lua quadratura Saturno – 10:07 às 13:25 (exato 11:47)

Horas de espírito crítico e intolerâncias. O público, em geral, está bem mais exigente; então, devemos nos esmerar, pois neste período a retração de consumo pode ocorrer. Momento desfavorável para realizar entrevistas de emprego. Estamos inseguros, o que nos faz ficar mais cautelosos.

Lua quadratura Plutão – 20:09 às 23:31 (21:52)

Estamos passionais, exaltados, por isso devemos nos controlar durante este período. Portanto, nada de radicalismos! Preste atenção aos objetos e mercadorias de alto valor: devem ser guardados com maior segurança. Procure conter o ciúme e o sentimento de posse nos relacionamentos.

Lua sextil Marte – 21:40 à 01:13 (exato 23:27)

Nesse período, temos a sensação de sermos mais capazes. Podemos tomar a iniciativa e aproveitar para resolver assuntos domésticos pendentes. Seja espontâneo e calmo nos relacionamentos. Favorável para cicatrização de pequenas incisões.

DIA 06 DE AGOSTO - TERÇA-FEIRA

● *Nova* ● *em Escorpião às 12:32, LFC Início às 04:36, LFC Fim às 12:32*

Enquanto a Lua estiver em Escorpião, é tempo de paixão, de desejos ardentes! Mas também estamos mais desconfiados, defensivos, mais rancorosos. Melhor será investir no autocontrole das emoções para não haver atitudes passionais. Favorável para atividades de reabilitação, reformas, restauração. Bom, também, para reestruturação financeira. Evite cirurgia na garganta, tireoide, cordas vocais, órgãos genitais, bexiga, uretra, intestino e reto.

Lua quadratura Mercúrio – 02:49 às 06:22 (exato 04:37)

Período de inquietação e possíveis interrupções do sono. Estamos propensos ao estresse, e isso pode gerar problemas digestivos. Pensamentos de fatos passados podem nos visitar e influenciar negativamente fatos do presente.

Lua oposição Urano – 22:11 à 01:40 de 07/08 (exato 23:56)

Estas horas da noite são marcadas por imprevistos, e isso gera ansiedade. Se alguém por perto está grávida, pode ter seu parto antecipado. Desfavorável para o funcionamento de sistemas eletrônicos. A tensão pode alcançar os relacionamentos. Mantenha a calma!

DIA 07 DE AGOSTO - QUARTA-FEIRA

☾ *Crescente às 14:32 em 14°56' de Escorpião* ☾ *em Escorpião*

Lua quadratura Vênus – 09:05 às 12:59 (exato 11:02)

Nesta manhã, estamos insatisfeitos e sem disposição para frustrações. Queremos nos gratificar, o que pode gerar compras e procedimentos estéticos por impulso e insatisfatórios. Antipatias no trabalho podem interferir na produtividade da equipe. Estamos carentes, ciumentos.

Lua quadratura Sol – 12:37 às 16:26 (exato 14:32)

À tarde, realçamos as diferenças e não as afinidades. Em conflitos internos entre nossas necessidades, prevalecerá a mais fraca, não necessariamente um bom acordo.

Lua sextil Saturno – 13:16 às 16:48 (exato 15:03)

Período em que nos visita o autocontrole e devemos aproveitar a oportunidade para exercê-lo. Sopra um vento de concretude, estabilidade e disciplina que, se aproveitado, pode trazer produtividade ao nosso trabalho. Zele pela solidez dos vínculos.

Lua trígono Netuno – 18:27 às 22:02 (exato 20:16)

Uma noite de astral leve! No ar estão a sensibilidade, a inspiração e o encantamento, nos fazendo mais compreensivos. Favorável para lançamentos de filmes, shows, espetáculos que incentivem a fantasia e também artes visuais. No amor, o clima é de sedução. Aproveite para namorar!

DIA 08 DE AGOSTO - QUINTA-FEIRA

☾ *Crescente* ☾ *em Sagitário às 17:35, LFC Início às 11:58, LFC Fim às 17:35*

Enquanto a Lua estiver em Sagitário, estamos mais otimistas, confiantes, objetivos. Podemos ter vontade de viajar, de nos aventurarmos pela natureza em busca de espaços largos, fora dos limites do cotidiano. Bom para atividades ligadas a viagens, ensino, congressos, comércio internacional. Período favorável para realizar exames. Evite cirurgia de fígado, coxas, quadris, ciático, pernas, braços e mãos, vias respiratórias.

Lua sextil Plutão – 00:06 às 03:40 (exato 01:54)

Se queremos abandonar algum hábito prejudicial, esta é a hora! Período em que pode surgir oportunidade de uma segunda chance para assumirmos trabalhos que julgávamos perdidos. Bom momento para atitudes reparadoras e que perdoam. Horas favoráveis para recuperar relacionamentos.

Lua quadratura Marte – 04:22 às 08:09 (exato 06:17)

Estamos impulsivos, ansiosos, inquietos. Sono agitado. Se vai dirigir, tenha cuidado; paira certa agressividade. O trabalho em equipe terá menor cooperação; prefira começar o dia com mais autonomia. Os relacionamentos tensos podem encontrar o fim, principalmente por atitudes precipitadas e impacientes.

Lua trígono Mercúrio – 10:01 às 13:54 (exato 11:59)

Momento oportuno para esclarecer informações ou notícias no trabalho. Aproveite estas horas para enviar e responder e-mails e chamadas. A mente está fértil e agiliza o fluxo das tarefas. Essas horas favorecem os contratos, as negociações de detalhes e as transações comerciais.

DIA 09 DE AGOSTO - SEXTA-FEIRA

☾ *Crescente* ☾ *em Sagitário*

Lua conjunção Júpiter – 18:33 às 22:18 (exato 20:26)

A noite começa boa! Se pretende engravidar, esse é um bom momento. Favorável para eventos de grande porte, inclusive internacionais. O clima de aventura deste aspecto torna as relações mais instigantes. Momentos de bem-estar emocional.

Lua trígono Vênus – 21:16 à 01:23 de 10/08 (exato 23:20)

Clima de amor e sedução continua noite adentro. O romantismo convida aos programas a dois, como jantares, bares e shows. Requintes de capricho na produção pessoal! Demonstramos mais afeto. Excelente momento para casamento, reconciliação ou novo encontro. Aproveitemos!

Lua trígono Sol – 23:36 às 03:41 de 10/08 (exato 01:40 de 10/08)

Aspecto que beneficia os casais com harmonia! Período favorável para casamento. Se está iniciando um relacionamento, as chances são maiores de entrosamento. Nossa emoção e nossa razão estão de mãos dadas, fazendo-nos ver que o mundo flui da melhor maneira.

DIA 10 DE AGOSTO - SÁBADO

☾ *Crescente* ☾ *em Sagitário, LFC Início às 16:51*

Lua quadratura Netuno – 01:17 às 05:05 (exato 03:13)

Período em que estamos mais tristes, melancólicos e inseguros. Nossa distração pode causar prejuízos; portanto, devemos ter cuidado. Nos relacionamentos, as expectativas maiores em relação ao outro podem causar decepções. Melhor fazer uma alimentação leve e saudável e ir dormir cedo.

Lua trígono Marte – 14:50 às 18:51 (exato 16:52)

Nestas horas, experimentamos a sensação de que podemos tudo! A coragem que nos invade gera iniciativas. Favorável para quem demonstrar liderança, projetos ousados. Detectamos as oportunidades. A produtividade está presente. Podemos desfrutar de encontros físicos até o fim da tarde.

DIA 11 DE AGOSTO - DOMINGO

☾ *Crescente* ☾ *em Capricórnio à 01:51, LFC Fim à 01:51*

Enquanto a Lua estiver em Capricórnio, o sentimento do dever e do compromisso nos solicita. Ficamos mais comedidos com os gastos, retraídos nas emoções, inibidos nas situações sociais. A qualidade dos nossos serviços e de nossos produtos está sendo muito observada. Devemos nos esmerar para que primem por excelência. Evite cirurgia na coluna, articulações, joelho, pele, dentes, olhos, vesícula, útero, seios, abdômen.

Lua trígono Urano – 12:39 às 16:33 (exato 14:38)

A tarde fica mais leve, embalada por ares de desapegos. Tempo de fazer coisas novas, ou fazer de um jeito novo, conhecer pessoas, adquirir hábitos, buscar novos clientes, mudar a equipe de trabalho. Bom também para se atualizar, dar um *upgrade*!

DIA 12 DE AGOSTO - SEGUNDA-FEIRA

☾ *Crescente* ☾ *em Capricórnio, LFC Início às 19:12*

Lua conjunção Saturno – 04:55 às 08:51 (exato 06:54)

Bom para começar o dia fazendo um *checkup*, iniciando uma fisioterapia ou tratamento dentário, se estiver precisando. Dia favorável para abandonar vícios – adeus, cigarro! Tempo em que os vínculos afetivos são respeitados e valorizados. A disciplina presente gera produtividade.

Lua sextil Netuno – 11:00 às 14:57 (exato 12:59)

No trabalho, encontramos neste período muita cooperação em prol do objetivo que se quer atingir. Favorável para lançar campanhas que geram o bem-estar público. Se um encontro ao acaso não acontecer, almoce com seu amor, ou então convide quem interessa você – a sedução está no ar!

Lua conjunção Plutão – 17:13 às 21:09 (exato 19:12)

No fim de tarde e à noite, estamos mais concentrados. Aproveitemos para mergulhar em tarefas que demandem dedicação. Se precisa mexer na equipe, faça contato com antigos colegas de trabalho ou ex-funcionários. No mais, melhor será valorizar quem nos valoriza!

DIA 13 DE AGOSTO - TERÇA-FEIRA

☾ *Crescente* ☾ *em Aquário às 12:36, LFC Fim às 12:36*

Enquanto a Lua estiver em Aquário, a sociabilidade está presente, temperada com eletricidade, inquietação e a preferência de estar em grupos. Temos vontade de experimentar o novo, quebrar regras, mudar antigos hábitos. Somos tomados por um sentimento de liberdade. Pode surgir uma nova ideia para uma questão antiga. Evite cirurgia de veias, vasos, artérias, coração.

Lua oposição Mercúrio – 15:17 às 19:47 (exato 17:34)

Neste período, ao nos deslocarmos, podemos encontrar congestionamentos. A produtividade no trabalho é, com frequência, interrompida por assuntos de pouca importância. Devemos atentar para não revelarmos assuntos de natureza pessoal. Nos relacionamentos, cuidado com as palavras, elas podem ferir.

Lua quadratura Urano – 23:46 às 03:46 de 14/08 (exato 01:48 de 14/08)

Podem ocorrer problemas no funcionamento de sistemas automáticos e eletrônicos, de comunicação, quedas de sistema ou falta de energia. Ao dirigir, cuidado com a alta velocidade. Se há tensão num relacionamento, é maior a possibilidade de desgastes. Nada de fazer pressão!

DIA 14 DE AGOSTO - QUARTA-FEIRA

☾ *Crescente* ☾ *em Aquário*

Lua sextil Júpiter – 15:38 às 19:38 (exato 17:39)

No trabalho com o público, fique atento se surgir uma oportunidade de fazer contato de forma a ampliá-lo, pois ele está receptivo. Caso venha tentando tratamento de saúde sem sucesso, uma consulta com outro médico nesse período pode garantir o acerto de seu diagnóstico dessa vez.

DIA 15 DE AGOSTO - QUINTA-FEIRA

○ *Cheia às 09:30 em 22°24' de Aquário* ○ *em Aquário, LFC Início às 22:02*

Lua oposição Sol – 07:16 às 11:41 (exato 09:30)

Manhã de reciprocidade: devemos colaborar com alguém ou termos um colaborador. Zelar pelos relacionamentos pessoais e de trabalho renderá bons frutos. Se algum relacionamento está em crise, devemos ter cuidado com as tensões. Podemos ser surpreendidos com alguém nos desafiando.

Lua oposição Vênus – 08:11 às 12:32 (exato 10:18)

Um quê de insatisfação no ar! Devemos evitar compras de valor alto e tratamentos estéticos esta manhã. Uma carência pode minar as energias para o trabalho. Alguns mimos para os funcionários podem surtir bons efeitos. Cuidado, outro alguém pode surgir e desestabilizar relacionamentos existentes!

Lua oposição Marte – 19:53 à 00:10 de 16/08 (exato 22:03)

Período de nervosismo; agressividade nos ânimos! Casais, se não cederem muito, podem gerar embates que deixarão marcas. Excesso de franqueza pode magoar os mais sensíveis. As rivalidades aqui vão prejudicar o andamento de atividades desenvolvidas em equipe.

DIA 16 DE AGOSTO - SEXTA-FEIRA

◯ *Cheia* ◯ *em Peixes à 00:50, LFC Fim à 00:50*

Enquanto a Lua estiver em Peixes, estaremos mais sensíveis, contemplativos e, por isso, com um ritmo mais lento. Estamos entregues, temos fé no fluxo da vida! Uma certa imprecisão nos rodeia. O idílico e o romantismo nos visitam. Este clima mágico pode favorecer a aproximação que desejamos. Então, se você não está apaixonado, encante-se por algo! Evite cirurgia nos pés e no aparelho gastrointestinal.

Lua sextil Urano – 12:09 às 15:08 (exato 14:12)

Aproveite para buscar inspiração em mentes novas de outras áreas e de idades diferentes da sua. Ouça-as sobre alguma questão e verá que sua mente ficará mais criativa. *Insights* poderão ocorrer, e isso será vantajoso! Uma caminhada depois do almoço poderá trazer inspiração.

DIA 17 DE AGOSTO - SÁBADO

◯ *Cheia* ◯ *em Peixes, LFC Início às 19:35*

Lua quadratura Júpiter – 04:15 às 08:19 (exato 06:18)

Não abuse de alimentos pesados e gordurosos. Começamos o dia com tendência à negligência, o que pode nos levar ao adiamento de tarefas. Neste período, o melhor a fazer é priorizar as atividades mais leves e rápidas, ainda que menos importantes. Cuidado para não desvalorizar os vínculos próximos.

Lua sextil Saturno – 04:35 às 08:37 (exato 06:37)

Será compensador começar o dia tendo a oportunidade de tratar nossos relacionamentos com seriedade: apreciaremos a solidez dos vínculos! As relações passageiras terão pouco espaço. Estamos bem dispostos e podemos aproveitar para iniciar tratamentos dentários.

Lua conjunção Netuno – 11:06 às 15:11 (exato 13:09)

Período em que a leveza toma conta do ar! Estamos mais compreensivos, tolerantes e solidários. A cooperação entre todos se faz presente. Bom para lançamentos de produtos ou serviços que atendam a um público geral, que está propenso a aderir e disseminar, principalmente se forem ligados à imagem.

Lua sextil Plutão – 17:33 às 21:35 (exato 19:35)

Se está com a relação estremecida, aproveite para perdoar, reconsiderar, se redimir e fazer as pazes! Uma segunda chance frutificará uma relação genuína. O erotismo presente nessas horas pode ajudar a aproximar e criar mais intimidade.

DIA 18 DE AGOSTO – DOMINGO

○ Cheia (Disseminadora) ○ em Áries às 13:33, LFC Fim às 13:33

Enquanto a Lua estiver em Áries, estamos mais audaciosos, espontâneos, impulsivos, corajosos e cheios de disposição! Há uma certa impaciência para filas, momentos de espera e indecisões. Queremos respostas diretas, verdadeiras e objetivas, pois o importante é resolvermos as situações. Porém, é necessário pouparmos energia para situações que podem ser retomadas no futuro. Esta fase lunar é de aceitação do que não aconteceu e de adaptação! Evite cirurgias na cabeça e nos rins. Hoje a Lua não faz aspectos com outros planetas no Céu. Devemos observar recomendações para a fase e o Signo em que ela se encontra.

DIA 19 DE AGOSTO – SEGUNDA-FEIRA

○ Cheia (Disseminadora) ○ em Áries

Lua trígono Mercúrio – 10:19 às 15:03 (exato 12:42)

O período favorece o lançamento de produtos populares e baratos. A mente está aguçada, propícia para trabalhos que exijam maior atenção e velocidade. Encontramos facilidade nas negociações. Está mais fácil, também, expressar as emoções. Aproveite!

Lua quadratura Saturno – 16:55 às 20:55 (exato 18:57)

Nessas horas, tendemos ao mau humor. Podemos nos ver críticos, sem tolerância, reclamando, e a tendência é que não possamos contar com aquilo de que precisamos. Por isso, pode haver atrasos no trabalho. Nos relacionamentos, estamos inseguros e a tendência é nos fecharmos.

Lua trígono Júpiter – 20:58 às 22:58 (exato 18:59)

A noite nos traz uma promessa de bem-estar emocional. Período muito favorável para atividades ligadas ao ensino, como universidades, cursos, *workshops* e eventos maiores, como exposições, festivais, campeonatos.

DIA 20 DE AGOSTO - TERÇA-FEIRA

◯ *Cheia (Disseminadora)* ◯ *em Áries*

Lua quadratura Plutão – 05:53 às 09:54 (exato 07:54)

A manhã começa com radicalismo e exaltação no humor! No ambiente de trabalho, podemos encontrar lutas de poder e rivalidades que só atrapalham a fluência do dia. É necessário esfriar os ânimos e sermos muito profissionais, não considerando eventuais colocações como pessoais.

Lua trígono Sol – 18:52 às 23:10 (exato 21:02)

Sopram ventos bem melhores. Podemos distribuir tarefas de acordo com a posição de cada um dos envolvidos. As pessoas mais inseguras e retraídas podem revelar um potencial ocultado, mostrando mais autonomia. Casais, nesse momento, estão em maior harmonia!

Lua trígono Vênus – 22:53 às 03:19 (exato 01:08 de 21/08)

Estamos mais afetuosos. Existe uma predisposição para acordos e alianças. A sedução que nos envolve facilita a aproximação entre as pessoas nesta noite. Bom para um jantar romântico! Comprar um objeto decorativo para casa ou colocar um guardado em uso traz uma boa energia.

DIA 21 DE AGOSTO - QUARTA-FEIRA

◯ *Cheia (Disseminadora)* ◯ *em Touro à 01:38, LFC Início à 01:07, LFC Fim à 01:38*

Enquanto a Lua estiver em Touro, todos ficamos mais cautelosos com gastos! Sentimos maior necessidade de segurança material, pensamos em poupar e investir recursos. Preferimos a estabilidade emocional das relações sólidas e isso aproxima os casais. Carinhos e abraços serão prazerosos e acolhedores! Evite marcar cirurgias na garganta, tireoide, órgãos genitais, sistema urinário, reto e intestino.

Lua trígono Marte – 03:28 às 07:37 (exato 05:34)

Em relacionamentos que estão tensos, seja espontâneo na expressão das emoções; isso trará harmonia. Encorajar e apoiar o outro nesse período também contribui para fortalecer a relação. Nessas horas, uma amizade pode se revelar mais quente, surpreendentemente!

Lua conjunção Urano – 12:36 às 16:30 (exato 14:35)

Período para descondicionar! Mudemos hábitos nocivos, rotinas entediantes, vícios prejudiciais à saúde, alimentação inadequada, nos livremos das coisas de que não precisamos, de armários desarrumados. Tentemos algo novo no trabalho; isso pode desdobrar-se em boas novas!

DIA 22 DE AGOSTO - QUINTA-FEIRA

◯ *Cheia (Disseminadora)* ◯ *em Touro, LFC Início às 18:33*

Lua trígono Saturno – 04:01 às 07:52 (exato 05:59)

Período ideal para se começar uma dieta para perda de peso ou alimentação saudável, pois esta mudança será duradoura. Horas de muita produtividade também, pois você usará bem os recursos que possui.

Lua quadratura Mercúrio – 08:05 às 12:38 (exato 10:23)

Manhã com muita inquietação no trabalho; as conversas paralelas atrapalham a concentração. Devemos manter o foco no que é importante ou urgente. Devemos ser muito claros e cuidadosos com o que dizemos ou escrevemos para não ferir alguém.

Lua sextil Netuno – 10:26 às 14:18 (exato 12:24)

A presença da inspiração e da percepção aguçada nestas horas vai propiciar intuição para tomar decisões. No ar há sintonia, proporcionando encontros inesperados e prazerosos! O clima de maior tolerância entre as pessoas facilita a adesão a ideias.

Lua trígono Plutão – 16:37 às 20:28 (exato 18:33)

E o Céu contribui, ao fim do dia, para quem quer fazer mudanças profundas. Aqui, pode-se fazer uma imersão em um trabalho que exige dedicação, onde perceberemos quais as soluções para recuperarmos vantagens, sejam de tempo ou de recursos.

DIA 23 DE AGOSTO - SEXTA-FEIRA

☽ Minguante às 11:57 em 00º12' de Gêmeos ☽ em Gêmeos às 11:35, LFC Fim às 11:35

Entrada do Sol no Signo de Virgem às 07h01min54seg

Enquanto a Lua estiver em Gêmeos, estaremos falantes, cheios de assuntos! Prepare-se para ficar horas em bate-papo furado e sobre assuntos bem relevantes. Período de grande atividade mental. É necessária uma dose extra de coragem para fazer escolhas, pois será um período em que esta tarefa será custosa. É tempo, também, de finalizar processos iniciados anteriormente. Evite cirurgias nas vias respiratórias, braços, mãos, pernas, bacia e fígado.

Lua quadratura Sol – 09:55 às 13:58 (exato 11:57)

Horas desgastantes à vista! É preciso controlar, a todo instante, o sentimento de disputa com o seu parceiro ou com o seu sócio. Todos nós estamos como uma gangorra, oscilando entre o que sentimos e o que queremos. A palavra-chave é equilíbrio!

Lua quadratura Vênus – 15:12 às 19:21 (exato 17:18)

Quando estamos emocionalmente carentes, a tendência é nutrir a alma com gastos além da conta. Saímos comprando coisas das quais não precisamos e depois nos arrependemos. Tome cuidado com os excessos. E tenha muita paciência nestas horas, que podem ser, inclusive, pouco produtivas!

Lua quadratura Marte – 16:19 às 20:17 (exato 18:20)

A energia destas horas nos incita a brigas e embates. Portanto, controle-se, pois a intolerância está no ar! Neste período, permanece a tendência às compras desnecessárias. Não faça nada por impulso; pense cinco vezes antes de falar, escrever ou agir!

DIA 24 DE AGOSTO – SÁBADO

☽ *Minguante* ☽ *em Gêmeos*

Lua oposição Júpiter – 13:04 às 16:43 (exato 14:54)

Período em que esperamos que as coisas caiam do Céu. Sejamos otimistas, mas com cautela! Há um estado geral de insatisfação e a fé no improvável nos visita. Seja realista! Vamos fazer o que está ao nosso alcance, o que não nos desgasta e cuidar para não exagerarmos na bebida e na comida.

Lua quadratura Netuno – 18:29 às 22:07 (exato 20:19)

A noite entra nos fazendo extremamente sensíveis. Por qualquer coisa, ficamos magoados! Para quem trabalha neste período, tempo de baixa concentração, baixa produtividade. Cuidado com a desatenção. Concentre-se e cuidado com os resfriados.

DIA 25 DE AGOSTO – DOMINGO

☽ *Minguante* ☽ *em Câncer às 18:06, LFC Início às 03:59, LFC Fim às 18:06*

Enquanto a Lua estiver em Câncer, dá uma vontade enorme de ficar em casa, curtir a casa, a família, os amigos queridos e escolhidos. Temos mais necessidade de nutrir nossa alma dando e recebendo afeto, aconchego. Nos pegamos nostálgicos, lembrando de coisas passadas. Bom momento para engravidar, mudar a casa ou mudar *de* casa. Evite marcar cirurgias na região abdominal, órgãos reprodutores, nos ossos e articulações, pele e vista.

Lua sextil Mercúrio – 01:52 às 06:03 (exato 04:00)

Muito bom para quem trabalha durante este período, pois a mente está eficiente, produtiva. Por isso, são horas favoráveis para reuniões ou troca de ideias entre as pessoas. Se você tem um relacionamento, é uma noite em que há entendimento, sensibilidade e troca.

Lua sextil Sol – 20:40 à 00:25 de 26/08 (exato 22:34)

Aqui sentimos momentos de plenitude! Uma paz nos invade, nos sentimos bem resolvidos e resolvidos com o mundo. É como se tudo estivesse nos devidos lugares, inclusive nós e os outros. Estamos abastecidos e satisfeitos.

DIA 26 DE AGOSTO - SEGUNDA-FEIRA

☽ Minguante (Balsâmica) ☽ em Câncer

Lua sextil Marte – 01:10 às 04:48 (exato 03:00)

A vitalidade está em alta, e o corpo está respondendo bem à toda recuperação. Por isso, guardemos esta energia restauradora para nos prepararmos para a chegada da próxima Lua Nova e, com ela, estabelecermos novas metas.

Lua sextil Vênus – 02:50 às 06:39 (exato 04:46)

O clima é de harmonia, romance e sedução madrugada adentro. Aproveite para dormir abraçado a quem se ama! Para os notívagos, o conselho é aproveitar o clima e jogar muito charme. Para os trabalhadores da madrugada, usem a diplomacia.

Lua sextil Urano – 03:42 às 07:10 (exato 05:28)

Além dos notívagos jogarem seu charme durante estas horas, eles devem buscar lugares novos onde possam conhecer pessoas novas. A atitude de todos, em tudo, deve ser original, inovadora, criando novas possibilidades.

Lua oposição Saturno – 17:03 às 18:45 (exato 18:46)

Final de dia pesado e improdutivo. Melhor, então, começar o dia com os trabalhos que nos exigem dedicação e um olhar mais atento do que deixá-los para o final do expediente, quando estaremos menos tolerantes e seguros.

Lua trígono Netuno – 22:46 às 02:10 de 27/08 (exato 00:29 de 27/08)

A noite favorece a compreensão, a colaboração e a sedução. A inspiração está em alta; aproveite-se dela para caprichar no seu visual, na decoração da casa, em um trabalho. E beba muita água para eliminar as toxinas!

DIA 27 DE AGOSTO - TERÇA-FEIRA

☽ Minguante (Balsâmica) ☽ em Leão às 20:54, LFC Início às 05:56, LFC Fim às 20:54

Enquanto a Lua estiver em Leão, é tempo de autoestima alta, de se sentir reluzente e, por isso, ficamos mais extrovertidos, alegres. Adoramos ser o centro das atenções. É tempo também de insubordinação e vaidade! São especiais para nós as pessoas que nos tratam como pessoas especiais. Evite marcar cirurgia de coração, varizes e na região lombar.

Lua oposição Plutão – 04:15 às 07:34 (exato 05:56)

Aqui os sentimentos estão revolvendo mágoas; por isso, o sono pode ser perturbado por pesadelos. Podemos até somatizar e ter alguma indisposição. Para você que trabalha nesse intervalo de horas, tente resolver as crises de maneira política.

DIA 28 DE AGOSTO - QUARTA-FEIRA

☽ Minguante (Balsâmica) ☽ em Leão, LFC Início às 21:00

Lua quadratura Urano – 05:52 às 09:07 (exato 07:31)

O dia começa com nervosismo no ar. Além disso, as coisas tendem a não sair como planejado. Durante esse período, tente manter a calma e evite pressionar as pessoas à sua volta.

Lua trígono Júpiter – 19:29 às 22:43 (exato 21:00)

À noite, o humor melhora! Estamos, também, mais generosos com os nossos parceiros. Boa disposição geral! A partir do fim da tarde até a noite de amanhã, evite situações de inícios que sejam importantes na sua vida.

DIA 29 DE AGOSTO - QUINTA-FEIRA

☽ *Minguante (Balsâmica)* ☽ *em Virgem às 20:58, LFC Fim às 20:58*

Enquanto a Lua estiver em Virgem, aproveitemos essa energia para cuidar da nossa saúde, sendo muito importante termos uma alimentação adequada. Pode nos fazer bem um maior contato com a natureza. Também é tempo de introspecção, de organização interna e de organização da nossa vida. Análises de situações são bem-sucedidas durante este período.

Lua conjunção Mercúrio – 21:34 à 01:11 de 30/08 (exato 23:23)

A mente está alerta. Momento favorável para se ter contato com as pessoas e realizar trocas, seja de ideias, seja de produtos. Aqui, pode-se também cortar hábitos prejudiciais à saúde sob os auspícios deste aspecto!

DIA 30 DE AGOSTO - SEXTA-FEIRA

● *Nova às 07:38 em 06°47' de Virgem* ● *em Virgem*

Lua trígono Urano – 05:34 às 08:43 (exato 07:10)

É tempo de plantar coisas novas! Aproveitemos a energia destas horas para mudar rotinas, hábitos, atitudes. Planeje aqui um novo nicho de mercado para o seu produto. Elabore um novo plano de ação. Crie oportunidades.

Lua conjunção Sol – 05:56 às 09:17 (exato 07:38)

Este aspecto continua beneficiando novas oportunidades, mas apenas planeje, estruture, analise; não concretize nada nesse período. Horas em que todos nos sentiremos animados. Para quem tem um relacionamento satisfatório, esse é um momento de maior sintonia.

Lua conjunção Marte – 07:36 às 10:53 (exato 09:16)

E o ânimo continua bom! Mais energia ainda, muita disposição, vontade de realizar coisas, sensação de potência aumentada! Esta manhã promete muitas ideias boas, aliadas à vontade de realização. Vamos anotar e arquivar tudo!

Lua conjunção Vênus – 13:29 às 16:55 (exato 15:14)

Horas em que o bom humor continua, até porque, sob os auspícios deste aspecto, estamos pré-dispostos à colaboração. Então, tudo parece fluir harmoniosamente. Aqui, paira um clima de sedução, o que é bom, principalmente numa sexta feira. Capriche!

Lua trígono Saturno – 17:41 às 20:48 (exato 19:15)

O dia vai terminando com a produtividade em alta! Aproveite essa energia, some disciplina e concluirá seu trabalho da melhor forma. Dediquemos atenção e carinho aos nossos relacionamentos; eles se fortalecerão.

Lua quadratura Júpiter – 19:04 às 22:13 (exato 20:40)

Durante estas horas devemos "pegar leve", pois há uma tendência a esperarmos mais das pessoas do que elas podem dar, ou até mesmo esperar que aturem nossos caprichos. Convém controlar, também, a tendência aos excessos de ingestão de gordura. O fígado agradecerá.

Lua oposição Netuno – 23:01 às 02:10 de 31/08 (exato 00:36 de 31/08)

Período em que nossos pés poderão estar bem acima do chão. Com isso, podemos sair um pouco da realidade, devanear e depois nos depararmos com o desapontamento. Para quem labuta nestas horas, cuidado com a distração e decisões tomadas com base em dados e informações enganosas.

DIA 31 DE AGOSTO – SÁBADO

● *Nova* ● *em Libra às 20:09, LFC Início às 07:21, LFC Fim às 20:09*

Enquanto a Lua estiver em Libra, bom mesmo é fazer junto. Tudo o que for feito em dupla será beneficiado. Nossa alma estará sensível à beleza das formas, ao lado estético das coisas, às artes, ao belo, ao refinamento. É tempo, também, de concessões nos relacionamentos, até porque estamos empenhados em equilibrar nossas emoções. A diplomacia será nossa aliada para a solução de questões. Evite cirurgia na cabeça e nos rins.

Lua trígono Plutão – 04:12 às 04:42 (exato 07:21)

Neste curto espaço de tempo, podemos aproveitar a influência deste aspecto com uma qualidade de sono que se revela reparador para o nosso corpo. Para os que estão trabalhando, estes minutos beneficiam, trazendo uma aproximação maior de pessoas poderosas.

Setembro 2019

Domingo	Segunda-feira	Terça-feira	Quarta-feira	Quinta-feira	Sexta-feira	Sábado
1	2 ♏	3	4	5 ♐	6	7 ♑
Lua Nova em Libra	Lua Nova em Escorpião às 20:36 LFC 05:34 às 20:36	Lua Nova em Escorpião	Lua Nova em Escorpião LFC Início às 07:59	Lua Nova em Sagitário à 00:09 LFC Fim à 00:09	Lua Crescente à 00:12 em Sagitário Lua em Sagitário LFC Início às 13:04	Lua Crescente em Capricórnio às 07:38 LFC Fim às 07:38
8	9 ♒	10	11	12 ♓	13	14 ♈
Lua Crescente em Capricórnio	Lua Crescente em Aquário às 18:24 LFC 05:31 às 18:24	Lua Crescente em Aquário	Lua Crescente em Aquário LFC Início às 02:23	Lua Crescente em Peixes às 06:52 LFC Fim às 06:52	Lua Crescente em Peixes	Lua Cheia à 01:34 em Peixes Lua em Áries às 19:33 LFC 01:34 às 19:33
15	16	17 ♉	18	19 ♊	20	21
Lua Cheia em Áries	Lua Cheia em Áries LFC Início às 13:03	Lua Cheia em Touro às 07:32 LFC Fim às 07:32	Lua Cheia em Touro	Lua Cheia em Gêmeos às 17:58 LFC 10:57 às 17:58	Lua Cheia em Gêmeos	Lua Minguante às 23:42 em Gêmeos Lua em Gêmeos LFC Início às 23:42
22 ♋	23	24 ♌	25	26 ♍	27	28 ♎
Lua Minguante em Câncer à 01:51 LFC Fim à 01:51	Lua Minguante em Câncer LFC Início às 19:06 *Sol no Signo de Libra às 04:50*	Lua Minguante em Leão às 06:20 LFC Fim às 06:20	Lua Minguante em Leão LFC Início às 13:15	Lua Minguante em Virgem às 07:37 LFC Fim às 07:37	Lua Minguante em Virgem	Lua Nova às 15:27 em Libra Lua em Libra às 07:04 LFC 00:59 às 07:04
29	30 ♏					
Lua Nova em Libra LFC Início às 23:06	Lua Nova em Escorpião às 06:42 LFC Fim às 06:42					

O Céu do mês de setembro de 2019

Logo no início de setembro, estaremos sentindo os efeitos de Vênus em Virgem trígono Saturno, que se iniciou na noite de 31/08 e vai até o dia 02/09. Aproveite esses dias para organizar e botar as suas finanças em ordem, porque ficará bem mais fácil agora. Deixar para o dia seguinte não será positivo devido à oposição Vênus/Netuno, que ocorre até 05/09. E tome um certo cuidado para não exagerar nos gastos de 01 a 03/09, por causa do efeito de Júpiter em tensão com Vênus.

Os aspectos de Mercúrio nesse início de mês merecem ser mencionados. Como esse planeta rege o intelecto, as comunicações, os contatos e os deslocamentos, todos esses assuntos terão destaque. De 02 a 04/09, esse rápido planeta recebe uma conjunção do Sol e de Marte, fazendo com que a cabeça esteja a mil. Podemos ter que ir a vários lugares, resolver vários problemas com muita pressam, e tudo com uma grande sensação de urgência. Não se afobe e mantenha a clareza do que precisa ser feito, porque, logo em seguida, Mercúrio ainda vai receber influências antagônicas de Saturno, Júpiter e Netuno. Pelo lado de Saturno, de 04 a 05/09, este astro vai ajudar a colocar os papéis e a organização das coisas a fazer em dia, mas pelo lado de Júpiter, de 05 a 06/08, haverá uma forte tendência a querer lidar com um universo muito maior de informações, lugares (deslocamentos) e tarefas do que seria necessário. E junto a isso, Netuno, oposto a Mercúrio entre 06 e 07/09, vai causar mais falta de foco e confusão. Felizmente, Sol e Saturno, em trígono de 05 a 07/08, vão dar uma ajudinha para trazer a clareza necessária, e, assim, há chances de você conseguir evitar a atitude prejudicial de querer focar em tudo (e na verdade não focar em nada).

Vênus e Plutão, de 06 a 07/09, vão dar uma força muito positiva se você precisar renegociar dívidas ou recuperar relações afetivas que estavam ruins. E aproveite, também, a influência positiva que Marte e Saturno nos proporcionarão para realizar tarefas exaustivas por longos períodos de tempo entre 07 e 10/09. E, de quebra, Mercúrio e Plutão entre 08 e 09/09 vão ajudar bastante algum trabalho intelectual, de pesquisa ou investigação que eventualmente você tenha que fazer. Só não se empolgue demais tentando resolver todas as coisas do universo de uma vez, porque Sol e Júpiter vão estar em tensão de 07 a 09/09, assim como Netuno e Sol de 09 a 11/09.

Do dia 12 ao dia 15/09, Marte recebe influência negativa de Netuno, mas o Sol fica em trígono com Plutão. Esses aspectos devem criar situações um pouco antagônicas, como, por exemplo, alguma dificuldade para tomar iniciativa ou começar algo, sendo que, ao mesmo tempo, é uma ótima oportunidade para lidar com pessoas poderosas. Só é preciso tomar algum cuidado com a tensão que ocorre entre Júpiter e Netuno de 14 a 28/09, quando a intuição fica bem aguçada, mas o julgamento pode ficar um tanto distorcido.

Mercúrio atravessa o Signo de Libra de 14/09 a 03/10, facilitando os acordos comerciais e as reconciliações de relações estremecidas, pois fica mais fácil fazer conexões sociais, favorecendo a diplomacia, as relações públicas e a formação de parcerias. Mas tudo isso ficará ainda mais forte entre 11 e 15/09, porque Mercúrio, conjunto a Vênus nesses cinco dias, vai ser ótimo para comprar, vender, negociar e até para paquerar. Para melhorar, Vênus entra em Libra no dia 14/09 (ficará nele até 08/10), dando uma ajuda muito positiva nas questões afetivas, sociais e até estéticas. Se levarmos em conta que o Sol também entra em Libra no dia 23/09, teremos mais uma força dos Céus facilitando essas questões.

Entre 17 e 21/09, Marte e Plutão, em plena harmonia, vão nos dar uma boa dose de energia extra para enfrentar dificuldades, tomar ações estratégicas e ousadas. Utilize essa energia positivamente, pois será muito benéfica. Mas, entre 21 e 23/09, Mercúrio recebendo quadratura de Saturno irá dificultar os deslocamentos e todas as atividades que envolvam divulgação, propaganda e deslocamentos rápidos. Se tiver que lidar com atividades mercuriais como essas, prefira o período entre 24 e 25/09, pois, aí, Júpiter vai emprestar seus bons eflúvios a Mercúrio e essas coisas devem fluir melhor. E tenha cuidado entre 26 e 27/09 para não falar o que não deve e magoar os outros, porque Mercúrio e Plutão estarão em forte conflito. Da mesma forma, Saturno também inferniza a vida de Vênus de 24 a 26/09, dificultando as relações afetivas e sociais. Mas, logo depois, de 27 a 29/09, Júpiter se conecta positivamente a Vênus de novo, trazendo benefícios a essas mesmas áreas. Saber escolher o momento mais apropriado para cada ação é uma das maiores vantagens de se olhar o Céu do ponto de vista da astrologia.

Posição diária da Lua no mês de setembro

DIA 01 DE SETEMBRO - DOMINGO

● *Nova* ● *em Libra*

Lua quadratura Saturno – 17:03 às 20:16 (exato 18:41)

Devemos evitar os pensamentos pessimistas. As coisas nem sempre saem como desejaríamos. É normal que as pessoas se tornem mais críticas sob essa configuração. Cuidado com o excesso de julgamento. Essa atitude poderá afastar alguém do nosso relacionamento.

Lua sextil Júpiter – 18:46 às 22:01 (exato 20:25)

Esse aspecto vem nos socorrer, trazendo uma energia propícia ao bom humor, o que tornará tudo mais leve. Agir com espírito de grandeza nos ajudará a superar possíveis obstáculos que prejudicam uma aproximação com alguém de nosso interesse.

DIA 02 DE SETEMBRO - SEGUNDA-FEIRA

● *Nova* ● *em Escorpião às 20:36, LFC Início às 05:34, LFC Fim às 20:36*

Enquanto a Lua estiver em Escorpião, será despertada uma energia intensa, de paixões e desejos. Estamos mais obsessivos em resolver assuntos pendentes ou mal resolvidos. Tendência a confrontos. Atividades que lidem com reabilitação, reciclagem, reformas e restauração estão em alta. Buscas e investigações de toda espécie são bem-sucedidas.

Lua quadratura Plutão – 03:56 às 07:11 (exato 05:35)

Devemos descansar, conforme sugere esse horário. Para quem trabalha neste período, como plantonistas, cuidado com situações ou pessoas agressivas. Os ânimos costumam ficar exaltados sob essa configuração.

DIA 03 DE SETEMBRO - TERÇA-FEIRA

● *Nova* ● *em Escorpião*

Lua oposição Urano – 05:36 às 08:58 (exato 07:19)

Manhã de correria e tensão. Alguns assuntos podem surgir inesperadamente, exigindo logo uma solução. Aumento de estresse, acarretando atitudes impensadas. Será conveniente ter uma "carta na manga" ou dar uma pausa para pensar, caso as coisas não saiam conforme o combinado.

Lua sextil Marte – 12:24 às 15:59 (exato 14:13)

A partir de agora, teremos uma bela terça-feira, com aspectos favoráveis! Nessas horas, as decisões tomadas resultarão logo em desfechos positivos. Tudo o que estiver programado será realizado com dinamismo e força de ação. Favorece trabalhos que podem ser executados com autonomia.

Lua sextil Mercúrio – 12:24 às 16:19 (exato 14:22)

Muito bom para o lançamento de uma propaganda, para a demonstração de um novo produto e tudo o que seja ligado a comunicação. Os avisos importantes devem ser dados nesse período. Favorece, também, as reuniões de trabalho. Favorece transações comerciais, contratos e negociação de pequenos itens que envolvam detalhamento.

Lua sextil Sol – 13:08 às 16:47 (exato 14:59)

Boa disposição e sensação de bem-estar. Todo tipo de encontro está favorecido. Conflitos internos podem ser resolvidos. Há equilíbrio entre razão e emoção. Pessoas mais tímidas ou inseguras poderão mostrar um potencial que estava oculto. Ideias, projetos e relacionamentos que estavam na sombra passam a revelar suas possibilidades e seu brilho.

Lua sextil Saturno – 18:35 às 22:00 (exato 20:19)

Tudo o que estiver programado para esse horário tende a ser cumprido sem dificuldade. Uma palavra dada terá o valor de uma assinatura. Favorece a estabilização de vínculos e compromissos. Os relacionamentos sólidos e confiáveis estarão beneficiados.

Lua sextil Vênus – 23:39 às 03:26 de 04/09 (exato 01:33 de 04/09)

No amor, tudo azul com bolinhas brancas! Estar com quem se ama será muito compensador. Toda a forma de afeto está em alta. Se o ente amado não estiver perto, podemos enviar-lhe uma linda e amorosa mensagem.

DIA 04 DE SETEMBRO - QUARTA-FEIRA

● *Nova* ● *em Escorpião, LFC Início às 07:59*

Lua trígono Netuno – 00:25 às 03:53 (exato 02:10)

A madrugada favorece práticas de meditação e ioga. Orações, cânticos e mantras trarão muita paz. Configuração que ajuda as reconciliações e a praticar o perdão.

Lua sextil Plutão – 06:14 às 09:42 (exato 07:59)

Bom horário para achar coisas perdidas. Procurar alguém com quem desejamos manter contato também é promissor. Excelente para a realização de exames ou consultas. Um segredo ou uma informação poderá se revelar e fazer toda a diferença.

DIA 05 DE SETEMBRO - QUINTA-FEIRA

● *Nova* ● *em Sagitário à 00:09, LFC Fim à 00:09*

Enquanto a Lua estiver em Sagitário, as pessoas se aventuram mais e buscam por espaços amplos onde possam sentir a liberdade e alargar seus horizontes. É uma Lua ideal para as viagens de longa distância. Com uma visão mais otimista da vida, espera-se o melhor dos outros e das situações.

Lua quadratura Marte – 19:53 às 23:45 (exato 21:50)

Devemos ter cautela com movimentos bruscos, que podem causar pequenos acidentes. Aumento da ansiedade em se resolver coisas. Não é apropriado tomar decisões no impulso. Esse aspecto pede prudência, pois facilmente as situações saem do controle.

Lua quadratura Sol – 22:10 às 02:10 de 06/09 (exato 00:12 de 06/09)

Baixa de energia. Tarefas pesadas serão feitas com mais dificuldade. No relacionamento, é preciso evitar brigas e confrontos. As tensões entre os casais que já tenham uma diferença entre si tendem a se agravar.

DIA 06 DE SETEMBRO - SEXTA-FEIRA

☾ *Crescente à 00:12 em 13°15' de Sagitário* ☾ *em Sagitário, LFC Início às 13:04*

Lua conjunção Júpiter – 02:28 às 06:12 (exato 04:21)

Horas excelentes para viajar em relação ao espaço físico ou na mente, através de um livro que nos leve a "embarcar" na história. Horas de muito otimismo.

Lua quadratura Mercúrio – 02:12 às 06:35 (exato 04:22)

Os que tiverem atividades nessas horas, cuidado com a comunicação. Prestar atenção ao que diz e como diz. Há possibilidade de haver erros de interpretação e de distorção das palavras.

Lua quadratura Netuno – 06:01 às 09:43 (exato 07:54)

Muita preguiça nessa manhã. É provável que ocorram perdas de horários e desmarcação de compromissos. Devemos nos poupar de atividades que requeiram energia, disposição ou coragem.

Lua quadratura Vênus – 10:59 às 15:07 (exato 13:04)

Outro aspecto que desfavorece atividades que exijam disciplina. É mais fácil sair da dieta ou não cumprir com horários marcados. Estamos indulgentes e querendo satisfazer caprichos próprios. A demonstração de carência não será bem recebida, o que provocará mais carência ainda.

DIA 07 DE SETEMBRO - SÁBADO

☾ *Crescente* ☾ *em Capricórnio às 07:38, LFC Fim às 07:38*

Enquanto a Lua estiver em Capricórnio, reinará a disciplina e o senso de dever cumprido. Muito favorável aos desfiles militares do dia de hoje. As pessoas se tornam mais fechadas e exigentes, aumentando, assim, o senso crítico. O dever falará mais alto do que o lazer. Assumir responsabilidades no trabalho (inclusive aquilo que não lhe cabe) lhe trará um benefício extra.

Lua trígono Urano – 17:51 às 21:44 (exato 19:48)

Quem trabalha neste período conta com uma força de inventividade e um impulso para novas ideias e novas saídas para antigos problemas. Fazer algo diferente do costumeiro será de muito bom proveito. Portanto, a ordem é sair da mesmice!

DIA 08 DE SETEMBRO - DOMINGO

☾ *Crescente* ☾ *em Capricórnio*

Lua trígono Marte – 07:48 às 11:56 (exato 09:54)

Favorece passeios ao ar livre, caminhadas e atividades esportivas. As pessoas que possuem trabalho nesse domingo sentirão tudo fluir com maior facilidade. Uma atitude tomada logo repercutirá no resultado esperado.

Lua conjunção Saturno – 08:45 às 12:41 (exato 10:43)

Se algo estiver funcionando precariamente em casa, pode pifar de vez. É provável que falte algo de que precisemos. Assuntos maçantes devem ser evitados. As queixas, também. O melhor é olhar pra frente e ver o que há de bom para ser feito.

Lua trígono Sol – 12:02 às 16:20 (exato 14:12)

Horas de boa energia, sensação de bem-estar e de estarmos no lugar certo e na hora certa. Podemos sentir uma reconfortante alegria por sermos, simplesmente, quem somos. Os casais terão aí uma ótima oportunidade de aproximação e entendimento.

Lua sextil Netuno – 15:21 às 19:16 (exato 17:20)

Este aspecto convida a irmos ao cinema ou a um bom espetáculo, com muita música e dança. Os artistas estão particularmente beneficiados, pois contam com muita inspiração e boa capacidade de realização.

Lua trígono Mercúrio – 21:43 às 02:23 de 09/09 (exato 00:04 de 09/09)

Para quem puder estender essa noite de domingo, será muito prazeroso se reunir com amigos para trocar ideias e deixar o papo correr solto. Informações interessantes e proveitosas podem surgir.

Lua conjunção Plutão – 22:04 às 02:03 (exato 00:04 de 09/09)

Tendência a remoer mágoas passadas. Uma relação que já não vinha bem pode entrar em crise. Não se deve medir forças nem fazer exigências nesse momento. Os ânimos se tornam mais exaltados.

DIA 09 DE SETEMBRO - SEGUNDA-FEIRA

☾ *Crescente* ☾ *em Aquário às 18:24, LFC Início às 05:31, LFC Fim às 18:24*

Enquanto a Lua estiver em Aquário, as pessoas se tornam mais inquietas, ávidas por mudanças e novidades. Liberdade e independência serão sentidas como prioridade. Há maior interação com os grupos de amigos e com relações impessoais, mais do que com os íntimos.

Trabalhos ligados a tecnologia e inovação estão favorecidos. Profissões não convencionais e as que lidam com a criatividade em alta.

Lua trígono Vênus – 03:17 às 07:44 (exato 05:31)

Contamos com a boa vontade do outro, predisposição amorosa e bom humor. Momento romântico que beneficia o encontro a dois.

DIA 10 DE SETEMBRO - TERÇA-FEIRA

☾ *Crescente* ☾ *em Aquário*

Lua quadratura Urano – 04:57 às 08:57 (exato 06:58)

Inquietação e tendência à insônia. Estado de humor alterado por nervosismo e ansiedade. Imprevistos são esperados. Podemos lançar mão de técnicas de relaxamento e respiração para acalmar as emoções. Algo pode acontecer e nos obrigar a alterar nossa rotina. No relacionamento, o melhor será contornar qualquer situação de tensão e não pressionar o outro.

DIA 11 DE SETEMBRO - QUARTA-FEIRA

☾ *Crescente* ☾ *em Aquário, LFC Início às 02:23*

Lua sextil Júpiter – 00:20 às 04:25 (exato 02:24)

Esta madrugada traz um astral de otimismo e confiança de que podemos realizar de forma positiva o que pretendemos para hoje. Bem-estar físico, advindo de uma boa disposição emocional. Beneficia viagens, deslocamentos para longas distâncias e atividades de suporte para esse setor.

DIA 12 DE SETEMBRO - QUINTA-FEIRA

☾ *Crescente* ☾ *em Peixes às 06:52, LFC Fim às 06:52*

Enquanto a Lua estiver em Peixes, há um aumento da sensibilidade e da tendência a querermos enxergar o mundo com "lentes cor-de-rosa". Não se está a fim de encarar nenhuma barra pesada nem enfrentar situações dolorosas. Tudo nos afeta mais emocionalmente. As crenças e superstições estarão influenciando mais as pessoas. Ajudar a quem precisa nos trará enorme bem-estar.

Lua sextil Urano – 17:24 às 21:27 (exato 19:28)

Dá para fazer uma tarde diferente! Ir a um *happy hour*, curtir com pessoas diferentes, dançar uma música desconhecida, ou simplesmente apostar numa nova receita para o jantar. Trabalhos criativos e inovadores em alta!

DIA 13 DE SETEMBRO - SEXTA-FEIRA

☾ *Crescente* ☾ *em Peixes*

Lua sextil Saturno – 09:02 às 13:06 (exato 11:05)

Nesta manhã, haverá uma disposição produtiva e maior disciplina para realizarmos as tarefas do dia. Benéfico, também, para reparos e consertos na casa ou no local de trabalho.

Lua quadratura Júpiter – 13:31 às 17:37 (exato 15:36)

Agora, devemos prestar atenção a tendência de querer as coisas fáceis demais. Elas não virão se não houver um esforço. Há probabilidade, também, de aumento do apetite e da vontade de ingerir doces.

Lua oposição Marte – 15:02 às 19:20 (exato 17:13)

Nestas horas, será prudente não tomarmos nenhuma decisão precipitada. Os ânimos estão acirrados, e qualquer discussão poderá virar briga séria. Esportes, academia e caminhadas serão boas válvulas de escape.

Lua conjunção Netuno – 15:41 às 19:44 (exato 17:44)

Esse aspecto aumenta a sensibilidade, e nos impressionamos mais com fatos ou situações que nos abalem emocionalmente. O humor também está passível de se alterar. No trabalho, é preciso um esforço para manter a concentração e não prejudicar a produtividade.

Lua sextil Plutão – 22:47 às 02:51 de 14/09 (exato 00:50 de 14/09)
Disposição para irmos fundo nas questões que possam estar nos afligindo e atrapalhando nosso sono. Podemos fazer um "mergulho interno" e expurgar emoções que estejam nos influenciando negativamente.

Lua oposição Sol – 23:20 às 03:45 de 14/09 (exato 01:34 de 14/09)
Casais não devem discutir pontos de vista nessas horas. Com as emoções alteradas, há tendência a uma descarga emocional. Por outro lado, esse aspecto favorece a libido e os encontros sexuais prometem uma grande noite.

DIA 14 DE SETEMBRO - SÁBADO

○ *Cheia à 01:34 em 21°05' de Peixes* ○ *em Áries às 19:33, LFC Início à 01:34, LFC Fim às 19:33*

Enquanto a Lua estiver em Áries, temos disposição para começar coisas que estavam aguardando serem resolvidas. Tomamos iniciativas e decisões mais rapidamente. As pessoas não aguentam esperar, querem tudo para ontem. Por isso, todos os serviços de entrega ou atendimento rápido estarão beneficiados. Em todos os setores da vida, devemos usar de franqueza e sinceridade. Assim dará mais certo.

Lua oposição Vênus – 18:18 às 22:49 (exato 20:35)
Nesta noite de sábado será mais difícil agradar o público e consumidores. Não é recomendável aumento do preço dos produtos. O momento não favorece, também, festas ou comemorações. As pessoas ficam mais insatisfeitas e indecisas sob essa configuração.

Lua oposição Mercúrio – 19:47 à 00:30 de 15/09 (exato 22:09)
Os diálogos e conversas sérias também devem ser evitados. Qualquer palavra mal colocada poderá gerar discórdia ou se tornar um mal enten-

dido. Devemos nos abster de julgamentos, pois esses não serão objetivos e nem corresponderão à realidade.

DIA 15 DE SETEMBRO - DOMINGO

◯ *Cheia* ◯ *em Áries*

Lua quadratura Saturno – 21:28 à 01:28 de 16/09 (exato 23:31)

Essas horas devem ser utilizadas para o descanso nesse final de domingo. Muita gente fica deprimida, justamente porque no dia seguinte é segunda-feira e tudo começa de novo. Pois é, sob essa configuração, essa "síndrome" aumenta! Vamos, então, apelar para o pensamento positivo e emanar uma energia bem positiva para que a semana venha abençoada!

DIA 16 DE SETEMBRO - SEGUNDA-FEIRA

◯ *Cheia* ◯ *em Áries, LFC Início às 13:03*

Lua trígono Júpiter – 02:27 às 06:31 (exato 04:30)

Viu? A segunda-feira se inicia com chave de ouro! Esse aspecto nos brinda, transmutando aquilo que era negatividade em otimismo, alegria e fé. Favorável às viagens. Grande movimentação nos aeroportos e procura por passagens.

Lua quadratura Plutão – 11:03 às 15:03 (exato 13:04)

Devemos evitar locais perigosos, desertos ou desconhecidos. O clima passa a ser hostil, e as reações, extremas. Vamos nos acautelar em relação às pessoas naturalmente agressivas. Desaconselhável pedir aumento.

DIA 17 DE SETEMBRO - TERÇA-FEIRA

◯ *Cheia (Disseminadora)* ◯ *em Touro às 07:32, LFC Fim às 07:32*

Enquanto a Lua estiver em Touro, as pessoas se tornam mais cautelosas e predomina um sentimento de apego, de desejo de segurança e de bem-estar. Há, também, uma tendência a proteger aquilo que possuímos (bens, dinheiro, afetos). Aumento da estabilidade emocional que nos aproxima dos entes queridos. Festas ou reuniões devem ser destinadas às pessoas próximas e que já se conheçam entre si. São ótimos dias para apreciar a natureza, os lugares sossegados, uma boa comida e uma boa rede.

Lua conjunção Urano – 17:33 às 21:29 (exato 19:32)

Muita agitação e correria no ar! Horas tensas. Aumento da ansiedade. Portanto, muita atenção no trânsito, nos relacionamentos em geral e, principalmente, nas atividades de risco. Nessas horas, as coisas saem do controle com mais facilidade. Probabilidade de afastamento ou rupturas em relacionamentos já desgastados.

DIA 18 DE SETEMBRO - QUARTA-FEIRA

○ *Cheia (Disseminadora)* ○ *em Touro*

Lua trígono Saturno – 08:54 às 12:49 (exato 10:53)

Tudo o que for programado para esta manhã será cumprido com responsabilidade e assertividade. Nossas emoções estão sob controle, favorecendo a estabilização de vínculos e compromissos. Os projetos a serem realizados num tempo mais longo devem ser pensados e providenciados agora.

Lua sextil Netuno – 15:05 às 18:58 (exato 17:03)

Praticar o perdão, a benevolência e entregar os problemas nas mãos de Deus serão atitudes acertadas e de muito bom proveito. Algo que aparentemente não tinha solução, de repente se resolve sem que nem saibamos como.

Lua trígono Marte – 21:16 à 01:22 de 19/09 (exato 23:21)

Neste período, podemos acelerar e terminar tarefas que precisavam ser concluídas ainda no dia de hoje. Uma atitude ousada é recomendável para aproximar alguém do nosso interesse ou para apimentar a relação já existente.

Lua trígono Plutão – 22:05 à 01:57 de 19/09 (exato 00:03 de 19/09)

Pode-se apostar na reaproximação de alguém que esteja afastado, em uma nova chance em se conseguir algo ou no resgate de um laço afetivo já existente. Se precisar, devemos pedir perdão ou concedê-lo. Sentiremos um enorme alívio!

DIA 19 DE SETEMBRO - QUINTA-FEIRA

○ *Cheia (Disseminadora)* ○ *em Gêmeos às 17:58, LFC Início às 10:57, LFC Fim às 17:58*

Enquanto a Lua estiver em Gêmeos, será tempo de expor os sentimentos, trocar informações, dialogar, ler, aprender e vender alguma coisa. Projetos, ideias, planos e conversas se mostrarão mais engenhosos e produtivos do que os assuntos práticos. É de se esperar tráfego mais intenso e lugares mais cheios, pois as pessoas estão mais dispostas a sair, circular e a se reunir em bares ou locais públicos.

Lua trígono Sol – 08:51 às 13:01 (exato 10:58)

Manhã de grande disposição física e emocional. Todo tipo de encontro está favorecido. Percebemos melhor nossas emoções e sentimentos e podemos alinhá-los com a inteligência. Somos mais claros com os outros em relação ao que sentimos. Ideal para os casais se entenderem e chegarem a um acordo que beneficie a ambos.

DIA 20 DE SETEMBRO - SEXTA-FEIRA

○ *Cheia (Disseminadora)* ○ *em Gêmeos*

Lua trígono Vênus – 05:44 às 09:56 (exato 07:52)

O romantismo fica mais aguçado nessas horas, permitindo uma aproximação maior com a pessoa que você ama. Os contatos via e-mail ou *WhatsApp* estão favorecidos. Um convite agora será bem recebido e apreciado.

Lua trígono Mercúrio – 12:14 às 16:33 (exato 14:25)

Horas indicadas às reuniões informais e aos encontros casuais. Aumenta a frequência nos shoppings e comércio em geral. Ótimo para anunciar, vender, trocar ou comprar. Cursos e aulas beneficiados. No trabalho, as tarefas fluem com facilidade, e as tarefas externas que envolvam locomoção e contatos também estão indicadas.

DIA 21 DE SETEMBRO - SÁBADO

☽ *Minguante às 23:42 em 28°49' de Gêmeos* ☽ *em Gêmeos, LFC Início às 23:42*

Lua oposição Júpiter – 00:00 às 03:47 (exato 01:55)

Pouca disposição para executar tarefas que requeiram esforço. Quem trabalha nessas horas poderá sentir preguiça e uma sensação de que a hora não passa.

Lua quadratura Netuno – 00:09 às 03:52 (exato 02:03)

Baixa produtividade, desânimo e apatia. Mais uma vez, os que possuem atividades nesse horário devem redobrar a atenção em relação a tudo o que fazem.

Lua quadratura Marte – 09:08 às 13:01 (exato 11:06)

Aumento da impaciência em relação ao que se pretende fazer nessa manhã. Será prudente não tomarmos atitudes na base da impulsividade. Exercícios ao ar livre são recomendados. Nos relacionamentos, devemos evitar impor nosso ponto de vista ao outro. Cuidado, também, com compras feitas na base do impulso.

Lua quadratura Sol – 21:42 à 01:39 de 22/09 (exato 23:42)

O melhor para esse horário é descansar e evitar desgastes físicos e emocionais. A Lua está entrando em sua fase Minguante: é tempo de conciliar as coisas e terminá-las para não começarmos um novo ciclo com pendências.

DIA 22 DE SETEMBRO - DOMINGO

☽ Minguante ☽ em Câncer à 01:51, LFC Fim à 01:51

Enquanto a Lua estiver em Câncer, as pessoas se tornam mais inclinadas à vida doméstica, ao familiar, ao conhecido e a ficar em casa. Todos estão mais receptivos, sensíveis, amorosos e acolhedores. Atividades ligadas à memória, à história, às mães e às crianças estão favorecidas. Os comércios de itens que são relacionados a bebês e gestantes também. Lugares próprios para reunir a família e as crianças serão bastante procurados.

Lua sextil Urano – 10:43 às 14:17 (exato 12:32)

A disposição é leve e o clima é de despreocupação. Ideal para largarmos hábitos ou vícios indesejáveis, aproveitando a Lua Minguante. É mais fácil nos desapegarmos de coisas que não nos servem mais e, também, de relacionamentos desgastados, aqueles em que só se está por acomodação.

Lua quadratura Vênus – 18:33 às 22:24 (exato 20:32)

Não devemos marcar para esse horário nenhuma atividade que requeira disciplina ou determinação. Também não são aconselháveis mudanças estéticas e nem compras de itens caros.

DIA 23 DE SETEMBRO - SEGUNDA-FEIRA

☽ Minguante ☽ em Câncer, LFC Início às 19:06

Entrada do Sol no Signo de Libra às 04h50min04seg

Equinócio de Outono H. Norte – Equinócio de Primavera H. Sul

Lua oposição Saturno – 00:52 às 04:23 (exato 02:40)

Espírito crítico acentuado. Tendência a perder o sono por preocupações que invadem a mente e mexem com o lado emocional. Devemos enxergar o que há de melhor em cada situação.

Lua quadratura Mercúrio – 02:24 às 06:22 (exato 04:24)

Quem trabalha nesse horário ou tira plantão deve ter muito cuidado com recados e avisos. Podem entender mal, derivar o assunto e se perder em meio aos detalhes. Muita conversa e pouco trabalho poderá ser o motivo de não conseguirem encerrar as tarefas.

Lua trígono Netuno – 06:11 às 09:40 (exato 07:57)

É mais fácil conseguir ajuda e compreensão por parte dos outros. Há mais cooperação entre todos. Aumento das situações ao acaso e das coincidências devido à maior sintonia entre as pessoas.

Lua oposição Plutão – 12:37 às 16:05 (exato 14:22)

Ânimos exaltados! Não beneficia pedido de aumento nem confrontos com chefes ou figuras de autoridade. As pessoas se tornam mais radicais e complicam situações simples de serem resolvidas. Não se deve medir forças com ninguém e nem fazer exigências descabidas.

Lua sextil Marte – 17:17 às 20:54 (exato 19:06)

Apropriado para práticas físicas, como academia, caminhada e esportes. No relacionamento afetivo, devemos usar da franqueza e da espontaneidade. Uma atitude de estímulo e de encorajamento para com o parceiro fortalecerá o vínculo da relação.

DIA 24 DE SETEMBRO - TERÇA-FEIRA

☽ *Minguante (Balsâmica)* ☽ *em Leão às 06:20, LFC Fim às 06:20*

Enquanto a Lua estiver em Leão, a sensação de ser o centro do mundo nos aquecerá o coração. Queremos brilhar e sermos vistos. As pessoas se vestem melhor, colocam adereços e cuidam mais dos cabelos. Salões de cabeleireiros tendem a lotar. Excelente dia para pintar o cabelo, aproveitando a Lua Minguante. Festas e celebrações em alta! Com a Lua em Leão, tudo é grandioso e importante. Se alguém anda nos esnobando, essa é a hora de darmos uma esnobada nessa pessoa. Vai doer nos brios.

Lua sextil Sol – 06:23 às 10:02 (exato 08:14)

Podemos demonstrar nosso afeto e paixão com entusiasmo à pessoa amada. Sensação de bem-estar e de capacidade para enfrentar o que vier no dia de hoje. Beneficia concepção, gestação e nascimentos. As pessoas mais tímidas têm, aqui, uma oportunidade de mostrarem o seu valor.

Lua quadratura Urano – 14:31 às 17:52 (exato 16:13)

Desaconselhável para negócios ou serviços imobiliários. Atitudes e decisões podem ser erráticas nessas horas. Pede-se cautela no trânsito. A tendência é de as pessoas ficarem mais afoitas e avançarem o sinal. Também devemos evitar mexer com eletricidade.

DIA 25 DE SETEMBRO - QUARTA-FEIRA

☽ *Minguante (Balsâmica)* ☽ *em Leão, LFC Início às 13:15*

Lua sextil Vênus – 02:47 às 06:24 (exato 04:37)

Predisposição afetuosa aproxima casais. Romance e sedução no ar. Dormir agarradinho com quem amamos será muito compensador e garantirá uma noite e tanto.

Lua trígono Júpiter – 09:41 às 13:00 (exato 11:22)

Ideal para o planejamento de uma viagem. Bom humor e alto-astral aproximam as pessoas e facilitam acordos. Um forte sentimento de sorte nos fará tentar investidas mais ambiciosas, com boas chances de sucesso.

Lua sextil Mercúrio – 11:24 às 15:03 (exato 13:15)

As reuniões de trabalho fluem melhor, pois todos querem dar ideias e sugestões. Procurar pessoas com as quais tenhamos afinidade de pensamentos para trocarmos informações será gratificante. Podemos usufruir de um almoço bem animado, com muita conversa.

DIA 26 DE SETEMBRO - QUINTA-FEIRA

☽ *Minguante (Balsâmica)* ☽ *em Virgem às 07:37, LFC Fim às 07:37*

Enquanto a Lua estiver em Virgem, será ótimo para iniciarmos uma dieta. Hábitos saudáveis darão tanto resultado que pensaremos em adotá-los para sempre. Organizar a vida, a papelada, a mente e o coração será muito gratificante. Beneficia os trabalhos mentais que requeiram detalhamento e atenção. Devemos ser muito caprichosos nas tarefas e analíticos em todos os quesitos. Ótimos dias para fazer exames, consultas e diagnósticos.

Lua trígono Urano – 15:17 às 18:28 (exato 16:55)

Beneficia trabalhos com tecnologia, multimídia e inovação. Podemos dar um toque diferente a essa tarde, seja fazendo um trajeto diferente ou indo a um lugar nunca ido. Propício a nos livrarmos de tarefas, pessoas ou situações que estejam nos aborrecendo.

DIA 27 DE SETEMBRO - SEXTA-FEIRA

☽ *Minguante (Balsâmica)* ☽ *em Virgem*

Lua trígono Saturno – 04:15 às 07:24 (exato 05:51)

Apesar de ser cedo, esse aspecto nos dá uma grande capacidade de julgamento e de amadurecimento de certas emoções que poderiam estar prejudicando uma situação ou um relacionamento. Temos mais certeza do que pretendemos ao longo do dia e cumprimos nossos compromissos com mais facilidade.

Lua oposição Netuno – 08:33 às 11:56 (exato 10:22)

O astral aqui muda totalmente. Ficamos sonolentos e indispostos. Devemos evitar fazer algo que exija muita concentração. Convém checar tudo o que precisa levar ao sair de casa. Estamos propensos a esquecimentos.

Lua quadratura Júpiter – 10:09 às 13:21 (exato 11:46)

Há uma tendência a criarmos expectativas e a esperarmos favores que talvez não se cumpram. No trabalho, será importante evitar avaliações superestimadas. É aconselhável fazer as tarefas mais fáceis e evitar as mais desgastantes.

Lua trígono Plutão – 14:45 às 17:55 (exato 16:21)

Interessante para retomarmos tarefas, projetos ou ideias que foram abandonados. Favorece os reencontros de toda a ordem: antigos amigos, colegas de trabalho, funcionários e clientes. Maior capacidade de concentração favorece tarefas que exijam total dedicação.

Lua conjunção Marte – 23:20 às 02:37 de 28/09 (exato 00:59 de 28/09)

Um clima de erotismo facilitará os encontros e os relacionamentos. Tomar a iniciativa de se aproximar de alguém ou fazer um convite terá bons resultados. Favorece atividades físicas, como sair para dançar nessa noite de sexta-feira.

DIA 28 DE SETEMBRO - SÁBADO

● *Nova às 15:27 em 05°20' de Libra* ● *em Libra às 07:04, LFC Início à 00:59, LFC Fim às 07:04*

Enquanto a Lua estiver em Libra, impera a harmonia e o senso de justiça. Ficamos mais imparciais e percebemos melhor os dois lados da situação. O senso estético também está ampliado, o que favorece trabalhos artísticos e de decoração. Fazer as coisas a dois será muito mais gratificante do que fazer sozinho. Muito cuidado em relação a cometer gafes. Essas serão mais malvistas do que em qualquer outra Lua.

Lua conjunção Sol – 13:44 às 17:08 (exato 15:27)

Esse aspecto está ligado à entrada da Lua na fase Nova. Todos os começos estão abençoados. Devemos fazer planos e anotar as ideias. Tudo está obedecendo a um processo de germinação. Muita coisa se apresenta em forma de potencial, mas as chances e desdobramentos ainda não estão claras. Devemos aguardar os próximos dias para tomarmos qualquer deliberativa.

DIA 29 DE SETEMBRO - DOMINGO

● *Nova* ● *em Libra, LFC Início às 23:06*

Lua quadratura Saturno – 03:33 às 06:43 (exato 05:09)

Disposição de humor pesado. Ficamos mais atentos ao que não está dando certo em nossas vidas. Isso torna as coisas mais difíceis de serem enfrentadas ou resolvidas. Quem puder, deverá descansar e desanuviar a mente. Isso também passará.

Lua sextil Júpiter – 09:50 às 13:04 (exato 11:28)

Tudo muda a partir de agora. O astral é de contentamento geral devido ao aumento do otimismo e da certeza de que tudo dará certo. Vale a pena sair para um passeio nesse domingo, num lugar que dê a sensação de espaço e liberdade. Encontrar com pessoas de alto-astral para compartilhar a companhia será muito agradável.

Lua conjunção Vênus – 10:53 às 14:22 (exato 12:39)

Muita interação entre as pessoas, em especial entre os casais ou aqueles que se amam. Esse aspecto promove disposição para o afeto e para o carinho. Quem estiver à procura de um par terá aí uma ótima chance de encontrar boa companhia. É só caprichar no visual, no charme e no sorriso.

Lua quadratura Plutão – 14:05 às 17:16 (exato 15:41)

Não devemos provocar ciúme em ninguém. Também não é aconselhável puxar discussão nem falar sobre assuntos polêmicos. Nos trajetos, será conveniente evitar locais desconhecidos. Devemos, também, evitar lugares com muita gente.

Lua conjunção Mercúrio – 21:19 à 00:52 de 30/09 (exato 23:07)

Internet a mil. Muito papo e muita comunicação. Sites de relacionamentos serão mais procurados. Os notívagos se beneficiam, também, através de estudos, leituras ou pesquisas. Uma boa informação pode surgir desses recursos.

DIA 30 DE SETEMBRO - SEGUNDA-FEIRA

● *Nova* ● *em Escorpião às 06:42, LFC Fim às 06:42*

Enquanto a Lua estiver em Escorpião, há necessidade de controlarmos as pessoas próximas e as situações. Todos estão mais desconfiados e cheios de suscetibilidades. Devemos evitar levar as coisas para o campo pessoal. Ganhamos uma capacidade extraordinária para desvendarmos segredos e mistérios. Os profissionais que lidam com esses temas, como detetives, investigadores, advogados e pesquisadores, estão favorecidos.

Lua oposição Urano – 14:17 às 17:33 (exato 15:57)

Atenção aos compromissos agendados para essa tarde. Sob essa configuração, podem haver imprevistos e desmarcações. É melhor ligar antes e averiguar. Podemos ser obrigados a alterar nossa rotina. Essa situação causa insatisfação e ansiedade, o que é preciso ser evitado. O jogo de cintura será um grande aliado nesse momento. Dessa forma, podemos achar logo outra saída.

Outubro 2019

Domingo	Segunda-feira	Terça-feira	Quarta-feira	Quinta-feira	Sexta-feira	Sábado
		1	2 ♐	3	4 ♑	5
		Lua Nova em Escorpião	Lua Nova em Sagitário às 08:45 LFC 06:47 às 08:45	Lua Nova em Sagitário	Lua Nova em Capricórnio às 14:44 LFC 04:34 às 14:44	Lua Crescente às 13:48 em Capricórnio Lua em Capricórnio
6	7 ♒	8	9 ♓	10	11	12 ♈
Lua Crescente em Capricórnio LFC Início às 20:26	Lua Crescente em Aquário à 00:42 LFC Fim à 00:42	Lua Crescente em Aquário LFC Início às 15:27	Lua Crescente em Peixes às 13:06 LFC Fim às 13:06	Lua Crescente em Peixes	Lua Crescente em Peixes LFC Início às 06:56	Lua Crescente em Áries à 01:46 LFC Fim à 01:46
13	14 ♉	15	16 ♊	17	18	19 ♋
Lua Cheia às 18:09 em Áries Lua em Áries LFC Início às 19:00	Lua Cheia em Touro às 13:24 LFC Fim às 13:24	Lua Cheia em Touro	Lua Cheia em Gêmeos às 23:31 LFC 05:38 às 23:31	Lua Cheia em Gêmeos	Lua Cheia em Gêmeos LFC Início às 23:15	Lua Cheia em Câncer às 07:43 LFC Fim às 07:43
20	21 ♌	22	23 ♍	24	25 ♎	26
Lua Cheia em Câncer	Lua Minguante às 10:40 em Câncer Lua em Leão às 14:29 LFC 10:40 às 14:29	Lua Minguante em Leão	Lua Minguante em Virgem às 17:30 LFC 07:16 às 17:30 Sol no Signo de Escorpião às 15:19 (Horário de Verão)	Lua Minguante em Virgem	Lua Minguante em Libra às 18:20 LFC 11:00 às 18:20	Lua Minguante em Libra
27 ♏	28	29 ♐	30	31		
Lua Minguante em Escorpião às 18:30 LFC 06:23 às 18:30	Lua Nova à 01:40 em Escorpião	Lua Nova em Sagitário às 19:59 LFC 15:35 às 19:59	Lua Nova em Sagitário	Lua Nova em Sagitário LFC Início às 12:30		

O Céu do mês de outubro de 2019

Logo no início de outubro, já estaremos vivendo sobre a quadratura de Vênus e Plutão, que se iniciou no dia 30/09 e termina na noite do dia 1º. Evite o ciúme e os investimentos arriscados, pois o Céu não está favorável para essas coisas.

Marte passa pelo Signo de Libra do dia 04/10 a 19/11. É um período mais favorável para tomar iniciativas de conciliação e resolução de conflitos, porque fica mais fácil colocar-se no lugar do outro e entender, assim, os medos e fraquezas do adversário, facilitando as ações diplomáticas, onde ambos cedem em prol de um benefício comum. O ganha-ganha pode trazer mais benefícios nesses dias do que a simples imposição a qualquer custo. Mas atenção ao período de 03/10 a 09/12, quando Mercúrio passará pelo Signo de Escorpião (inclusive ficando retrógrado entre 31/10 a 20/11), pois haverá tendência a desconfianças mútuas e busca de significados velados naquilo que é falado. E, ainda, Vênus também passeia por esse Signo de 08/10 a 01/11, levando essas desconfianças para o campo afetivo. Não exagere na dose, pois o gosto pode não ser bom!

Entre 06 a 07/10, Mercúrio e Urano estarão em tensão e podem criar boas oportunidades para busca de informações e pesquisas técnicas, mas evite a ansiedade, mantenha o foco e anote as ideias que tiver, para não desperdiçar os *insights* que surgirem. Mesmo porque Sol e Saturno se atacando mutuamente de 06 a 08/10 poderão produzir excesso de crítica, levando a eventualmente descartarmos boas ideias por não enxergarmos de pronto suas exequibilidades. Mas, entre 12 e 14/10, elas podem miraculosamente surgir, devido às facilidades que Sol e Júpiter podem nos proporcionar.

Vênus, se opondo a Urano entre 12 e 13/10, pode afetar as relações afetivas e sociais. Podemos buscar muito mais excitação e novidade. Como Vênus está em Escorpião, evite excesso de controle e ciúme, pois isso só irá gerar tensão desnecessária nessas áreas.

Mercúrio faz bons aspectos com Saturno e Netuno, respectivamente, entre 13 e 15/10 e entre 14 e 16/10. Pelo lado de Saturno, é um excelente período para trabalhos intelectuais que exijam muita concentração mental. Em seguida, pelo lado de Netuno, dê um merecido descanso ao intelecto e deixe a mente mais solta para aproveitar *insights*, intuições ou simplesmente apreciar poesia, arte e tudo o que pode elevar o pensamento, incluindo aí a meditação e a prece. Como Sol e Plutão estarão em conflito de 13 a 15/10, é um bom conselho também evitar conflitos com autoridades e figuras de poder, que podem se irritar mais do que o normal e prejudicá-lo. Melhor evitar o confronto com essas pessoas e não as desafiar. Logo em seguida, de 18 a 20/10, Plutão e Mercúrio, em harmonia, vão facilitar todo o tipo de trabalho investigativo e o ato de pensar em profundidade.

Na sequência, Vênus faz excelentes aspectos com Saturno, Netuno e Plutão de 21 a 26/10. Por isso, você deve aproveitar esses dias para dar um "up" na sua vida social e afetiva. Aproveite para ficar mais próximo de quem você gosta e, assim, tornar a relação mais sólida, agradável e profunda. Do dia 23/10 ao dia 21/11, o Sol passa pelo Signo de Escorpião, e, com isso, todos nós tendemos a nos comportar, mesmo que sutilmente, com algumas características desse Signo. Isso significa perceber o mundo e senti-lo de maneira mais intensa, mas também mais reservada e estratégica.

Entre 25 e 29/10, Marte em dissonância com Saturno deve dificultar as ações apressadas e impensadas. Se surgirem obstáculos, mantenha a calma e procure contorná-los, com paciência e persistência, sem querer sair empurrando à força o que te impede de avançar (isso provavelmente causaria só estresse e pouco resultado nesse período). Isso tende a ficar ainda mais forte entre 27 e 29/10, pois nesses três dias ocorre, também, Sol em oposição a Urano. Então, atenção aos conselhos dados acima.

Pouco antes do final do mês, um aspecto fraco, porém benéfico, entre Saturno e Netuno deve ocorrer de 28/10 a 19/11, quando todas as ações direcionadas para estruturar e trazer mais segurança serão facilitadas.

Fechando o mês, aproveite que Mercúrio e Vênus estarão em conjunção para fazer bons negócios ou para conquistar ou xavecar aquela pessoa que há tempos está na mira, mas ainda não caiu na sua rede.

Posição diária da Lua no mês de outubro

DIA 01 DE OUTUBRO - TERÇA-FEIRA

● *Nova* ● *em Escorpião*

Lua sextil Saturno – 04:02 às 07:24 (exato 05:44)

O recolhimento e a discrição são atitudes que ajudam. Afinal, o autocontrole e a valorização dos vínculos antigos são características típicas do contato entre a Lua e Saturno.

Lua trígono Netuno – 08:31 às 11:53 (exato 10:13)

Durante o aspecto, ocorre uma benéfica troca de energias com o ambiente ao seu redor. Excelente momento para divulgar produtos, projetos ou campanhas relacionadas à arte e à cultura. Tudo parece se encaixar.

Lua sextil Plutão – 15:04 às 18:27 (exato 16:46)

Acredite na possibilidade de recuperação e regeneração do que parecia não ter mais jeito. Errou ou se excedeu? Peça perdão. As desculpas são sinceras? Perdoe. Achou que o esforço era demasiado e desistiu? Sob este aspecto, tente de novo. A nossa capacidade de transformação está em alta.

DIA 02 DE OUTUBRO - QUARTA-FEIRA

● *Nova* ● *em Sagitário às 08:45, LFC Início às 06:47, LFC Fim às 08:45*

Enquanto a Lua estiver em Sagitário, acreditamos mais, esperamos mais, nos aventuramos mais! Tudo parece possível e viável sob a influência sagitariana. A Lua Balsâmica em Sagitário é perfeita para deixar a alegria nos invadir e restaurar nossa alma.

Lua sextil Marte – 04:57 às 08:35 (exato 06:47)

Firmeza, energia e determinação ajudam a superar qualquer obstáculo que possa por ventura estar nos impedindo de seguir em frente.

Lua sextil Sol – 23:47 às 03:36 de 03/10 (exato 01:43 de 03/10)

Este é outro bom indício de que é possível reverter a situação. Temos acesso aos nossos sentimentos e propósitos. Alinhamentos inteligentes são factíveis e viáveis.

DIA 03 DE OUTUBRO - QUINTA-FEIRA

● *Nova* ● *em Sagitário*

Lua quadratura Netuno – 12:56 às 16:03 (exato 14:15)

Circunstâncias externas podem provocar um sentimento difuso de insegurança. A distração e a confusão, típicas deste aspecto, podem provocar perdas e prejuízos.

Lua conjunção Júpiter – 15:50 às 19:30 (exato 17:41)

Excelente momento para planejar viagens pensando em arejar a mente, mas anote tudo para não ter desperdício de tempo e energia.

DIA 04 DE OUTUBRO - SEXTA-FEIRA

● *Nova* ● *em Capricórnio às 14:44, LFC Início às 04:34, LFC Fim às 14:44*

Enquanto a Lua estiver em Capricórnio, somos capazes de tomar a liderança e efetuar as correções e reduções necessárias para finalizar os projetos que estão sob nossa responsabilidade. Foco e seriedade são nossas aliadas.

Lua sextil Vênus – 02:31 às 06:37 (exato 04:35)

O sextil da Lua com Vênus reforça o clima de romance e doçura, principalmente nos relacionamentos que demonstraram sua força no teste do tempo. Também é uma ótima tarde para se mimar e cuidar com carinho do visual.

Lua quadratura Marte – 13:27 às 17:24 (exato 15:27)

A quadratura sinaliza que devemos ter cuidado com o egoísmo e a impulsividade. Há o risco de desentendimento devido à precipitação e atitudes bruscas.

Lua sextil Mercúrio – 16:45 às 20:58 (exato 18:53)

Mentalmente ligados e com extrema agilidade para pensar, podemos nos abstrair da realidade e viajar nas ideias, fazendo planos e projetos para o futuro. É uma combinação que favorece o entendimento, a compreensão e qualquer atividade mental.

Lua trígono Urano – 23:13 às 03:02 de 05/10 (exato 01:09 de 05/10)

Tudo o que for feito com improviso sob essa influência costuma dar os melhores resultados. Muito boa também para desapegar de certas situações que nos deixam inseguros, quando não temos certeza de que posição tomar.

DIA 05 DE OUTUBRO - SÁBADO

☾ *Crescente às 13:48 em 12°09' de Capricórnio* ☾ *em Capricórnio*

Lua quadratura Sol – 11:40 às 15:53 (exato 13:48)

Os conflitos internos se manifestam em acontecimentos exteriores. O momento é desafiador mesmo. Desejos, emoções e propósitos parecem não entrar em acordo, e o resultado é uma sensação interna de desacerto.

Lua conjunção Saturno – 15:43 às 19:36 (exato 17:41)

Esta energia ajuda a estabelecer o que, de fato, pode ser realizado em reais condições. Agora, o otimismo une-se à sensatez, e o bom senso predomina. Não se deixe abater pela aparente dureza da realidade. Encare os desafios e conte consigo.

Lua sextil Netuno – 20:29 à 00:23 de 06/10 (exato 22:28)

Inspiração e transpiração se unem neste momento para nos brindar com um sentimento geral de cooperação, que promove a união e a convergência em torno de situações que beneficiem o coletivo.

DIA 06 DE OUTUBRO - DOMINGO

☾ *Crescente* ☾ *em Capricórnio, LFC Início às 20:26*

Lua conjunção Plutão – 04:18 às 08:13 (exato 06:16)

Agora, contamos com uma dose extra de coragem para aceitarmos o desafio de mudanças mais estruturais. Podemos aproveitar para cuidar de reformas de propriedades e providenciar todas as medidas que beneficiem a moradia nos últimos momentos do período.

Lua quadratura Vênus – 18:13 às 22:39 (exato 20:27)

Cuidado com a necessidade de elogios e com as extravagâncias, tanto estéticas quanto emocionais. Não cobre do outro a satisfação de seus desejos. Ao contrário, faça por ele aquilo que gostaria que fizessem por você.

DIA 07 DE OUTUBRO - SEGUNDA-FEIRA

☾ Crescente ☾ em Aquário à 00:42, LFC Fim à 00:42

Enquanto a Lua estiver em Aquário, procure deixar tudo mais solto e também dê mais liberdade aos outros. Exercite o distanciamento lógico e procure entender as situações de um ponto de vista mais impessoal e menos afetado.

Lua trígono Marte – 02:36 às 06:48 (exato 04:44)

Apesar do horário, existe bastante energia e disposição emocional para marcar território e tomar uma iniciativa. A saúde está beneficiada, a vontade fortalecida e ficará mais fácil a recuperação e o corte de hábitos. Tome atitudes nas últimas horas, mas não perca a oportunidade.

Lua quadratura Urano – 09:32 às 13:31 (exato 11:33)

Excesso de estímulo e agitação podem gerar ansiedade e estresse. Imprevistos e mudanças de planos são passíveis de ocorrer. O ideal é manter uma margem de manobra para lidar com eles.

Lua quadratura Mercúrio – 10:20 às 14:51 (exato 12:37)

Um conflito de ponto de vista aqui pode virar um desafeto. O sistema nervoso não está no seu melhor funcionamento. Como estamos passando pela hora do almoço, o melhor é evitar assuntos polêmicos.

DIA 08 DE OUTUBRO - TERÇA-FEIRA

☾ Crescente ☾ em Aquário, LFC Início às 15:27

Lua trígono Sol – 04:09 às 08:32 (exato 06:22)

As emoções estão nos eixos e sentimos uma maior integração interior. Conseguimos conciliar mais facilmente nossa vontade com nossas necessidades emocionais. Com este sentimento de paz interior, o sono promete restauração.

Lua sextil Júpiter – 13:24 às 17:30 (exato 15:28)

Uma forte sensação de sorte e proteção promete beneficiar todos os movimentos de transformação e expansão em nossas vidas. Aproveite para despachar o que não serve mais e abrir espaço para novas possibilidades.

DIA 09 DE OUTUBRO - QUARTA-FEIRA

☾ *Crescente* ☾ *em Peixes às 13:06, LFC Fim às 13:06*

Enquanto a Lua estiver em Peixes, o romantismo e o mundo onírico estão enfatizados. É um bom momento para soltar a imaginação e adotar uma postura com mais fluidez e adaptabilidade do que de discriminação e racionalização.

Lua trígono Vênus – 13:30 às 18:03 (exato 15:48)

A tarde favorece muito os encontros, prometendo um clima de romance em alto estilo, com demonstrações explícitas de afeto. Aproveite para declarar seu amor. Bom momento também para compras e atividades ligadas à beleza.

Lua sextil Urano – 21:53 à 01:57 de 10/10 (exato 23:56)

Aqui, a disposição geral é mais leve e mais aberta às novidades. Preste atenção aos *insights*, que podem oferecer saídas para impasses. Desapegar-se do antigo e abrir espaço para o novo, inclusive emocionalmente, trará um frescor renovador para a alma.

DIA 10 DE OUTUBRO - QUINTA-FEIRA

☾ *Crescente* ☾ *em Peixes*

Lua trígono Mercúrio – 06:05 às 11:07 (exato 08:50)

Agora, a mente consegue encontrar os caminhos para dar um sentido aos acontecimentos. As negociações fluem e o bom entendimento entre as pessoas facilita todas as transações, pois as ideias estão fervilhando. As locomoções e todas as formas de comunicação estão facilitadas.

Lua sextil Saturno – 16:07 às 20:10 (exato 18:09)

Início da noite convida a um período de emoções mais controladas e traz um bom proveito para mediar qualquer questão por resolver, ou reafirmar compromissos.

Lua conjunção Netuno – 20:31 à 00:35 (exato 22:35)

Sonho e imaginação estarão exaltados essa noite. Durma com um caderninho na cabeceira e, ao acordar, pode ter lembranças de sonhos na mente, que nessas ocasiões costumam ser presságios. Muito favorável à meditação. Evite lidar com tarefas que exijam precisão e atenção aos detalhes. A atenção estará desfocada.

DIA 11 DE OUTUBRO - SEXTA-FEIRA

☾ Crescente ☾ em Peixes, LFC Início às 06:56

Lua quadratura Júpiter – 02:57 às 07:05 (exato 05:03)

Muitas ideias e pouca objetividade. Há um aumento da especulação e um otimismo que pode não se confirmar nos resultados. Superestimar as situações ou esperar demais dos outros pode trazer frustração. Então, procure não esperar demais; relaxe e aproveite a noite.

Lua sextil Plutão – 04:52 às 18:58 (exato 06:56)

Excelente momento para retomar projetos e recuperar e sanar eventuais prejuízos. Estão favorecidos também os reencontros de toda ordem. Uma segunda chance pode surgir, e deve-se aproveitar para reapresentar propostas.

DIA 12 DE OUTUBRO - SÁBADO

☾ Crescente ☾ em Áries à 01:46, LFC Fim à 01:46

Enquanto a Lua estiver em Áries, agir com autonomia, tomar a iniciativa e expressar autenticidade são atitudes desejáveis. Dar início a projetos, relacionamentos, fazer propostas, principalmente porque estamos na Lua Crescente, poderá trazer bons frutos. Mas cuidado com a impaciência, própria e alheia.

Lua oposição Marte – 10:36 às 14:49 (exato 12:44)

Este aspecto já indica um clima de irritação. Procure evitar discussões, e cuidado com palavras que possam ferir ou ofender os outros. O melhor seria distrair a cabeça com programas culturais ou extravasar a energia de agressividade em atividades físicas.

DIA 13 DE OUTUBRO - DOMINGO

◯ Cheia às 18:09 em 20°14' de Áries ◯ em Áries, LFC Início às 19:00

Lua quadratura Saturno – 04:36 às 08:36 (exato 06:37)

O medo de se frustrar pode abater os ânimos e impedir de avançar. Sentimos que o esforço é maior para atingir nossos objetivos e temos que fazer concessões que nos custam. Não conte com facilitações externas. Procure ficar e agir dentro do que for possível em cada situação.

Lua trígono Júpiter – 15:54 às 19:56 (exato 08:50)

O encontro entre o conforto e a aventura pode tornar as relações mais estimulantes. As viagens prometem ser agradáveis. Devemos agir com espírito de grandeza e com fé. Há um clima de abundância e sorte no ar.

Lua oposição Sol – 15:58 às 20:18 (exato 18:09)

Cuide para não extrapolar nas emoções e atitudes e não atropelar o outro. As diferenças entre os casais podem se acirrar, especialmente entre aqueles que já estejam em crise. Evite provocações e confrontos, pois os ânimos em geral estão mais exaltados.

Lua quadratura Plutão – 16:59 às 20:58 (exato 19:00)

Disputas e diferenças vêm à tona, colocando em xeque a harmonia. Procure contornar as divergências com diplomacia para evitar radicalizações e reações de extravasamento. Algo que não foi totalmente superado pode estar atrapalhando a situação atual.

DIA 14 DE OUTUBRO - SEGUNDA-FEIRA

◯ *Cheia* ◯ *em Touro às 13:24, LFC Fim às 13:24*

Enquanto a Lua estiver em Touro, enxergamos melhor as oportunidades de garantir a segurança material e sentimos necessidade de solidez, permanência e conforto.

Lua conjunção Urano – 21:30 à 01:26 (exato 23:30)

Agora, encontramos espaço para a expressão da individualidade de uma maneira mais livre e autônoma. Experimente fazer mudanças à sua própria maneira. Sinta o poder pessoal se expandindo como um catalizador de novas posturas, atuações e interferências no mundo.

DIA 15 DE OUTUBRO - TERÇA-FEIRA

◯ *Cheia* ◯ *em Touro*

Lua oposição Vênus – 03:22 às 07:44 (exato 05:34)

A empatia está em baixa. É desaconselhável organizar festas e eventos sociais, já que as pessoas estão mais reservadas. Transações, investimentos e aquisições também devem ser evitados na medida do possível, pois não se faz um bom uso dos recursos e é mais difícil agradar e se sentir agradado.

Lua trígono Saturno – 15:47 às 19:41 (exato 17:48)

Tudo aquilo que é sólido e promete estabilidade interessará às pessoas. Ideal para se iniciar atividades cujo os resultados virão a longo prazo e onde a manutenção do empenho é exigida.

Lua oposição Mercúrio – 19:24 às 23:41 (exato 21:34)

O risco aqui, pela desarmonia com Mercúrio, é exatamente falar o que não deve falar sem pensar, expor o que ainda não foi devidamente elaborado ou apresentar uma ideia antes da hora. Use isto a seu favor; deixe que o adversário entregue o jogo.

DIA 16 DE OUTURBO - QUARTA-FEIRA

◯ *Cheia (Disseminadora)* ◯ *em Gêmeos às 23:31, LFC Início às 05:38, LFC Fim às 23:31*

Lua trígono Plutão – 03:41 às 07:33 (exato 05:38)

Excelente para recuperação e convalescença. Pode ser uma boa data para marcação de consultas médicas, exames e até mesmo cirurgias, principalmente se ligadas à parte hormonal e tireoide.

DIA 17 DE OUTUBRO - QUINTA-FEIRA

○ *Cheia (Disseminadora)* ○ *em Gêmeos*

Enquanto a Lua estiver em Gêmeos, encarar a vida com mais leveza, deixar seu lado infantil aflorar, brincar e fazer boas piadas irá conferir bem-estar e preenchimento emocional.

Lua trígono Marte – 14:10 às 18:10 (exato 16:12)

O relacionamento entre os planetas é fluídico, trata-se de uma energia estimulante. A melhor dica que se pode dar aqui é tentar esgotar essa força o máximo possível antes que a noite chegue, para que ela não venha lhe prejudicar o sono mais tarde.

DIA 18 DE OUTUBRO - SEXTA-FEIRA

○ *Cheia (Disseminadora)* ○ *em Gêmeos, LFC Início às 23:15*

Lua quadratura Netuno – 04:30 às 08:17 (exato 06:26)

Procure adiantar o máximo de coisas a serem feitas antes deste trânsito começar. Normalmente, tornam-se horas muito mal aproveitadas e o nível de produção fica bastante prejudicado, levando prejuízo ao sono também.

Lua oposição Júpiter – 13:04 às 16:52 (exato 14:59)

Conflito de valores. O confronto com alguém ou determinada situação pode, como consequência, trazer impasses que colocarão seus valores em xeque. Agir baseado na sua ética é a melhor opção para não ficar mal posteriormente. Não favorece questões jurídicas e nem acadêmicas.

Lua trígono Sol – 21:13 à 01:13 de 19/10 (exato 23:15)

Confere harmonia interna e fluidez com o sexo oposto. Tire proveito, seja para balancear uma relação que não andava nos seus melhores momentos, seja para ficar bem com você mesmo e conseguir alcançar os seus objetivos.

DIA 19 DE OUTUBRO - SÁBADO

◯ *Cheia (Disseminadora)* ◯ *em Câncer às 07:43, LFC Fim às 07:43*

Enquanto a Lua estiver em Câncer, tratar de assuntos domésticos, valorizar as raízes e as pessoas mais próximas, ou até mesmo resguardar algum tempo para avaliar como seu processo de nutrição emocional se encontra, são elementos cruciais para o período.

Lua sextil Urano – 14:57 às 18:36 (exato 16:48)

Criatividade é a palavra-chave. Buscar soluções alternativas e se permitir caminhos outrora não cogitados pode ser o pulo do gato para amenizar tensões e salvar projetos estagnados.

DIA 20 DE OUTUBRO - DOMINGO

◯ *Cheia (Disseminadora)* ◯ *em Câncer*

Lua quadratura Marte – 01:42 às 05:29 (exato 03:36)

Marte também simboliza o drive sexual, um sexo mais instintivo. O que pode ocorrer é um conflito entre a demasiada razão indicada pela posição da Lua e o desejo ardente do planeta vermelho, sugerindo intensa voluptuosidade.

Lua trígono Vênus – 09:27 às 13:25 (exato 11:28)

Esta combinação confere um clima de romantismo ainda maior. Prepare uma surpresa recheada de *glamour* e requintes sensoriais. Brinque com velas, cores, conduza o outro por uma via envolvente de maneira indireta e aproveite o momento.

Lua oposição Saturno – 09:40 às 13:17 (exato 11:30)

Cobranças e chantagem emocional podem vir a colorir direta ou indiretamente alguma situação de que você venha a fazer parte. A dica aqui é não rebater ou, se for você quem estiver mal, não é o melhor momento para pontuações ou colocações.

Lua trígono Netuno – 12:29 às 16:04 (exato 14:18)

Sob essa influência, despertamos com a sensação de bons sonhos e bons presságios. Favorável aos cultos religiosos, como ir à missa dominical, por exemplo. Palavras inspiradoras e discursos voltados para o bem nos confortarão, trazendo sensação de paz.

Lua oposição Plutão – 10:20 às 23:54 (exato 22:08)

Nesse horário, realmente não se deve sair, e sim tentar descansar. Os ânimos ficam mais exaltados, pode haver discussões, colocando em risco um relacionamento afetivo ou mesmo uma amizade. O melhor é procurar cada um "ficar na sua". Amanhã será um novo dia!

Lua trígono Mercúrio – 22:10 às 02:01 (exato 00:07 de 21/10)

Ótimas horas para se dedicar a atividades que estimulem a mente, como ler, pesquisar, jogar xadrez etc. Atividades que lidem com a comunicação em geral estão favorecidas.

DIA 21 DE OUTUBRO - SEGUNDA-FEIRA

☽ *Minguante às 10:40 em 27°49' de Câncer* ☽ *em Leão às 14:29,*
LFC Início às 10:40, LFC Fim às 14:29

Enquanto a Lua estiver em Leão, passamos para um estado de humor mais declarado, espontâneo e automotivado. Queremos as coisas boas da vida como um prêmio. O lazer e o prazer passam a ser vitais. Ótimos dias para celebrações e homenagens.

Lua quadratura Sol – 08:46 às 12:33 (exato 10:40)

Esse horário pede descanso. Devemos poupar nossas energias. Estamos mais inseguros a respeito do que queremos. Não se deve tomar nenhuma decisão ou atitude importante.

Lua quadratura Urano – 20:13 à 00:39 de 22/10 (exato 22:57)

Algo pode sair do planejado. É bom termos "uma carta na manga". Não devemos contar nada como certo, caso haja algum planejamento para essas horas.

DIA 22 DE OUTUBRO - TERÇA-FEIRA

☽ *Minguante* ☽ *em Leão*

Lua sextil Marte – 12:46 às 14:52 (exato 10:59)

Contamos com a persistência necessária para enfrentar a academia e render bastante! Este é um aspecto dinâmico, bom também para tomarmos a frente de alguma situação e, finalmente, resolvê-la. Esse aspecto torna as atitudes mais assertivas e favorece as iniciativas.

Lua quadratura Vênus – 19:02 às 22:45 (exato 20:55)

Sentimento de insatisfação com o que nos cerca, o que pode levar a desânimo. Os que possuem atividades nesse horário devem evitar cobranças e exigir dos outros. Todos estão mais vulneráveis nesse momento.

DIA 23 DE OUTUBRO - QUARTA-FEIRA

☽ *Minguante* ☽ *em Virgem às 17:30, LFC Início às 07:16, LFC Fim às 17:30*

Entrada do Sol no Signo de Escorpião às 15h19min38seg (horário de verão)

Enquanto a Lua estiver em Virgem, estaremos criteriosos e vibrando num estado de espírito tímido e reservado. Nesses dias, haverá mais disposição a sermos prestativos e solícitos aos demais. Época ideal para reprogramarmos nossos projetos, ajustando-os à nossa realidade. Quem ou o que for mais simples e possível nos atrairá, com a Lua neste pragmático Signo.

Lua trígono Júpiter – 01:58 às 05:23 (exato 03:42)

Alto-astral para essa noite, que nos convida a viajar para lugares distantes, nem que seja em pensamento. Então, por que não começar a fazer agora uma lista dos lugares que pretendemos conhecer?

Lua quadratura Mercúrio – 05:28 às 09:01 (exato 07:16)

A mente se torna mais dispersa e, por isso, não é aconselhável nenhuma atividade que exija concentração. Reuniões de trabalho não devem ser marcadas para esse horário. Fala-se muito, mas não se conclui nada. Cuidado especial com o que falamos ou postamos no Facebook. Há maior possibilidade de mal-entendidos.

Lua sextil Sol – 15:52 às 19:27 (exato 17:40)

Sob esse aspecto, o astral melhora bastante. Mais intuitivos, somos capazes de vislumbrar as melhores soluções para os impasses que por ventura tenham ocorrido no dia de hoje. Esse também é um aspecto que beneficia o relacionamento conjugal.

Lua trígono Urano – 23:45 às 03:02 de 24/10 (exato 01:25 de 24/09)

Disposição leve e alegre favorece a liberdade e o encontro com o desconhecido. Surpresas agradáveis podem alegrar a noite.

DIA 24 DE OUTUBRO - QUINTA-FEIRA

☽ *Minguante (Balsâmica)* ☽ *em Virgem*

Lua trígono Saturno – 16:26 às 19:43 (exato 18:06)

Aproveitar para tratar de resolver pendências é uma boa pedida. Estamos aptos e autoconfiantes para assumir responsabilidades e compromissos.

Lua oposição Netuno – 18:30 às 21:43 (exato 20:08)

O dia termina com uma indicação de baixa energia. A fragilidade emocional pode predispor a uma queda na imunidade. O recomendável é ir para a cama e dormir para resguardar-se e evitar cair num clima de melancolia e tristeza.

DIA 25 DE OUTUBRO - SEXTA-FEIRA

☽ *Minguante (Balsâmica)* ☽ *em Libra às 18:20, LFC Início às 11:00, LFC Fim às 18:20*

Enquanto a Lua estiver em Libra, procure ouvir o outro e se colocar em seu lugar. Não é hora de fazer as coisas sozinho nem de impor sua própria vontade. O momento é de parceria, colaboração e gentileza. Capriche na apresentação, tanto de si próprio quanto do seu trabalho ou produto. Cuide para que as atitudes sejam ponderadas, e o trato pessoal, cortês.

Lua trígono Plutão – 01:50 às 05:04 – (exato 03:27)

Simpatia, popularidade e intimidade com o poder ajudam a recuperar qualquer dano que tenha ocorrido anteriormente. Ótimo momento para regenerar e restaurar o que parecia perdido, assim como para aprofundar os relacionamentos.

Lua quadratura Júpiter – 03:58 às 07:14 (exato 05:38)

É uma gangorra: podemos nos sentir um pouco desesperançados ou, por outro lado, excessivamente confiantes. Podemos esperar mais do que é o razoável dos outros. O mais importante é entendermos que não devemos confiar na nossa capacidade analítica.

Lua sextil Mercúrio – 09:18 às 12:41 (exato 11:01)

A mente, ágil e atenta, capta as emoções e é capaz de encontrar as palavras perfeitas para traduzi-las. Aproveite para esclarecer todos os pontos, caso tenha algo que esteja lhe incomodando por não ter ficado muito bem resolvido.

DIA 26 DE OUTUBRO - SÁBADO

☽ Minguante (Balsâmica) ☽ em Libra

Lua conjunção Marte – 16:07 às 19:29 (exato 17:49)

Queremos aventura e adrenalina. Coloque-se em movimento, diga o que sente e tome a liderança. Só cuidado para não deixar que toda essa energia fique estagnada, senão é confusão na certa.

Lua quadratura Saturno – 16:55 às 20:09 (exato 18:34)

Sabe aquele probleminha crônico, aquela gripe mal curada? Pois é, as coisas que negligenciamos podem nos atrapalhar bastante nessa madrugada. A resistência fica mais baixa e ficamos vulneráveis a recaídas. Cuide-se!

DIA 27 DE OUTUBRO - DOMINGO

☽ Minguante (Balsâmica) ☽ em Escorpião às 18:30, LFC Início às 06:23, LFC Fim às 18:30

Enquanto a Lua estiver em Escorpião, tudo pode virar um ultimato. Sob a influência desse Signo, as emoções são intensas e radicais. Cuidado com a agressividade e com a tendência a desconfiar de tudo e de todos. É bom ter acesso ao que nem sempre está visível, mas é mais importante ainda lembrar que nem sempre o que sentimos é a totalidade do que está sendo vivido.

Lua quadratura Plutão – 02:01 às 05:15 (exato 03:39)

Algo não parece bem essa noite. Um pequeno mal pode se mostrar mais severo do que o normal. Não deixe nada chegar a seu ponto crítico para receber a sua atenção. Fique atento aos sinais que o corpo lhe der.

Lua sextil Júpiter – 04:42 às 08:00 (exato 06:23)

Uma noite em família é o programa perfeito para essa madrugada de domingo. Junte quem e o que você ama ao seu redor e compartilhe boas lembranças dos momentos especiais vividos juntos. Fará muito bem a todos!

DIA 28 DE OUTUBRO – SEGUNDA-FEIRA

● *Nova à 01:40 em 04°25' de Escorpião* ● *em Escorpião*

Lua oposição Urano – 00:21 às 03:35 (exato 01:59)

Necessário estar preparado para os imprevistos, contratempos e incidentes. Não é aconselhável pegar estrada por essas horas. Mantenha a calma em situações de estresse e não desafie o destino. Cautela e prudência são os melhores amigos.

Lua sextil Saturno – 17: 39 às 20:58 (exato 19:20)

Ainda bem dispostos a cumprir deveres e obrigações, apesar de caminharmos para o fim do dia. Podemos enxergar melhor o que é "excesso" e o que é realmente possível. As emoções são expressas de forma equilibrada e constante, sem altos e baixos.

Lua trígono Netuno – 19:13 às 22:30 (exato 20:53)

Favorece o romantismo e a criatividade, o lúdico e o luxo. Procure canalizar essa energia, criando, nem que seja por um breve momento, a realidade perfeita para você. Autogratificação sem culpa, moderadamente e dentro das possibilidades de cada um, não fará mal a ninguém.

DIA 29 DE OUTUBRO - TERÇA-FEIRA

● Nova ● em Sagitário às 19:59, LFC Início às 15:35, LFC Fim às 19:59

Enquanto a Lua estiver em Sagitário, cultivar um sentimento de fé em si e na vida, manter o otimismo em alta a despeito de circunstâncias adversas, ser generoso com os outros e consigo, dar bons conselhos e compartilhar o conhecimento são atitudes que amparam o período.

Lua sextil Plutão – 02:51 às 06:13 (exato 04:33)

Temos condições de chegar ao cerne de uma situação, devendo aproveitar a profundidade e densidade de sentimentos que envolvem a compreensão para esclarecermos o que quer que esteja nos afetando.

Lua conjunção Vênus – 11:23 às 15:06 (exato 13:15)

Momento facilita a conquista daquilo que valorizamos, seja uma pessoa ou uma condição material/social. A dica é agir camufladamente, sem ostentar intenções, sutilmente conduzindo as coisas na direção que se acredita ser certa. O magnetismo do querer velado será a cereja do bolo.

Lua conjunção Mercúrio – 13:51 às 17:17 (exato 15:35)

Aproveite para pôr os assuntos em dia. Excelente momento para reunir a equipe e deixar claro qual é o conjunto de diretrizes a seguir. Aproveite para pedir a opinião da equipe também, pois estão todos criativos e com as mentes aguçadas.

DIA 30 DE OUTUBRO - QUARTA-FEIRA

● Nova ● em Sagitário

Lua quadratura Netuno – 22:04 à 00:35 de 31/10 (exato 23:50)

Noite confusa! “Nem tudo que parece ser é.” Não creia, não crie expectativas. O grau de decepção é grande. Não é uma boa hora para atitudes e decisões. O melhor a fazer é descansar, relaxar!

DIA 31 DE OUTUBRO - QUINTA-FEIRA

● *Nova* ● *em Sagitário¸ LFC Início às 12:30*

Lua sextil Marte – 00:19 às 04:01 (exato 02:11)

Provavelmente, o sono será muito afetado. Assim, não lute contra isso; você perderá. Apesar da hora, ocupe-se para não aumentar a ansiedade.

Lua conjunção Júpiter – 10:40 às 14:19 (exato 12:31)

Momentos de otimismo e cheios de expectativas. Tudo começa bem. Um sentimento de bons presságios e boa sorte nos deixa mais confiantes.

Novembro 2019

Domingo	Segunda-feira	Terça-feira	Quarta-feira	Quinta-feira	Sexta-feira	Sábado
					1 ♑	2
					Lua Nova em Capricórnio à 00:39 LFC Fim à 00:39 *Início Mercúrio Retrógrado*	Lua Nova em Capricórnio *Mercúrio Retrógrado*
3 ♒	4	5 ♓	6	7	8 ♈	9
Lua Nova em Aquário às 09:20 LFC 03:47 às 09:20 *Mercúrio Retrógrado*	Lua Crescente às 08:24 em Aquário Lua em Aquário *Mercúrio Retrógrado*	Lua Crescente em Peixes às 21:09 LFC 12:38 às 21:09 *Mercúrio Retrógrado*	Lua Crescente em Peixes *Mercúrio Retrógrado*	Lua Crescente em Peixes LFC Início às 23:13 *Mercúrio Retrógrado*	Lua Crescente em Áries às 09:49 LFC Fim às 09:49 *Mercúrio Retrógrado*	Lua Crescente em Áries *Mercúrio Retrógrado*
10 ♉	11	12	13 ♊	14	15 ♋	16
Lua Crescente em Touro às 21:19 LFC 12:01 às 21:19 *Mercúrio Retrógrado*	Lua Crescente em Touro *Mercúrio Retrógrado*	Lua Cheia às 11:36 em Touro Lua em Touro LFC Início às 13:49 *Mercúrio Retrógrado*	Lua Cheia em Gêmeos às 06:46 LFC Fim às 06:46 *Mercúrio Retrógrado*	Lua Cheia em Gêmeos *Mercúrio Retrógrado*	Lua Cheia em Câncer às 14:16 LFC 09:40 às 14:16 *Mercúrio Retrógrado*	Lua Cheia em Câncer *Mercúrio Retrógrado*
17 ♌	18	19 ♍	20	21	22 ♎	23
Lua Cheia em Leão às 19:58 LFC 18:15 às Fim(*) 19:58 *Mercúrio Retrógrado*	Lua Cheia em Leão *Mercúrio Retrógrado*	Lua Minguante às 19:12 em Leão Lua em Virgem às 23:55 LFC 19:12 às 23:55 *Mercúrio Retrógrado*	Lua Minguante em Virgem *Mercúrio Retrógrado*	Lua Minguante em Virgem	Lua Minguante em Libra às 02:20 LFC 01:32 às 02:20	Lua Minguante em Libra
24 ♏	25	26 ♐	27	28 ♑	29	30 ♒
Lua Minguante em Escorpião às 03:59 LFC 00:50 às 03:59	Lua Minguante em Escorpião LFC Início às 15:31	Lua Nova às 13:07 em Sagitário Lua em em Sagitário às 06:12 LFC Fim às 06:12	Lua Nova em Sagitário	Lua Nova em Capricórnio às 10:33 LFC 08:50 às 10:33	Lua Nova em Capricórnio	Lua Nova em Aquário às 18:14 LFC 01:58 às 18:14

O Céu do mês de novembro de 2019

No final da tarde do primeiro dia do mês de novembro Vênus ingressa no Signo de Sagitário, ficando ali até o dia 25/11, favorecendo o interesse por viagens ou tudo o que possa ampliar o nosso horizonte.

Mas é bom ter cuidado com o período entre 03 e 06/11, quando Marte e Plutão ficam em pé de guerra. Vigie discussões e precipitações. Evite também nesses dias pensamentos e ações obsessivas e destrutivas, porque você pode se arrepender depois.

Mas logo a seguir uma série de aspectos positivos ocorrem, então aproveite essas janelas de oportunidades que o Céu nos proporciona. Primeiro o Sol vai receber boas influências simultaneamente de Saturno e Netuno entre 07 e 09/11, nos facilitando fazer planos e traçar estratégias com alto grau de propensão a êxito, ao mesmo tempo em que pode também haver uma boa dose de intuição e coincidências positivas. Plutão também empresta energias poderosas a Mercúrio entre 09 e 10/11, sendo muito positivo para falar em público com autoridade e poder de influência. Não deixe de aproveitar o período de 10 a 14/11, quando Marte e Júpiter estarão nos dando energia extra para tudo o que precisarmos. Seja uma atividade ou competição física, seja para resolver alguma questão emperrada há muito tempo e que não andava. No dia 11/11 você ainda poderá contar com Sol e Mercúrio em conjunção, significando maior facilidade de comunicação, de busca de informações, contatos e de raciocínio rápido. Como Mercúrio ainda estará retrógrado nesse dia, é um excelente período para rever questões e documentos que estavam esquecidos ou pendentes. Em seguida, de 12 a 14/11 Saturno dá uma força a Mercúrio para revermos textos e documentos também. Enquanto Sol e Plutão estiverem em harmonia de 12 a 14/11 será muito benéfico lidar com pessoas poderosas ou com questões financeiras.

Entre 13 e 14/11 Netuno pode causar algumas complicações. Embora esse planeta fique em harmonia a Mercúrio facilitando a comunicação não verbal e mais intuitiva, por outro lado quadra Vênus, dificultando a tomada de decisões relativas a dinheiro e gastos. Também pode gerar enamoramentos, encantamentos e paixonites completamente descolados da realidade. Sobre essas questões afetivas, há ainda Vênus conjunto a Júpiter de 23 a 25/11, quando a busca por prazeres fica bem intensificada. Cuidado com os gastos excessivos! Um alerta também é necessário para o período entre 23 e 26/11, quando Marte e Urano em desalinho podem provocar mudanças bruscas de rumos de acontecimentos, atitudes impensadas, precipitadas e até acidentes.

Marte entra no Signo de Escorpião em 19/11. Como esse planeta é o regente clássico de Escórpio, ele se sente em casa, poderoso e forte. Até 03/01/2020 ele nos proporcionará maior libido, desejo sexual, assim como ações e iniciativas bem estratégicas e efetivas. Marte em Escorpião é reunir todas as forças e concentrá-las intensamente num único ponto. E aí a ação sai muito mais poderosa e forte.

O Sol ingressa no Signo de Sagitário em 22/11, nos injetando otimismo e fé. Ir além, ousar, ampliar os horizontes e viajar são atividades que vão estar mais favorecidas até 22/12.

O mês termina de maneira bem bacana e satisfatória. Entre 27 e 29/11, Mercúrio se harmoniza a Netuno e Saturno, e Vênus a Urano. É um bom período para tomar decisões corretas com uma boa dose de intuição. E a vida social e afetiva tende a ficar saborosamente agitada.

Posição diária da Lua no mês de novembro

DIA 01 DE NOVEMBRO - SEXTA-FEIRA

Nova em Capricórnio às 11:39, LFC Fim às 11:39

Início Mercúrio Retrógrado

Enquanto a Lua estiver em Capricórnio, as emoções tenderão a se expressar de forma tímida. Um ar de melancolia poderá surgir. Haverá busca por mais segurança, estabilidade e situações confiáveis. Disciplina e responsabilidade serão comportamentos predominantes. Ótimo período para administrar e programar projetos.

Conservadorismo estará em pauta neste dia; portanto, evite aventuras, especialmente no campo afetivo. Opte pelo tradicional, dedique-se ao trabalho.

Lua trígono Urano – 06:56 às 10:38 (exato 08:48)

Um início de manhã com tendência ao surgimento de situações inesperadas. Criatividade e renovação são os tópicos deste trânsito. Opte por uma reflexão interior e livre-se daqueles sentimentos negativos que incomodam.

Lua sextil Sol – 15:20 às 19:24 (exato 17:22)

Impulsionada pela configuração astrológica da manhã, a energia solar promove, nesta tarde, um período de clareza de ideias. Excelente para aqueles que optam pelo trabalho em grupo ou que desejam realizar reuniões. Tenha paciência e esclareça os pontos relevantes.

DIA 02 DE NOVEMBRO - SÁBADO

Nova em Capricórnio

Mercúrio Retrógrado

Lua conjunção Saturno – 03:33 às 07:23 (exato 05:30)

O feriado deste dia se inicia com a intensificação da melancolia. O dia, por si só, já proporciona reflexões. Sentimentos de insegurança e medo podem surgir. Mantenha-se calmo, confiante em você. Concentre-se na sua força interior.

Lua sextil Netuno – 04:42 às 08:29 (exato 06:36)

Netuno contribui positivamente ao aspecto anterior, dando um ar menos pesado ao clima do feriado. Bons sonhos e sentimentos confortantes podem surgir no decorrer da madrugada. Use a intuição para desenvolver planos alcançáveis e sustentáveis.

Lua quadratura Marte – 10:09 às 14:13 (exato 12:12)

No final da manhã, Marte entra em cena para atribuir um tom energizado e impulsivo. Evite situações de embate e conflitos. Mantenha o equilíbrio emocional. Busque exercícios físicos leves para renovar as energias.

Lua conjunção Plutão – 13:43 às 17:33 (exato 15:40)

Aliada ao aspecto anterior, esta conjunção pode gerar situações de hostilidade. Não desrespeite regras. Busque locais tranquilos e serenos para ter um acolhimento interior nesta tarde.

DIA 03 DE NOVEMBRO - DOMINGO

● *Nova* ● *em Aquário às 09:20¸ LFC Início às 03:47¸ LFC Fim às 09:20*

Mercúrio Retrógrado

Enquanto a Lua estiver em Aquário, a condição emocional convida para a sociabilidade e a expressão intuitiva e livre. A imaginação e o espírito inovador poderão se manifestar de forma mais contundente. Conectar-se ao novo e buscar atividades intelectuais são comuns, assim como a quebra de rotinas, da monotonia e de relações que são opressoras e dramáticas.

Questões humanitárias se intensificam. Use o bom senso para avaliar as situações e não torná-las constrangedoras. Aja de forma coerente, sem ações bruscas, rebeldes ou autoritárias.

Lua sextil Mercúrio – 01:53 às 05:41 (exato 03:48)

Uma madrugada de domingo que permite a troca e o convívio social. Assuntos leves ditam o tom da madrugada. Ótimo momento para a troca de experiências e para exercitar a alegria e descontração.

Lua sextil Vênus – 11:33 às 15:54 (exato 13:44)

O final da manhã e o início da tarde são convidativos para um almoço em boa companhia. Que tal um ambiente aconchegante? Um restaurante novo? Teste seu paladar em novas opções!

Lua quadratura Urano – 15:51 às 19:48 (exato 17:51)

Fique atento a possíveis impulsos repentinos ou à mudança de humor. Aproveite o aspecto anterior para buscar um relaxamento e uma distração. Um bom filme ou uma peça de teatro são perfeitos. Controle a impaciência.

DIA 04 DE NOVEMBRO - SEGUNDA-FEIRA

☾ *Crescente às 08:24 em 11°42' de Aquário* ☾ *em Aquário*

Mercúrio Retrógrado

Lua quadratura Sol – 06:12 às 10:34 (exato 08:24)

O dia começa pedindo persistência e foco nos objetivos da semana. Obstáculos são possíveis. Ponha em prática a perseverança, a paciência e a concentração e nada será capaz de lhe desvirtuar do caminho.

DIA 05 DE NOVEMBRO - TERÇA-FEIRA

☾ *Crescente* ☾ *em Peixes às 21:09, LFC Início às 12:38, LFC Fim às 21:09*

Mercúrio Retrógrado

Enquanto a Lua estiver em Peixes, a imaginação e o romantismo darão o tom coletivo. Há uma busca natural pela conexão com o astral, com o oculto. Aflora a percepção que temos dos outros e dos ambientes que estamos inseridos. A sensibilidade estará patente e as emoções se expressarão de forma mais contundente, principalmente aquelas vinculadas à carência, à fragilidade. O bem-estar do outro terá importância mais relevante. Cuidado com a baixa autoestima, excesso de fantasia e escapismo da realidade. Respeite seu ritmo e não despreze intuições e pressentimentos.

Lua trígono Marte – 00:22 às 04:35 (exato 02:29)

Uma madrugada que lhe trará vigor e força, mas que pode trazer uma certa inquietação para o sono. Busque uma meditação para ter uma noite mais relaxada.

Lua sextil Júpiter – 07:25 às 11:32 (exato 09:30)

Momento propício para a renovação da energia corporal. Júpiter traz revigoramento e fluidos positivos. Sorte nas investidas de negócios pode gerar bons projetos nesta manhã.

Lua quadratura Mercúrio – 10:42 às 14:31 (exato 12:38)

Este aspecto da Lua estará sobre a condição de retrogradação de Mercúrio, pedindo cautela nas comunicações, reforço do entendimento em acordos ou nas tratativas em geral. Evite assinatura de contratos. Reforce a interpretação de uma determinada comunicação para que não haja desentendimentos. Programe-se no seu deslocamento, evitando atrasos.

DIA 06 DE NOVEMBRO - QUARTA-FEIRA

☾ *Crescente* ☾ *em Peixes*

Mercúrio Retrógrado

Lua sextil Urano – 03:41 às 07:45 (exato 05:44)

Procure uma atividade leve de lazer na terça à noite e antiestressante. Um filme é uma boa opção; uma massagem relaxante, melhor ainda.

Lua quadratura Vênus – 06:25 às 10:57 (exato 08:42)

Vênus traz pequenos obstáculos. Evite consumo ou postergue compras. Não é aconselhável realizar investimentos nesta manhã.

DIA 07 DE NOVEMBRO - QUINTA-FEIRA

☾ *Crescente* ☾ *em Peixes, LFC Início às 23:13*

Mercúrio Retrógrado

Lua trígono Sol – 00:11 às 04:39 (exato 02:26)

Uma madrugada em que as emoções e os sentimentos estarão em sintonia, preparando a energia vital para um dia cheio de possibilidades. Com uma noite serena e repousante, mente e corpo estarão afinados para um equilíbrio.

Lua sextil Saturno – 03:15 às 07:21 (exato 05:19)

Saturno contribui para a energia revigorante da madrugada, trazendo mais estabilidade para esta manhã de quinta. Busque compreensão na relação com o outro. Assim, será mais fácil atingir seus objetivos.

Lua conjunção Netuno – 03:25 às 07:39 (exato 05:39)

Além do Sol e de Saturno, Netuno também dá um tom suave a todos os assuntos deste alvorecer. Use a criatividade para ter um café da manhã em um local aconchegante.

Lua sextil Plutão – 13:31 às 17:34 (exato 15:33)

A tarde convida para uma autorreflexão. Momento de crítica e racionalidade. Renove-se. Proporcione-se a mudança.

Lua trígono Mercúrio – 19:00 às 22:42 (exato 20:53)

A energia estará ótima para a conectividade. Um período bom para cinema, teatro ou leitura de um livro. Não exija muito do aspecto de interpretação. Mercúrio, ainda retrógrado, pode requisitar que você venha ao tema mais de uma vez para o completo entendimento.

Lua quadratura Júpiter – 21:09 à 01:16 de 08/11 (exato 23:14)

Ufa, a quinta foi repleta de conexões astrológicas. Júpiter vem fechar o dia solicitando prudência na alimentação. Evite o exagero. É comum o sentimento de preguiça. Aproveite, relaxe e invista na sua saúde.

DIA 08 DE NOVEMBRO - SEXTA-FEIRA

☾ *Crescente* ☾ *em Áries às 09:49, LFC Fim às 09:49*

Mercúrio Retrógrado

Enquanto a Lua estiver em Áries, há predisposição para a inquietude e a hipersensibilidade. O foco da atenção está no pessoal. As emoções estarão cheias de entusiasmo e a expressão, agitada e impulsiva. Energia e coragem para enfrentar os desafios. Cuidado com as reações, pois tendem à falta de temperança. Tenha calma e prudência. O individualismo sobressairá ao coletivo e, portanto, exigirá mais prudência e reflexão. Um ótimo período para atividades esportivas ao ar livre. Não se exponha ao risco e evite conflitos. Haverá força suficiente e também coragem para dar o primeiro passo em iniciativas novas. Hoje a Lua não faz aspectos com outros planetas no Céu. Devemos observar recomendações para a fase e o Signo em que ela se encontra.

DIA 09 DE NOVEMBRO - SÁBADO

☾ *Crescente* ☾ *em Áries*

Mercúrio Retrógrado

Lua trígono Vênus – 02:01 às 06:30 (exato 04:16)

Vênus traz boas energias para este início de dia, proporcionando harmonia e convívio social. Busque atividades que lhe propiciem prazer e bem-estar.

Lua quadratura Saturno – 15:55 às 19:56 (exato 17:56)

Final da tarde solicita controle e paciência. Evite situações arriscadas ou que possam gerar insegurança. Seu emocional estará vulnerável, e a autoestima sob pressão. Busque menos rigor com você e com o outro; assim, a noite tende a ser mais harmoniosa.

DIA 10 DE NOVEMBRO - DOMINGO

☾ *Crescente* ☾ *em Touro às 21:19, LFC Início às 12:01, LFC Fim às 21:19*

Mercúrio Retrógrado

Enquanto a Lua estiver em Touro, deveremos ter atenção para mantermos a estabilidade. Aproveitar as situações que surgirem para desfrutá-las de forma equilibrada. Segurança, confiança, conforto e perseverança são qualidades atribuídas ao coletivo, quando estamos sob a influência deste Signo. Desfrutar a natureza e lançar mão de práticas que elevem a autoestima e mantenham o bom astral são indicadas neste período.

Lua quadratura Plutão – 01:39 às 05:37 (exato 03:38)

Evite o ciúme e a impulsividade. As emoções estarão fortes e intensas. Aproveite para um descanso e um bom sono. A manhã de domingo pode ser melhor aproveitada se mantiver o ambiente calmo.

Lua oposição Marte – 07:53 às 12:04 (exato 09:59)

A manhã se inicia com a Lua em forte aspecto com Marte. Evite embates e atitudes impensadas. Articule-se com prudência. Bom para descarregar as energias acumuladas com a prática de exercícios físicos.

Lua trígono Júpiter – 10:01 às 12:04 (exato 12:02)

O esforço da manhã recebe as energias renovadoras de Júpiter para uma completa reabilitação do vigor corporal. Aproveite esse período para ter uma alimentação saudável.

DIA 11 DE NOVEMBRO - SEGUNDA-FEIRA

☾ *Crescente* ☾ *em Touro*

Mercúrio Retrógrado

Lua conjunção Urano – 03:13 às 07:05 (exato 05:11)

Um pouco de inquietude e alteração de humor é natural neste aspecto. Um suco de maracujá atua como um relaxante natural e serve de ajuda para uma noite mais calma.

DIA 12 DE NOVEMBRO - TERÇA-FEIRA

○ *Cheia às 11:36 em 19°52 de Touro* ○ *Touro, LFC Início às 13:49*

Mercúrio Retrógrado

Lua sextil Netuno – 02:16 às 06:06 (exato 04:13)

O período promete suavidade. Sonhos interessantes podem acontecer em virtude da boa relação que o trânsito provoca no estado emocional. Relaxamento e conexão com o astral!

Lua trígono Saturno – 02:48 às 06:39 (exato 04:45)

Saturno oferece um estado de bem-estar e segurança, fortalecendo o espírito para as ações do porvir desta terça-feira.

Lua oposição Mercúrio – 06:07 às 09:34 (exato 07:52)

Mercúrio, ainda retrógrado, vai oferecer obstáculos na comunicação e no deslocamento. Reforce o entendimento na comunicação. Evite atrasos desnecessários.

Lua oposição Sol – 09:30 às 13:37 (exato 11:36)

Conflitos entre a essência emocional e os objetivos de vida podem surgir neste período. A insegurança pode ser eliminada, caso as situações sejam analisadas de forma menos rigorosa.

Lua trígono Plutão – 11:53 às 15:42 (exato 13:49)

Utilize este aspecto para refletir. Toda a análise feita neste período pode lhe trazer a confiança e coragem para decidir sobre o que deseja.

DIA 13 DE NOVEMBRO - QUARTA-FEIRA

○ *Cheia* ○ *Gêmeos às 06:46, LFC Fim às 06:46*

Mercúrio Retrógrado

Enquanto a Lua estiver em Gêmeos, o espírito leve, adaptável, desperto, alegre, comunicativo e jovial estará presente. Há um afloramento da curiosidade, do interesse por assuntos diversos e por manter a mobilidade. A condição mental se intensifica. Há possibilidade de se sentir mais resistente, frio aos sentimentos e emoções, pois estes estarão sob maior influência da condição mental e racional. Em aspectos conflitantes da Lua, há possibilidade de que ocorram dificuldades de raciocínio, de comunicação, sofrer com indecisões e com concentração. É um período que pede mais objetividade e constância. Hoje a Lua não faz aspectos com outros planetas no Céu. Devemos observar recomendações para a fase e o Signo em que ela se encontra.

DIA 14 DE NOVEMBRO - QUINTA-FEIRA

○ *Cheia* ○ *Gêmeos*

Mercúrio Retrógrado

Lua oposição Vênus – 10:11 às 14:18 (exato 12:17)

Haverá um tom de insegurança, desconfiança. Dificuldade de comunicação ou expressão também podem se apresentar. Evite gastos desnecessários, tenha paciência com o que diz e ao agir.

Lua quadratura Netuno – 10:41 às 14:24 (exato 12:33)

Este aspecto reforça a condição do aspecto anterior, acrescentando dificuldade de concentração, aumento da possibilidade de enganos. Tenha prudência e avalie seus sentimentos. O aspecto imaginativo estará distorcido.

DIA 15 DE NOVEMBRO - SEXTA-FEIRA

◯ *Cheia (Disseminadora)* ◯ *Câncer às 14:16, LFC Início às 09:40, LFC Fim às 14:16*

Mercúrio Retrógrado

Enquanto a Lua estiver em Câncer, estará na sua melhor posição zodiacal! Assim, a expressão emocional se comportará de forma afável, amável, acolhedora e carinhosa. Haverá foco na receptividade da interação com o semelhante, com os familiares, com os amigos. É um período favorável a curtir o que é do lar. Há, também, uma certa nostalgia, uma maior exigência por segurança e proteção.

Lua oposição Júpiter – 05:32 às 09:15 (exato 07:25)

Cuidado com os exageros, principalmente no emocional. Atenção com a forma de desconsiderar a opinião alheia. Evite julgamentos precipitados. Atenção aos gastos; avalie o que está adquirindo para fugir dos excessos.

Lua trígono Marte – 07:44 às 11:33 (exato 09:41)

Um bom aspecto para impulsionar esta manhã. Marte dará força emocional para enfrentar os possíveis obstáculos do dia. Siga de forma firme, contundente. Ótimo período para lutar pelo o que é justo. Seja correto e imparcial. Controle a empolgação para ser mais assertivo e eficaz nos objetivos.

Lua sextil Urano – 19:26 às 23:04 (exato 21:17)

O dia termina com um aspecto balsâmico. Excelente período para lidar com ideias novas e atuar com atitudes construtivas. O pensamento poderá estar conectado ao passado e ao futuro. Utilize a sua experiência e ouse na imaginação e na criatividade.

DIA 16 DE NOVEMBRO - SÁBADO

◯ *Cheia (Disseminadora)* ◯ *Câncer*

Mercúrio Retrógrado

Lua trígono Mercúrio – 12:26 às 15:49 (exato 14:09)

Seria um período para conectar emoção e pensamento e de livre expressão clara. Mas, com a condição retrógrada de Mercúrio, tenha paciência e atenção. Falta de compreensão ao que se comunica e confusão no pensamento podem criar situações prejudiciais. É recomendado questionar se você foi corretamente interpretado.

Lua trígono Netuno – 17:14 às 20:50 (exato 19:03)

Excelente para pôr em prática atividades altruístas. Use o poder criativo que o período promove. Ótimo, também, para curtir com quem se ama. Que tal um jantar à luz de velas com um bom vinho?

Lua oposição Saturno – 18:29 às 22:06 (exato 20:19)

Mesmo que tenha algum receio em seguir adiante com seus objetivos, vá em frente com prudência. Confie na sua capacidade intelectual e evite o negativismo. Não permita que seu humor prejudique a sua comunicação.

DIA 17 DE NOVEMBRO – DOMINGO

◯ *Cheia (Disseminadora)* ◯ *Leão às 19:58, LFC Início às 18:15, LFC Fim às 19:58*

Mercúrio Retrógrado

Enquanto a Lua estiver em Leão, teremos um período de confiança para expressão de forma segura. Haverá mais tendência a receber elogios e a buscar honradez e aprovação daqueles com quem nos relacionamos. Mas também é uma fase caracterizada pela fragilidade no ego e problemas de autoimagem. Deve-se focar na solidariedade, no cuidado ao outro. Generosidade e empatia são essenciais para vivenciar estes dias. Evite arrogância, excesso de vaidade e egocentrismo, que podem levar à soberba e à perda do que mais se deseja.

Lua oposição Plutão – 02:28 às 06:02 (exato 04:16)

Madrugada deste domingo pede um período de atenção. Plutão sempre provoca emoções intensas, por vezes difíceis de suportar, dependendo do estado mental. Existe possibilidade de estados mais tensos, intensos, exigentes e pessimistas. Evite o desgaste emocional; busque uma noite de sono para tranquilizar o espírito.

Lua trígono Sol – 08:58 às 12:48 (exato 10:54)

No início desta semana, a energia solar nos guia para uma condição de maior vigor físico, clareza nos objetivos e nas decisões traçadas, a fim de encontrar alicerce para as ações desejadas. Bom período para definir estratégias e envolvimento pessoal em negociações.

Lua quadratura Marte – 16:22 às 20:05 (exato 18:16)

No final da tarde, Marte entra em cena. Momentos de irritação e falta de paciência podem dispersar seus objetivos e atrapalhar seus planos. Mantenha o controle. Não perca o foco nem use a força desnecessariamente. Por vezes, aguardar um pouco pode ser a melhor escolha para tomar uma decisão.

DIA 18 DE NOVEMBRO - SEGUNDA-FEIRA

○ *Cheia (Disseminadora)* ○ *Leão*

Mercúrio Retrógrado

Lua quadratura Urano – 00:49 às 04:20 (exato 02:37)

A rebeldia inerente de Urano pode ser aproveitada com criatividade e imaginação. Portanto, utilize a inteligência interior e não se aventure em discussões ou rebeldias sem contexto claro de reivindicação.

Lua quadratura Mercúrio – 15:11 às 18:135(exato 16:54)

As emoções podem estar um pouco confusas e talvez não reflitam exatamente os sentimentos do coração. Evite mal-entendidos, desacordos e fofocas. Tudo pode voltar-se contra você, mesmo na melhor das intenções.

DIA 19 DE NOVEMBRO - TERÇA-FEIRA

☽ *Minguante às 19:12 em 27°14' de Leão* ☽ *em Virgem às 23:55,*
LFC Início às 19:12, LFC Fim às 23:55

Mercúrio Retrógrado

Enquanto a Lua estiver em Virgem, esteja mais seletivo, criterioso e até metódico. Reserva emocional também é um comportamento possível neste ciclo lunar. Um ótimo período para definir assuntos que requeiram detalhamento, minúcias de avaliação. Racionalidade estará em voga, assim como a tentativa de buscar explicação para tudo. Aproveite para estudar, ler e se aperfeiçoar. A memória e o discernimento lógico terão fluidez natural! Não se sinta acanhado ou tímido para expressar seus pontos de vista.

Lua trígono Vênus – 08:11 às 11:57 (exato 10:06)

Um ótimo momento para estreitar relações. Capacidade de persuasão estará em alta. Bom para receber *feedbacks* em assuntos pessoais ou de trabalho. Todavia, é aconselhável redobrar a atenção para não interpretar ou ser mal interpretado em virtude da retrogradação de Mercúrio.

Lua trígono Júpiter – 17:23 às 20:51 (exato 19:08)

Uma ajudinha a mais dos bons fluidos de Júpiter para que ótimas conexões sejam estabelecidas em nível pessoal ou de negócios. A sorte está lançada; só depende de você!

Lua quadratura Sol – 17:21 às 21:02 (exato 19:12)

Não desanime. Mantenha o foco no que almeja. Lembre-se de que o universo conspira a seu favor, sempre!

Lua sextil Marte – 23:00 às 02:35 (exato 00:49 de 20/10)

O dia termina com a força do entusiasmo, reforçando para o próximo dia as esperanças de bons resultados das ações realizadas no decorrer desta terça-feira. Projete suas ações para o restante da semana. O vigor mental te proporcionará boas condições para o êxito.

DIA 20 DE NOVEMBRO – QUARTA-FEIRA

☽ *Minguante* ☽ *em Virgem*

Fim de Mercúrio Retrógrado

Lua trígono Urano – 04:30 às 07:53 (exato 06:13)

A quarta-feira se inicia convidando ao novo. Ponha em prática a criatividade. Comece o dia se permitindo realizar o que não está em sua rotina. Ótimo para resolver problemas antigos. Um período favorável para lidar com argumentos contrários.

Lua sextil Mercúrio – 17:51 às 21:14 (exato 19:33)

Fase de solidariedade e compreensão. Todavia, com Mercúrio ainda retrógrado, refaça os cálculos e revisite as ações tomadas para mitigar possíveis contratempos.

DIA 21 DE NOVEMBRO - QUINTA-FEIRA

☽ *Minguante* ☽ *em Virgem*

Lua oposição Netuno – 00:10 às 04:32 (exato 02:52)

Um ótimo período para obter descanso. O sono pode trazer lembranças meio desconexas, mas é natural neste ciclo lunar com Netuno. Não se preocupe e aproveite para relaxar.

Lua trígono Saturno – 03:01 às 06:25 (exato 04:44)

Uma manhã de maior clareza racional para definir projetos e ações. Utilize o discernimento e avalie criteriosamente seus sentimentos. Haverá capacidade de entendimento das situações e da melhor forma de executar os projetos futuros.

Lua trígono Plutão – 10:02 às 13:23 (exato 11:43)

Energia de Plutão, contribuindo com força e coragem para que se possa agir. Antes, porém, reflita e aja com organização para que o resultado possa ser frutífero.

Lua quadratura Vênus – 15:49 às 19:30 (exato 17:40)

Evite discutir a relação. Não é o momento mais favorável para apontar erros ou equívocos causados por outro ou por você mesmo.

Lua quadratura Júpiter – 20:42 à 00:06 de 22/11 (exato 22:26)

Júpiter intensifica o aspecto mais pesado do dia. Recomenda-se prudência e cautela. Não se atente aos detalhes ou às minúcias, principalmente em avaliações ou discussões. Erros poderão ser cometidos.

Lua sextil Sol – 23:44 às 03:19 de 22/11 (exato 01:33 de 22/11)

Um alívio da noite permite recarregar as energias. Aproveite para um bom descanso. Recupere o fôlego. Tudo favorece para uma noite balsâmica e reconfortante.

DIA 22 DE NOVEMBRO - SEXTA-FEIRA

☽ *Minguante (Balsâmica)* ☽ *em Libra às 02:20, LFC Início à 01:32, LFC Fim às 02:20*

Enquanto a Lua estiver em Libra, as emoções se expressarão de forma suave, refinada e amável. Sociabilidade dará o tom do período. Procure estar próximo de amigos e rodeado por aqueles por quem você tem apreço. É um período em que se recebe de volta tudo o que se oferece. Se há questões ou reuniões importantes que dependem de consenso, utilize este período. A tendência é de reciprocidade e acordos de ganho mútuo. Para quem buscar o amor, é uma época favorável à sedução. Mas evite superficialidade, situações críticas, radicais e grosseiras.

Entrada do Sol no Signo de Sagitário às 12h58min50seg (horário de verão)

Hoje a Lua não faz aspectos com outros planetas no Céu. Devemos observar recomendações para a fase e o Signo em que ela se encontra.

DIA 23 DE NOVEMBRO - SÁBADO

☽ *Minguante (Balsâmica)* ☽ *em Libra*

Lua quadratura Saturno – 05:13 às 08:34 (exato 06:54)

Ah, uma preguiça no ar! Na manhã deste sábado, Saturno convida para um sono estendido! Aproveite para sossegar e relaxar.

Lua quadratura Plutão – 11:52 às 15:12 (exato 13:33)

Podemos estar com a sensação de confusão nos sentimentos e até de incoerência nas emoções. Prudência nas reflexões é uma ótima pedida para este período de almoço de sábado!

Lua sextil Vênus – 22:11 à 01:48 de 24/11 (exato 00:01 de 24/11)

Uma noite para aproveitar em boa companhia. A melhor escolha para estar com amigos ou com quem se gosta. Opte por um ambiente onde a conversa e a troca possam fluir. Os resultados tendem a ser muito favoráveis.

Lua sextil Júpiter – 23:09 às 02:30 de 24/11 (exato 00:51 de 24/11)

Júpiter enaltece e fortalece a condição do aspecto anterior. *Love is in the air!* Aproveite, namore, curta a vida!

DIA 24 DE NOVEMBRO - DOMINGO

☽ *Minguante (Balsâmica)* ☽ *em Escorpião às 03:59, LFC Início à 00:50, LFC Fim às 03:59*

Enquanto a Lua estiver em Escorpião, as emoções lhe levarão a sentimentos de coragem e dominação com um tom temperamental. Grande vantagem para quem tem desafios a vencer. Tenacidade, persistência e capacidade analítica também contribuirão para quem desejar ter sucesso nesse período. Deve-se, entretanto, ter cautela para não construir desavenças, oposições desnecessárias. É um momento em que aflora a disposição sexual. Mas evite as tendências à obsessão, à possessividade, à sexualidade excessiva e ao ciúme.

Lua conjunção Marte – 07:52 às 11:20 (exato 09:37)

O período conjugará fortes sensações de poder. Ótima manhã para relaxar e extravasar as energias corporais tensionadas. Exercícios ao ar livre são recomendados, e um bom sexo pode aliviar as tensões e acalentar a relação.

Lua oposição Urano – 08:12 às 11:30 (exato 09:52)

Urano provocará alteração nesta energia da Lua em Escorpião. Possíveis situações repentinas poderão ocorrer, testando sua paciência e autocontrole. Aproveite a manhã e realize atividades físicas. Além de acalmar a mente, são ótimas para aliviar as preocupações.

DIA 25 DE NOVEMBRO - SEGUNDA-FEIRA

☽ *Minguante (Balsâmica)* ☽ *em Escorpião, LFC Início às 15:31*

Lua conjunção Mercúrio – 00:40 às 03:35 (exato 01:51)

Um ótimo momento para comunicar sobre assuntos que requeiram sensibilidade no trato. As emoções estarão mais fáceis de serem interpretadas.

Lua trígono Netuno – 04:46 às 08:08 (exato 06:29)

Netuno convida para uma manhã balsâmica e leve. Exercite sua intuição; ouse! Bons resultados poderão ser alcançados ouvindo sua voz interior.

Lua sextil Saturno – 07:19 às 10:40 (exato 09:01)

A razão lhe dará um norte a seguir. Pense e sua mente terá o discernimento necessário para que você siga em frente.

Lua sextil Plutão – 13:48 às 17:12 (exato 15:31)

Ótimo período para pôr em prática a regeneração. Aja para que seja o começo de uma transformação. Tenha fé nos seus valores.

DIA 26 DE NOVEMBRO - TERÇA-FEIRA

● *Nova às 13:07 em 04°03' de Sagitário* ● *em Sagitário às 06:12, LFC Fim às 06:12*

Enquanto a Lua estiver em Sagitário, o entusiasmo dá o tom do período. Otimismo, esperança e senso de justiça também fazem parte do contexto. Portanto, é saudável estabelecer metas e ter senso de vitória aos desafios encontrados. Vida ao ar livre e a prática de exercícios entram em vigência. Deve-se, todavia, manter os pés no chão. É um tempo favorável ao aprendizado, ao conhecimento teórico, a buscar sentido para a vida. Tenha paciência com as possíveis situações restritivas e não desdenhe das ações rotineiras necessárias para uma boa convivência. Evite a irritabilidade e a impaciência.

Lua conjunção Sol – 11:15 às 14:56 (exato 13:07)

Um ótimo período para reunir chefes e subordinados para expor ideias, projetos. Não se esqueça de manter os pés no chão e avaliar corretamente os riscos e impactos.

DIA 27 DE NOVEMBRO - QUARTA-FEIRA

● *Nova* ● *em Sagitário*

Lua quadratura Netuno – 07:52 às 11:22 (exato 09:38)

Nesta manhã, tenha um pouco de paciência. É natural um pouco de conflito emocional. Busque iniciar a quarta-feira com uma boa meditação para ter mais equilíbrio no decorrer do dia.

DIA 28 DE NOVEMBRO - QUINTA-FEIRA

● *Nova* ● *em Capricórnio às 10:33¸ LFC Início às 08:50¸ LFC Fim às 10:33*

Enquanto a Lua estiver em Capricórnio, a timidez e a tradição estarão em voga. Um ar melancólico pode surgir nas emoções. Haverá uma busca pela estabilidade, solidez e por situações confiáveis. Segurança será mais do que necessária para seguir em frente sobre qualquer ação. Atenção para não almejar metas ambiciosas que sejam inalcançáveis. Avalie as ações, para não exercê-las desarmoniosamente. Administre os recursos emocionais de forma disciplinada e prática. Assuma os compromissos que sejam responsáveis. Dedique-se ao trabalho, e ótimos resultados serão obtidos no futuro próximo.

Lua conjunção Júpiter – 07:00 às 10:39 (exato 08:51)

Sorte está batendo à sua porta. O dia promete, se você acreditar fundo no seu potencial. Ponha em prática o seu desejo. Bons fluidos lhe acompanharão no decorrer do dia.

Lua trígono Urano – 14:52 às 18:30 (exato 16:42)

Inove e o resultado será frutífero. Conecte o passado e o futuro. As ideias serão aceitas se vinculadas à inovação e respaldadas pelas experiências antigas.

Lua conjunção Vênus – 14:43 às 18:43 (exato 16:44)

O amor pode ser o caminho para pontuar o seu dia. Mande aquela mensagem de amor, envie flores. Resultados maravilhosos podem chegar para você como resposta do destinatário!

Lua sextil Marte – 20:09 à 00:01 de 29/11 (exato 22:07)

A noite termina convidando para um bom sexo. Use e abuse da energia de Marte e aproveite o momento!

DIA 29 DE NOVEMBRO - SEXTA-FEIRA

● *Nova* ● *em Capricórnio*

Lua sextil Netuno – 13:47 às 17:31 (exato 15:41)

Há clareza na avaliação dos sentimentos internos. O momento é intuitivo. Deixe fluir sua criatividade e realize atividades que favoreçam o seu bem-estar.

Lua sextil Mercúrio – 16:27 às 20:32 (exato 18:31)

A comunicação daquele tema tão complexo pode ser estabelecida neste período. A sua força de expressão e comunicação lhe proporcionará sucesso se a causa for justa.

Lua conjunção Saturno – 17:23 às 21:10 (exato 19:18)

Bom para avaliar situações que requeiram complexidade e uso da racionalidade. Ótimo período para definir e estruturar projetos de longa duração.

DIA 30 DE NOVEMBRO - SÁBADO

● *Nova* ● *em Aquário às 18:14, LFC Início à 01:58, LFC Fim às 18:14*

Enquanto a Lua estiver em Aquário, as emoções estarão livres para se expressar de forma mais intuitiva, inventiva, um tanto racional. Haverá mais sociabilidade e amorosidade com o próximo. A mente estará mais alerta e imaginativa. Aproveite para atividades intelectuais e sociais. O espírito de inovação liderará o período, e você poderá aplicá-lo em benefício próprio ou humanitário. Poderá realizar suas atividades de forma mais contundente. Deixe fluir o espírito inovador que existe em você. Evite rotinas excessivas, monotonia, padrões pré-estabelecidos e relações afetivas opressoras ou dramáticas.

Lua conjunção Plutão – 00:03 às 03:50 (exato 01:58)

O mês termina com uma energia mais densa, trazida por Plutão. Utilize-a para reformar e restaurar. Este é o momento!

Lua quadratura Urano – 22:42 às 02:33 (exato 00:39 de 01/12)

Urano pode distorcer os sentimentos e emoções neste trânsito. A noite pode ser agitada, elevando a tensão sobre o corpo. Calma!

Dezembro 2019

Domingo	Segunda-feira	Terça-feira	Quarta-feira	Quinta-feira	Sexta-feira	Sábado
1	2	3 ♓	4	5 ♈	6	7
Lua Nova em Aquário	Lua Nova em Aquário LFC Início às 10:28	Lua Nova em Peixes às 05:11 LFC Fim às 05:11	Lua Crescente às 04:59 em Peixes Lua em Peixes	Lua Crescente em Áries às 17:45 LFC 06:15 às 17:45	Lua Crescente em Áries	Lua Crescente em Áries LFC Início às 13:02
8 ♉	9	10 ♊	11	12 ♋	13	14
Lua Crescente em Touro às 05:30 LFC Fim às 05:30	Lua Crescente em Touro LFC Início às 23:13	Lua Crescente em Gêmeos às 14:48 LFC Fim às 14:48	Lua Crescente em Gêmeos	Lua Cheia às 03:13 em Gêmeos Lua em Câncer às 21:24 LFC 03:13 às 21:24	Lua Cheia em Câncer	Lua Cheia em Câncer LFC Início às 13:57
15 ♌	16	17 ♍	18	19 ♎	20	21 ♏
Lua Cheia em Leão à 01:57 LFC Fim à 01:57	Lua Cheia em Leão LFC Início às 20:11	Lua Cheia em Virgem às 05:17 LFC Fim às 05:17	Lua Cheia em Virgem	Lua Minguante às 02:58 em Virgem Lua em Libra às 08:05 LFC 06:07 às 08:05	Lua Minguante em Libra	Lua Minguante em Escorpião às 10:58 LFC 09:46 às 10:58
22	23 ♐	24	25 ♑	26	27	28 ♒
Lua Minguante em Escorpião *Sol no Signo de Capricórnio às 02:19 (horário de verão)*	Lua Minguante em Sagitário às 14:35 LFC 01:28 às 14:35	Lua Minguante em Sagitário	Lua Minguante em Capricórnio às 19:46 LFC 09:19 às 19:46	Lua Nova às 03:14 em Capricórnio Lua em Capricórnio *Eclipse solar às 03:19 em 04°07' de Capricórnio*	Lua Nova em Capricórnio LFC Início às 19:03	Lua Nova em Aquário às 03:21 LFC Fim às 03:21
29	30 ♓	31				
Lua Nova em Aquário	Lua Nova em Peixes às 13:42 LFC 08:25 às 13:42	Lua Nova em Peixes				

O Céu do mês de dezembro de 2019

Assim como novembro terminou bem, dezembro também começa bem. Vênus, em sextil a Marte de 01 a 05/12, vai proporcionar momentos excitantes para os pares românticos ou então para quem estiver só, pois poderá conhecer gente bem interessante. Mas tem que ir à luta; não vale ficar em casa incomunicável, hein? Na mesma época, Mercúrio recebe influência positiva de Plutão entre 02 e 03/12, favorecendo todo o tipo de diálogo com pessoas que detêm poder. É também um momento positivo para investigar questões mais profundas, as causas das coisas ou aquilo que estava velado e passou despercebido.

Na tarde do dia 02/12, Júpiter entra no Signo de Capricórnio, onde se costuma dizer que ele fica em queda, ou seja, não tão magnânimo como de hábito, e o astro ficará neste Signo até o início de jan/20. Mas ele pode favorecer a prática de rituais tradicionais e a busca por maior status e reconhecimento, desde que haja merecimento.

A seguir, Netuno irá formar um doce sextil a Vênus entre 08 e 09/12, lançando uma agradável e positiva névoa de romance e encantamento no ar. O problema é que o mesmo Netuno estará quadrando o Sol entre 07 e 09/12, fazendo com que possamos perder a clareza de perceber o que é real ou não. Então, mantenha os pés no chão para não se arrepender.

Mercúrio passa pelo Signo de Sagitário de 09 a 29/12, favorecendo as viagens e toda a produção intelectual teórica e filosófica. Mas, com Mercúrio nesse Signo, é fácil se perder numa miríade de informações e ideias, então, privilegie a objetividade e evite os excessos.

Vênus recebe dois aspectos antagônicos a seguir: de 10 a 12/12 fica conjunto a Saturno, esfriando um pouco a vida social, no sentido de escolhermos criteriosamente com quem nos relacionamos, inclusive mantendo uma cautelosa distância. É também um período onde preferimos ser mais frios e pragmáticos ao escolher em qual reunião social iremos conforme quem estará lá. Mas de 12 a 14/12, essa conjunção se desfaz e Vênus fica junto a Plutão, trocando a seletividade e a distância saturninas pela intensidade de Plutão. Ou seja, a tendência passa a ser diametralmente oposta, de busca por relações sociais e afetivas de grande intensidade e erotismo. Como ao mesmo tempo Marte e Netuno ficam em trígono, será uma época promissora para ir ao encontro de romance e excitação. Junto a tudo isso, Júpiter estará em trígono com Urano de 11 a 19/12, trazendo um toque de excitação e aventura, além de ótimos acontecimentos inesperados e fantásticos.

Marte e Saturno, em harmonia de 17 a 21/12, vão dar uma força para tocar todo o tipo de trabalho que exija esforço continuado, mas, de 19 a 20/12, Netuno deve atrapalhar Mercúrio, tornando a comunicação imprecisa e cheia de enganos. Confira tudo o que escrever para não trocar destinatário de e-mail ou ser impreciso e mal interpretado quando for falar.

Vênus passa pelo Signo de Aquário do dia 20/12 até 13/01/20, tornando as relações sociais e afetivas muito mais leves e soltas. Excelente para festas e atividades em grupo, o clima desses dias não vai favorecer nem o ciúme nem o exercício de poder e controle sobre o parceiro. Procure, então, levar essas relações de forma aberta, sincera e preservando o espaço alheio, pois será a receita para o sucesso e o prazer.

Marte e Plutão, em sextil de 20 a 24/12, além de nos proporcionarem energia extra para os preparativos das festas natalinas, vão facilitar muito as ações estratégicas e assertivas que tivermos que tomar. Ainda antes do Natal, de 21 a 23/12, Vênus receberá uma quadratura de Urano, trazendo muita agitação social e imprevisibilidade às relações afetivas; então, não exagere. Mas, como o Sol também muda de Signo no dia 22/12, passeando em Capricórnio até 20/01/20, vai facilitar vermos os acontecimentos de forma mais pragmática e clara, com menos fantasia e mais realidade.

No dia 26/12, às 03:19, ocorre um Eclipse Anular do Sol em Capricórnio (Lua Nova) muito positivo, com a lunação em conjunção a Júpiter recebendo um trígono de Urano. Isso promete mudanças muito positivas para os próximos meses, principalmente para os nascidos no primeiro decanato dos Signos cardinais: Capricórnio, Câncer, Áries e Libra.

Como presente adicional de fim de ano, Sol e Júpiter, em conjunção de 26 a 28/12, vão nos injetar uma boa dose de otimismo e autoconfiança. E de quebra, Mercúrio fazendo trígono a Urano entre 30 e 31/12 ainda proporcionará *insights* e ideias geniais para botarmos em prática logo a seguir. Nada melhor para a véspera do Ano-Novo, não?

Então, desejamos a todos os nossos leitores um ótimo 2020!

Posição diária da Lua no mês de dezembro

DIA 01 DE DEZEMBRO - DOMINGO

● *Nova* ● *em Aquário*

Lua quadratura Marte – 07:40 às 11:48 (exato às 09:44)

Soluções extremas geram, muitas vezes, complicações. Procure agir de modo mais racional em situações em que a primeira vontade seja virar e deixar para trás, pois vai dar mais certo.

Lua sextil Sol – 09:36 às 13:55 (exato 11:44)

Lugares abertos com natureza e ar puro ativam as energias corporais e espirituais. A motivação está em alta. Bom momento para realizar as atividades de que se gosta.

DIA 02 DE DEZEMBRO - SEGUNDA-FEIRA

● *Nova* ● *em Aquário, LFC Início às 10:28*

Lua quadratura Mercúrio – 08:15 às 12:40 (exato 10:28)

Mente e coração não se entendem. O começo da manhã pede aprofundamento de ideias e as emoções precisam de espaço e mais liberdade. É o momento ideal para encarar o desafio principal da manhã e dar um rumo que não o deixe ir fundo demais nem ficar solto demais.

DIA 03 DE DEZEMBRO - TERÇA-FEIRA

● *Nova* ● *em Peixes às 05:11, LFC Fim às 05:11*

Enquanto a Lua estiver em Peixes, sentimos as pessoas e as situações de uma forma empática. Somos levados a acreditar que o todo está de algum modo conectado. Bom momento para iniciar processos de meditação. Favorece profissões como psicologia, hipnotismo e aconselhamentos. Gosto elevado por todas as expressões de artes. A hipersensibilidade é frequente, e também é capaz de absorver tudo em volta.

Lua sextil Júpiter – 03:23 às 07:28 (exato 05:26)

Ser generoso e altruísta é muito fácil, já que tudo em volta está favorável. Juntar pessoas e passar conhecimento é muito gratificante. Projetos de expansão nos negócios dão muito certo.

Lua sextil Urano – 09:42 às 13:44 (exato 11:44)

Momento muito favorável para conhecer coisas e pessoas novas ou simplesmente deixar aparecerem por sincronicidade. As mudanças surgem aparentemente de forma sutil, mas na verdade são os ventos que mudam de direção para algo muito legal.

Lua trígono Marte – 22:41 às 03:59 de 03/12 (exato 00:52 de 04/12)

A atitude diante dos fatos é tomada de forma quase automática, levando a tomar ações coerentes com o momento. As atividades físicas que caem bem agora são as mais leves, porém não menos intensas, como ioga e alongamentos.

Lua sextil Vênus – 23:09 às 03:43 de 04/12 (exato 01:28 de 04/12)

Atrair coisas boas e prazerosas fica fácil com esta configuração. Quanto aos cuidados com o corpo, no que diz respeito à saúde e à beleza, o que cai bem é o mais natural possível. Quando se fala de prosperidade, agora é um bom momento para começar algo que agregue valor, principalmente para o coletivo.

DIA 04 DE DEZEMBRO - QUARTA-FEIRA

☾ *Crescente às 04:59 em 11°49' de Peixes* ☾ *em Peixes*

Lua quadratura Sol – 02:46 às 07:11 (exato 04:59)

Já bastando o conflito interno, não vai ser produtivo bater de frente com as pessoas a quem se opõe. Encontrar uma pessoa de confiança, e que possa mediar as diferenças, minimiza as perdas de tempo e os conflitos entre pessoas envolvidas na situação.

Lua conjunção Netuno – 11:17 às 15:21 (exato 13:20)

Agora, tudo é sintonia e a percepção aumenta, seja das pessoas, seja do ambiente. Momento favorável às produções artísticas de todo o tipo e ao contato com a criatividade em todas as áreas da vida.

Lua sextil Saturno – 16:10 às 20:16 (exato 18:15)

Sonho e planejamento podem coexistir. Colocar em prática a criatividade e a inspiração de forma concreta alavanca a prosperidade. Agir de forma discreta dá uma ótima impressão se o caso é fazer uma entrevista.

Lua sextil Plutão – 22:39 às 02:43 de 05/12 (exato 00:42 de 05/12)

Hora de recuperar o que se perdeu, podendo ser pessoas e até dinheiro. A motivação e a confiança crescem juntamente com o poder pessoal e a fé. Possibilidade de aumentar o calor nos relacionamentos, mantendo-os mais próximos.

DIA 05 DE DEZEMBRO - QUINTA-FEIRA

☾ *Crescente* ☾ *em Áries às 17:45, LFC Início às 06:15 , LFC Fim às 17:45*

Enquanto a Lua estiver em Áries, a liderança atrelada ao sentimento de liberdade traz muita segurança para dar início a novos projetos, gerando uma enorme satisfação. Momento que favorece as iniciativas autônomas e o trabalho criativo independente. Competitividade e impulsividade podem ser as fraquezas, se estiverem em excesso. Quando a agressividade perde a medida, é hora de praticar uma arte marcial para descarregar.

Lua trígono Mercúrio – 03:56 às 08:32 (exato 06:16)

Os pensamentos estão alinhados com as emoções, indicando que é possível planejar e dar a largada para uma nova empreitada. Com os ânimos em alta, as coisas andam quase sem esforço. É importante não atropelar ninguém, mesmo tendo ideias criativas.

Lua quadratura Júpiter – 17:04 às 21:12 (exato 19:10)

O perigo aqui é o exagero e a ultrapassagem de limites. A fome também pode ser voraz. Então, é hora da pausa para atividades ao ar livre, de forma que essa energia em excesso seja consumida. Atividades marciais orientais ajudam a aprender como usar a força e a vontade.

DIA 06 DE DEZEMBRO - SEXTA-FEIRA

☾ *Crescente* ☾ *em Áries*

Lua quadratura Vênus – 18:42 às 23:11 (exato 20:56)

A exigência está além dos padrões de profissionalismo, e certa intolerância pode acabar atrapalhando questões de trabalho ou de relacionamento. Não adianta querer mudar a aparência, pois se houver algo errado a insatisfação tende a aumentar. Uma aula de dança pode ajudar a descontrair.

Lua trígono Sol – 20:54 à 01:16 de 07/12 (exato 23:06)

Agora as coisas andam, e a medida é ditada pela capacidade intelectual. A energia é vibrante e a confiança toma conta. Toda essa irradiação atrai pessoas e lugares legais.

DIA 07 DE DEZEMBRO - SÁBADO

☾ *Crescente* ☾ *em Áries, LFC Início às 13:02*

Lua quadratura Saturno – 05:02 às 09:05 (exato 07:07)

Às vezes, as coisas travam e o excesso de confiança não deixa as situações fluírem. O olhar para tudo está muito negativo e à espera do pior. Dica: fazer um levantamento da realidade e das possíveis saídas para depois agir.

Lua quadratura Plutão – 11:01 às 15:02 (exato 13:02)

Uma saída legal é evitar as situações de confronto, principalmente com as pessoas que estão acima na cadeia de comando. Dirigir com prudência é importante. Remoer sentimentos e mágoas do passado não é bom em situação nenhuma, e agora menos ainda.

DIA 08 DE DEZEMBRO - DOMINGO

☾ *Crescente* ☾ *em Touro às 05:30, LFC Fim às 05:30*

Enquanto a Lua estiver em Touro, continuar atividades que funcionaram na fase anterior dá muito certo. Energia boa para tratar de dinheiro, investimentos e para buscar prosperidade. Momentos mais calmos e confortáveis, boa comida e muitos abraços. Busca de estabilidade em todas as áreas. A vida fica mais calma e segura. A dificuldade é a mudança repentina de rumo.

Lua trígono Júpiter – 05:57 às 09:57 (exato 07:59)

Injeção extra de ânimo e disposição. Se o ritmo já estava bom, agora fica ainda melhor e nem todo mundo acompanha. A fartura e o otimismo contagiam. Fazer uma atividade física vigorosa vai melhorar, sobretudo, o sistema muscular.

Lua conjunção Urano – 09:38 às 13:30 (exato 11:35)

Mesmo com a agitação de fazer coisas novas e mudar o rumo das coisas, esse momento pode ser positivo se o que é novo ajudar nas situações que se encontrem com alguma dificuldade. Boas inovações são bem-vindas se forem práticas.

DIA 09 DE DEZEMBRO - SEGUNDA-FEIRA

☾ Crescente ☾ em Touro, LFC Início às 23:13

Lua oposição Marte – 05:08 às 09:12 (exato 07:11)

Parece que o freio de mão está puxado e a vontade é de continuar acelerando. Estar com a agenda cheia, um monte de pessoas e situações que travam dá dor de cabeça. Insistir no cabo de guerra não leva a nada. Dar uma parada estratégica é uma opção para não colocar todo o trabalho a perder.

Lua sextil Netuno – 10:26 às 14:15 (exato 12:21)

A sintonia com as pessoas ao redor parece ajudar as coisas a fluírem melhor. A parte artística e musical fica mais evidente e pode compor com o que se está fazendo. Sonhar permite encontrar saídas criativas para os impasses.

Lua trígono Vênus – 11:59 às 16:13 (exato 14:09)

O legal agora é agradar todos os cinco sentidos. A hora é de comer boa comida, sentir aromas agradáveis, ver pessoas e lugares belos, ouvir boa música e namorar gostoso. Esse momento também é favorável para atrair situações leves e confortáveis.

Lua trígono Saturno – 15:59 às 19:50 (exato 17:56)

As coisas ficam mais organizadas e mais fáceis de seguir conforme o plano original devido à praticidade. Pode haver reencontros positivos de pessoas já conhecidas no passado. O andamento da realidade condiz com a expectativa.

Lua sextil Plutão – 21:18 à 01:07 de 10/12 (exato 23:14)

A paixão pode tomar conta da noite. Dançar e namorar combina bastante. Bons resultados quando se tem que resolver pendências com pessoas ou situações desgastantes. Ótimo momento para desapegar e aceitar que as transformações podem ser radicais.

DIA 10 DE DEZEMBRO – TERÇA-FEIRA

☾ *Crescente* ☾ *em Gêmeos às 14:48, LFC Fim às 14:48*

Enquanto a Lua estiver em Gêmeos, ser plural e não singular é um lema agora. Muitas informações, conversas, internet, mensagens. Tudo fica interessante e desperta a curiosidade. O momento favorece atividades que façam divulgação, como propaganda e *marketing*, livros, blogs, e-books, jornalismo, relações públicas... A habilidade de negociação e articulação impulsiona muitos trabalhos. Pode haver certa instabilidade de humor, mas basta mudar o assunto que a situação melhora.

Lua oposição Mercúrio – 16:37 às 20:49 (exato 18:44)

Final de tarde um pouco difícil para se chegar a um acordo. Transferir reuniões e encontros pode evitar que o desentendimento ponha em risco o que já se conquistou. Se não for possível remarcar, o jeito é ouvir as pessoas até o fim da argumentação e depois se posicionar.

DIA 11 DE DEZEMBRO – QUARTA-FEIRA

☾ *Crescente* ☾ *em Gêmeos*

Lua quadratura Netuno – 18:22 às 22:01 (exato 20:12)

Não dá para ficar sonhando nem divagando como seria se "isso ou aquilo" acontecesse. O princípio da realidade tem que ser levado em conta. É muito provável que as coisas sejam completamente diferentes daquilo que aparentam. É bom prestar bastante atenção aos sinais para não se arrepender depois.

DIA 12 DE DEZEMBRO - QUINTA-FEIRA

◯ *Cheia às 03:13 em 19º52' de Gêmeos* ◯ *em Câncer às 21:24,*
LFC Início às 03:13, LFC Fim às 21:24

Enquanto a Lua estiver em Câncer, estamos mais propensos à intimidade e a sermos mais nostálgicos. Estar com a família e amigos próximos em torno de uma saborosa refeição é tudo de bom. Trabalhar com negócios mais conhecidos e familiares é uma ótima opção. Situações que possam estabelecer laços e vínculos são fundamentais. Às vezes, há uma tendência a se querer conduzir os outros, porém essa manipulação não traz bons resultados.

Lua oposição Sol – 01:14 às 05:09 (exato 03:15)

Quando alguém se opõe a nós, sentimos uma mágoa profunda. É um momento para se olhar o outro lado da questão e perceber que a outra pessoa também pode estar chateada. Procure um ponto bom para todos os envolvidos, mesmo que para isso seja preciso ceder.

Lua oposição Júpiter – 23:44 às 03:22 (exato 01:34 de 13/12)

O menos pode ser mais. Se a tendência é exagerar em qualquer área, o melhor é buscar dentro de si mesmo a causa disso e diminuir qualquer excesso. Pessoas próximas podem estar exigindo muito.

DIA 13 DE DEZEMBRO - SEXTA-FEIRA

◯ *Cheia* ◯ *em Câncer*

Lua sextil Urano – 00:57 às 04:29 (exato 02:44)

Madrugada empolgada e cheia de agitação. É bom conhecer novas pessoas e lugares. Coisas inesperadas trazem novas ideias e possibilidades.

Lua trígono Netuno – 23:52 às 03:23 de 14/12 (exato 01:39 de 14/12)

Inspiração e sintonia com o Cosmo. Olhar para o Céu e transcender dá aquela sensação de pertencimento. O mesmo ocorre entre pessoas, e a empatia com poucas palavras nos aproxima daqueles com quem temos afinidades. Gente que menos se espera aparece.

DIA 14 DE DEZEMBRO - SÁBADO

◯ Cheia ◯ em Câncer, LFC Início às 13:57

Lua trígono Marte – 00:34 às 04:14 (exato 02:26)

Atitude é uma opção para o dia. Agir de acordo com as emoções, sendo sincero consigo, adianta muito. A atitude positiva ajuda na disciplina.

Lua oposição Saturno – 05:47 às 09:17 (exato 07:33)

Não é indicado começar o dia sem o mínimo de planejamento e previsão. Estar inseguro ou com o sentimento de inadequação e falta de conhecimento só vai te atrapalhar. Um olhar mais "pé no chão" impede que as coisas se descontrolem totalmente.

Lua oposição Plutão – 10:01 às 13:32 (exato 11:48)

Atitude de imposição forçada só vai piorar os ânimos em geral. Perder o controle, deixando as emoções ditarem as ações, pode ser desastroso e mais difícil de corrigir depois. Respirar e fechar os olhos por cinco segundos antes de fazer ou dizer algo ajuda a minimizar os tsunamis emocionais.

Lua oposição Vênus – 12:00 às 15:51 (exato 13:58)

Quando a vida não está ajudando e nem trazendo benefícios, é um bom momento para esperar que a maré mude. Tratamentos estéticos ou mudança de visual não vão originar bons resultados agora. Também não é hora para contratar pessoas que vão atuar nas áreas de decoração ou entretenimento.

DIA 15 DE DEZEMBRO - DOMINGO

◯ Cheia (Disseminadora) ◯ em Leão à 01:57, LFC Fim à 01:57

Enquanto a Lua estiver em Leão, é fundamental manter-se com a atitude de ir atrás do que gosta e do que traz alegrias. Mostrar interesse por aquela pessoa por quem tem carinho pode ser muito bom e te ajudar na conquista. Mostre suas criações e valorize a das outras pessoas. Melodrama não é a saída para as situações, caso as coisas não saiam de acordo com as expectativas.

Lua quadratura Urano – 05:18 às 08:45 (exato 07:03)

Apesar de se querer muito coisas novas, pode ser que a mudança repentina não ocorra. Interrupções e pessoas que não têm relação com o que se está desenvolvendo podem atrapalhar o processo. Ficar ansioso não vai resolver nada, então a dica é ouvir o coração e agir de acordo.

Lua trígono Mercúrio – 16:22 às 20:15 (exato 18:19)

Os contratos e acordos firmados com diálogo vão trazer frutos. Estudar o que se gosta é muito apropriado. Escrever artigos sobre coisas que vêm do coração vai tocar as pessoas. Se o programa é sair, a escolha de um lugar famoso com gente bacana é uma ótima pedida.

DIA 16 DE DEZEMBRO - SEGUNDA-FEIRA

○ *Cheia (Disseminadora)* ○ *em Leão, LFC Início às 20:11*

Lua quadratura Marte – 07:00 às 10:35 (exato 08:48)

Não dá para se sentir bem e confiante quando desafios inconvenientes aparecem. Aprender a lidar com as diversidades, usando o respeito para estabelecer um clima, ajuda muito. Recuperar a autoconfiança é fundamental. Usar a criatividade é um dos recursos para se lidar com as adversidades.

Lua trígono Sol – 18:20 às 22:00 (exato 20:11)

Agora é hora de show, hora de brilhar. Colocar os dons e talentos a serviço do momento que se está passando gera muita admiração. Ótimo momento para liderar e trabalhar na área de lazer e entretenimento.

DIA 17 DE DEZEMBRO - TERÇA-FEIRA

○ *Cheia (Disseminadora)* ○ *em Virgem às 05:17, LFC Fim às 05:17*

Enquanto a Lua estiver em Virgem, tem-se facilidade de compreender as coisas e situações de forma detalhada. Também há uma capacidade de separar as situações e sentir para onde cada emoção está voltada. Sentir prazer com comidas e remédios mais naturais. A simplicidade e leveza estão em alta. Trabalhar com saúde e cuidados com animais pode ser bem rentável.

Lua trígono Urano – 08:30 às 11:54 (exato 10:13)

Manhã cheia de novidades. Coisas novas chegando e velhas se encerrando. Cuidar da saúde, utilizando a inovação nos tratamentos complementares e alternativos, pode gerar resultados preventivos surpreendentes. Tratamentos médicos com tecnologia de ponta também serão bem-sucedidos.

Lua trígono Júpiter – 09:12 às 12:40 (exato 10:58)

Energia e disposição para dar e vender. Dentro dessa perspectiva, é legal fazer exercícios e depois dar aquela organização em casa ou no trabalho. A disposição é tanta que sobra para oferecer uma mãozinha para quem precisa. Excelente momento para estudar.

DIA 18 DE DEZEMBRO - QUARTA-FEIRA

◯ *Cheia (Disseminadora)* ◯ *em Virgem*

Lua quadratura Mercúrio – 01:36 às 05:23 (exato 03:31)

Essa madrugada está tensa! Talvez porque a cabeça não para de pensar. O efeito é insônia. Tudo faz barulho e a dica agora é deletar aquelas mensagens sem sentido e aqueles vídeos que não tem propósito. As críticas só o afastam do rumo da vida, por isso não é aconselhável dar atenção a elas.

Lua oposição Netuno – 06:47 às 10:11 (exato 08:30)

Com os pensamentos confusos não se chega a lugar nenhum. Informações imprecisas e de fontes duvidosas não devem ser levadas em conta. Procedimentos médicos e resultados de exames podem apresentar erros, principalmente devido à falta de atenção.

Lua sextil Marte – 12:27 às 16:01(exato 14:15)

A atitude correta, alinhada com o discernimento, só pode dar frutos positivos. Os critérios para atuar em qualquer área da vida têm que ser coerentes. Uma alimentação saudável e em lugar agradável e ventilado faz bem para a saúde. Exercícios de alongamento e ioga trazem bem-estar para o restante do dia.

Lua trígono Saturno – 13:13 às 16:39 (exato 14:57)

Se o cuidado é com a saúde, esse é um bom momento para ir ao dentista ou ortopedista. Planejar como cuidar da saúde, usando ervas e alimentos orgânicos, é a melhor forma de se fazer prevenção.

Lua trígono Plutão – 16:46 às 20:10 (exato 18:30)

Muito bom para separar o que não serve mais e praticar aquele desapego. Levar coisas para brechós e doar para quem precisa dá uma sensação de leveza no ar. Procurar ajuda para tratamentos emocionais também: é quando se está preparado para soltar situações da vida que não funcionam.

DIA 19 DE DEZEMBRO - QUINTA-FEIRA

☽ *Minguante às 02:58 em 26º58' de Virgem* ☽ *em Libra às 08:05, LFC Início às 06:07, LFC Fim às 08:05*

Enquanto a Lua estiver em Libra, a construção de uma sociedade mais harmoniosa e equilibrada depende de cada um fazer uma ponte de diálogo e compreensão dentro de si e com os outros. Quando há conversa e respeito partindo de cada um, com o intuito de encontrar um ponto de conciliação, as coisas andam e se consolidam. A beleza também é fundamental. A dúvida aparece quando se busca o que é melhor em todos os ângulos.

Lua quadratura Sol – 01:07 às 04:46 (exato 02:58)

Madrugada difícil, acompanhada de mau humor. A tendência é culpar os outros, mas a dica é olhar para as soluções e agir para resolver. Claro que existem pessoas que não ajudam, mas sempre se pode fazer o melhor possível em cada situação.

Lua trígono Vênus – 04:15 às 07:59 (exato 06:08)

A ajuda aparece onde não se espera e a boa vontade se faz presente. Bom momento para dar aquela ajeitada no espaço pessoal e no visual. Procurar ouvir boas notícias e boa música para levantar o astral.

Lua quadratura Júpiter – 12:51 às 16:18 (exato 14:35)

Quando ninguém colabora, o caminho é achar as soluções. A falta de energia pode ser compensada com uma pausa, lembrando que o ideal é uma alimentação mais saudável, se possível. Evitar lugares muito cheios. Fazer aquela reunião na marra pode ser desgastante.

DIA 20 DE DEZEMBRO - SEXTA-FEIRA

☽ *Minguante* ☽ *em Libra*

Lua sextil Mercúrio – 10:28 às 14:17 (exato 12:23)

Ótimo momento para terminar aquelas conversas e atividades pendentes. Finalizar listas de tarefas que incluam pessoas. Os deslocamentos ficam favoráveis e é possível resolver assuntos em *Call Centers.*

Lua quadratura Saturno – 16:26 às 19:52 (exato 18:09)

Pausa estratégica; a pressão e a cobrança estão grandes. Forçar demais só dá dor de cabeça. A tensão do momento reflete em dores no corpo, especialmente na coluna, que podem ser amenizadas através de massagem.

Lua quadratura Plutão – 19:41 às 23:05 (exato 21:25)

O melhor é não deixar coisas importantes para outra hora, principalmente as que envolvem pessoas que tem peso e influência no dia a dia. Se as coisas ficarem muito tensas, não relute em procurar ajuda. Existem profissionais que podem te auxiliar de forma rápida.

DIA 21 DE DEZEMBRO - SÁBADO

☽ *Minguante* ☽ *em Escorpião às 10:58, LFC Início às 09:46, LFC Fim às 10:58*

Enquanto a Lua estiver em Escorpião, não dá para esconder as coisas, então é melhor esclarecê-las. Aqui não há meio termo. Estar no controle e comando das coisas dá uma grande sensação de segurança e satisfação. Habilidade em mexer com recursos, sejam materiais ou econômicos. Reformas e restaurações são propícias neste momento, que também favorece ser mais investigativo ou se aprofundar nos estudos.

Lua sextil Sol – 07:55 às 11:35 (exato 09:47)

Encontros de todos os tipos dão muito certo, sejam eles românticos ou profissionais. As situações fluem e até parece que os passos foram ensaiados. Assim, o desfecho de negociações ou conversas é perfeito.

Lua quadratura Vênus – 11:59 às 15:45 (exato 13:53)

Agora é melhor esperar, porque o ritmo mudou completamente e a má vontade parece tomar conta das pessoas. Tudo trava, e o bom senso tem que imperar para que as coisas prossigam. Evitar procedimentos estéticos e reformas é importante para não ter dor de cabeça depois e precisar refazer tudo.

Lua oposição Urano – 14:03 às 17:29 (exato 15:48)

Essa onda vai piorar se, ainda por cima, tiver que mexer com coisas ou pessoas novas. A interrupção a todo instante quebra o fluir das atividades em vigor. Dá vontade de "chutar o pau da barraca", mas não é neste clima que se muda o jogo. É legal esperar que passe toda essa irritação para depois tomar uma atitude.

Lua sextil Júpiter – 16:36 às 20:04 (exato 18:22)

Momento de trégua e de sentir-se mais tranquilo. É noite de sábado, e fazer uma atividade bem bacana com uma companhia especial vai ser o máximo. Os melhores lugares para ir são aqueles abertos onde dá para dançar. Boa comida e bebida ajudam a fechar a noite com chave de ouro.

DIA 22 DE DEZEMBRO – DOMINGO

☽ *Minguante (Balsâmica)* ☽ *em Escorpião*

Entrada do Sol no Signo de Capricórnio às 02h19min20seg (horário de verão)

Solstício de Inverno H. Norte – Solstício de Verão H. Sul

Lua trígono Netuno – 12:48 às 16:15 (exato 14:33)

Atividades artísticas e musicais caem bem para a tarde de domingo. A companhia daqueles que nos são mais importantes torna a tarde mais especial ainda. A cordialidade e a empatia são habilidades que fluem. Todos parecem mais gentis e sociáveis.

Lua sextil Saturno – 20:05 às 23:35 (exato 21:52)

É legal escolher lugares com atendimento profissional e reputação impecável. O que se realiza agora tem como principal nota a excelência e o bom gosto. Ser refinado, com austeridade, garante o sucesso da noite.

Lua sextil Plutão – 23:07 às 02:35 de 23/12 (exato 00:52 de 23/12)

Se a paixão toma conta, esse é um momento especial para externar o que se sente. A intensidade e profundidade são permitidas. Fase muito favorável para iniciar um romance.

Lua conjunção Marte – 23:38 às 03:16 de 23/12 (exato 01:28 de 23/12)

As coisas podem esquentar um pouco, e é preciso perceber quando se está passando dos limites. Se o andamento da situação não está agradando, não seja o primeiro a atacar.

DIA 23 DE DEZEMBRO - SEGUNDA-FEIRA

☽ Minguante (Balsâmica) ☽ em Sagitário às 14:35, LFC Início à 01:28, LFC Fim às 14:35

Enquanto a Lua estiver em Sagitário, o pré-requisito para as coisas darem certo é ser otimista e confiante. A generosidade se espalha e contagia muita gente. Bom para os horizontes, ampliando os conhecimentos e indo mais longe. Muitos contatos podem ser estendidos com a internet. Acima de tudo, inspire-se e, com otimismo, alargue as fronteiras.

Lua sextil Vênus – 20:41 à 00:32 de 24/12 (exato 22:39)

Tudo de bom para atrair pessoas e coisas boas para perto; o magnetismo está a favor. O carisma ajuda a atrair a boa disposição das pessoas. Ótimo para mexer no visual e dar aquela ajeitada na decoração.

DIA 24 DE DEZEMBRO - TERÇA-FEIRA

☽ Minguante (Balsâmica) ☽ em Sagitário

Lua quadratura Netuno – 17:09 às 20:43 (exato 18:57)

Não é hora de sonhar nem ficar imaginando como seriam as coisas se... Pode-se estar vendo algo que não é real. Pedir uma opinião de confiança pode ajudar a não fazer algo que traga arrependimento.

DIA 25 DE DEZEMBRO - QUARTA-FEIRA

☽ Minguante (Balsâmica) ☽ em Capricórnio às 19:46 , LFC Início às 09:19, LFC Fim às 19:46

Enquanto a Lua estiver em Capricórnio, tem-se mais confiança diante das situações e mais capacidade de resolução de problemas. O senso de responsabilidade atua de forma a dar resultados de acordo com os esforços. Momento conservador, prático e disciplinado. Gosto pelo refinado e por bons serviços. O lazer tem que valer a pena.

Lua conjunção Mercúrio – 07:15 às 11:19 (exato 09:19)

Ser pragmático e com os pensamentos voltados para a eficiência irá ajudar no planejamento. É preferível a contratação de pessoal treinado e serviços já conhecidos.

Lua trígono Urano – 22:56 às 02:35 de 26/12 (exato 00:46 de 26/12)

Com certeza, as coisas diferentes e fora do comum vão dar um toque especial à essa noite. Apesar da austeridade, uma pitada de irreverência torna tudo mais interessante e menos previsível.

DIA 26 DE DEZEMBRO - QUINTA-FEIRA

● Nova às 03:14 em 04º07 de Capricórnio ● em Capricórnio

Eclipse Solar às 03:19 em 04º07' de Capricórnio

Lua conjunção Sol – 01:14 às 05:11 (exato 03:14)

Um Eclipse se faz presente, e a tendência de pessoas ou coisas do passado ressurgirem é muito grande. Apesar disso, a austeridade e confiança conduzem as coisas para um caminho já estabelecido. A confiança em preparar as atividades a seguir traz muita segurança.

Lua conjunção Júpiter – 03:37 às 07:21 (exato 05:30)

A energia e o otimismo catalisam os empreendimentos. O sono desaparece, e a vontade de desempenhar as tarefas acaba prevalecendo. Satisfação em organizar a casa depois das festas. O trabalho fica mais consistente.

Lua sextil Netuno – 23:31 às 03:15 de 27/12 (exato 01:24 de 27/12)

Sonhar e colocar em prática são o que esse momento inspira. Colocar todos os passos e previsões no papel ou em uma planilha, ajuda a lembrar mais tarde das decisões.

DIA 27 DE DEZEMBRO - SEXTA-FEIRA

● *Nova* ● *em Capricórnio, LFC Início às 19:03*

Lua conjunção Saturno – 08:15 às 12:01 (exato 10:09)

Muita cobrança externa; é grande e a solução é só fazer o que se está preparado. Não dá para se aventurar. A busca pela segurança é grande. Cuidar dos dentes e coluna é bem positivo.

Lua conjunção Plutão – 10:50 às 14:35 (exato 12:43)

Se tudo está bem planejado, as dificuldades da cobrança ficam mínimas nesse momento. Cobrir as possíveis falhas com antecedência ajuda no controle das situações. Não ultrapassar os limites pessoais impede atritos e brigas de poder.

Lua sextil Marte – 17:03 às 21:03 (exato 19:04)

Fim de tarde mais tranquilo, pois as ações estão em acordo com o que se quer realizar. Se a opção é sair, encontrar lugares organizados, com bons serviços e comida, é imprescindível. A energia de austeridade está presente.

DIA 28 DE DEZEMBRO - SÁBADO

● *Nova* ● *em Aquário às 03:21, LFC Fim às 03:21*

Enquanto a Lua estiver em Aquário, é o momento de quebrar padrões e ficar mais livre. É hora de inovar e ser original. Favorece profissões autônomas, que não têm horário fixo e nem chefe. Também é o momento de usar tecnologias de ponta. Sentir-se engajado socialmente é muito prazeroso. A ansiedade e os rompimentos podem ser inconvenientes neste período.

Lua quadratura Urano – 06:37 às 10:27 (exato 08:34)

A ansiedade pode tomar conta da manhã, e muitas atividades podem ocorrer ao mesmo tempo ou simplesmente serem canceladas. Prestar atenção na respiração pode ser útil de duas maneiras: uma é ver se está respirando normalmente, e outra é usar a respiração para gerar tranquilidade.

Lua conjunção Vênus – 21:57 às 02:15 de 29/12 (exato 00:08 de 29/12)

Final de noite em que a simpatia compensa tudo. Haverá facilidade para atrair pessoas. Esse contato interpessoal faz a *network* funcionar muito bem, e tudo pode ser usado para o crescimento pessoal e profissional.

DIA 29 DE DEZEMBRO - DOMINGO

● *Nova* ● *em Aquário*

Hoje a Lua não faz aspectos com outros planetas no Céu. Devemos observar recomendações para a fase e o Signo em que ela se encontra.

DIA 30 DE DEZEMBRO - SEGUNDA-FEIRA

● *Nova* ● *em Peixes às 13:42 , LFC Início às 08:25, LFC Fim às 13:42*

Enquanto a Lua estiver em Peixes, aumentam os momentos de inspiração e sonho. A empatia e solidariedade dão o tom para essa fase. As interações pessoais são mais fortes quando conectadas com boas energias. Ter fé fortalece o andamento das coisas. O que vai chamar muita atenção são as atividades lúdicas e artísticas.

Lua quadratura Marte – 06:18 às 10:30 (exato 08:25)

Evitar correrias e agitação ao máximo. As intrigas ou atitudes agressivas só vão trazer entraves e desentendimentos. O melhor é pensar bem antes de qualquer ato e esperar passar a irritação.

Lua sextil Mercúrio –16:35 às 21:11 (exato 18:54)

Agora a mente está mais aberta e com capacidade de raciocínio. A mente e os sentimentos estão alinhados; assim, tomadas de decisão ficam mais acertadas.

Lua sextil Urano – 17:05 às 21:05 (exato 19:05)

O fim de tarde está cheio de novidades e saídas da rotina. O *happy hour* pode acontecer em lugares completamente não convencionais. Ótimo momento para planejar a passagem de ano. As ideias serão incríveis. No trabalho, podem surgir soluções para aquela área que está bloqueada através de tecnologias mais atualizadas.

DIA 31 DE DEZEMBRO - TERÇA-FEIRA

● *Nova* ● *em Peixes*

Lua sextil Júpiter – 00:34 às 04:40 (exato 02:38)

Madrugada animada e cheia de otimismo. O sono é bom e a esperança toma conta e envolve de positividade o que está por vir. Aqueles que trabalham nesse sentem uma energia física e boa disposição.

Lua sextil Sol – 06:19 às 10:43 (exato 08:33)

Existe clareza no que se quer fazer e no que se deseja. As coisas ficam mais fáceis e as atividades desenrolam-se sem problemas. Pessoas colaboram e parecem se entender somente com o olhar. Está se iniciando um ciclo novo, e essa conexão garante a colaboração e o andamento dos projetos.

Lua conjunção Netuno – 20:13 à 00:16 de 01/01 (exato 22:14)

O último aspecto da Lua do ano traz uma energia de conexão com o que é mais sagrado em cada um de nós. Não é religião, mas sintonia. Quando elevamos nossos pensamentos e intenções, incluindo todas as pessoas e nações, estamos energizando, como se fôssemos uma bobina que reverbera e espalha energia por todo o planeta e para todos. O nosso planeta é vivo e precisa também dessa sintonia que inclui os animais, as plantas, as águas, os minerais, o ar... E, como um todo, nos expandimos para o Cosmo, nossa origem e morada. Que a paz esteja no coração de todos.

ÍNDICE LUNAR DE ATIVIDADES

Consulte os melhores Signos e fases lunares para cada uma das diversas atividades. Se não coincidir o melhor Signo com a melhor fase para determinada atividade, dê preferência à fase.

SAÚDE	FASE LUNAR	SIGNO LUNAR
Desintoxicação - Diurese - Eliminação	Ming	Vir. Cap. Esc. Aqu
Diagnóstico e exames	Cresc	Vir . Esc
Cirurgia	Ming	* *Ver Lua e Cirurgia*
Cicatrização mais rápida	Ming	Esc
Cura - restabelecimento	Ming	Esc
Abandonar vícios, dependências e hábitos prejudiciais	Ming	Aqu . Gem . Esc . Cap
Mudar ou corrigir alimentação	Ming . Nova	Vir . Esc
Dieta de emagrecimento	Ming	Ari . Vir . Esc . Cap . Aqu
Dieta para ganhar peso	Cresc . Cheia	Tou . Can . Leo . Sag . Pei
Tratamentos intensivos	Cresc	Esc
Tratamentos Alternativos		Aqu . Pei
Tratamento dentário	Ming	Esc . Cap
Exame de vista	Nova . Cresc	Vir . Cap
Elevar taxas baixas	Cresc	Tou . Can . Sag
Reduzir taxas elevadas	Ming	Vir . Esc . Cap
Fisioterapia		Cap . Esc . Vir
ATIVIDADE FÍSICA	**FASE LUNAR**	**SIGNO LUNAR**
Exercícios físicos	Nova . Cresc . Cheia	Ari . Gem . Sag . Aqu
Competições - Esportes - Maratonas	Nova . Cresc	Ari . Sag
Ganhar massa muscular	Cresc	Ari . Sag
Condicionamento físico	Cresc	Ari . Sag
Queimar	Cresc	Ari . Sag
COMPRAS E CONSUMO	**FASE LUNAR**	**SIGNO LUNAR**
Presentes	Cresc . Cheia	Tou . Leo . Lib
Artigos de luxo	Cresc . Cheia	Leo
Artigos de beleza, moda e decoração	Nova . Cresc	Tou . Lib
Cosméticos		Tou . Lib

Lingerie		Esc
Joias - Anéis		Leo
Relógios		Cap
Pulseiras - Esmaltes		Gem
Cintos - Bolsas - Artigos de couro		Lib . Tou . Cap
Óculos - Acessórios - Colares - Echarpes		Ari . Lib . Tou
Artigos originais		Aqu
Livros - Papelaria		Gem . Sag
Equipamentos / telefonia	Nova . Cresc	Gem . Vir . Sag . Aqu
Delicatessen	Cresc . Cheia	Tou . Can . Leo
Antiguidades		Can . Esc . Cap
Roupas de dormir		Tou . Can . Pei
Roupas de trabalho		Vir . Cap
Roupas recicladas ou de segunda mão		Esc
Roupas esportivas - Tênis		Sag . Ari
Roupas de praia - Sapatos		Pei
Roupas combinadas - Conjuntos		Lib
Objetos de valor - Bens duráveis	Cresc . Cheia	Tou . Leo
Carro	Nova . Cresc	Ari . Gem . Vir . Sag . Aqu
Adquirir imóvel	Nova . Cresc	Tou . Can . Cap
Pechinchas	Ming	Vir . Cap
Pontas de estoque		Cap

COMPRAS PARA O LAR	FASE LUNAR	SIGNO LUNAR
Artigos domésticos - Cama, mesa e banho	Nova	Tou . Can . Vir . Lib
Artigos de farmácia: remédios, higiene pessoal		Vir . Esc
Comprar legumes e frutas maduras para consumo imediato	Nova . Cresc	
Comprar legumes e frutas maduras para consumo posterior	Ming	
Comprar flores desabrochadas para uso imediato	Nova . Cresc	
Comprar flores desabrochadas que duram	Ming	
Comprar legumes, frutas e flores para amadurecimento	Nova . Cresc	

SERVIÇOS	FASE LUNAR	SIGNO LUNAR
Consertos	Cresc	Vir . Cap . Esc
Lavanderia	Cresc	Vir . Esc
Tingir roupas	Ming	Vir . Esc
Dedetização	Ming	Vir . Esc
Delivery	Ming	Tou . Can, Leo
Atendimento rápido, self-service	Nova . Cresc	Ari . Aqu
CASA	**FASE LUNAR**	**SIGNO LUNAR**
Mudança de casa	Cresc	Tou . Can
Arrumação - Faxina	Ming	Vir . Esc . Cap
Decorar a casa	Cresc	Tou . Lib
Obras e reformas	Nova . Cresc	Esc . Cap
Pintura	Ming	Ari . Tou . Leo . Aqu
Contratar serviços para casa	Ming	Can . Vir . Cap
Limpeza "astral"	Ming	Pei
Reaver artigos perdidos	Nova . Cresc	Esc
BELEZA	**FASE LUNAR**	**SIGNO LUNAR**
Corte de cabelo para aumentar volume	Nova para Cresc	Tou . Can . Leo
Corte de cabelo para crescimento rápido (fio mais fino)	Cheia	Can . Pei
Corte de cabelo para crescimento lento (fio mais grosso)	Ming	Tou . Vir . Esc
Corte de cabelo curto	Ming	Vir
Manutenção do corte	Ming	Tou . Vir . Esc
Tintura de cabelo	Ming	Tou . Leo . Vir . Aqu
Depilação	Ming	Esc . Vir
Hidratação e nutrição da pele	Cheia	Can . Pei
Limpeza de pele	Ming	Esc . Vir
Tratamento para rejuvenescimento	Ming	Esc
SPA para beleza e relaxamento	Ming	Tou . Leo . Lib
Drenagem linfática	Ming	
FINANÇAS E NEGÓCIOS	**FASE LUNAR**	**SIGNO LUNAR**
Desfazer contratos	Ming	Vir . Lib . Esc . Cap . Aqu
Pedir empréstimo	Ming	
Cobrar débitos	Nova . Cresc	Ari

Investimentos mais conservadores e de longo prazo	Nova . Cresc	Tou . Cap
Investimentos de risco e de curto prazo	Cresc para Cheia	Ari . Sag . Aqu
Seguros	Nova . Cresc	Tou . Cap
Procedimentos jurídicos	Cresc	Lib . Sag
Especulação financeira - Apostas - Loteria	Cresc . Cheia	Leo . Sag . Pei
PROFISSÃO	**FASE LUNAR**	**SIGNO LUNAR**
Apresentação de ideias e projetos	Cresc	Ari . Gem . Sag . Aqu
Distribuição de tarefas	Cresc	Gem . Vir . Lib
Contratar e treinar funcionários	Nova . Cresc	Vir . Cap . Gem
Procurar emprego	Nova . Cresc	Tou . Gem . Sag
Pedir aumento ou adiantamento de salário	Cresc	Tou . Leo . Sag
Dispensar empregados ou serviços	Ming	Esc . Aqu . Cap
Procedimentos de controle de qualidade	Cresc	Vir . Cap
Atividades autônomas	Nova	Ari . Aqu
Atividades em parcerias	Cresc . Cheia	Lib
Reuniões de pauta		Gem . Aqu
Novos empreendimentos	Nova/ Cresc	Ari . Can . Cap . Lib . Aqu
Lançar "moda", produtos ou serviços que precisam "pegar"	Cresc . Cheia	Pei
PROCEDIMENTOS	**FASE LUNAR**	**SIGNO LUNAR**
Tomar providências - Decidir	Cresc . Cheia	Ari
Organização	Ming	Vir . Cap
Estabelecer prazos e orçamentos	Ming	Cap . Vir
Jogar coisas fora - Limpeza de papéis	Ming	Vir . Esc . Cap . Aqu
Envios - Fretes - Transporte - Franquias	Cresc . últimos dias Cheia	Gem . Vir . Sag . Pei
Lidar com burocracia	Ming	Vir . Cap
EVENTOS	**FASE LUNAR**	**SIGNO LUNAR**
Salões - Feiras - Eventos culturais - Festivais	Cresc . Cheia	Sag
Congressos - Simpósios - Palestras	Cresc . Cheia	Gem . Sag
Noites de autógrafos - Lançamentos - Exposições	Nova . Cresc	Gem . Can . Sag . Lib . Leo

Eventos esportivos	Nova . Cresc	Ari . Sag
Reunir grande público	Cresc . Cheia	Sag . Gem . Can
Reunir público selecionado	Cresc	Lib . Cap
LAZER	**FASE LUNAR**	**SIGNO LUNAR**
Viagem	Cresc	Gem . Sag
Sair	Cheia	Gem . Leo . Lib . Sag . Aqu
Bares - Boates - Restaurantes	Cresc . Cheia	Gem . Leo . Lib . Sag . Aqu
Festas	Cresc . Cheia	Gem . Leo . Lib . Sag
Dança	Cresc . Cheia	Leo . Pei
Cinema - Teatro - Cultura	Cresc . Cheia	Gem . Lib . Sag . Aqu . Pei
Arte	Cresc . Cheia	Tou . Lib . Pei
Gastronomia	Cresc . Cheia	Tou . Can
Reunir amigos	Cresc . Cheia	Gem . Lib . Sag . Aqu
Curtir a casa ou estar com a família	Ming	Tou . Can
Praia e atividades no mar		Can . Leo . Pei
Atividades ao ar livre - Espaços abertos	Cresc . Cheia	Ari . Leo . Sag . Aqu
Contato com a natureza		Tou . Vir . Cap
Trilhas - Caminhadas - Passeios exóticos	Nova . Cresc . Cheia	Ari . Sag
RELACIONAMENTO	**FASE LUNAR**	**SIGNO LUNAR**
Encontros afetivos	Cresc	Lib . Leo
Promover encontros	Cresc . Cheia	Lib . Pei
Estreitar vínculos e laços afetivos	Cresc . Cheia	Can . Pei
Erotismo	Cheia	Tou . Esc
Romantismo	Cresc . Cheia	Can . Pei
Início de relacionamentos duradouros	Cresc	Tou . Can . Leo . Cap
Início de relacionamentos que modificam a pessoa	Ming	
Início de relacionamentos em que uma das partes domina	Nova	Ari . Leo
Reconciliação - Conciliação de diferenças	Cresc	Lib . Pei
Esclarecimento de mal-entendidos	Nova . Cresc . Cheia	Ari . Gem
Terminar relacionamentos	Ming	Ari . Esc . Aqu

Possibilidade de surgirem crises nos relacionamentos	Cheia	Ari . Esc . Aqu
Casamento	Cresc	Pei . Tou . Can . Leo . Lib
GESTAÇÃO	**FASE LUNAR**	**SIGNO LUNAR**
Gestação - Fertilização	Nova . Cresc	
Partos mais fáceis	Cresc	
Precipitação de nascimento	Cheia	Ari . Sag . Aqu
Concepção de meninas	Cheia a Nova	Tou . Vir . Cap . Can . Esc . Pei
Concepção de meninos	Nova a Cheia	Ari . Leo . Sag . Gem . Lib . Aqu
Período fértil: 1ª metade – concepção de meninas		Tou . Vir . Cap . Can . Esc . Pei
Período fértil: 2ª metade – concepção de meninos		Ari . Leo . Sag . Gem . Lib . Aqu
CULTIVO, PLANTIO E NATUREZA	**FASE LUNAR**	**SIGNO LUNAR**
Capinar e aparar a grama	Ming	
Adubagem	Ming	
Transplantes - enxertos	Cresc	
Combater pragas	Ming	
Poda	Ming	
Crescimento da parte aérea	Cresc	
Para o que cresce debaixo da terra	Ming	
Cultivo de ervas medicinais	Ming	Pei
Plantio de hortaliças	Ming	
Plantio de Cereais - Frutos - Flores	Cresc	
Acelerar amadurecimento de frutas, legumes e plantas	Cheia	
Acelerar desabrochar dos brotos de flores e plantas	Cheia	
Colher frutos	Ming	
Colheita de frutos suculentos	Cheia	
Colheita de plantas curativas	Cheia	
Aceleração da secagem de produtos e desidratação	Ming	Ari
Compota de frutas e legumes	Ming	
Corte de madeira	Ming	
Pesca	Cheia	

Serviços profissionais da autora

Mapa Natal

Interpretação da carta natal, oferecendo um diagnóstico preciso da sua personalidade.

Trânsito e Progressão

Técnica astrológica de previsão com duração para um ano. Deve ser renovado anualmente.

Revolução Solar

Técnica astrológica de previsão a partir do dia de aniversário em cada ano. Recomenda-se fazer um mês antes do aniversário.

Sinastria

Estudo de compatibilidade entre duas ou mais pessoas para se avaliar o grau de afinidade. Indicado para relacionamentos afetivos ou parcerias comerciais.

Terapêutica Astrológica

Uma série de sessões em que, a partir do próprio mapa astral, levantam-se questões importantes da personalidade do indivíduo e a melhor forma de superá-las.

Astrologia Eletiva

Estudo indicado para a escolha das melhores datas de abertura de negócios, novos empreendimentos, cirurgias etc.

Astrologia Financeira

Para investidores que queiram consultar as tendências do mercado financeiro.

Astrologia Infantil

Indicado para pais, educadores ou profissionais da área de saúde que queiram conhecer melhor aqueles que estão sob sua responsabilidade.

Astrologia Empresarial

Para empresas ou profissionais liberais que queiram delinear os períodos de avanços, estratégias, planejamentos e precauções para seus negócios, formação de equipe e contratação de pessoal.

Astrologia Vocacional

Indicado para adolescentes em fase de escolha de profissão e para adultos em busca de novas alternativas. Excelente estudo para adequação entre personalidade, trabalho e profissão.

Astrocartografia e Relocação

Nesta técnica, avaliamos os lugares (cidades e países) mais indicados para uma pessoa viver, fazer negócios ou promover uma melhoria na vida pessoal.

Cursos

Para iniciantes e para aqueles que queiram desenvolver uma profissão na área astrológica.

Cursos de formação on-line pela Cia dos Astros.

Consultas

Presenciais, on-line (Skype).

Primeira edição (setembro/2018)
Papel de Capa Cartão Triplex 250g
Papel de Miolo Offset 70g
Tipografia Aleo, Castellar e Fairfield LT Std
Gráfica LIS